正道安全文库 第二辑

丛书主编·常若松

交通安全心理学

Traffic Safety Psychology

常若松◎主编

科学出版社
北京

内 容 简 介

本书从汽车驾驶员安全驾驶的生理因素和心理因素深入探讨，聚焦驾驶疲劳、危险感知、注意分配与搜索模式、驾驶决策、愤怒情绪、人格特质、交通文化心理等课题，拓展到行人安全、智能交通等前沿领域。本书充分地展现了交通安全心理学领域的研究成果，系统地阐释了汽车驾驶员在驾驶活动时的心理规律和机制，并对安全驾驶提出了科学的指导方针和建议。

本书是交通安全心理学及相关领域科学研究的必读书目，可供交通管理人员、职业汽车驾驶员以及私家车驾驶员作为安全驾驶指导用书和培训教材，也可以作为交通安全知识的普及读物。

图书在版编目（CIP）数据

交通安全心理学/常若松主编. —北京：科学出版社，2021.3

（正道安全文库. 第二辑）

ISBN 978-7-03-068326-7

Ⅰ.①交… Ⅱ.①常… Ⅲ.①交通运输安全-应用心理学 Ⅳ.①U491-05

中国版本图书馆CIP数据核字（2021）第043838号

责任编辑：孙文影 冯雅萌 / 责任校对：何艳萍

责任印制：李 彤 / 封面设计：润一文化

科学出版社 出版

北京东黄城根北街16号

邮政编码：100717

http://www.sciencep.com

北京凌奇印刷有限责任公司 印刷

科学出版社发行 各地新华书店经销

*

2021年3月第 一 版 开本：720×1000 1/16

2022年10月第二次印刷 印张：18 1/4

字数：321 000

定价：99.00元

（如有印装质量问题，我社负责调换）

丛书序一

我参与过多次交通事故调查，事故之殇与丧亲之痛，让我作为一名交通安全管理工作者深感责任与使命的重大。沈阳正道安全科技股份有限公司的创立以及与辽宁师范大学共建的安全心理实验室都源于此初心。决定一个组织能否取得卓越安全绩效的因素有很多，而人的安全行为永远是第一位的。

人的复杂性让我越来越意识到，必须用全新的思维方式考虑安全管理问题。我首先想到的就是“理论研究+数据驱动”，并且很快就此想法与常若松教授达成了共识。志同道合之余，“正道安全文库”由此诞生。

该文库在驾驶安全领域，从研究驾驶员的心理活动入手，分析疲劳驾驶、超速、随意变道、路怒攻击等不安全行为背后的原因。通过这些理论成果与大数据的结合，就能够分析出不同驾驶员的驾驶风格、反应差异和事故倾向。这些数据又逐渐形成了中国职业驾驶员的知识图谱和胜任模型。

新技术助力用户将事故率平均下降了35%以上。这些技术如今正被广泛地应用于大交通、公共事业服务领域。安全管理也迎来了新时代。

风会熄灭蜡烛，却能使火越烧越旺。面对新技术，“正道安全文库”每一位作者的研究成果，都像火迎接风，每一本书的字里行间都秉持“与用户肩并肩”的服务理念，希望助力用户取得卓越的安全绩效。

零事故，是“正道安全文库”的初心。

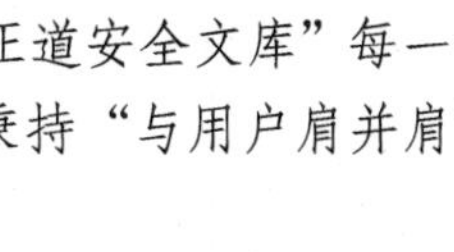

2018年2月于沈阳

丛书序二

2010年，由于学科建设的需要，我带领学生涉入交通心理学领域，几年来，出版著作5部，发表学术论文50余篇，获得实用新型专利10项，这些成果覆盖驾驶员危险知觉、注意、决策、情绪、人格、疲劳、智能驾驶接管请求等诸多领域，形成了较为完善的交通心理学理论体系。

随着研究的深化，我越来越认识到，虽然中国进入汽车时代，但行车文明还处在“初级阶段”，汽车交通文化的发展明显滞后于汽车工业和道路建设。目前，中国人并没有形成较好的规则意识，乱穿马路、占用应急车道、恶性并道等行为时有发生。十九大报告指出：“树立安全发展理念，弘扬生命至上、安全第一的思想。”新时代中国特色社会主义需要与快速发展的交通事业相适应的交通文化理念、安全理论和技术研究，来保障人民生命财产安全。在社会主义新时代背景下，交通文化体系的建立和发展注定不能照搬西方社会，我们要全力建设中国特色交通文化。

2017年3月，“人工智能”首次被写入政府工作报告；5月，阿尔法狗零封柯洁；7月，国务院出台《新一代人工智能发展规划》。在交通领域，以自动化驾驶技术为标志的智能交通社会也正式拉开了帷幕。智能社会带来了全新的人机关系规定，也给交通心理学研究提出了新的挑战。对此，在经过大量实证研究和深入思考之后，我们认为自动化驾驶技术发展至今，绝不像商业炒作的那样业已成熟并可以被广泛应用于现实生活，尚有很多法律问题、伦理问题和技术问题亟待解决。科技的发展是把双刃剑，在享受自动化驾驶技术的便利之时，我们也必须做好承受其所固有缺陷的准备。

“正道安全文库”第二辑依然贯彻第一辑的交通心理学研究宗旨：拓展心理学研究领域，深化交通安全心理学研究；彰显生命价值，服务社会发展。

一、拓展心理学研究领域，深化交通安全心理学研究

1914 年，工业心理学之父雨果·闵斯特伯格在其经典教材《基础与应用心理学》中畅想："只要是有人的地方，只要有人类心理活动，就可以有相应的心理技术学。如果我们要对心理技术学做出分类，就必须依据人类生活目标的类型。例如，教育心理技术学、医学心理技术学、法律心理技术学、政治心理技术学、商业和工业心理技术学等等。"（雨果·闵斯特伯格，2010）100 多年来，心理学家不断拓展应用范围，目前国际应用心理学会每四年召开一次学术大会，会议内容涵盖现实生活的诸多领域。

多年前，我们在初涉交通心理学领域时，所查的实证研究文献均来自国外，国内能查到的只有综述类文章。2010 年至今，由我和我的学生所组成的交通心理学研究团队每年发表的实证研究论文数量成倍增长，已居国内领先水平。我们总的研究路线是，从研究汽车驾驶员的心理活动入手，把握驾驶员的认知、情绪、行为和人格特征规律，进而扩展到行人、交通习俗、道路环境、天气状况和智能驾驶接管等方面，再逐渐由公路交通扩展到铁路交通、水上交通和空中交通等领域，最终覆盖全部交通活动。我们坚信，心理学只有不断开拓新的应用领域，服务于人类生活的方方面面，才会有光明的前途和未来。

随着我国经济社会持续快速发展，机动车保有量继续保持快速增长态势。据公安部统计，截至 2017 年底，全国机动车保有量达 3.1 亿辆。2017 年，在公安交通管理部门新注册登记机动车 3352 万辆，其中新注册登记汽车 2813 万辆，均创历史新高。①与机动车保有量快速增长相对应，交通事故率也居高不下。2016 年，中国交通部门共接报道路交通事故 864.3 万起，同比增加 65.9 万起。其中，涉及人员伤亡的道路交通事故 212 846 起，造成 63 093 人死亡、226 430 人受伤，直接财产损失 12.1 亿元。②

在交通心理学研究实践中，我们谨记所承担的社会责任，交通心理学的研究是全面实现小康社会的迫切需要。我们坚持科学性原则，追求以实证的方法研究交通心理学课题，为我国交通事业发展提供可靠的知识基础；坚持前沿性原则，努力追赶交通心理学研究的最新进展，以提升我国交通心理学研究水平；坚持体系化原则，力图描绘交通活动的全部心理规律，探究其文化深蕴，构建中国特色交通心理学理论体系。

---

① 公安部. 截至 2017 年底全国机动车保有量达 3.10 亿辆. 中国新闻网. http://www.chinanews.com/gn/2018/01-15/8424257.shtml[2018-02-06].

② 唐颖. 我国交通事故总量仍居高位 去年造成死亡人数约 6.3 万. 央视网新闻中心. http://news.cctv.com/2017/12/19/ARTIlevwoRtVOgg6MnUs80uh171219.shtml[2018-02-06].

二、彰显生命价值，服务社会发展

酒驾、醉驾、疲劳驾驶、超载超速、随意变道、路怒攻击、闯红灯、乱停车行为导致交通事故不断增加，给人民生命财产造成巨大损失，进而可能引发系列恶性社会事件，触及道德和法律的底线，严重影响社会稳定。凡此种种充分说明，伴随我国经济建设的迅速发展，交通建设虽然达到了国际一流水平，但是相应地，对于交通活动内在本质的理解和掌握，对于生命价值的尊重，对于交通规则的认知和情绪的把控，还存在很多不足。良好交通行为方式的养成、法律法规的制定与完善、有效行政管理体制的顺畅运行、精良专家队伍的形成、全民交通道德素养的提高等文化要素的提升迫在眉睫。

在研究中，我们着力凝练生命意识和规则意识，将其作为建设中国特色交通文化的核心精神。首先要确立珍惜生命是交通文化的最高价值原则，所有交通活动都要贯彻这个原则，使其成为全部交通行为不可触摸的红线。交通违规行为的文化根源就在于生命意识的淡漠。因此，在现实交通中，要强调尊重生命的原则。交通活动安全高效的根本保障在于规则意识的强化。只有让每一个参与交通活动的个人都尊重交通规则，理解交通规则，遵守交通规则，保证交通的有序性，才能实现生命安全和交通高效。因此，生命意识和规则意识是相互依存、不可分割的有机整体，共同构成现代交通文化的核心要素。尊重生命要通过每个人严格遵守具体的交通规则实现，人人都不折不扣地执行每一条具体的交通规则就是在向崇高的生命致敬。诚然，遵守具体规则也是交通通畅、高效的现实保证。规则使得交通有序，有序的交通才能通畅，通畅才能使有限的交通资源发挥最大效益。

祝贺“正道安全文库”第二辑的顺利出版，这三本书分别由我的学生孙龙博士、梁超博士、窦广波博士撰写，他们分别在驾驶员危险知觉、消防驾驶员决策、驾驶员疲劳方面进行了创造性的研究工作，取得了突破性进展。

“正道安全文库”第二辑得以顺利出版，离不开沈阳正道安全科技股份有限公司首席执行官于莹光先生为研究工作提供的大力支持，在此深表感谢。我们今后要继续携手，创造出具有中国特色、世界领先的交通安全品牌，努力为我国的交通安全事业发展做出更大贡献。最后还要感谢科学出版社孙文影博士为全卷丛书付出的辛勤劳动。

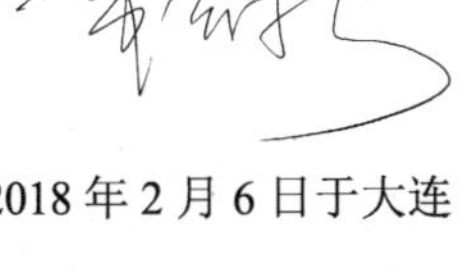

2018年2月6日于大连

目　　录

第1章　绪　　论

本章介绍交通安全心理学的定义、与其他学科的关系、研究历史和现状、研究理论和方法。

1.1　交通安全心理学

1.1.1　交通安全心理学的定义

交通是指从事旅客和货物运输及语言和图文传递的行业，包括运输和邮电两个方面，在国民经济中属于第三产业。运输有铁路、公路、水路、空路、管道五种方式，邮电包括邮政和电信两方面内容。我们平常所说的交通系统一般是指对旅客和货物的运输。在交通运输中，安全和效率并重。安全（safety）就是免除了不可接受的损害风险的状态，即通过持续的危险识别和风险管理过程，将人员伤害或财产损失的风险降低至并保持在可接受的水平或其以下（中华人民共和国《职业健康安全管理体系要求》，GB.T28001—2011）。效率（efficiency）是在给定投入和技术等条件下，最有效地使用交通资源以满足设定的运输愿望和运输需求的评价方式。如何在保障安全的前提下又快又好地完成交通运输任务、提高交通运输效率，是交通运输的最终目标，也是交通安全心理学研究和发展的意义。

交通安全心理学（psychology of traffic safety）是科学心理学的分支，属于工业心理学的研究领域，主要研究在交通运输中人机关系的心理现象及心理规律，针对交通参与者、交通工具、交通运输渠道、交通环境之间的交互作用制订预防交通事故的方案，对交通参与者的不良行为进行干预，培养交通参与者有效、安全的交通行为，具体包括以下内容。

第一，研究交通安全事故中人的心理现象及其规律。交通安全心理学研究交通参与者的感觉、知觉、决策等认知过程、情绪过程和意志过程如何影响他们的交通行为，以及交通参与者的人格与交通事故的关系。例如，分析人格中的感觉寻求、攻击特质、内外控倾向与危险交通行为的关系，归纳总结交通参与者的交通行为风格及其对交通安全的影响。交通安全心理学旨在通过应用相关心理学理论和方法改善和调节交通参与者的交通行为，最终在保障交通安全的前提下，提高交通运输效率。

第二，研究交通环境中人、车、路之间的交互作用。Hennessy（2011）认为，交通安全心理学不仅是涉及交通参与者行为背后的思想、感情和行动的科学研究，还是涉及交通参与者、交通工具、物理环境及社会环境的动态交互作用的科学研究。持同样观点的 Porter 在其编著的《交通心理学手册》（*Handbook of Traffic Psychology*）中强调将人的行为放入交通系统中进行整体研究的设想。《交通心理学手册》中既包括一般交通参与者的心理现象，如心理负荷与风险行为，以及交通运输过程中的视觉注意、社会性、人格特点和情感结构等；也包括交通参与者不使用安全防护装置、酒后驾驶、超速、违反交通管理、分心驾驶、疲劳驾驶等问题行为；也有对环境以及公路文化、弱势群体和问题交通参与者、公共健康关注下的交通安全、公共政策等人、车、环境（自然环境和社会环境）的研究；还涉及交通参与者的教育和培训、劝说和激励表扬、人工智能系统策略、执法及奖励、旅行模式的选择等一些应用研究（Porter，2011）。

第三，重视将研究成果应用到社会生活中。《交通和交通运输心理学：理论和应用》（*Traffic & Transport Psychology：Theory and Application*）（Rothengatter & Vaga，1998）一书指出，交通安全心理学是应用心理学的一个分支，应该使用应用心理学的术语并聚焦于其应用性。交通安全心理学是对交通领域进行干预或者是对干预给予心理学支持的学科，只要符合该目标的研究都可被归类为交通安全心理学。国际应用心理学会（International Association of Applied Psychology，IAAP）第十三分会——交通和交通运输心理学分会（Division of Traffic and Transportation Psychology）也非常强调交通安全心理学的应用方向。交通和交通运输心理学致力于研究交通事故及事故伤害、交通运输效率、交通给人和环境造成的负面影响以及这些问题所蕴含的人类因素，包括认知和行为因素，尤为关注找到减少全球道路交通死亡和伤害事故的方法。

在交通领域，公路交通是最重要的交通方式，也是事故率较高的交通方式。在公路交通中，交通参与者有两类人群：一类是汽车驾驶员，另一类是行人。大量数据表明，汽车驾驶员是很多交通事故的主要责任人，因而也是交通安全心理学最重要的研究对象。本书重点考察汽车驾驶员在驾驶汽车过程中的感知、经验、决策、情绪、驾驶行为风格等心理因素，考察人、车、路、环境之间的交互作用，制订预防和干预交通事故的方案，培养驾驶员形成高效、安全的驾驶行为；同时也考察行人的安全心理、自动化驾驶过程中驾驶员响应接管请求的心理机制以及交通安全文化的各种表现形式。

1.1.2 交通安全心理学与其他学科的关系

1. 与安全心理学的关系

安全心理学（safety psychology）的发展历史可以追溯到18世纪60年代开始的英国工业革命。随着科学管理思想的提出和心理科学研究方法的日趋成熟，心理学原理开始被广泛应用到工业领域中。第二次世界大战之后，工程心理学获得发展契机，工业群体理论全面取代了工业个体理论，管理心理学迅速发展。直到20世纪80年代，随着人机交互界面设计越来越复杂和精细，各类安全事故层出不穷。苏联切尔诺贝利核电站事故发生后，安全心理学才正式成为一门新兴学科并被关注和研究。苏联心理学家叶谢耶夫指出，“尽管国内外过去和现在对生产创伤中个性心理因素作用的研究一直在进行着，但这一科学领域到目前为止，还没有形成一个完整的科学分支。为进一步降低生产创伤，它必须要研究在众多不幸事件中占有相当比重的生产创伤的心理原因，这就需要把劳动安全心理学作为一个科学分支来进行研究”（转引自：杨阳，2010）。

由此可见，安全心理学最早是工程心理学领域的分支学科，是研究生产活动意外事故发生的心理规律并为防止事故发生提供依据的科学。但是，并不是只有劳动生产领域存在安全问题，普通人群的日常生活中同样存在着各类安全隐患，如社会公共安全事故、日常生活安全事故、儿童成长中的安全事故等。这就需要我们扩展安全心理学的研究范围，不仅研究交通领域、建筑领域、医疗领域、加工制造业等劳动生产中的安全问题，也应该研究社会生活中的安全问题。随着生活水平的提高，人们越来越关注生活中的安全，生活领域中的安全课题逐渐成为安全心理学研究的重点。

人类的生产劳动方式和生活方式复杂多样，交通运输是其中之一，主要借助各种交通工具完成。随着汽车工程学的不断发展，各种交通工具的工作性能相对稳定。与此相比，人的心理活动非常活跃，在人-交通工具的交互作用过程中，人的因素无法像机器那样稳定，交通安全事故大多是人为事故，与人的心理素质和管理水平有极大的关系。交通安全心理学重点研究交通运输活动中人的心理活动规律，它是安全心理学中的特定领域。因此，交通安全心理学属于安全心理学的一部分。同时，交通安全心理学也是交通心理学的拓展学科，不仅关心交通安全问题，还关心交通效率问题。

安全心理学的研究目标是从安全心理与行为管理的角度分析、预测和引导人的行为，并提出安全管理的对策和预防事故的措施（邵辉和王凯全，2004）。交通安全心理学旨在针对人、车、路、环境之间的交互作用制订预防和干预交通事故的方案，培养交通参与者有效、安全的交通行为。二者的研究目标都是预防事故、减少人身伤害。综上所述，交通安全心理学是安全心理学的分支学科，且二者都以人的心理活动规律为研究对象，都是科学心理学的分支。

2. 与人类工效学的关系

交通安全心理学主要处理交通行为安全与交通运输效率的问题。交通参与者的操作效率是保障交通安全的重要基础。就实际运用而言，人类工效学（ergonomics）和人因（human factors）这两个词在学术界通用。国际人类工效学学会（International Ergonomics Association，IEA）将人类工效学的研究对象概括为：研究在某种工作环境中，人的生理基础和心理活动等各种因素对工作的影响；研究人和机器及环境的相互作用；研究在工作中、家庭生活中和休假中怎样统一协调工作效率、人的健康、安全和舒适等问题（转引自：林崇德，2003）。

人类工效学研究的是人以及人与日常生活和工作中使用的产品、设备、设施、流程和环境之间的相互关系，其研究重点是人本身以及物品的设计如何影响人。

可见，人类工效学的研究对象更加侧重于人与生活产品、劳动工具的相互关系。虽然其也关注人在工作环境中的心理活动规律，但它只是作为一种影响因素，与生理基础、工作环境、物品设计等因素的地位等同。例如，人类工效学结合人的生理基础、心理活动规律及道路环境特点来设计汽车，使其符合人的驾驶习惯，让交通参与者更加舒适和安全，归根结底是研究人与汽车的关系，以使汽车、道路和环境满足人的需求。

交通安全心理学研究人在交通运输过程中的心理活动规律对交通安全的影响，其研究对象没有脱离人的心理现象本身。但是在应用背景中，Hole 认为，二者的研究对象很难区分，交通安全心理学是人类工效学的重要组成部分，即研究人类及其工作环境关系的科学（Hole，2014）。

在研究目标方面，二者有根本区别。人类工效学旨在改善人们使用的物品及工作环境，以求更好地与人的能力、限度和需要相匹配。其具体有两个目标：一是提高工作效率，包括提高使用的方便程度、减少失误和促进生产力的发展；二是提高人的价值，包括改善安全性、减轻疲劳和压力、增加舒适感、提高工作满意度以及生活质量。

人类工效学研究的是应该如何设计和制造人造物，使之提高系统的绩效、增进系统的安全，并增加使用者的满意度（威肯斯等，2007）。

可以说，交通安全心理学与人类工效学的研究目标涉及的是人类劳动的两个方面，交通安全心理学旨在探讨交通参与者的心理过程与规律，如何使人更好地适应交通工具、道路和交通环境，而人类工效学旨在探讨如何设计交通工具、道路和环境，使其更好地适应交通参与者。人类工效学的终极目标是运用最佳的心理和生理的参数进行系统设计，更强调发展有用的工程设计原则。与此相对应，交通安全心理学非常强调发现与交通运输安全有关的心理规律，是科学心理学的一个分支。

1.2 交通安全心理学的研究历史和现状

1.2.1 交通安全心理学的研究历史

1. 工业心理学时期（1912—1944 年）

（1）工业心理学诞生

1879 年，德国汽车专家 Benz 开始设计制造汽车。同年，冯特在德国莱比锡大学建立心理学实验室，实验方法开始取代哲学思辨方法，心理学树立起实证主义的大旗。

1885 年，Benz 制造出世界上第一辆汽车（单缸水冷立式发动机，排量为 985cc①，功率为 0.75 马力②，最高车速为 12 英里③/时），并于 1886 年 1 月 29 日获得汽车制造专利（专利号为 37435，专利人为奔驰汽车厂），这一天被公认为世界首辆汽车诞生日。1894 年，奔驰公司开始量产汽车，这为交通安全心理学的产生提供了社会背景。

1882 年，高尔顿最先用正态分布来描述个体差异。为深究个体差异产生的原因，高尔顿研究了父母对子女的遗传，提出了回归的概念。从相关分析到因素分析，以及方差和协方差的实验设计，这些都成了工业心理学必不可少的研究工具。

当心理学成为一门独立科学的时候，交通安全心理学也开始孕育（Barjonet，2001）。冯特创建的心理学实验室可以被看作工业心理学（industry psychology）的策源地。工业心理学之父闵斯特伯格是冯特的第一代弟子，他出生于德国，在莱比锡大学的心理学实验室受到了正统的学术教育和训练，于 1885 年获得心理学博士学位，后来移居美国，应威廉·詹姆斯的邀请来到哈佛大学。1892 年，闵斯特伯格受聘于哈佛大学，建立了心理学实验室，并担任主任。在那里，他应用实验心理学的方法研究知觉和注意等方面的问题。闵斯特伯格对用传统的心理学研

① 1cc=1cm^3。

② 1[英制]马力≈745.7 瓦。

③ 1 英里≈1.609 千米。

究方法研究实际的工业中的问题十分感兴趣，首先指出心理学能被应用于工业中以提高生产率，并最早确定了工业心理学的范围和方法。他认为，在当时的工业中，人们将注意力放在了材料和设备问题上。虽然也有人注意到了工人的心理状态，如有关疲劳、工作单调、兴趣和愉快、工作报酬以及其他工作情绪等问题，但只是一些非心理学专业的人在研究。于是，他的心理学实验室就成为工业心理学活动的基地，也为后来的工业心理学运动奠定了基础。

闵斯特伯格认为，研究的重点是要发现人们心理素质的差异性。他和他的学生从 1910 年左右开始，在许多大工厂中把心理学应用于工业的实验中。研究成果于 1912 年发表，书名为《心理学与经济生活》，用德文出版。该书的英译本《心理学与工业效率》（*Psychology and Industrial Efficiency*）在 1913 年出版。在该书中，他对人员甄选、职业伦理、工作绩效的心理因素以及广告心理等均有所探讨。

闵斯特伯格搜集了大量关于电车驾驶员、电话接线员和高级船员的材料。他最著名的一个研究是探明无轨电车驾驶员应具备的安全驾驶的特征。他系统研究了这项工作的各个方面，并且设计了模拟电车的实验室实验，结果发现，一个好的驾驶员应该能够在驾驶过程中同时理解所有影响电车行驶的因素。这项研究开交通安全心理学之先河，是最早的关于交通安全的心理学研究。

1914 年，第一次世界大战爆发，闵斯特伯格因支持战争的非正义方德国而受到排斥，这导致他精神抑郁，于 1916 年去世。当时人们评价，他的去世造成了工业心理学的空白。他本人虽被排斥，但他的理论却被美国用来作为对付德国的武器。1917 年，美国参战并广泛运用闵斯特伯格开创的方法，对参战士兵进行了大规模的心理学测验，这是心理学在管理领域的首次大规模应用。由此，工业心理学建立了稳固的地位。

（2）工业疲劳研究中心的建立

1913 年，福特汽车公司采用流水作业法，开汽车工业先河，美国进入汽车普及时代。与之相伴，汽车引起的交通事故也开始频繁出现在生活中。

战争的需要与交通事故的增多促进了应用心理学的发展，大多数参战国家纷纷利用心理学来服务于战争。由于战时兵种分工的需要，有的国家对士兵，尤其是特种士兵人员进行了严格的选择和测试。英国当时在德国潜艇封锁的困难处境下，军工生产人力紧张，生产人员加班时间长，疲劳问题突出，生产效率下降。于是，英国于 1917 年在国家医学研究院下成立了工业疲劳研究中心（Industrial Fatigue Research Board），但其研究方向是基于生理学而非心理学分析。1922 年，该部门改属英国国家医学委员会，并沿至今日。

关于工作状态的疲劳研究，特别是关于职业驾驶员的工作疲劳，是心理学最早被应用于交通运输中的研究，这也被看作交通安全心理学的开端。

（3）驾驶疲劳研究的产生

1925 年 10 月 30 日，福特公司的工厂里平均每 10s 就制造出一辆 T 型车，创造了世界汽车生产史上的奇迹，而车价也降到了 300 美元以下，汽车走进寻常百姓家（凌永成，2005）。

第一次世界大战后，经济复苏的巨大需求为应用心理学的发展创造了黄金时代。在欧洲，心理学开始服务于铁路及有轨电车、人事单位、邮局、警察局等。大的企业、公司都建立了心理技术部门，心理测量技术被用于甄选人才。

1927 年，法国人 Lahy 率先针对驾驶员疲劳开发了一套心理生理测验，这可以被看作交通安全心理学诞生的标志（陈晓晨，2013）。

早期，交通安全心理学的研究对象主要是职业的火车驾驶员和汽车驾驶员的疲劳、警觉和单调感等。之后，随着公路事故日渐增多，交通安全心理学的研究对象逐步扩大为所有汽车驾驶员。早期关于警觉的实验研究围绕着单个被试的生理指标开展研究，交通安全心理学仍未脱离生理学的研究。由于生理指标不能全面地解释警觉的水平，因此交通安全心理学的发展停滞下来。

第二次世界大战期间，行为科学家主要强调通过测验来挑选适合某项工作的人员以及开发有效的人员培训程序，其将重点放在了“让人适应工作”上。然而事实表明，即使采用最好的挑选和培训方法，对一些复杂仪器的操作仍然超出了操作人员的能力范围。于是，“让工作适应人”的时代到来了。

2. 人类工效学时期（1945—1993 年）

第二次世界大战结束后，欧洲诞生了很多实用性车型。1950 年，欧洲汽车产量达到 200 万辆。到 1966 年，欧洲汽车产量突破 1000 万辆，超过北美汽车产量，成为世界上第二个汽车工业发展中心。到 1973 年，欧洲汽车产量进一步提高到 1500 万辆。20 世纪 70 年代，整个欧洲市场与北美市场具有同等规模。汽车在意、英、法、德等国家大量进入家庭，交通事故也成了世界性问题。此时，西方国家的人均汽车拥有量迅速增加，由此公路事故的发生数量也增加了，公路死亡率持续上升，1955—1970 年，公路死亡人数激增了两倍，1970 年，91 000 人死于交通事故（李升全和李振湘，2014）。

这一时期，大众媒体对交通事故的快速传播也使得有关这方面的公共政策得以建立，特别是对酒驾、限速以及安全带的强制使用等问题尤为重视。为了分析事故的人类因素以及风险的人类原因，人类工效学开始将目光转向交通行为。交通安全心理学的发展与人类工效学的诞生以及交通安全心理学的兴起是紧密联系在一起的。人类工效学的诞生为交通安全心理学的发展提供了方法支持，认知心理学的兴起为交通安全心理学的发展提供了全新视角。至此，交通安全心理学才真正摆脱生理学的桎梏。

（1）人类工效学的诞生

1945 年，美国陆军航空队（即现在的美国空军）和美国海军都建立了工程心理学实验室。同时，以合同方式从事工程心理学研究的第一家民间咨询公司（Dumlap & Associates）成立。在英国，由于医学研究委员会和科学与工业研究部的共同推动，同样的工作也在进行着。

随着机械自动化的普及，关于人机交互的研究得到重视，人类工效学和社会心理学得到极大发展。1949 年，工效学研究学会在英国成立，并且出版了第一本人类工效学专著——《应用实验心理学：工程设计中人的因素》（*Applied Experimental Psychology：Human Factors in Engineering Design*）。

（2）认知心理学的介入

20 世纪 50 年代以后，认知心理学迅速发展。在认知心理学介入交通安全心理学之前，人们对交通行为疲劳的测量主要停留在生理指标方面，无法全面衡量交通行为的警觉程度。随着认知心理学的兴起，人们对认知活动有了全新的理解，人因错误被视为认知操作的结果，进而也影响了关于事故倾向性的讨论。认知心理学关于视觉感知、心理负荷、决策错误、认知模型等方面的研究对交通安全心理学的影响极为深远，以至于可以将交通安全心理学的研究看作认知心理学的应用延伸。

3. 交通安全心理学时期（1994—2019 年）

（1）国际交通和交通运输心理学会成立

人类工效学将绩效测量、反应时及正确率测量等实证方法带入交通心理学研究领域。研究者尝试用多种方法对交通参与者进行培训，包括理论学习、安全规章的遵守、社会劝说、分析交通运输任务与人类工效以及使用心理学技术来维护事故后交通参与者的心理健康。各国的研究学院对公路交通的研究尤为重视，紧接着是运输公司、大学的心理学实验室或心理学专业人员对这方面研究的投入。

1920 年，一些心理学家在日内瓦聚会，成立了国际应用心理学会，这是心理学最早的国际性组织，以英语和法语为官方语言，现在成为研究应用心理学的主要论坛。该学会的宗旨是促进心理学各个应用领域的研究和发展，将应用心理学的研究成果服务于社会，并促进全世界应用心理学工作者的交流和互动。国际应用心理学会现在有 18 个分会，每一个分会都针对应用心理学的一个具体领域，如工作与组织心理学、政治心理学、经济心理学等，现有来自 80 个国家的 3000 多名会员。其中第十三分会即交通和交通运输心理学分会。

为了促进交通安全心理学科学研究的国际交流，1990 年，在日本东京召开的第22届国际应用心理学大会（International Congress of Applied Psychology，ICAP）提出应该成立交通和交通运输心理学分会。1994年，在西班牙马德里举行的国际应用心理学会执行委员会会议上，交通和交通运输心理学分会正式成立。

1996年5月，首届交通和交通运输心理学国际会议由欧洲交通安全心理学家协会举办，会议在西班牙的巴伦西亚大学召开，并计划此后每4年举办一次国际性的会议。该次会议只出版了一本论文手册和一张缩减版的导读海报，可见，当时的交通安全心理学研究还处在积累阶段。

（2）驾驶模拟器研究兴起

这一时期，由于人类工效学对人机交互作用的重视，驾驶模拟器方法被引入交通安全心理学研究中来，并逐渐发展成熟且成为一种实验范式。从20世纪80年代初期起，以戴姆勒-奔驰（Daimler-Benz）汽车公司与瑞典国家道路和运输研究所（Swedish National Road and Transport Research Institute，VTI）为代表的机构开始研发大规模驾驶仿真系统（Yoshimoto & Suetomi，2008）。在接下来的10年里，领先的汽车制造商和研究机构，如通用汽车公司（General Motors Corporation，GM）、福特摩托公司（Ford Motor Company，Ford）、马自达摩托企业（Mazda Motor Corporation，MAZDA）分别开始研发自己的驾驶仿真器。1993年底，美国高速公路交通安全管理局（National Highway Traffic Safety Administration，NHTSA）在艾奥瓦大学开发出了耗资逾千万美元，且代表最先进水平的美国先进驾驶模拟器（national advanced driving simulator，NADS）。

驾驶模拟器方法的引入大大提升了交通安全心理学研究的实验室研究水平，例如，交通行为警觉的研究不再局限于生理指标，开始引进交通行为绩效测量。同时，车载信息技术也促进了警觉研究的复兴（Brookhuis et al.，1998）。欧洲的很多项目尝试建立和提升交通工具疲劳预警装置的性能，专门测量交通参与者的警觉水平。

必须指出，这一时期并非所有的驾驶模拟器实验室都内置一辆汽车，并在四周环绕呈现广阔的彩色3D模拟世界，也不是所有模拟器都能对交通参与者的每一个控制动作如实地加以记录。例如，早期有研究让被试使用一个连接个人计算机（personal computer，PC）的操纵杆，让其控制着一个在黑色背景上呈现的两条白色车道，这种模拟器只能称得上是电脑驾驶游戏而已，而不能被称为交通行为任务。一个好的模拟器应该是为一定目的而设计的优良工具，甚至在投入市场前它应该成为新的驾驶控制系统的虚拟原型样机，可以真实地重现人们控制车辆的感觉，从而实现研究目的。

（3）交通安全心理学逐渐走向成熟

2000年9月，第二届交通和交通运输心理学国际会议在瑞士首都伯尔尼举办，此次会议是由交通和交通运输心理学分会与欧洲职业心理学家联盟（European Federation of Professional Psychology Associations，EFPPA）联合发起的，此次会议举办得非常成功，会议论文集结成书——《交通和交通运输心理学：理论和应用》（*Traffic & Transport Psychology：Theory and Application*），由 Elsevier 出版公司于 2005 年出版发行，主编为 Underwood 教授。该书的研究成果代表着 21 世纪伊始交通安全心理学的最新研究进展，不仅包括影响驾驶的诸多因素的实证研究，也介绍了各种研究方法，并以方法为基础，整合了现有的交通安全心理学理论及实践，标志着交通安全心理学研究步入成熟阶段。

该阶段的具体研究涉及交通参与者的认知、交通行为表现和疲劳、社会性及驾驶损害等，重要的研究方面包括速度知觉、反应时、人机交互、风险接纳、攻击和性别差异等。

交通安全心理学家也关注交通参与者安全系统、交通参与者支持系统，以及环境、训练、交通违规和康复项目对交通参与者的影响，特别关注现代远程信息处理设备和经典的人体工效学方法对于交通参与者表现的评估研究。此外，也有关于如何减少汽车使用、如何改进旅行行为以及选择汽车以外的交通工具对安全和环境影响效果的研究。

随着计算机技术的不断更新，模拟器对于研究交通参与者在紧急状况下与道路其他使用者的相互作用发挥出了更强大的技术优势。例如，Hancock 和 de Ridder 将两个驾驶模拟器联网，使得两位交通参与者处于同一个虚拟世界中，然后将交通参与者置于碰撞情境中（Hancock & de Ridder，2003）。这种方式不仅可以研究单个交通参与者的反应，而且可以研究交通参与者是如何回应彼此的躲避反应的。例如，每个交通参与者都倾向随机转向左或右，而在很多躲闪不及的相撞事件中，都是由彼此在躲避时“狭路相逢”造成的。这类实验结果对于设计碰撞检测系统和躲避系统非常有价值。

（4）我国交通安全心理学的研究历史

我国关于交通安全心理学的研究最早始于 1980 年管连荣对疲劳驾驶的研究（管连荣，1980），该研究描述了交通参与者疲劳后的驾驶行为表现以及减少驾驶疲劳的方法。

20 世纪 80 年代初期，交通安全心理学的研究仍处于起步阶段，研究文献不到 10 篇，其中包括关于驾驶注意、驾驶事故中的人的因素分析以及交通参与者距离估计等研究；到了 80 年代中期，随着驾驶适宜性检测在我国的兴起，与交通安全心理学相关的研究逐步开展；至 90 年代中期，关于交通安全心理学的研究文献已有 600 余篇，不仅涉及与交通行为有关的感知觉因素、人格因素等具体影响交通行为的心理学因素，也有关于综合探讨交通安全心理学的相关研究。在此阶段，韩玉昌编著的《汽车交通心理学》是我国最早的交通安全心理学专著，标志着我国在交通安全心理学方面发展达到系统化、理论化（韩玉昌，1991）。

1995 年，《人类工效学》杂志创刊，为交通安全心理学的研究提供了一种新的研究视角，此时关于交通安全心理学的研究不仅从基础心理学出发，同时也增加了许多人类工效学的研究。自 1994 年至今，关于交通安全心理学的研究论文已超过万篇，其研究课题既考虑到了交通参与者的感知、注意、人格、行为、疲劳驾驶、身心障碍等因素，也考虑到了交通环境对交通参与者行车的影响，并采用模拟驾驶技术分析与改善驾驶行为。由此可见，在我国，交通安全心理学研究逐步成为热点，越来越多的心理学家与人类工效学家从多方面、多角度探讨了影响交通安全的心理因素，为交通安全提供了科学依据。

1.2.2 交通安全心理学的研究现状

1. 研究领域

（1）生理因素

1）年龄。交通安全心理学中关于年龄的研究发现，相较于其他年龄段，18～26 岁交通参与者的重大事故死亡率最高，比其他所有年龄的平均水平高出 1.83 倍。65 岁以上交通参与者的认知能力和视力下降、反应时增加，导致其事故风险增加（Horswill et al.，2008）。

2）性别。关于交通参与者性别对交通行为的研究表明，在不同的心理特质下，男女交通参与者表现出不同的差异。研究发现，与同龄（18～24 岁）的男性交通参与者相比，女性交通参与者在面对交通事故时，对风险行为因素考虑更多（de Joy，1992）。

3）疲劳。驾驶疲劳被认为是心理或精神类型的疲劳（而不是物理或肌肉的疲劳），它的主要特点是不愿继续驾驶、瞌睡、疲劳、动机降低。产生疲劳的最主要原因是交通活动时间过长和睡眠的缺失（Shen et al.，2006）。

4）药物作用。药物使用对交通参与者的影响被认为是引起汽车碰撞损伤的最重要的原因。

（2）认知因素

1）感知觉。关于交通参与者感知觉的研究主要集中在视觉的生理机制、立体视觉、动视力、夜视力、暗适应等。Davison（1978）对视敏度和交通事故率的研究认为，视敏度与交通事故率之间存在一定的关系。关于驾驶适应性检测的相关研究表明，立体视觉、动视力、夜视力、暗适应都对交通行为有一定影响（李建阳和白朝林，1994；施利承和戴家隽，2010）。

2）注意。关于交通行为注意的研究主要集中于视盲、警觉与分心等。研究发现，在单调路况条件下，警觉波动会对交通安全造成极大的负面影响。分心是否会影响交通行为表现和安全依赖于四个主要因素：交通参与者特质、交通运输任务要求、竞争任务要求以及交通参与者应对竞争活动的自我调节能力（Lee et al.，2008）。

3）危险知觉。危险知觉是同交通事故有关联的驾驶技术之一。眼动实验是研究危险知觉的一个重要方法。行为测量发现，年轻交通参与者对危险采取的反应措施没有有经验的交通参与者采取的反应措施更安全，这极有可能是因为年轻交通参与者没有在第一时间内识别出危险（Pradhan et al.，2006）。

4）决策。交通行为决策的准确性直接关系到道路交通安全。在决策过程中，交通行为经常受到人、车、路、环境等多源信息的刺激和影响。由于信息处理能力有限，交通参与者对多源信息无法同时实现知识获取与表征，以致有时不能准确、快速地进行交通行为决策，易引发交通事故（王晓原，杨新日，2008）。

（3）情绪因素

情绪是指在特定时间里个体被特定事件所唤醒的主观感受。交通运输过程中的消极情绪会改变交通参与者对与交通有关的刺激的认知，使其注意视野变窄，加工受限，改变其对其他交通参与者及其行为的理解，最终增加了交通运输潜在的危险性（Hennessy，2011）。

（4）人格因素

人格在一定程度上能够预测交通参与者的交通行为。Jovanovi 等通过研究发现，神经质、宜人性和责任性可以预测驾驶愤怒和驾驶攻击性。神经质对驾驶攻击性的影响可以通过改变交通参与者的愤怒程度来调节及改善。宜人性直接影响驾驶攻击性，责任性间接影响驾驶攻击性（Jovanović et al.，2011）。相关研究也发现，肇事交通参与者存在明显的人格问题（Vingilis & Macdonal，2002）。

（5）教育与训练

近年来，在欧洲及其他国家，对交通参与者的教育、培训和提高交通安全的方法、措施已经逐渐引起重视。在美国、加拿大和澳大利亚，对新手交通参与者的教育和培训的研究逐年增加，但是研究的具体内容却有很大不同。这些教育与培训主要包括教育理论模型的建立、培训系统的开发等。

2. 学术团体

（1）美国

加利福尼亚大学伯克利分校（University of California，Berkeley）的交通行为研究课题小组主要进行道路交叉口的安全行为分析与应用技术的研究。南达科他大学（University of South Dakota）交通安全研究实验室的主要工作是进行交通活动和交通安全心理负载定量评估技术的研究。美国加利福尼亚州交通部门、加利福尼亚大学伯克利分校先进公共交通和公路合伙人（Partners for Advanced Transit and Highways，PATH）项目研究中心以及一些公共和私人学术研究机构致力于采用先进技术提高道路通行能力与安全性，以缓解交通堵塞、减少空气污染和能耗等。

（2）欧盟

欧盟各国的交通安全心理学研究机构大多是政府资助的，例如，始建于1951年的德国联邦道路研究院，是德国联邦交通、建设与城市发展部下设的一家研究机构，位于北莱茵-威斯特法伦州的贝尔吉施格拉德巴赫。挪威的研究机构——交通经济研究所（The Institute of Transport Economics），致力于研究公路、铁路、海洋和空中运输，也参与交通领域的国际合作，该研究所在其他国家也为公共权威部门开展研究工作。英国交通研究所位于英国南部的巴克夏州库洛松，其历史悠久，前身可追溯到英国政府的所属机关，设立于1933年，于1996年民营化，之后作为完全独立的民间企业继续开展活动。交通研究所不但具备交通领域的最先进技术，其研究领域还涵盖了安全、环境等问题。

此外，还有荷兰国家道路安全科学研究所、瑞典国家道路与运输研究所、法国国家道路安全委员会等，这些机构大都与大学长期开展合作研究，其研究取向既取决于每个团队的研究兴趣、政府所希望解决的问题，也取决于运输公司的要求。因此，其研究导向综合考虑了科学、经济和政治的需要。

（3）日本

日本成立了交通心理学会（Japanese Association of Traffic Psychology，JATP）；1986年，日本交通心理学会开始发行《日本交通心理学杂志》；2002年，该学会开始认证交通心理学家资格。自成立以来，日本交通心理学会一直在努力解决各种交通问题。其多数会员或者是各个大学和研究所的研究人员，或者是交通领域的商业公司的顾问专家，其任务就是预防交通事故的发生。

（4）中国

目前，交通安全心理学的研究主要在高校中进行，如清华大学人因工程实验室、清华大学虚拟现实与人机界面研究实验室、北京工业大学交通工程实验室、北京交通大学交通安全与人机工程实验室、长安大学人-车-环境系统安全实验室、同济大学交通运输工程学院道路与交通工程重点实验室、吉林大学汽车动态模拟国家重点实验室、中国科学院心理研究所脑与认知科学国家重点实验室以及长安大学、南通大学、辽宁师范大学等单位。这些单位大都已经建立了针对人-车-路交通环境协同性研究的实验平台，有些单位已经开始自主研制或从国外引进不同形式的汽车驾驶仿真器，包括廉价的基于单计算机屏幕的桌面式仿真系统、基于立体显示头盔的沉浸式仿真系统、基于投影仪的大屏幕投影式仿真系统和昂贵的带有运动模拟功能的仿真系统。

上述研究平台均基于交通环境虚拟现实仿真技术、车辆动力学模拟技术以及驾驶人生理和心理信息采集分析技术，来构建近似真实的虚拟交通环境，研究交通参与者安全驾驶的认知特性、生理应激反应特性、驾驶适应性、安全距离保持和人-车-路相互作用机理等交通安全领域中的突出难题。但是，现有的研究平台在交通参与者心理和生理状态参数的采集、分析和评价以及交通参与者安全驾驶仿真系统设计和测评系统集成等方面存在诸多问题，研究成果也尚未投入实际应用中去。

3. 学术活动

（1）国际交通和交通运输心理学会议

2004 年 9 月，在英国诺丁汉举行了第三届国际交通和交通运输心理学会议（International Conference of Traffic and Transport Psychology），前两届会议分别于 1996 年在西班牙巴伦西亚和 2000 年在瑞士伯尔尼召开，每 4 年举办一次。较前两届会议，第三届会议规模更大，讨论的研究领域也更加广泛而成熟，包括年龄对交通安全的影响、儿童和青少年交通安全问题、药物对交通安全的影响、交通参与者的个人差异、交通行为绩效问题、超速问题、交通参与者训练问题、旅行方式问题等。

（2）国际驾驶员行为和培训会议

2005 年，在苏格兰爱丁堡召开了第二届会议，主题为“国际驾驶员行为和培训”。在第一届会议的基础上，此次会议对交通参与者行为和培训提出了新的关注视角——重新审视交通参与者行为和培训的研究进展，并强调实习在设计和实施交通参与者培训和教育策略中的重要作用。超过 120 名代表参加，在两天内，有超过 45 篇论文在两个平行会议上被介绍。

2007 年，在爱尔兰都柏林又举办了第三届会议，主题为“国际交通参与者行为和培训”，会议名称为“新手交通参与者的问题所在”，并接收了该领域的关键论文。此次会议对交通参与者行为和培训的理论研究向实践应用的转换问题进行了深入讨论，有来自世界各地的多个学术研究学院和公路安全组织的 150 余名代表参加，超过 50 篇论文在两个平行会议上被讨论。

2009 年 11 月 24—25 日，在荷兰首都阿姆斯特丹举行了第四届会议，主题为“国际交通参与者行为和培训”。会议吸引了世界各地的众多学术机构和道路安全组织的高水平的学者参加。在两天的会议期间，来自 17 个国家的代表根据 9 个交通安全心理学专题展开讨论，这些专题涉及超过 40 篇高水平的论文，具体主题包括驾驶人类工效学和教育、两轮驱动车驾驶行为、年龄和交通参与者风险、视觉搜索和交通参与者分心、公路安全现状、违规交通参与者和教育、驾驶教练、交通参与者绩效、人格和交通行为。

（3）国际应用心理学大会

在2006年希腊雅典举行的第26届国际应用心理学大会上，交通和交通运输心理学分会也应邀开展分会，有超过50篇论文被讨论和来自23个国家的近250名学者参加分会的学术会议，这种参与和宣传程度表明交通安全心理学的研究力量正在逐渐壮大。除了英国、日本、德国、法国、美国等发达国家的代表参与会议外，此次会议参与者还介绍了很多发展中国家关于交通安全心理学的研究，如土耳其、伊朗、卡塔尔、拉脱维亚和巴西。特别值得注意的是，来自芬兰、希腊、瑞典和土耳其关于交通环境和交通行为的跨地区和跨文化研究在此次会议上得到了重视。

4. 学术期刊

（1）《交通运输研究第五卷：交通心理和行为》杂志

《交通运输研究第五卷：交通心理和行为》（*Transportation Research Part F: Traffic Psychology and Behaviour*）杂志是目前唯一一本专门刊登交通心理和行为研究的杂志，创刊于1998年。该杂志的创办目的是提升交通心理和行为研究的理论高度，提高关于交通安全心理学实证研究的质量，并激发研究结果在实践中的应用。

（2）《事故分析与预防》杂志

《事故分析与预防》（*Accident Analysis & Prevention*）杂志创刊于1969年。该杂志所发表的论文涉及医疗、法律、经济、教育、行为、交通运输事故等诸多领域。课题包括人、环境和机械因素对事故和伤害的发生、类型和严重程度的影响，对策的设计、施行和评估，生物力学和人类容忍极限对伤害的影响，事故数据的模型和统计分析，促进安全的政策、计划和决策等。

（3）《人类工效学》杂志

《人类工效学》（*Ergonomics*）杂志侧重于人机交互的效率和安全性研究，创刊于1957年。《人类工效学》杂志以收稿的包容性闻名于世，刊登关于交叉人类生物学、心理学、工程学知识和技术以及优化系统性能的相关研究。

（4）《人因学》杂志

《人因学》杂志全称是《人类因素：人类因素和工效学协会杂志》（*Human Factors: The Journal of the Human Factors and Ergonomics Society*），该杂志的主办单位是人因学和工效学协会，创刊于1958年。《人因学》杂志侧重于人的因素，包括事故、安全和人类错误以及年龄和个体差异、注意过程、生物力学、人体测量学、工作生理学、认知过程、计算机系统、呈现和控制、心理运动过程等。

（5）《安全科学》杂志

《安全科学》（*Safety Science*）杂志是国际性的人类安全科学和技术研究的刊物，刊发领域涵盖人类工作到交通运输、休闲和家庭生活以及人类危险活动等方方面面，创刊于 1967 年。该杂志涉及心理学、化学、工程学等多个学科，涵盖物理和工程安全、社会政治和组织管理方面的安全、风险管理、安全控制技术的有效性、标准制定、法规、检验、保险、人类行为等领域。

1.3 交通安全心理学的理论与方法

1.3.1 交通安全心理学的理论

在众多交通行为中，驾驶行为占主体地位。我们可以把驾驶看作由交通参与者的操作引发的，在一个不稳定环境中进行的控制任务。该任务的要求包括选择路线、追随、持续地调整方向和速度，通过协调动作以到达目的地。例如，一位交通参与者在一条曲折的公路上，每间隔 5s，其速度调节都会有很大变异。理解交通参与者行为的一个基本问题是，造成这种速度变异的控制机制是什么。

控制理论（control theory）的基本假设是，交通参与者的知觉过程通过特定标准或复合标准对安全信息进行比较，然后选择信息，交通参与者正是依靠决策过程控制行为。交通参与者通过控制行为，将速度和方向变异保持在可接受的限度内，并通过持续控制负反馈的方式完成其目标导向行为（Porter，2011）。

Ranney（1994）在其关于驾驶行为模型的演化综述中对动机和认知模型做了明确区分，并将控制理论包含在他的动机理论专栏之中。但是，如上文所述，控制理论既包括动机（设置标准）方面，也包括认知（知觉过程）方面，这并非风险稳态理论（risk homeostasis theory，RHT）独有的特点，也是 Fuller 的风险回避理论（risk avoidance theory）、零风险理论（zero-risk theory）以及任务能力交互理论（task-capability interface theory，TCIT）所具有的特点。这些模型展示了近年来驾驶行为理论研究的进展。

1. 风险稳态理论

风险稳态理论也被译作风险动态平衡理论或风险补偿理论，是 Wilde 于 1982 年提出的交通参与者控制理论。他认为，交通参与者在行车中的主观风险水平始终保持恒定，为了维持这个水平，交通参与者以调节行为的方式消除行为风险与主观风险期望之间的差异（Wilde，1982）。

例如，车距是由交通参与者对事故危险的评估决定的。如果交通参与者换了刹车性能更好的轮胎，从而使汽车更安全的话，那么，他们会相信自己有能力在较短的距离内把车停下来，这反而会拉近车距，由此，轮胎的安全优势便丧失了，事故危险水平保持不变。按照风险稳态理论的观点，提高驾照考试标准，提升道路设施安全性，使用安全带、气囊、头盔等安全工具这类的安全措施注定无效，交通参与者为了平衡危险，反而会采取更危险的行为方式。降低交通事故率的有效方法是让交通参与者主观上增加对安全的需求，即提高主观风险水平。

根据风险稳态理论，人们在做任何事情的时候都有一个自己可以接受的目标风险水平，即个体有一定的风险期望。他们不喜欢随意地降低这种风险，宁愿通过调整自己的行为来维持这种平衡。交通参与者风险认知包括四个影响因素：①风险行为的预期利益；②谨慎行为的预期成本；③风险行为的预期成本；④谨慎行为的预期利益。前两者与风险认知呈正相关，后两者与风险认知呈负相关。

风险稳态理论自提出之后就极具争议性，如果该理论是正确的，那么世界上大部分交通管理部门都在浪费时间和金钱。Wilde（2002）声称，这些措施不可能降低事故率，只有增加人们的安全需要，才能使人们不得不改变自己的风险期望水平。他相信，提供安全驾驶动力的干预措施才是保障安全驾驶的最有效的办法。一般认为，如果某项安全措施实施后的事故率不变，则说明风险稳态理论是正确的。但是，相关研究对此无法得出一致结论。交通事故的相关研究只是准实验设计，如果实施某项安全措施导致事故率降低，那么我们无法排除其他因素在其中发生的作用；如果事故率没有降低，也可能是由统计时间过短造成的（Hole，2014）。

然而，风险的目标水平不是一个数字可以代表的，它是一种自我意识，交通参与者会在不同的时间和场合选择不同的驾驶速度，风险稳态理论并没有找到知觉的根本动力。除此之外，风险稳态理论对于从人的角度降低交通事故率的观点显得过于悲观，Wilde 认为这种稳态很难被改变，很多人对此提出了异议：第一，通过教育和培训等途径，我们能够改变交通参与者的主观风险和客观风险之间的平衡，能够在一定程度上改变交通参与者的危险认知水平；第二，危险驾驶行为是交通参与者在驾驶中进行最大效益决策的一部分，没有理由认为随着“硬件”安全性能的提高，交通参与者一定会产生危险平衡效应。

2. 风险回避理论

Fuller 以行为主义的学习理论为基础，于 1984 年提出了风险回避理论。该理论假定，抵达目的地和避免危险是交通参与者的两种主要动机，这两种动机间的冲突构成了该模式的理论基础。交通参与者在行车过程中会比较这两种动机，通过识别各种危险因素，以确保安全行车。风险感知既包括主观理性的概率知觉和判断（如事故发生的可能性大小），也包括情感方面的知觉反应，是对潜在危险事件发生概率的判断和情感知觉。在交通安全心理学中，风险感知驾驶员基于经验对潜在交通风险进行鉴别。因此，风险感知被认为是实际的驾驶行为的第一个环节。一般认为，交通参与者对潜在风险的认知水平越高，发生事故的可能性越低，越能顺利地避免风险。许多研究结果显示，风险感知与风险行为呈负相关，也就是说，较高的风险感知水平会对应较低风险水平的驾驶行为。年轻交通参与者总是会过高地估计自己的驾驶能力和过低地估计交通事故中的风险（Fuller，1984）。

在驾驶过程中，交通参与者遇到危险情况时采取了一些有效措施，避免了事故的发生，这实际上是交通参与者的学习能力的反映。通过学习，他们能够预测出危险事件，从而避免事故的发生。个体面临危险情况时，其行为表现取决于各种选择反应所带来的奖惩效应。

风险回避理论合理地解释了动机因素的作用，并对潜在危险的影响做出了详细阐述，但该理论没能具体分析交通参与者对危险信息的加工过程，因此，它不能合理地解释交通参与者在面临一系列复杂交通情况时所做出的行为决策。

3. 零风险理论

零风险理论假设，驾驶任务往往是一种自我控制的任务，交通参与者基于对情况发展的预期，可以控制驾驶情况。如果预期的风险在某个阈限之下，交通参与者将体验不到危险感觉（Näätänen & Summala，1974）。

在零风险条件下，交通参与者知觉到交通情况，对交通情况的发展做出预期，他们基于预期考虑如何采取行动，旨在维持零风险条件。他们针对是否采取行动做出决定，一旦决定采取行动，他们也会决定采取什么类型的行动，接下来再执行行动。采取行动后，交通状况发生改变，循环重新开始。

在零风险条件下，如果一个交通参与者没有体验到害怕，那么，知觉和预期就会受到动机的影响。如果交通参与者很着急，他们会接受比较小的安全边际。因为可接受的安全边际会发生变化，所以他们在平时会看到危险的地方却没有看到危险，他们在平时预测有危险的地方却没有预测到危险。有时，交通状况超出了交通参与者对风险预期的阈限，交通参与者确实体验到了威胁和不安（如和一辆靠近的车即将发生碰撞），当交通参与者感觉到不安时，“主观风险监测器”被激活。交通参与者变得警惕，开始采取可控的行为来躲避事故。但是，交通参与者如何从零风险模式转变到风险模式仍然是含糊不清的。

零风险理论把信息加工模型和动机模型结合了起来，而且区分了受控制的和自动的加工过程。然而，交通参与者如何精确地从自动加工模式转向控制模式仍然是不清晰的，并且其大脑中发生的加工过程也是模糊的。

4. 任务能力交互理论

Fuller 在 2000 年提出任务能力交互理论模型，该模型包含三个核心概念：任务需求（task demand）、驾驶能力（driving capability）和任务难度（task difficulty）（Fuller et al.，2013）。

任务需求指驾驶任务的客观复杂度。其包含环境特点（如能见度、道路线形、道路标志）、其他道路使用者的行为、机动车的特点和驾驶员控制方面（如速度、汽车轨迹）。在任何时刻，这些特点的动态组合都会影响驾驶员的任务需求。速度是影响任务需求的一个最重要因素。驾驶速度越快，驾驶员用于获得环境信息、加工信息和做出反应的时间就越少。

驾驶能力指驾驶员表现自己驾驶胜任力水平的瞬间能力。例如，在任何给定的时间内驾驶员真正能做什么。驾驶能力会受到疲劳、困倦、情绪、酒精和药物使用、压力、分心和动机水平等因素的影响。驾驶胜任力决定了驾驶能力的上限。驾驶胜任力不仅会受到个人的心理和生理特征的影响（如知觉能力、协调性或冲动性），而且会受到训练、学习和经验的影响。驾驶胜任力有三个基本水平：基于技能的水平、基于规则的水平和基于知识的水平。同有经验的驾驶员相比，新手驾驶员必须更多地依赖基于学习而获得的知识，因为他们还没有达到基于技能的水平（例如，无意识的、熟悉的驾驶控制能力不需要太多的工作记忆参与）或基于规则的水平（例如，如果—然后关系）。这可以解释新手驾驶员为什么对危险的反应较慢，并且对错误性驾驶解决措施的使用比例较高。

任务难度取决于驾驶能力和任务需求之间的平衡。当驾驶能力超过任务需求时，任务很简单；当驾驶能力与任务需求相等时，驾驶员必须用能力上限来操作，任务比较难；当任务需求超过驾驶能力时，驾驶任务对于驾驶员来说太难，他们会失败。此时，驾驶员的心理负荷较高，这对驾驶行为的负面影响较大，其驾驶活动可能会失控，并发生碰撞事故。因此，任务难度的大小与任务需求和驾驶能力之间的差异成反比（Fuller，2005）。

该模型认为，驾驶员通过速度管理对任务难度的变化做出反应，即驾驶员选择特定的速度，以维持他们可接受的任务难度。同时，驾驶员选择的速度允许他们能预留一定的驾驶能力空间，以防任务需求突然变化（如危险正在形成），避免碰撞风险。

Fuller 通过进一步完善任务能力交互模型提出了任务难度平衡模型，这个模型是动机模型的最新版本（Fuller，2008）。任务难度平衡模型试图理解交通参与者的决策动机是什么，特别强调其对于绩效安全的意义。该模型的逻辑起点是交通参与者的知觉过程和控制行为都存在局限性。因此，交通参与者需要在这些局限内持续地创造和维持安全条件。也就是说，交通参与者必须保证驾驶任务的要求在其能力范围内。由于多方面可能的原因，当任务要求超出交通参与者的能力时，就会发生驾驶失控。可能的原因是我们总是不断地渴望汽车具有更大的机动性，同时又企盼获得更多的安全可靠性。

Fuller（2008）在任务能力交互模型的基础上进一步提出任务难度稳态模型。如图 1.1 所示，驾驶员试图把驾驶任务难度维持在一定的范围内，至少维持在让他们感觉舒服的范围内（图 1.1 中的 5）。驾驶员知觉的任务难度（图 1.1 中的 3）取决于其在特定时间内自我知觉的交通情境的任务需求（图 1.1 中的 1）以及知觉的能力（图 1.1 中的 2）。驾驶员知觉的任务难度（图 1.1 中的 3）和风险是一样的。如果一个驾驶员提高驾驶速度，任务需求就会增加。知觉的能力（图 1.1 中的 2）取决于驾驶员的胜任力和影响胜任力的各种因素。驾驶员知觉的任务难度是否会激发一种行为来减少任务需求，取决于他们可接受的任务难度范围（图 1.1 中的 5）。如果通过比较，驾驶员发现任务难度超出了他们的能力限制，他们就会执行行为（图 1.1 中的 6 和 7，主要是速度管理）来减少任务需求。驾驶员可接受的任务难度范围和风险阈限不是固定的，而是取决于他们的长久驾驶倾向（如驾驶信念）和短暂驾驶动机（如驾驶员是否有急事）。

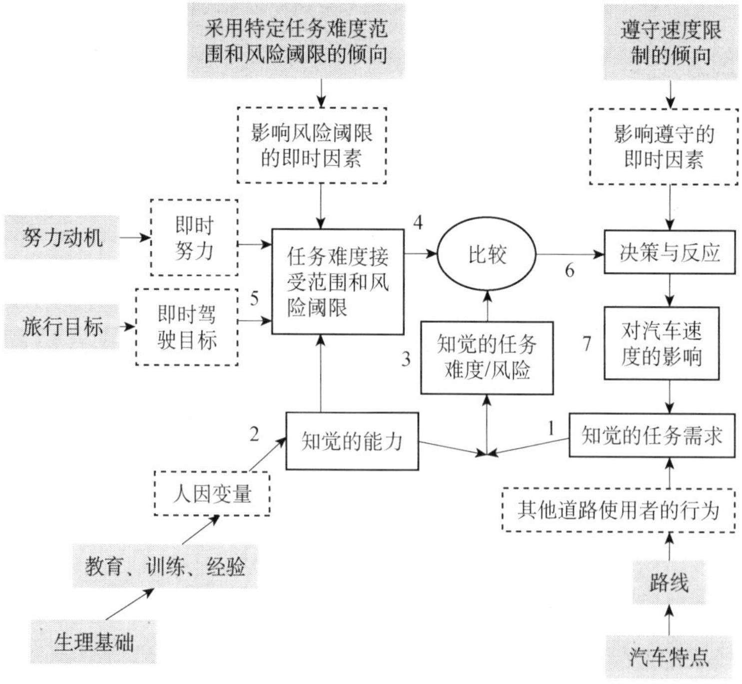

图 1.1　任务难度稳态模型

任务难度稳态模型的核心是校准（calibration），如图1.2所示。

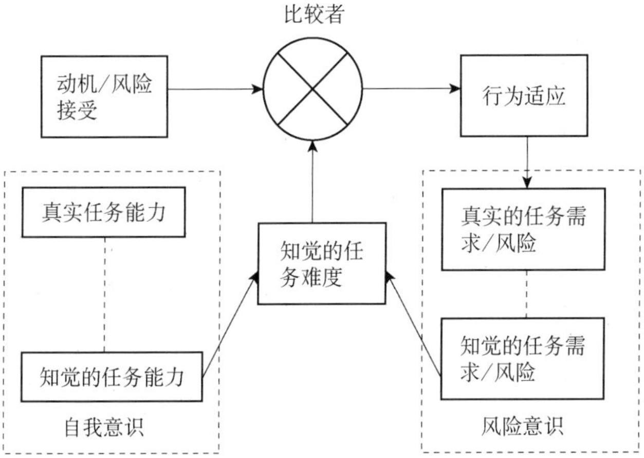

图1.2 任务难度稳态模型的校准

Fuller假设，在某个交通参与者感觉能够接受的任务难度范围内，交通参与者试图恒定驾驶任务的复杂性。交通参与者感知到的任务难度来自其所理解的任务需求，这个任务需求对应个体在某一时刻能否掌控交通情况以及处理这个任务的自我感知的能力。交通参与者知觉到的任务难度和对风险的感受是相同的。知觉的任务需求是由交通情况、天气、道路条件和车辆数量等决定的。如果一个交通参与者开得快一些，那么，任务需求就会增加。自我感知的能力取决于交通参与者的胜任能力和一些临时的负面影响，如疲劳、分心、酒精和药物的影响。知觉到的任务难度或者知觉到的危险是否能够引发行为来减少任务需求，取决于可接受的任务难度的大小。当知觉到的任务难度高于可接受的极限时，就会触发行为（通常是减速），这些行为通常会减少任务需求。

一个交通参与者可接受的任务难度或风险的范围并不是固定的。这个范围取决于交通参与者的人格特质，例如，他的规范性或价值观如何？他是一个躲避风险的人还是一个寻求刺激的人？这个可接受的范围还取决于交通参与者的临时动机，例如，交通参与者是否赶时间。

在某种程度上，交通参与者可以自己决定驾驶任务的难度和风险，例如，当交通参与者加速时，任务难度增大，风险增加。通常，一个交通参与者不会超出自身的能力去追求失去控制的感觉体验。能力和任务需求依赖于自我评估和对危险的评估，对能力和任务需求的平衡就是校准。校准是任务难度稳态模型的核心（Fuller，2008）。一个交通参与者不能平衡任务需求（危险）和他的能力，但是能够平衡知觉到的任务需求和知觉到的风险。当知觉到的能力完全符合真实的能力，知觉到的任务需求或风险完全符合真实的任务需求或风险时，交通参与者就能获得很好的校准。

5. 信息加工理论

Houtenbos（2008）提出了关于交通参与者和其他交通参与者的信息加工理论。这个理论是在原有信息加工理论的基础上，由情境意识（situation awareness）理论（Endsley，1995）衍生出来的。

首先，来自外界环境的刺激在注意之前就得到了简略的加工，即短时感觉加工。被感知的对象（situation awareness 1，情境意识水平 1，简称 SA1）部分依赖于交通参与者的注意中心，这个注意中心取决于交通参与者对目前交通情况的解释（situation awareness 2，情境意识水平 2，简称 SA2）和对未来交通情况的推测（situation awareness 3，情境意识水平 3，简称 SA3）。这些加工过程发生在工作记忆（working memory）中。在工作记忆中，被加工处理的信息受 SA1 的影响，也受储存在长时记忆中的、对交通参与者行为的总体预期的影响。这些总体预期被称作长时预期（Houtenbos，2008）。因此，交通参与者的感知是“离我前方 50m 的距离有一个骑自行车的人”，长时预期可能是“骑自行车的人在某种特殊情况下不扭头查看路况就过马路”，下一步是意识到这是一种特殊情况，即短时预期。短时预期则是“离我前方 50m 的距离有一个骑自行车的人”。考虑到特殊情况，他可能没有扭头查看就穿过马路。基于短时预期，交通参与者会采取预判措施。因为这些措施，交通情况会发生改变，信息加工又重新开始。

另外，结合情境意识理论和 Michon 的驾驶行为模型，Matthews 等提出了情境意识信息加工模型（Matthews et al.，2001）。Michon 根据驾驶目标的不同将驾驶行为分成了三类：①操控驾驶（operational driving），指交通参与者为了保证自身车辆正常行驶所进行的操作，如注意限速标志。②监测驾驶（tactical driving），指交通参与者为了保证与其他车辆安全互动所进行的操作，如超车、变更车道等。③决策驾驶（strategic driving），指交通参与者对已知信息进行高级推理，构思驾驶策略的过程。其中，操控驾驶依赖 Endsley 情境意识理论的第一个水平，监测驾驶依赖第一个水平和第二个水平，而决策驾驶则依赖所有水平。这说明，交通参与者的情境意识既包括低层次的车辆控制和状态感知，又包括高层次的判断和决策。

目前，交通参与者情境意识理论尚没有对应的测量方法，应用范围较小。此外，该理论仅对交通参与者的情境意识给出了理论层面的描述，缺乏对情境意识的要素到底是什么以及这些要素内部的相互作用机制的探讨。

1.3.2 交通安全心理学的研究方法

1. 事故率统计法

（1）事故率统计法的概念

事故率统计法就是查阅相关事故的统计数据并处理事故统计数据的一种研究方法和技术。例如，有人假设驾车时使用手机会增加事故发生的风险（见第三章驾驶员注意）。为了探明事实是否如此，研究者可以查阅所有事故报告，并统计其中有多少交通参与者在出事的时候在使用手机。

（2）事故率统计法的优点

1）可靠性。事故率统计法的数据来源于现实生活中已经发生过的事故统计资料，由于交通事故往往涉及法律责任和经济理赔，因此，事故报告往往对事故细节描述得非常详细、具体，而且有很高的可信度。这便使得事故率统计法与心理学中常用的问卷调查法和访谈法等获得数据的方式有所不同，其数据来源更加可靠。

2）生态效度（ecological validity）高。事故率统计法的数据广泛来源于生活中的真实事故，因此，与实验室研究相比，其生态效度较高，得到的结论可以被广泛推论到现实中去。

3）便捷性。事故率统计法的数据往往不需要研究者亲自去事故现场获得，而可以借助于已有的警方或保险公司的事故报告。例如，美国警察不仅出具详尽的事故细节报告，而且将信息输入计算机数据库，研究者进入该数据库后，可以按照自己的研究需要，在短时间内获得大量数据，甚至很多数据已经按照事故原因进行了分类，这为研究者提供了极大方便（Hole，2014）。

4）直观性。事故率统计法的研究结果既可采用数字或文字的形式来呈现，也可采用将其绘制成统计图表的形式来呈现。统计图表可以简单明确、生动直观地表达数量关系，具有一目了然、整洁美观、容易理解的特点。在实际应用方面，事故率可以成为政策制定者进行决策的依据，同时在教育宣传中可以很容易地被大众理解。

（3）事故率统计法的局限

尽管事故率统计法有如上一些优点，但是在实际生活中，由于多方面原因，单凭事故率统计法得到的数据很难得出确定性的结论（Hole，2014）。

1）数据失真。数据搜集过程本身就存在很多问题，举例来说，想要通过由事故率统计法得到的数据来准确评估驾驶疲劳对诱发事故的影响程度是非常困难的，除非驾驶疲劳是诱发事故的直接而明显的原因，否则它很少被记录为事故的主要原因。

2）样本规模受限。交通事故是相对稀少的事件，针对某一特定类型的事故少之又少。研究者可能需要筛选上千个事故才能得到与特定原因有关的事故样本，最终样本可能又因样本太少而不足以概括任何一般总体，死亡事故报告一般都比轻微事故报告描述得更详尽和更精确，但是可获得的该类事故样本数量有限。

3）缺乏控制条件。事故率统计法的研究结果往往来源于自然条件下，但是在现实生活中，影响某种心理活动的因素又是多方面的，记录人员往往只是笼统地记录事故现场的状况，并将事故原因归因于某种单一事故类型。

4）无法推论因果关系。解释事故率统计法的数据最主要的困难是我们永远无法确定在众多可能的危险行为当中，哪一种潜在变量才是引起事故的直接原因，即缺少匹配的明确数据，在这种情况下，通过撞车数据对撞车交通参与者进行的分析的精确性是有限的。

事故率统计法擅长对纷繁复杂的统计资料进行分类，因此，这种方法比较适合研究那些能够独立地对驾驶安全产生影响的因素。

2. 问卷调查法

（1）问卷调查法的概念

调查人们为何以某种方式驾车最直接的方法是直接问交通参与者的实际情况。问卷调查法就是研究者根据研究课题的要求，设计出问题表格，让被调查者自行填写，以此来搜集资料的一种方法。

（2）问卷调查法的优点

1）便捷性。与观察法和实验法相比，问卷调查法的最大特点就是使用方便，研究者可以迅速、大规模地搜集资料，处理结果省时、经济。

2）保密性。多数情况下，被调查者填答问卷时可以匿名作答，因此，被调查者不会有后顾之忧，这有利于研究者了解被调查者真实的心理特征。

3）可量化。问卷法具有规范化特征，便于研究者对数据进行整理、比较、分析，可采用计算机技术对大量数据资料进行统计分析。

（3）问卷调查法的局限

在回答问卷的过程中，受社会赞许性的影响，人们并不一定会提供准确信息。尽管访谈法与问卷调查法有其自身的价值，但是二者都不能提供交通参与者行为背后的原因，因为交通参与者对自己的行为缺乏内部审视。

3. 自然观察法

（1）自然观察法的概念

自然观察法是研究者通过人的感官或借助于一定的科学仪器，在自然条件下，在一定时间内有目的、有计划地考察和描述人的各种心理活动和行为表现，以此来收集研究资料的一种方法。

（2）自然观察法的优点

1）直接性。与事故率统计法和问卷调查法相比，自然观察法最大的优点在于其获取行为数据的直接性。

2）全面性。一般来说，自然观察法中所装备的仪器不引人注目，而且卸载后不会损坏车辆。数据存储和远程通信技术的优势是它允许研究者使用少量的车辆，而且车辆常常可以远行。一个完整的视频记录还可以提供交通参与者参与的所有危险行为样本以及其他与事故有关的有效数据。

3）生态效度较好。与实验室研究相比，自然观察法可以允许研究者在自然公路条件下，现场观察交通参与者日常的驾驶行为，因此具有良好的生态效度，研究结论可以被直接推广到现实生活中。

（3）自然观察法的局限

1）表现失真与隐私问题。交通参与者如果知道他们的车辆有录像装备，他们将表现得不自然，当他们知道自己被监视时，研究者观察到的仅是他们所做的表演，而且交通参与者不太可能愿意将自己的隐私完全暴露。

2）缺乏控制。每天大部分时间的驾驶是太平无事的，为了采集到一个稀有事件发生时的影像，研究者需要观察大量行为，但是，给每辆车安置仪器的成本又比较高。这导致研究者仅能收集到相对较小、非代表性的志愿者样本。

自然环境下的驾驶研究将观察的焦点置于危机事故中，这就需要大规模样本，成本昂贵。

4. 实验法

（1）实验法的概念

实验法是指在控制条件下对某种心理现象进行观察的方法。大多数汽车驾驶安全心理学家偏好选择实验法。

（2）实验法的优点

1）重复观察。实验研究可以通过操控实验条件，使想要观察到的结果重复出现，这大大节约了被试数量，并且有利于排除偶然误差，精确确定自变量和因变量的关系。

2）测量精确。在汽车驾驶安全心理学研究中，实验技术主要有模拟驾驶技术、眼动测量技术以及认知神经科学技术。借助这些设备，研究者可以严格控制刺激的呈现，准确记录被试的反应。

3）控制严格。实验法的最大优势在于它使得我们可以对因果变量加以控制，这是其他研究方法无法办到的。事故率统计法的数据获取方式只能是事后通过他人间接地获取，研究者只能通过文字和数据来推论事故原因。

（3）实验法的局限

实验法的最大问题在于其无法保证生态效度，生态效度即实验室得出的研究结果对现实生活的适用程度。

1.4 积极应对智能社会中交通安全的新课题

智能社会是工业社会与信息社会广泛深度融合的社会。在智能社会里，技术全面更新换代，产业系统升级，经济社会结构得到深刻调整，融合、协同、共享、共治是其鲜明特征，将使人类生产、工作、生活方式产生新的深刻变革。从交通安全心理学的角度来讲，智能社会的本质是重新建立新型的人机关系。这种新型人机关系的建立过程将会为交通安全带来诸多新的课题。

1.4.1 社会问题

1. 法律责任

2016 年 5 月，一辆特斯拉 Model S 电动轿车在美国佛罗里达州高速公路上以自动驾驶模式行驶时，与前方一辆处于横穿公路位置的拖挂货车相撞，导致该电动轿车的驾驶员丧生。这是世界上首例被曝光的涉及汽车自动驾驶功能的交通死亡事故。2017 年 11 月，一辆由谷歌公司制造的自动驾驶摆渡车在拉斯维加斯首次面向公众试运营。但在上路不到 2h 后摆渡车就与一辆拖挂卡车发生轻微碰撞，所幸无人受伤。这两起事故相继引发了业界关于自动驾驶技术安全性以及责任划分的争论。

在 2016 年的特斯拉致死事件中，法官判定特斯拉公司无责，原因是交通参与者在 37min 内的驾驶过程中仅有 25s 在手握方向盘，显然无视特斯拉无人驾驶系统发出的警示图标和双手不离开方向盘的警告。在 2017 年的事故中，警察也同样判定自动驾驶方无责、卡车驾驶员负全部责任。因为事故调查发现，自动驾驶摆渡车在侦测到拖挂卡车时主动停了下来，而卡车驾驶员没有及时采取行动以使卡车停下来从而导致碰撞发生。专家认为，如果卡车也装有和自动驾驶摆渡车一样的装备，那么就可以避免这次事故。

然而，在这两起事故中，自动驾驶系统并不全然无辜，自动驾驶的人工智能系统计算能力有限，没有做出合适的应对行为，最终导致了这些事故的发生。因此，系统设计师和汽车发行商也应该承担部分责任。

法律总是相对滞后的。现有的法律制度、政策、保险体系等并不是为了智能时代的交通量身定制的，可能存在不合理之处。对于法律体系的改进和完善，我们也不要以今天的眼光去预测未来的科技。因此，为了使无人驾驶技术得到更好的发展和推广，政府必须提供一定的支持，及时出台相应的法律政策等，保障新兴技术的发展。今天，在考虑为无人驾驶制定合适的法规、政策时，尤其要注意避免“红旗法案”的出现。与此同时，法律政策也不能一味地为新兴技术大开方便之门，以防不法分子利用新技术做出违法之事。

知识链接：

当年，以蒸汽机为动力的汽车问世不久，英国议会就于1865年通过了一部《机动车法案》。该法案后来被人嘲笑为“红旗法案”。该法案规定，每一辆在道路上行驶的机动车，必须由三个人驾驶，其中一个人必须在车前面50米以外做引导，还要用红旗不断摇动为机动车开道，并且速度不能超过每小时4英里（即每小时6.4千米）。这部法案直接导致一个结果：让汽车等于马车，也扼杀了英国在当年成为汽车大国的机会。随后，汽车工业在美国迅速崛起。1895年，在整整耽搁了30年后，“红旗法案”被废除。这个法案在英国汽车发展史上产生了极其严重的负面影响。

2. 伦理价值

人们总是用一些非常极端的道德问题来考验新兴技术的价值选择，对于智能社会中的无人驾驶技术也是如此。不少学者喜欢用“有轨电车难题”来衡量自动驾驶的合理与否。

知识链接：

“有轨电车难题”假设，有一辆失控的电车在轨道上行驶，这条轨道上有五个人在工作。幸运的是，该电车配有转向系统，可以操控电车转向另外一条轨道，然而，另一条轨道上也有一个人在工作。那么，这个交通参与者究竟应不应该改变电车的运行轨道呢？无人驾驶的汽车又会做出怎样的驾驶决策呢？

有研究者给出了这样一个场景：一个孩子突然冲到道路上，这使得无人驾驶汽车不得不做出选择：是冲向这个孩子还是转弯撞上迎面而来的货车。“当人类面临这样的场景时，对我们而言，其中一个相对另一个更有价值，但汽车该承担怎样的责任？”研究者指出：“如果可以避开孩子，挽救其生命，那我们就可以伤害车辆中的乘客吗？无人驾驶车辆的控制程序设计每天都要面临这些艰难的抉择。”①

其他专家也认为，无人驾驶技术研发会面临严峻的伦理道德考验。“当你需要让一辆汽车做出决定时，你就面临了一个道德困境”，在意大利罗马大学研究自动车辆的研究人员说道，“行驶过程中，你的前方有障碍物，你决定换道，然而你这样做的时候，另一条路线也有障碍物，这个时候你就陷入了道德困境”（环球网，2015）。

有诸多麻烦并不意味着我们应该禁止无人驾驶汽车上路，而是意味着我们应该为可能发生的情况早做准备。有时候，无人驾驶汽车可能会面临两难的选择，这就给开发者带来了潜在的困难和挑战。为了降低这种风险，该行业人员应该在设置用户期望和社会影响上做更多的工作，他们应该让公众明白无人驾驶汽车的能力和限制，这就意味着算法透明，而不是让我们无法理解计算机程序如何掌控我们的生命，而且算法透明对生产商和服务提供商来说也是好事，当事故发生的时候，他们也能更好地面对法律和道德上的责难。

没有任何技术是完美的，事故还将继续发生。对待可能发生的问题，我们要保持开放和对话，就像斯坦福大学“针对自动驾驶汽车的编程伦理学问题”做的那样，因为无人驾驶是一件造福大众的重要事业，所以，我们只有在确定可能存在的问题之后，才能为之确定可能的解决方案。

1.4.2 技术问题

1. 技术本质

智能社会和工业社会的交通安全的区别在于人机交互的不同。工业社会里的人机交互指的是人与驾驶的直接联系，而在智能社会里，人机交互更多的是指智能软件与驾驶的直接联系。

人机交互是指人与计算机之间通过使用某种对话语言，以一定的交互方式完成确定任务的信息交换过程。人机交互功能主要靠可输入输出的外部设备和相应的软件来完成。可供人机交互使用的设备主要有键盘、显示器、鼠标、各种模式

① 博海拾贝. 无人驾驶汽车的道德困境：危险时保护行人还是保护车主？https://bh.sb/post/19601/[2016-06-24].

的识别设备等。与这些设备相对应的软件就是操作系统中提供人机交互功能的部分。人机交互部分的主要作用是控制有关设备的运行，并执行通过人机交互设备传来的各种有关的命令和要求。人机交互将是未来智能社会的主要表现形式。

人机如何进行更有效的互动则是未来智能交通领域的研究重点。目前，在“完全自动驾驶”的交通工具设想中，大多数完全取消人控系统，只采用卫星定位和传感器等高新技术，并且以软件的形式安装在无人驾驶汽车内。然而，我们所拥有的笔记本、手机或者其他电子设备上的软件都不能保证在长时间操作下不发生死机或者卡顿的情况，因此，一旦系统软件出现非预期故障，交通参与者如何及时发现故障并顺利接管，是无人驾驶技术需要突破的一个难点。除此之外，交通参与者对自动驾驶的信任程度也将是交通安全心理学研究的重点。

2. 技术能力

目前，智能交通主要表现为汽车的自动驾驶。自动驾驶汽车所采用的人工智能的主要工作原理是深度学习。在解释深度学习之前，我们需要了解什么是机器学习。机器学习是人工智能的一个分支，而在很多时候，它几乎成为人工智能的代名词。简单来说，机器学习就是通过算法，使得机器能从大量历史数据中学习规律，从而对新的样本做智能识别或对未来做预测。机器学习的发展大致经历了两次浪潮：浅层学习和深度学习。深度学习旨在模仿人脑的神经网络，其作用就如同人类大脑里掌管知觉、运动指令、意识、语言的“新皮层”，它能自己学习辨识声音、图像和其他数据，从而帮助计算机破解一些人类几乎完全依靠直觉来解决的琐碎问题，如从识别人脸到理解语言等。

人工智能设计不完善、其深度学习程度不够等问题都会导致其计算结果的有限性，很有可能会使自动驾驶汽车在遇到极端情况时无法做出处理或者是处理不完美。例如，在2016年特斯拉致死事件中，调查认为事故发生时前方的白色卡车是横向插入特斯拉所在车道的，这与正常车辆追尾发生的场景不同，这种情况不属于特斯拉自动驾驶系统中规定的自动制动的范畴，这说明程序设计是有漏洞的。在2017年发生的自动驾驶摆渡车碰撞事件中，自动驾驶汽车虽然及时停了下来，但并没有采取其他行动来躲避卡车的碰撞，这侧面表明自动驾驶汽车的人工智能的深度学习程度不够。以上情况或多或少地反映出机器计算的有限性以及人工智能的不完美性。

因此，完善人工智能、深化深度学习是未来无人驾驶技术研发的重要方向，也是无人驾驶技术能够被广泛推广和应用的前提。此外，优秀的软件如何开发、敏锐的传感器如何设计、细致的地图需求如何实现以及汽车之间如何进行更好的交流，都是未来无人驾驶技术研究的重要课题。

3. 技术安全保护

目前，我们熟知的无人驾驶汽车普遍依靠全球定位系统（global positioning system，GPS）、电子传感器和其他自动驾驶技术，并没有安装方向盘和制动踏板。这就隐藏了一个危机：一旦有黑客或者不法分子入侵驾驶主系统或者改变无人驾驶程序，有可能带来更大的事故伤亡和财产损失。

在无人驾驶领域，科技是一把双刃剑。在享受无人驾驶系统带来的更低的事故率和更轻松的驾驶方式时，我们也必须承受依托于人工智能无人驾驶系统所固有的缺陷（如易被远程攻击）。因此，加强无人驾驶系统的安全防范是未来推广无人驾驶技术必须攻克的一个难关。除此以外，是否要全面取消人控系统也是我们应该要考量的一个问题。

4. 交通环境的技术保障

智能交通要改变的不仅仅是人们出行的驾驶方式，还有相应的道路交通环境。我们现在所设计的道路交通标志、信号灯等道路交通设施是服务于人眼识别的。但是，未来的智能交通将依赖卫星、传感器等工具来做出驾驶行为和驾驶决策。这就要求工程师不仅应该开发更为先进的交通智能，还要研究与驾驶技能相配套的交通设施和交通环境，从而使智能交通能被更好地运用在实际生活中。

1.4.3 机遇与挑战

英国首先开始了工业革命，在 18 世纪成为“日不落帝国”。美国抢占了信息革命的先机，所以成为超级大国。现在，中国也面临着智能交通给予的机遇与挑战。

《北京市自动驾驶车辆道路测试管理实施细则（试行）》于 2017 年 12 月 18 日下达，测试车达到以下几点就可以在北京试车：测试交通参与者能在任何时间直接干预并操控车辆；测试主体应具备随时接管测试车辆的能力；测试主体应具备赔偿能力，应购买每车不低于 500 万元人民币的交通事故责任保险。尽管晚于美国与欧盟，但国内企业势头不减，如百度、蔚来、驭势科技（北京）有限公司等高科技公司早已摩拳擦掌。在相关文件没有出台前，百度公司总裁李彦宏就因试车而收到了我国第一张智能罚单。

中国在发展自动驾驶方面有以下优势。首先，中国是一个快速发展的国家，在城市交通路网建设上，中国一直处于不断建设、不断更新的状态。中国比其他任何一个国家都更容易从道路建设的角度入手，为自动驾驶汽车配备专用的路面交通标志。其次，中国政府集中力量支持技术突破的能力也远比美国政府要强。2017 年 10 月，中国人工智能产业发展联盟成立大会在北京举行，科技部就正在推进的《新一代人工智能发展规划》提出重要意见，决定启动人工智能重大项目，依托百度、阿里、腾讯、科大讯飞，在自动驾驶、城市大脑、医疗影像、智能语音等技术方向试点建设国家人工智能开源开放创新平台等。我们要举全国之力，在2030年抢占人工智能全球制高点！基于以上事实，安德鲁·摩尔教授与李开复等都认为，在自动驾驶技术商业化和普及的未来10年里，中国有机会扮演非常关键的角色（李开复和王咏刚，2017）。

关键术语

交通安全心理学（psychology of traffic safety）：科学心理学的分支学科，属于工业心理学的研究领域，主要研究在交通运输中人机关系的心理现象及心理规律，针对交通参与者、交通工具、交通运输渠道、交通环境之间的交互作用制订预防交通事故的方案，对交通参与者的不良行为进行干预，培养交通参与者有效、安全的交通行为。

人类工效学（ergonomics）：研究在某种工作环境中，人的生理基础和心理活动等各种因素对工作的影响；研究人和机器及环境的相互作用；研究在工作中、家庭生活中和休假中怎样统一协调工作效率、人的健康、安全和舒适等问题。

生态效度（ecological validity）：实验室得出的研究结果对现实生活的适用程度。

第2章　驾驶员的生理因素

本章将描述不同年龄驾驶员的行为特点，分析影响安全驾驶的原因，并提出改善措施；介绍驾驶疲劳的概念、检测手段，分析驾驶疲劳的特点和影响因素，并提出改善措施；饮酒会影响驾驶员的驾驶状态，本章将分析酒后驾驶导致的后果及其检测手段，并提出改善措施；药物会严重损害驾驶员的生理机能，本章将介绍药物驾驶的界定标准、检测手段，分析药物驾驶的特点及其对驾驶安全的影响，并提出改善措施。

2.1　年　　龄

影响驾驶安全的生理因素有很多，包括驾驶员的年龄、疲劳和药物等。年龄因素对驾驶安全的影响主要表现在两个方面：第一，影响道路信息加工的效率和驾驶操作的灵活性；第二，驾驶员的驾驶经验往往与年龄有密切关系，驾驶技术的提高需要驾驶员积累驾驶经验，但驾驶经验并不一定与年龄成正比（Hofvander et al.，2009）。

2.1.1　年龄对安全驾驶的影响

1. 年龄与交通事故的关系

任何国家考取驾照都有年龄限制。我国《机动车驾驶证申领和使用规定》第十二条明确规定：申请小型汽车、小型自动挡汽车、残疾人专用小型自动挡载客汽车、轻便摩托车准驾车型的，年龄需在 18 周岁以上、70 周岁以下。[①]美国、加拿大、英国规定考取驾照的年龄下限为 16 周岁。设置年龄限制的原因在于年龄是影响安全驾驶的一个重要因素，不同年龄阶段的发展特点使驾驶行为和事故

---

① 公安部关于修改《机动车驾驶证申领和使用规定》的决定. http://www.gov.cn/flfg/2009-12/17/content_1489803.htm[2019-09-27].

率具有特殊性。

驾驶事故和年龄的关系呈“U”形模式：25 岁以下的危险性很高，在中年递减，65 岁以后又开始上升。但是，85 岁以上的驾驶员的事故率远远低于 25 岁以下的驾驶员的事故率。通过调查不同年龄段的事故率，研究者发现，事故数量与驾驶员年龄呈“U”形关系，如图 2.1 所示，25～60 岁的事故率处于“U”形曲线的底部，事故率较低，25 岁以下和 60 岁以上的事故率位于“U”形曲线的两端，即事故高发的年龄段，是驾驶安全的重要研究方向（Evans，1988）。

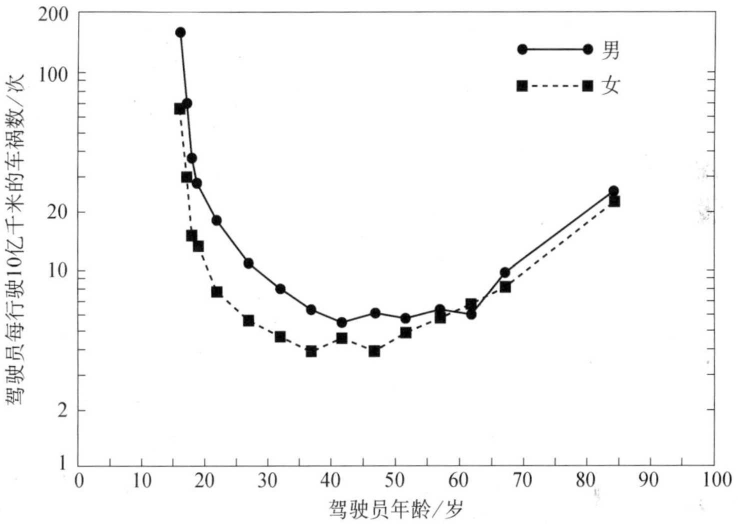

图 2.1 车祸率是驾驶员年龄和性别的函数

也有一些研究者质疑年龄和事故关系的“U”形模式。研究发现，老年驾驶员事故率的上升很大程度上取决于其对危险暴露度的评估。他们认为，老年驾驶员的事故率并不比中年驾驶员高。与行车里程长的驾驶员相比，行车里程短的驾驶员在单位距离上的事故率更高。因为行车里程长的驾驶员大部分是在高速公路上行驶的，高速公路上，每个人的行车方向相同，而且交叉路口相对较少，碰撞也就较少，是驾驶相对安全的地方。这样，行车里程长的驾驶员驾驶安全里程就会增多，同时在单位距离上的事故率就会降低。而老年人由于很少在高速公路上行驶，所以，老年驾驶员的事故危险性在一定程度上被夸大了（Hakamies-Blomqvist，1996）。

研究发现，男性驾驶员、年轻驾驶员与“侵犯与违例”有关的驾驶异常行为较多，而女性驾驶员、老年驾驶员与“认知失误及疏忽”有关的驾驶异常行为较多（马明等，2010）。

2. 年轻驾驶员的事故分析

在各国的事故率统计中，年轻驾驶员的事故率是最高的。相较于其他年龄段的驾驶员，年轻驾驶员的重大事故死亡率最高，比所有年龄段的平均水平高出1.83倍。而在年轻驾驶员中，风险也是随年龄而变化的，即随着年龄增长，事故率在下降。独立的、缺乏监督的年轻驾驶员比其他年轻驾驶员更容易出事（Dahl，2008）。

Curry等评估了年龄和经验对年轻驾驶员事故的影响。结果表明，刚拿到驾照一个月的年轻驾驶员的事故率较高，在拿到驾照的前六个月，他们的事故率依然较高。在此后的阶段中，随着驾驶经验的增加，他们的事故率逐渐降低。这种现象在年轻驾驶员群体当中较为突出。因此，年龄和驾驶经验交互影响事故率。随着驾驶经验的增多，年轻驾驶员的事故率也会降低（Curry et al.，2015）。

3. 老年驾驶员的事故分析

同40～49岁的驾驶员相比，老年驾驶员在致命事故中的危险性更高。研究者使用了美国国家公路交通安全管理局（National Highway Traffic Safety Administration，NHTSA）的致命事故分析报告系统的数据，这个系统提供了美国机动车事故中每个致命事故的详细资料。结果发现，65～69岁的驾驶员的致命事故率比40～49岁的驾驶员高1.45倍（Preusser et al.，1998）。

然而，对老年驾驶员危险性的操作性定义的选取可能会引起结果的偏差，如报告偏见。因为他们的身体很脆弱，在遇到事故时可能更容易受伤或者死亡。因此，同年轻驾驶员相比，老年驾驶员的事故更容易引起警察注意，有关他们的数据也更容易进入数据库中（Sjögren et al.，1996）。

近年来，美国涉及老年驾驶员的交通事故呈上升趋势。据美国国家公路交通安全管理局统计分析，2004年的研究表明，美国65岁以上的驾驶员有2700万人，他们往往患有严重的生理或精神疾病，存在极大的安全隐患（Kantor et al.，2004）。

老年驾驶员的反应能力比年轻驾驶员差，由于年龄较大，老年驾驶员的各种反应能力均受到影响（张殿业等，2004）。随着年龄的增长，老年人的动作愈加迟缓，操作速度变慢，操作能力下降，使老年驾驶员产生一种心理紧张的负面效应。

老年驾驶员不仅反应慢，而且反馈次数增加，形成多循环反馈模式。一些研究表明，老年驾驶员的感知能力下降，并导致驾驶失误的主要原因有：①不能及时利用预先提供的信息；②在接收信息和做出相应反应时存在困难；③信息复杂性提高时，反应时过长；④不能控制动作速度。

2.1.2 不同年龄驾驶员的行为特点

1. 年轻驾驶员的行为特点

（1）不使用安全带

安全带在发生车祸时会起到保护作用，降低伤亡，这是被广泛认可的。然而，不系安全带的年轻驾驶员却大有人在。2007 年，美国驾驶员的安全带使用率是 82%，而对于那些 16～24 岁的人，安全带的使用率为 77%（Glassbrenner & Ye，2007）。2009 年，研究者在宜兴市共观察了 1816 辆车辆和驾驶员以及 661 名前排乘车人，发现其中驾驶员的安全带使用率为 31.1%，不使用率为 68.9%；乘车人的安全带使用率为 6.1%，不使用率为 93.9%。而在车祸死亡的人中，大约有 2/3 的年轻人不使用安全带（杨亚明等，2009）。

（2）偏好超速

超速行驶对于没有经验的年轻驾驶员尤其危险，在曲线行驶中超速会降低驾驶员安全驾驶的能力，或者因制动距离延长而增加风险。再加上年轻驾驶员倾向追随前车太紧，相对较短的制动距离会使超速的风险进一步增加。这种情况在年轻的男性驾驶员中存在较为普遍（Simons-Morton et al.，2005）。

超速驾驶无疑是年轻驾驶员驾驶行为中普遍存在的一种现象，同时也是发生交通事故最主要的原因之一。在男性驾驶员发生交通事故的原因中，30%是超速驾驶，在女性驾驶员中是 21%，相比之下，在老年驾驶员中则是 15%。当驾驶员年龄在 25 岁以下时，超速驾驶更可能是发生致命车祸的原因，驾驶员的年龄越小，其可能性越大（Simons-Morton et al.，2005）。

（3）驾驶中使用智能手机

分心驾驶是导致交通事故的重要原因（见第四章），随着智能手机的发展，年轻人在驾驶过程中使用智能手机中的应用程序的行为越来越普遍。

如今，刷微博、聊微信成为驾驶员驾驶时的新“隐患”，不少驾驶员在遇到红灯时“争分夺秒”地玩手机。如果驾驶员全神贯注地等绿灯亮起，其启动车辆仅需 1～1.5s。如果驾驶员先放下手机再观察路况发动车辆，这个过程就会延长 1s 甚至更长。如果每辆车的启动时间都延长，原本一个绿灯能通过 20 辆车，最后只能通过 15 辆甚至更少①。

驾驶中使用手机与交通事故之间存在着高度相关性。使用手机会导致驾驶员的反应时延长 15%～40%，使其驾驶路线发生明显偏移。驾驶过程中使用手机会增加驾驶员的认知负荷（李宏汀等，2013）。

① 深圳首次公布终身禁驾名单. http://news.southcn.com/d/2010-06/24/content_ 13140236.htm[2010-06-24].

2. 老年驾驶员的行为特点

（1）保守驾驶

随着年龄的增长，事故率应该呈上升趋势。事实上，老年人的事故率却比一般人设想的要低。一系列研究指出，同年轻驾驶员相比，老年驾驶员很少发生交通违规行为（如冒险驾驶、酒后驾驶等）。其原因在于，老年驾驶员会把驾驶限制在安全状况之内。例如，他们不在高峰期驾驶，只在熟悉的地域和白天驾驶（Evans，1988）。显然，老年驾驶员意识到了自己的问题，采取保守驾驶的行为，避免卷入危险处境之中。

（2）失误增多

相比年轻驾驶员和中年驾驶员，老年驾驶员会更多地涉及两辆车相撞事故，而很少涉及单车事故。在没有注意到路标、没有及时让道和适当转向的情况下，老年驾驶员更容易发生事故，而且一般是犯错的一方（Hakamies-Blomqvist，1996）。

老年驾驶员身体条件差，长时间驾驶易疲劳，导致其识别判断能力降低，尤其在交叉路口经常发生车辆转弯冲撞过街行人的事故。这主要是因为通过交通路口时，驾驶人需要同时进行三个动作：观察信号灯、判定其他车辆动向、观察过街行人。面对这样复杂的过程，老年驾驶员往往会出现失误，导致交通事故的发生。而这些交通事故会对老年驾驶员造成较大的心理负担，影响其后的驾驶行为（刘晓晨，2014）。

Verhaegen（1995）的研究得出了每个年龄段的过度卷入率（over-involvement）。过度卷入率是指某一年龄组中，与事故相联系的犯错驾驶员的数目。Verhaegen 分析了 660 例没有人员受伤的两车相撞事故，结果发现，对于大部分年龄组而言，由驾驶员犯错引起事故的可能性同由别人犯错引起事故的可能性差不多。但是，对于 65 岁以上的驾驶员，其自己犯错引起事故的可能性是自己没有犯错引起事故的可能性的 2 倍。

（3）交通失控

交通失控（ran traffic control）是指当驾驶员应该停下来或保持汽车静止时却没有停下来，或者没有及时让道，撞上其他汽车。研究发现，65～69 岁的驾驶员这类事故的发生率是 40～49 岁驾驶员的 2 倍。在 75 岁及以上驾驶员致命事故中，超过 50%属于交通失控（Reason et al.，1990）。

另有研究发现，在 65 岁及以上的驾驶员中，80%的交通失控类致命事故发生在交叉路口，其余发生在行车道的进出口（Kazazi et al.，2016）。Verhaeghen 等（2002）发现，如果只考虑交叉路口对交通失控的影响，老年驾驶员的危险性直线增加，经验优势会被交叉路口的复杂交通环境所淹没，超过 75 岁或 80 岁的老年驾驶员会体验到巨大的困难。

（4）转弯困难

老年驾驶员在交叉路口遇到的一个普遍问题是转弯，65 岁及以上的驾驶员的交叉路口事故中有 40%涉及转弯，而 40～49 岁驾驶员中这一比例则只有 7%（Kazazi et al.，2016）。Verhaegen 等（1988）对不同年龄组驾驶员的不同事故类型的发生频率进行了研究。通过比较 49 名犯错的老年驾驶员（60 岁以上）和 82 名犯错的年轻驾驶员（25 岁以下）发现，同年轻驾驶员相比，老年驾驶员在转弯时与迎面而来的汽车发生碰撞的比例很高，这占了老年驾驶员撞车事故总量的 16%，而 30～39 岁的驾驶员犯这类错误的比例仅为 1%。相反，年轻驾驶员更容易因为车距太近而与前面的汽车发生碰撞，或者在超车时同另一辆汽车相撞。

研究发现，在十字路口，老年驾驶员往往从左侧被撞击，这也是最容易出事故的一侧，而来自右侧的撞击则不多见。这可能是因为来自右侧方向的驾驶员有足够的时间来采取措施，或者是右侧撞击较少引起致命伤害（Preusser et al.，1998）。

2.1.3　影响不同年龄段驾驶员安全驾驶的原因

1. 影响年轻驾驶员安全驾驶的原因

（1）生理因素

安全驾驶要求大脑执行功能的相关部位应发展成熟，这主要取决于大脑髓鞘的形成。青少年的大脑没有完全发育成熟，比其他驾驶员更容易受到酒精的影响。酒精会抑制额叶的活动，导致其控制注意力和控制冲动的难度增加，而且饮酒会导致海马体暂停工作、记录，进而影响记忆的提取，对青少年的影响尤为严重（Ginsburg et al.，2009）。

生理因素还可以解释为什么年轻驾驶员因开车睡觉导致的事故率较高。年轻人不规律的生活作息容易引起人体生理功能节律失调，进而导致睡眠推迟，与此同时，青春期的生理变化会增加青少年的睡眠需求。有研究指出，30 岁以下男性驾驶员、3 年以下驾龄和 10 年左右驾龄的驾驶员是疲劳驾驶事故的高发群体；2：00—6：00 与 15：00—16：00 是疲劳驾驶事故的高发时段；高速公路上疲劳驾驶引发的交通事故比例远高于普通公路；疲劳驾驶产生的原因主要包括长时间驾驶、睡眠不足或睡眠质量差、生理节律、驾驶人因素等（李都厚等，2010）。

（2）认知水平不足

年轻驾驶员习惯凭借个人的直接经验驾驶，而其思维模式正处在建立时期，思维常带有一定的片面性，会因对超出和违反个人经验的事物缺乏预见性而导致措手不及。例如，在驾驶过程中，年轻驾驶员总以为前面的车辆在正常行驶，而想不到它有可能会突然刹车；看见路边有儿童玩耍时，年轻驾驶员想不到儿童有可能会突然窜到道路上来。

年轻驾驶员在有经验驾驶员的指导下驾驶，可以有效减少事故发生。在瑞典，研究者以 18 岁的新手驾驶员为对象进行研究，发现新手驾驶员在有经验驾驶员的监督下平均驾驶 120h，可以减少事故发生（Upahita et al.，2018）。在澳大利亚也有相似研究，研究对象的年龄为 17～24 岁，给予每个驾驶员超过 42h 的驾驶指导教育，结果显示，在这 42h 内，指导与交通事故的发生率有密切关系（Gregersen et al.，2000）。

（3）情绪控制能力差

年轻驾驶员的情绪通常是强烈的，常常迸发激情。其原因在于年轻驾驶员倾向高估自己的技术而低估了驾驶环境的复杂性，年轻男性驾驶员在这方面的问题更加严重。

年轻驾驶员的情绪不稳定，易冲动，容易从一个极端走向另一个极端，常常是大起大落、动荡不定。这种不稳定性也会导致他们在驾驶过程中容易产生紧急刹车、突然超车等危险行为。

（4）法律意识淡薄

2010 年 6 月 23 日，深圳市交警局首次对外公布一批终身禁驾的人员名单。这里面有 20 名驾驶员在前一年因为交通肇事逃逸构成犯罪而被终身禁驾。这批被终身禁驾的人全部为男性，年龄最小的为 22 岁，最大的为 56 岁，其中，年轻驾驶员占 80%[①]。究其原因，一方面，这些年轻人存在侥幸心理；另一方面，这也反映出他们的法律意识淡薄，而逃逸者一旦被抓，将会被加重惩罚。

（5）社会性因素

研究表明，年轻驾驶员具有强烈的同伴压力易感性。驾驶员认识的同伴作为乘客的时候，可以形成潜在的危险，增加青少年新手驾驶员驾车事故的风险。研究者通过安排不同的乘客研究了新手驾驶员的驾驶行为，结果证实，同伴认可对驾驶安全非常重要。年轻驾驶员不使用安全带的一个重要原因就是他们看到其他年轻驾驶员（16～25 岁）也很少使用安全带，没意识到这样很容易使自己和同伴在车祸中严重受伤（Glassbrenner & Ye，2008）。

家庭和家族的期望也会影响青少年的驾驶行为，十几岁的驾驶员的驾驶行为习惯往往来自他们的父母，而且他们倾向与自己的驾驶行为习惯一致的同伴交往（Shope，2006）。

在当代，赛车游戏、侵略性游戏以及 F1 赛车的视频等常出现在青少年的生活中，这让青少年很憧憬拥有一辆属于自己的汽车，以实现在游戏或视频中看到的

---

① 柳石. 驾驶陋习易引发交通事故. https://www.doc88.com/p-8718931329070.html[2016-06-24].

"速度与激情"，而不是安全驾驶。当他们真的拥有了自己的汽车时，之前在游戏和视频中看到的情境会影响他们的驾驶策略和驾驶技能（Kellermann & Martinez，2008）。邻里间的暴力行为和社区的贫困水平也会影响一个十几岁孩子的安全态度（Johnson & Jones，2011）。

2. 影响老年驾驶员安全驾驶的原因

（1）感知觉衰退

随着年龄的增长，老年人的各种心理品质、驾驶技术都会发生退化，这会影响其驾驶行为，进而增加事故危险（Hakamies-Blomqvist，1998），其中，感知觉是衰退最早的心理机能。

老年驾驶员视力退化的情况非常普遍，分为以下几种情况：一是视力的自然退化。60 岁以后，老年人的视力水平急剧衰退，近距离视力比远距离视力的减退更明显，出现所谓的"老花眼"。此外，老年人还会出现视野狭窄、对光亮度的辨别力下降以及老年性白内障等，其视觉感官的调节功能减退。老花眼使得人们在看地图或者看街道路标时存在困难，但这并不是影响日常安全驾驶的最重要的因素，因为人们的远视力并没有受到影响（Hole，2014）。二是视力的病理性变化。老年性疾病也会损害视力，使驾驶有危险性。青光眼、与糖尿病有关的视网膜病变、视觉敏感性下降、中风等可能导致视力受损，也会导致一侧视力丧失，或者在盲点周围出现全盲。老年人会出现不同程度的视力障碍。三是老年人的耐力下降，难以坚持长时间驾驶。随着年龄的增长，人体肌肉弹性降低，收缩力减弱，肌肉变得松弛，容易疲劳，而疲劳驾驶是诱发交通事故的突出因素（Hole，2014）。

（2）反应时延长

在交叉路口反应迟钝是老年驾驶员危险水平高的主要原因。一般情况下，当驾驶员要驶入主干道时，驾驶员既要控制好汽车，又要对交通情况做出判断。有经验的驾驶员可以同时执行多种操作。但是，有研究者质疑即使有经验的帮助，老年驾驶员依然难以做出正确的预测，反应时的延长未能给他们留出足够的预测时间。而对于年轻驾驶员来说，在突发状况下，即使没有经验的支持，他们也可以在短时间内控制方向，避免事故发生（Hakamies-Blomqvist，1998）。

2.1.4 改善措施

1. 增强年轻驾驶员安全意识的措施

（1）家庭教育

尽管孩子与父母可能有各种矛盾，但父母仍然是影响青少年驾驶的关键因素。

父母可以作为榜样、引导者、规则制定者、监控者，指导青少年的早期驾驶过程，帮助其完成驾驶技术的学习和经验的积累。可以说，教育开始于孩子第一次乘车的时候，来自父母的管束和驾驶风格的榜样作用。父母对于孩子的安全驾驶行为具有决定性的作用。

父母应当在减少年轻驾驶员危险驾驶方面发挥积极主动的作用。许多计划和教育材料的目的在于帮助父母教育年轻驾驶员如何安全驾驶车辆，但没有任何材料的目的在于帮助父母处理年轻驾驶员存在的危险。多数父母没有认识到年轻驾驶员驾驶车辆存在的危险性，也没有在年轻驾驶员获得单独驾驶资格后对他们进行一定的限制。

（2）新手驾驶员的培训

新手驾驶员大多较为年轻，头脑灵活，如果在一个安全氛围浓厚的社会环境中，给青少年提供高质量的驾驶培训，倡导尊重生命的社会道德规范，他们就会有巨大的潜力完成安全驾驶行为。

目前，青少年主要通过集中培训、专业指导的方式来学习驾驶。但是，驾驶员培训不仅需要足够数量的教学课时，充足的练习时间也是一个重要的驾驶条件（Ericsson，2005）。根据一些 20 岁左右的新手驾驶员关于驾驶的回忆，研究者发现他们很容易做出错误的决策。而有经验的驾驶员即使在复杂的、不可预知的环境中也不容易做出错误决策和行为，不易分心。有针对性的练习（包括反馈和纠正错误两部分）能降低年轻驾驶员犯错误的危险。有证据表明，电脑模拟越野训练能提高驾驶技能和危险知觉（Fisher et al.，2006）。通过不断练习，这些技能形成自动化程序并被储存在大脑中。这就需要高品质的教学和实践，以确保这些自动化程序的内容涉及的是安全驾驶行为而不是危险驾驶行为。

2. 危险驾驶行为的干预

年轻驾驶员的行为受各种因素影响，其中包括一些稳定的个人因素，如人格特质。通过改变人格而改变某种行为往往需要更大的努力，而改变环境因素（如驾驶能力、行车环境）则相对容易一些，通过改变环境因素，个体可以理解某些行为的目的，从而明确干预的方向和方法，并不断修正（Winston & Jacobsohn，2010）。干预的最佳做法就是建构出一种程序理论模型，使预期结果与干预方法连接在一起。首先，研究者应该明确一个可衡量干预成果的因变量，如青少年撞车事件的发生及相关伤害的减少。研究者要将干预对象定义为可观察的不安全行为。其次，研究者应该专注于干预目标的选择，确保引入干预措施后（如通过改变态度、技能、行为规范、知识和感知），驾驶员有可供选择的安全行为。最后，研究者应该建构一个可以评估干预措施的组件，使干预措施可以不断得到发展和完善。

青少年驾驶安全的问题很复杂，因此，多成分的干预最有可能成功。

在青少年危险驾驶行为的干预中，干预目标的选择非常重要。在青少年看来，安全的行为目标可能是在每次旅程中系上安全带、避免开车时使用手机等电子装置、和前车保持安全距离等；而对于父母来说，安全的行为目标则包括督促、监管子女驾驶练习的质量、数量和多样性，并在一定程度上限制子女驾驶；对于社会而言，安全的行为目标又成为政府和媒体的导向，政府可通过制定法律、法规等约束青少年安全驾驶。这些行为目标在以往的研究中被确定下来，并以此构建干预方案。已确立的干预目标必须使青少年的危险行为有改变的余地。如果青少年明确知道不使用安全带会增加受伤的风险，那么，我们就不能将让青少年养成系安全带的行为习惯作为干预的目标，因为行为改变的余地已经不大。针对青少年的行为干预，我们不仅要把他们作为研究对象，也要把他们当成合作伙伴。

年轻驾驶员在刚刚获得驾驶资格后经常会做出违反交通规则的驾驶行为，如超速行驶、饮酒驾驶和服用药物驾驶等。为了保障道路交通的安全，我们必须对他们的行为进行监督。对于超速驾驶，通常是通过警察和自动监控系统进行监督，目的是保障年轻驾驶员的安全。

3. 增强老年驾驶员安全意识的措施

（1）提高驾驶员的安全态度

我们可以通过教育的方式强化老年驾驶员的安全意识，增加老年驾驶员的安全知识。基层交通管理部门应当把社区作为教育老年驾驶员的主要阵地，通过交通事故案例警示、发放交通安全宣传册、讲解交通法律等有效方式教育老年驾驶员，增强其交通安全意识，不断增加其交通安全知识和提高其事故预防能力，减少其交通违法行为。对于接受能力较差的老年驾驶员，要深入其家庭进行教育，例如，让子女提醒长辈遵守交通法规等。交通管理部门在日常的执法过程中，要结合老年人的生理、心理特点，在严格执法的基础上推行人性化政策，引导老年驾驶员自觉遵守交通法规，促使他们改掉错误的驾驶行为方式（刘晓晨，2014）。

（2）针对性训练

针对老年驾驶员训练的一些研究取得了一定的效果。结果表明，参加训练的老年人的危险预期反应时比没有参加训练的老年人显著缩短。研究者在平衡了两组被试的能力之后发现这种训练效果依然存在（Horswill et al.，2010）。

（3）限制驾驶

提高老年驾驶员安全性的方法还有限制老年人的驾驶时间，甚至完全杜绝老年人驾驶。但这样做也有消极的结果，如会增加老年人的抑郁（Horswill et al.，2010）。在此对老年人驾驶提出以下建议。

1）避开高峰时间段出行。在高峰时间段，市区主干道路上常常会出现道路拥挤的现象，老年人驾车速度比较缓慢，在拥挤的道路上，他们更容易被挤、被催促，从而心情变得过于紧张，驾车时容易出现动作机械、油门离合配合不当等情况，影响行车安全。

2）避免高速行驶和连续长时间驾车。老年人的应变能力较差，体质相对于年轻人来说要差一些，对车速、车距的判断能力要低于年轻驾驶员。如果高速行驶，一旦出现险情，老年人难以果断采取应变措施。所以，老年驾驶员应避免高速行驶和连续长时间驾车。

3）减少夜间出行和在恶劣天气条件下出行。夜间的道路能见度很低，视线模糊，而在雨、雪、雾等天气条件下，道路能见度低，路面湿滑，稍有不慎便会引发事故。

2.2 疲　　劳

2.2.1 驾驶疲劳的概述

1. 疲劳与驾驶疲劳

（1）疲劳

疲劳（fatigue）是指从唤醒到睡眠的过渡，如果疲劳持续下去，可能会导致睡眠的发生（Lal & Craig，2001）。疲劳的典型症状是主观困倦（subjective sleepiness），是指在唤醒和睡眠之间的过渡期，出现与睡眠的愿望或需要有关的感受和躯体症状，如打哈欠、点头、眼皮下垂（Shen et al.，2006）。但是，由于疲劳的易感性不同以及疲劳症状因人而异，所以，目前还没有任何固定的标准来衡量疲劳。

持续的活动会导致疲劳。研究者进一步将疲劳区分为主动疲劳（active fatigue）和被动疲劳（passive fatigue）（Hancock et al.，1989）。在监控任务中，由任务要求持续而长时间的知觉活动的协调参与而造成的疲劳被称为主动疲劳，由任务要求很少的知觉活动参与、长时间的单调反应所造成的疲劳被称为被动疲劳。主动疲劳和被动疲劳的核心划分依据是工作负荷的过载或者不足。驾驶疲劳是一种以工作负荷不足为核心表征的被动疲劳（窦广波，2017）。驾驶任务常常在单调的环境中进行，两种疲劳任务都有所涉及，因此，有研究者将驾驶疲劳称为任务相关疲劳（task-related fatigue）（Schmidt et al.，2009）。

（2）驾驶疲劳

驾驶疲劳会导致驾驶员身体机能整体性下降，是一种重要的影响驾驶安全的跨年龄、跨情境的生理因素。所谓驾驶疲劳，是指机动车驾驶人在驾驶车辆时，由驾驶作业引起的生理上和心理上的疲劳以及客观上出现驾驶机能减退的现象。驾驶领域中的疲劳被认为是一种心理上或精神上的疲劳。它的主要特点是不愿意继续驾驶、瞌睡、疲劳、驾驶动机降低（Shen et al.，2006）。驾驶疲劳在生理上会引起大脑活动的变化、心率下降以及眼球运动的减少（Lal & Craig，2001）。驾驶疲劳还会导致认知能力下降，如延长编码和反应的时间，这些都可能会导致撞车事故的发生。驾驶疲劳是生理上的一种自我保护性反应，而并非一种病态，只要经过适当的休息就可以消除，体力和能力都可以得到完全恢复。

2. 驾驶疲劳的检测

驾驶疲劳的检测最早可追溯到 1935 年。借助医疗器械，当时的人们主要从医学角度对其进行检测。直到 20 世纪 80 年代才有了实质性的研究工作，美国国会批准了交通部研究交通安全与商业机动车驾驶之间的关系的请求。20 世纪 90 年代，许多国家开始开发研究驾驶疲劳车载电子测量装置，关于驾驶疲劳检测方法的研究得到了进一步的发展。目前，驾驶疲劳的检测主要有以下几个指标。

（1）生理信号

1）脑电指标。脑电信号一度被认为是评价疲劳程度最可靠的指标之一，是人们最早发现的指标。脑电信号被誉为检测人体疲劳程度的“金标准”，是人体的一种重要的生理信号。

国内研究者探讨了驾驶疲劳对非随意注意的影响，结果发现，新异刺激额区 P170 幅值、枕区 N1 幅值因疲劳显著降低；新异刺激额中央区分布的 N2 和 P3a 中，疲劳组 N2 幅值降低显著，P3a 的疲劳效应不明显。结果表明，早期的视觉新异刺激认知障碍由驾驶疲劳引起，并且随意注意能力下降（宋国萍和张侃，2009）。同时，由刺激引发的 P3 幅值对疲劳变化也相当敏感（Papadelis et al.，2007）。

根据振幅和频率的不同，我们可将脑电波分为 α 波、β 波、θ 波和 δ 波。脑电波中的 α 波和 β 波在人处于清醒状态时占主导地位，在人处于疲劳状态时逐渐减弱乃至消失。同时，随着疲劳程度的增加，θ 波和 δ 波出现并不断增强。可见，我们可以通过监测脑电波的主导节律来准确、客观地判断驾驶员的疲劳程度。例如，澳大利亚研究者对 35 名非专业驾驶员进行研究，基准为在他们清醒状态下的平均脑电图（electroencephalogram，EEG）活动，结果得到了他们在清醒、接近疲劳、疲劳、极度疲劳和从疲劳中警醒这五个不同阶段的脑电图的变化特点，该研究为开展驾驶疲劳研究提供了分类标准（Lal & Craig，2001）。

2）生化与心电指标。根据体温和血液中相关激素浓度等参数的变化，我们也可以估计人的疲劳程度（Wright et al.，2002）。例如，驾驶员体内的血氧浓度随着驾驶时间和疲劳程度的增加而降低。我国研究者结合主观评估，考察了驾驶过程中汽车驾驶员心率变异性（heart rate variability，HRV）功率频谱的变化，并且分析了受测者在模拟实际驾驶条件下的心脏自主神经功能状态，研究发现平衡性指标低频/高频的比值增大，反映迷走神经活性指标的高频段减少，反映迷走神经活性指标的低频段增加，这三个指标都具有显著性差异，HRV 反映精神负荷敏感性，驾驶疲劳可通过实验进行定量评估（李增勇等，2004）。在真实驾驶条件下，驾驶员被动疲劳的生理表现是心率下降、HRV 上升（窦广波，2017）。

3）肌电信号（electromyography，EMG）。肌电信号也是一种测量驾驶疲劳的有效指标，实验中，研究者往往在驾驶员的皮肤表面贴上电极贴以记录诱发电位，EMG 经表面电极传至肌电图记录仪，然后研究者对信号进行处理与分析。

（2）行为测量指标

1）眼动指标。眨眼时间是测量疲劳的有效指标（Ingre et al.，2006）。Schleicher 等在大样本研究中发现，疲劳与眨眼时间的增加总是相伴而行（Schleicher et al.，2008）。在研究睡眠程度时，眼动信号被广泛采用。因为在不同睡眠阶段眼睛转动的频率不同，所以，研究者可以根据眼动信号来判断睡眠的阶段。还有研究选取了 39 名驾驶员，通过在实验室内诱发驾驶疲劳后采集到的 HRV 和瞳孔直径等数据得出结论，瞳孔直径大小是预测驾驶疲劳的可靠性指标，当驾驶员报告主观困倦增加后，瞳孔直径显著减小，而 HRV 显著上升（马锦飞等，2014）。

2）面部指标。近年来，随着计算机视觉、图像处理技术、模式识别技术以及机器学习的发展，人的面部表情的视频信息也越来越多地被用于评估疲劳（Bergasa et al.，2006）。根据人在困倦时打哈欠的行为特征，研究者通过捕捉驾驶员嘴部状态来判断其疲劳状况（施树明等，2004）。

3）头部位移指标。头部位置传感器主要是通过监视驾驶员在行驶过程中头部的位移情况来判断其是否在打瞌睡。由 ASCl（Advanced Safety Concepts Inc.）研制开发的头部位置传感器可精确测量驾驶员的头部位置，实时跟踪驾驶员的头部位置。研究者可以利用各个时间段头部位置的变化特征判断出驾驶员是否在打瞌睡。

（3）评估报告法

评估报告法有自评法和他评法两种，二者的区别在于测量结果是由谁做出的，由驾驶员本人做出的是自评法，由专家做出的是他评法。自评法是让被试在驾驶前、驾驶中和驾驶后分别叙述自我疲劳的感觉，使用专门设计的量表调查驾驶员的疲劳感受，根据驾驶员叙述症状的出现频次和程度来评价其疲劳程度。常见量表有瑞典职业疲劳问卷（Swedish Occupational Fatigue Inventory-25，SOFI-25）、Chalder 疲劳量表、驾驶员自我记录表、睡眠习惯调查表、斯坦福睡眠量表等。他评法是让专家根据驾驶员的眨眼、点头、打哈欠和嘴部动作等外部表现来评判驾驶疲劳程度。

（4）绩效测量

由于驾驶疲劳被定义为驾驶机能下降，因此，使用绩效测量来评估疲劳状态具有很高的表面效度。绩效指标包括保持车道的平稳性、方向盘转动的角度、刹车反应时、躲避障碍物的正确率等。出于安全考虑，为了避免驾驶疲劳导致事故发生，绩效测量更适用于基于驾驶模拟器的研究。

3. 驾驶疲劳事故分析

（1）事故与睡眠时间

驾驶疲劳是一种任何驾驶员都易受其影响的危险情况。而且，因为驾驶员不认为那是危险情况，并且往往没有意识到自己有多么困乏或疲倦，所以，驾驶疲劳更加危险。一项调查显示，虽然大多数驾驶员在驾驶过程中有过瞌睡的症状（打呵欠和很难睁开眼睛），但他们没有重视这些症状（Nordbakke & Sagberg，2007）。同类调查还发现，甚至当大多数驾驶员意识到他们困了或者觉得驾驶太累了时，他们还会继续开车（Nordbakke & Sagberg，2007）。2009 年，美国关于睡眠的民意调查显示，有 28%的驾驶员承认，在一年中每月至少有一次在驾驶过程中睡着了或点头打瞌睡。在参与调查的驾驶员中，有 1%的驾驶员承认，在过去的一年中至少有一次交通事故或危险事件是由困倦造成的。相比那些很少承认驾驶疲劳的被试，那些承认驾驶疲劳的被试表示，他们的睡眠需求无法得到满足，在工作日的睡眠时间都少于 6h，他们有失眠和打鼾的症状，使用过睡眠辅助措施（None，2015）。

（2）事故与疲劳

疲劳是高速公路事故的主要原因。多年来的数据说明，由驾驶疲劳所造成的事故的死亡人数一直保持相对稳定。NHTSA 的统计报告显示①，2009 年的撞车事故中，有 1202 人的死亡（占总死亡人数的 2.7%）是由乏力、嗜睡和疲劳驾驶造成的，与之有关的事故损失大约为每年 125 亿美元。

（3）后果的严重性

根据研究，与其他危险驾驶行为相比，疲劳驾驶的事故后果更严重（Wheaton et al.，2013）。Smith 等分析了犹他州关于由车祸导致住院和死亡的相关数据，发

---

① https://www.nhtsa.gov/risky-driving/drowsy-driving[2019-09-27].

现疲劳驾驶员在车祸后住院或死亡的可能性提高了一倍。当车内只有驾驶员一人时，由于没有旁人的监督和提醒，后果更加不堪设想，通过刹车痕迹推断，有的事故中驾驶员甚至没有试图阻止碰撞发生（Smith et al.，2004）。

仅仅根据这些统计数据进行推断可能会低估疲劳驾驶的严重性，因为与酒精检测不同，目前还没有标准的程序能够帮助警方侦测疲劳或困倦，而且与困倦相关的撞车事故往往被归因于其他因素，例如，大家会将疲劳导致的事故误认为是驾驶员注意力不集中而导致的。所以，疲劳驾驶事故的数量及其后果的严重性都远不止上述材料中所呈现的。

2.2.2 驾驶疲劳的特点

1. 驾驶疲劳的生理特点

驾驶员产生疲劳后生理机能下降，随之出现下列症状。

1）视觉系统：视觉模糊，视敏度下降，眼睑下垂，眼睛发涩，眼眶下陷、发黑，眼球颤动，眨眼次数增多，目光呆滞。

2）听觉系统：听力下降，分辨不清声音方位和大小。

3）呼吸系统：气喘、胸闷，呼吸困难，呼吸道、咽喉干燥。

4）循环系统：心跳减慢，血压改变。如果心跳次数低于标准值的20%，就属于驾驶疲劳。

5）面部表情：面部表情呆板，肌肉松弛，颜面无光、不活泼。

6）肌肉骨骼：肌肉疼，关节痛，腰酸、背痛、肩痛，手脚酸胀。

7）中枢神经系统：中枢神经系统代谢及功能水平下降，导致心智活动水平下降。

疲劳程度严重时，驾驶员会出现头脑昏沉、困倦、闭眼时间延长，甚至打瞌睡的现象（郑红雯和卢勇，2010）。

2. 驾驶疲劳的心理特点

疲劳发展到一定程度时，驾驶员会出现一系列心理失衡现象。

（1）感知水平下降

一般经过2～4h的连续驾驶后驾驶员的中枢神经就会产生疲劳感，驾驶员辨认交通标志的能力大大下降，与正常状态相比，要遗漏30%的交通标志，且深视力只有正常情况下的一半。研究者测试了连续驾驶时间对驾驶员深度知觉的影响，结果表明，随着连续驾驶时间的增加，驾驶员的深度知觉能力逐渐下降，深度知觉差异逐渐增大。经过3.5h的连续驾驶，驾驶员的深度知觉能力明显变差，深度知觉差异在4.98mm以上（马艳丽和裴玉龙，2009）。

（2）注意失调

疲劳导致与驾驶行为相关的焦点意识活动减弱，而与驾驶行为不相关的其他意识活动增强，注意稳定性下降，注意分散，接收外界信息的速度迟缓，注意的范围逐渐变窄，注意的分配和转移发生困难，漏看、错看信息的情况增多，经常会注意次要的交通信息，而丢失重要的交通信息，视觉和听觉的非随意注意能力、注意加工能力下降，对视觉新异刺激的早期认知发生障碍（宋国萍和张侃，2009）。

（3）记忆、思维错误

疲劳有损驾驶员的记忆和思维，造成头脑不清醒，对外界事物的思维判断力下降。在过度疲劳时，驾驶员往往会忘记操作程序，违反交通规则，如转弯时忘记开转向灯、不观察车侧及车后情况、走错路线等（郑红雯和卢勇，2010）。

（4）反应时延长

有研究结果表明，不同年龄的驾驶员疲劳后比疲劳前的反应时平均增加 0.1s 左右，有的甚至在 2 倍以上，尤其是对红色信号的反应时显著增加。马艳丽和裴玉龙（2009）测试了驾驶员在连续驾驶一段时间后的选择反应时和反应正确的次数，发现 3.5h 之后驾驶员的选择反应时和反应错误次数显著增加。

（5）操作失误

由于长时间驾驶，驾驶员的肌肉收缩调节能力降低，驾驶疲劳发生后驾驶员驾驶操作的动作准确性下降，协调性受到破坏，自动化程度降低，以致出现操作无力，转换方向、换挡等操作不灵活，动作不协调，踩油门、制动等操作不平稳。疲劳时，驾驶员的判断错误次数和驾驶操作错误次数都大大超过平时，如对道路情况和交通情况的判断错误、对潜在危险的判断错误或处理方法不当等。研究者分析了驾驶员持续驾驶 2h 中每 15min 的表现，发现驾驶员在最后半个小时内转动方向盘的角度和次数变异显著增多（段靓瑜等，2007）。

2.2.3　驾驶疲劳的影响因素

一般而言，广义上的驾驶疲劳很难被定义、预测和调节。May 和 Baldwin（2009）建议，可以把影响驾驶疲劳的这些变量划分为与工作任务相关的因素和与睡眠有关的因素，并且这些因素会相互影响。与工作任务相关的因素包括任务的需要、驾驶的持续时间和环境的单调性；与睡眠相关的因素包括昼夜节律（一天的时间）、睡眠质量、睡眠数量和清醒的持续时间。研究表明，睡眠缺乏会显著影响驾驶行为，驾驶员疲劳的高峰期在上午 6 时、下午 2 时和晚上 10 时左右（段靓瑜等，2007）。

1. 与任务有关的疲劳

（1）任务负荷

国外研究发现，当工作任务过于繁重或是非常枯燥、单调时就会产生疲劳。高密度的交通、恶劣的天气、驾驶之外的额外任务（如手机通话）都会导致主动疲劳（Gimeno et al.，2006）。研究认为，主动疲劳和注意加工资源的局限性有关。当任务要求的负荷超出了注意能力时，个体完成任务的质量就会下降，如在双任务范式中，驾驶员的表现会变差。此外，疲劳会减少注意资源，一旦任务要求的负荷增加，疲劳就会导致注意进一步衰竭（Desmond & Matthews，1997）。

（2）单调

被动疲劳是在驾驶任务单调、自动化或可以被预测的条件下产生的（Gimeno et al.，2006）。在这些情况下，驾驶员的主要工作是监测驾驶环境。当道路交通量小、驾驶员对路线特别熟悉时，这种被动疲劳就有可能发生。例如，Thiffault 和 Bergeron（2003）模拟驾驶任务的研究表明，在单调情况下，驾驶员的驾驶行为表现非常糟糕。例如，驾驶员方向盘的移动量大幅度增加或过度矫正。

（3）工作时间

工作时间也是导致疲劳的因素，并与单调情境相互作用。超过一定时间的驾驶，尤其是在单调的条件下，驾驶员的驾驶行为表现会变差。随着时间的推移，驾驶员出现大幅度的矫正过度和横摆动作（Thiffault & Bergeron，2003）。研究者对驾驶行为和脑电图的比较研究表明，随着驾驶时间的延长，α 波和 θ 波的活动会增加。2010 年，《交通运输部、公安部、国家安全生产监督管理总局关于进一步加强和改进道路客运安全工作的通知》针对防止驾驶疲劳做了明确的规定：客运车辆每日运行里程超过 400 公里[①]（高速公路直达客运超过 600 公里）的，客运企业应当配备两名以上驾驶员。驾驶员连续驾驶不得超过 4 小时，或者 24 小时内累计驾驶不得超过 8 小时。[②]

2. 与睡眠有关的疲劳

诱发疲劳的相关原因包括睡眠质量、昼夜节律、清醒的持续时间和睡眠时间。

有关困倦的两模型理论认为，困倦是由大脑中的两种不同的机制决定的（Borbély et al.，1989）：一种机制是睡觉的压力（即睡眠驾驶），包括清醒持续时间的体内平衡因素。驾驶员清醒的时间越长，他想睡觉的压力就越大。睡眠驾驶的高峰是在晚上 10 时至午夜。另一种机制是保持清醒的能力（即觉醒驾驶），包

---

① 1 公里=1 千米。

② 交通运输部、安全部、安监总局关于进一步加强和改进道路客运安全工作的通知. http://www.china-safety.org.cn/Article/Detail_1068_26_94_9_57.html[2019-09-27].

括昼夜节律和内在体温。驾驶觉醒程度的高峰通常出现在晚上 7 时至 9 时，在凌晨 4 时至 5 时最低。发生交通事故的风险在昼夜节律低的时候有所增加，但会随着觉醒时间的增加而降低。

（1）身体内在平衡因素

对困倦有影响的身体内在平衡因素是指清醒的时间。一个人保持清醒的时间越长，其行为表现越差，困倦程度越强。困倦受到睡眠剥夺的影响。限制睡眠和没有获得充足的睡眠都会导致困倦增加。研究证明，这种身体内在平衡会对驾驶行为和心理活动警觉性测试有影响（Baulk et al.，2008）。他们让被试保持 26h 的清醒状态，并分别在清醒的 4h、8h、12h、24h 完成驾驶测试和心理活动警觉性测试。被试还需要在 8h 的恢复期后接受测试。研究发现，车道变化次数和速度偏差量随清醒时间的增加而增加。而在心理活动警觉性测试中，反应时和失误次数也随清醒时间的增加而增加。这些状况在 8h 恢复期后的测试中都得到了改善。

还有研究表明，相对于一整夜的睡眠（8h），完全的睡眠剥夺会导致更大的行车位置及速度变化，导致被试在模拟驾驶环境中的反应时增加。与睡眠 8.5h 的驾驶员相比，睡眠 2h 的驾驶员选择路线的错误率更高、反应时更长、嗜睡感觉更强。睡眠不足的驾驶员表现出较高频率的注意失误以及在模拟驾驶任务中有更多的闭眼行为（Philip et al.，2005）。

Ware 等测试了睡眠剥夺对跟踪任务、警觉和驾驶行为表现的影响（Ware et al.，2007）。在测试后，被试还进行了多重睡眠潜伏期实验。这些测验分别在 8h、4h 和 0h 的晚间睡眠剥夺条件下完成。在模拟驾驶任务中，这三种睡眠剥夺条件会显著导致驾驶员控制车道位置稳定性的差异。

（2）昼夜节律

昼夜节律界定了一个人的睡眠和唤醒模式。它被认为是身体内部的时钟，促使人类在夜间睡觉和在白天保持清醒。在夜间，昼夜节律会使警觉下降，人更容易睡着。在昼夜节律的波谷期间，行为质量下降很明显。研究发现，在凌晨 2 时至上午 6 时和下午 2 时至 4 时，与睡眠相关的撞车事故发生的次数有所增加，这些时间对应着昼夜节律的波谷（Pack et al.，1995）。

昼夜节律的影响在驾驶模拟器任务中也得到了证明。研究表明，速度和反应时的最大波动是在上午 6 时、下午 2 时和凌晨 2 时。一天中的不同时间会影响驾驶行为的表现，在夜间驾驶时，车道位置的变异性更大，穿越路线的频率更高以及主观嗜睡情况也更多（Åkerstedt et al.，2010）。

根据困倦的两模型理论可以建立数学模型，其可以被用来预测道路交通事故（Åkerstedt et al.，2008）。一天中的不同时间、清醒时间和总睡眠时间都是预测撞车事故风险的因素，将这些因素结合起来可以创建睡眠和唤醒预测因子。为了检验该模型，研究者将模型跟严重撞车事故的数据相拟合，对数据进行随机配对的控制。他们召集这些事故的驾驶员来获得睡眠数据，发现睡眠和唤醒预测因子能显著预测交通事故的发生。

3. 与任务有关的疲劳和与睡眠有关的疲劳的交互作用

与任务有关的疲劳和与睡眠有关的疲劳会产生交互作用，从而加重驾驶员的疲劳程度，进而影响其驾驶行为。睡眠和唤醒驾驶的理论包括次级觉醒驾驶（secondary wake drive）和次级睡眠驾驶（secondary sleep drive）。次级觉醒驾驶可能会被来自环境的感觉输入影响，包括姿势、照明和工作负荷，驾驶行为可能会在更大程度上受到保持清醒的能力的影响。当驾驶员产生困倦时，如果他与环境有相互作用，这可能会帮助他保持清醒。次级睡眠驾驶和清醒时间有关，一个人保持清醒的时间越长，其次级睡眠驾驶行为就会越多。在睡眠期间，次级睡眠驾驶是会减少或消失的。这表明，随着睡眠缺失程度的增加，环境和动机因素可能不足以让一个人清醒，睡眠将会占上风。这一理论较好地整合了环境因素对困倦、生理周期和体内平衡因素的影响。

国外研究者详细综述了清醒的时间和睡眠剥夺的时间、持续注意和路况单调对驾驶行为的影响。他们提出，昼夜生理因素不直接影响驾驶行为，而是与其他因素相互作用，使驾驶员更易发生驾驶疲劳（Williamson et al.，2011）。有研究者以北京的出租车驾驶员为研究对象，发现年龄会影响他们的身体疲劳，而驾驶经验会影响他们的心理疲劳。不同经验的驾驶员对信息的敏感程度和紧张程度是不同的，无经验驾驶员更容易涉及疲劳导致的事故（任鑫峰等，2007）。

2.2.4 改善措施

1. 驾驶员自我唤醒

在驾驶时，驾驶员使用各种方法使自己保持清醒。瑞典的一个全国性调查显示，最常见的用于保持清醒的手段包括停下车来散步、听收音机、打开窗户、喝咖啡以及和乘客交谈（Anund et al.，2008）。其中，听收音机和打开窗户被所有的驾驶员（职业和非职业）视为有效手段。非职业驾驶员也使用互动技术，如用手机和别人交谈来保持清醒（Gershon et al.，2011）。

有些研究证明，这些手段的唤醒效果只是暂时性的。例如，Reyner 和 Horne（1998）进行了一项研究，让 16 名年轻人减少 5h 的夜间睡眠时间，随后让他们在驾驶时分别受到冷空气、音乐的干预或没有任何干预。结果表明，虽然音乐似乎比冷空气的干预效果更好，干预效果维持的时间更长，但是，在车道偏移的次数或意外事故诱发方面两种条件之间没有显著差异。

经过实证研究检验的可有效应对疲劳的措施包括停车休息、小憩、摄入咖啡因。喝咖啡和小于 15min 的小憩（或两者都有）对驾驶疲劳是非常有效的，唤醒作用可持续一个半小时左右（Aidman et al.，2018）。其他研究者也发现了类似的结果，咖啡因和小憩能改善驾驶行为、主观困倦和困倦的脑电图趋势（Reyner & Horne，1998）。职业驾驶员更倾向使用这些措施，并认为它们是有效的（Gershon et al.，2011）。

2. 公路预警系统

道路两侧或沿中心线设置减震带就是为了提高驾驶员的警觉性而设计的，当驾驶员穿过或沿减震带驾驶时就会产生一声巨响（May & Baldwin，2009）。磨砂的减震带是最常见的，并建造在柏油路的路肩上。考察中心线减震带有效性的研究表明，由于路面颠簸，乡村道路上的撞车事故明显减少。越野道路上的减震带在减少越野车撞车事故方面也表现出有效性（Persaud et al.，2004）。

在驾驶模拟器的研究中，国外研究者测试了磨砂减震带对疲劳和驾驶行为的影响（Anund et al.，2008）。结果显示，减震带可以改善驾驶绩效和疲劳状态，困倦的脑电指标、眼闭持续时间、车道位置变化以及主观疲劳感都有所下降，而这种影响是短暂的，在驾驶员碰撞减震带后约 5min 疲劳会再次出现。这说明，减震带不能对抗疲劳或困倦，但可以提醒驾驶员当前有困倦的表现和行为水平下降，应该休息一会儿。

3. 疲劳预警系统

基于驾驶疲劳和困倦的一些敏感指标，许多公司开发出针对疲劳的预警系统。常用的疲劳预警系统包括嗜睡预警系统、车道保持预警系统以及防撞预警系统。

（1）嗜睡预警系统

在货运业中，研究者充分考虑到驾驶员的嗜睡特点，针对眼闭、车道位置变化、一天中的不同时间段等变量设计预警系统（Åkerstedt et al.，2010）。

计算机监控和眼闭分析已经被证明是鉴别嗜睡的有效工具。基于对眼睛的视频监控、眼闭百分比，该系统可以计算出眼睑遮住瞳孔的程度。此类系统在道路驾驶研究和长达 42h 睡眠剥夺的心理活动警戒任务中得到充分的验证，目前被用于对驾驶员注意状态的监测，也可为长途货运业服务，为驾驶员提供声音警报和眼闭百分比的测评结果（May & Baldwin，2009）。

（2）车道保持预警系统

车道改变可以分析驾驶员通过摄像机接收到的公路视觉信息，从而确定车道边界，以在驾驶员无意识地驶出车道时提醒他们（May & Baldwin，2009）。例如，安全牵引力控制系统和线上自动检测系统都会使用这种技术。线上自动检测系统通过发出一种虚拟的减震带声音提醒驾驶员，并被安装在一些客运车辆上。当驾驶员离开车道时，安全牵引力控制系统发出声音警报并计算驾驶表现得分。

通过分析矫正方向盘的动作幅度和频率，研究者也可以侦察驾驶员的车道保持平衡性。方向盘转动监控器可以用来分析驾驶员纠正方向盘的细微运动。当方向盘运动失常时监控器就会发出警报提醒。

（3）防撞预警系统

防撞预警系统可以提醒驾驶员潜在的追尾或从侧翼而来的撞击，这种技术对于较长单调路程的驾驶疲劳特别有效（May & Baldwin，2009）。防撞预警系统可以测量碰撞的时间及其进展以及两车之间的距离。研究者演示了这种类型的系统对预警与任务相关的疲劳的有效性，发现在驾驶模拟器任务中，一个潜在的迎面碰撞前的听觉预警出现时，驾驶员能较少卷入与任务相关的疲劳事故中（Wu et al.，2018）。

4. 法律法规

2007 年，美国国家睡眠基金会的报告指出，美国的 27 个州中有 9 个州对警官进行了疲劳驾驶相关知识的培训。[①]例如，在弗吉尼亚州，在疲劳驾驶或与睡眠相关的致命事故中，警官可以指控瞌睡驾驶员鲁莽驾驶和过失杀人罪。在弗吉尼亚州警方的报告中，驾驶疲劳被列为驾驶员注意力分散的一个复选框的选项，并且很多驾驶员都会选择这一选项。该州法律明确规定，驾驶员的教育课程中必须包括预防驾驶疲劳的内容。[①]

2.3 药 物 作 用

2.3.1 药物驾驶概述

1. 定义

（1）酒驾

酒驾（drunk driving）是交通事故发生的主要因素。《车辆驾驶人员血液、呼气酒精含量阈值与检验》（GB19522—2004）规定：车辆驾驶人员血液中的酒精含

① National Sleep Foundation. 2007. State of the States Report on Drowsy Driving.

量大于或者等于 20mg/100ml，小于 80mg/100ml 的驾驶行为为饮酒驾车；车辆驾驶人员血液中的酒精含量大于或者等于 80mg/100ml 的驾驶行为为醉酒驾车。

（2）毒驾

毒驾（drug driving）是指未戒断毒瘾的患者和正在使用毒品的驾驶员驾驶机动车的行为。

《中华人民共和国道路交通安全法》第二十二条规定："饮酒、服用国家管制的精神药品或者麻醉药品，或者患有妨碍安全驾驶机动车的疾病，或者过度疲劳影响安全驾驶的，不得驾驶机动车。"①

（3）药驾

药驾（drug driving）是指驾驶员在服用了某些可能影响驾驶安全的药物后依然驾车出行的现象。这些药物常用、易得，个体服用之后可能会产生不同程度的不良反应，因而很容易酿成祸患。

2. 检测

可以使用多种样本进行药物分析，如血液、唾液、尿液、汗液和头发等。每种样本都有各自的特点。各样本检测的有效期如图 2.2 所示。

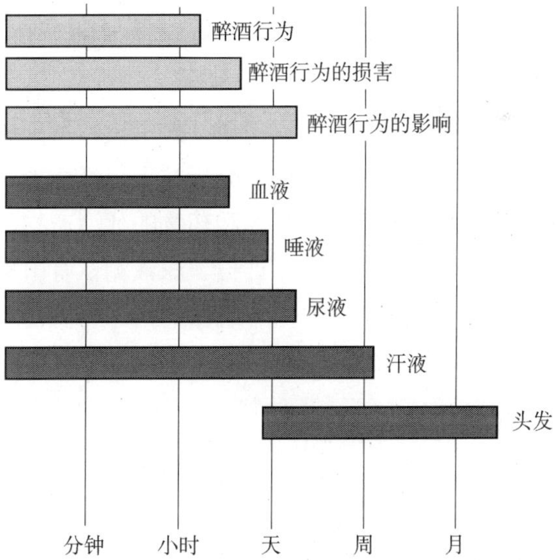

图 2.2　各种醉酒行为和样本的药物检测期

醉酒（酒精含量大于或者等于 80mg/100ml）状态会持续几个小时，醉酒的损害持续时间更长，在人清醒后的几个小时内仍然会损害人体的各种机能，而酒精

① 中华人民共和国道路交通安全法. 公安部网站. http://www.chinanews.com/n/2003-10-29/26/362098.html [2003-10-29].

对人体的影响可以持续数天。

（1）血液测试

驾驶中，要查明药物浓度，血液可能是首选样本。

（2）唾液测试

混合唾液是最接近基质的药物检测，主要由来自下颚腺（65%）、腮腺（23%）、舌下腺（4%）的分泌物组成。唾液中通常含有药物母体，而不是药物代谢的产物（如尿液中存在的）。通常认为，与血液和尿液相比，唾液搜集对驾驶员的侵入性较低，并且能够作为检测最近使用药物和行为损害的优秀基质。

（3）汗液测试

随着时间的推移，通过汗液搜集能够揭示之前药物使用的累计记录。但是，由于样本需要长时间累积获得，并且需要送进实验室分析，因此，它并不适合进行路边测试。目前，我国还没有检测汗液中药物的国家标准，也没有汗液测试的国家检定程序。

（4）头发测试

虽然使用头发分析药物滥用的技术已经取得进步，但是仍然存在许多未解的问题，例如，对于药物是如何进入头发的仍然很不清楚。由于头发按照每个月半英寸[①]的比例生长，因此，它不适用于对当前使用的药物进行检测。

（5）尿液分析

药物测试的尿液分析技术已经被广泛使用。在美国，每天都有大量的药物测试在工作场所进行，与其他技术相比，尿液分析技术已经成为标准模式。使用药物几天后，仍能在人们的尿液中检测出药物和药物的代谢产物。因此，阳性尿液测试是人们在过去几天内使用药物的坚固证据。尿液测试有国家标准，同样也有国家检定程序。许多在法律上对酒驾“零容忍”的国家目前使用尿液测试来完善他们的法律。

3. 药物驾驶事故分析

（1）酒驾

血液酒精浓度（blood alcohol concentration，BAC）作为血液中酒精含量的指标，代表了个体过去几小时内个体消耗的酒精量。阳性 BAC 代表 33%～69%的致命事故和 8%～29%的非致命事故（Fabbri et al.，2005）。目前，相关研究的数据大多数来自死亡或者受伤驾驶员的血样分析。尽管不同研究之间的数据精确性依据样本获取方法的不同而不同，饮酒和驾驶的频率在不同国家之间也有所差异，

① 1 英寸=2.54 厘米。

但是，在所有年龄组中，酒精摄入是造成死亡和机动车事故的第三大诱发因素（Mokdad et al.，2004）。

Krüger 和 Vollrath（2004）报告了德国一个大规模个案对照研究的结果，发现 BAC 在 0.05%以下的驾驶员与审慎驾驶员发生事故的可能性之间没有区别。超过这个值后，发生事故的可能性急剧升高。BAC 为 0.05%～0.08%的驾驶员比审慎驾驶员发生事故的可能性高 3 倍。BAC 为 0.109%～0.159%的驾驶员比审慎驾驶员发生事故的可能性高 15 倍。BAC 为 0.16%或者更高的驾驶员比审慎驾驶员发生事故的可能性高 36 倍。

喝醉的驾驶员会被卷入更多的机动车碰撞事故中，比其他驾驶员被卷入致命事故的可能性多出 17 倍。在美国，每年有超过 1.59 亿件由酒精摄入所导致的肇事事件，几乎每小时就有 2 起与酒精摄入相关的交通死亡事故发生。2008 年，在美国 36 790 起交通死亡事故中，有 32%（11 773 起）的事故与酒精摄入相关（Moulton et al.，2010）。

中国的超速和酒后驾驶问题较为严重，虽然这一问题在 2004 年后开始有所缓解，但是由超速和酒后驾驶所导致的事故发生率依然居高不下。2004—2010 年，广东省有几个因素与超速和酒后驾车相关。例如，男性驾驶员在晚上路灯照明不足和能见度不足的情况下驾驶私家车时，容易出现超速和酒驾现象。由于酒驾现象发生较频繁，因此，减少超速和酒后驾驶率将挽救成千上万人的生命（Zhang et al.，2014）。

另外，有调查发现，总体上，酒驾者比非酒驾者存在更多的心理问题，主要表现为躯体化、焦虑、抑郁、敌对。该研究认为，酒驾行为的发生正是受到上述不良心理状态的影响，揭示了酒驾者通过酒驾等冒险行为来舒缓内心的敌对、抑郁、焦虑，以冒险行为来缓解不良情绪，来掩盖和替代自身原有的心理与躯体症状的规律。因此，在针对酒驾者的心理干预中，除了需要帮助其提高对自身负性情绪的管理能力、减少其负性情绪外，还需要及时矫正其不良认知，消除其对社会与个人的偏见，以缓解其敌对态度，并且要注重对其躯体症状的控制（郑维芳等，2013）。

（2）毒驾

毒驾作为道路安全的重大隐患已经日渐显现。相关数据显示，截至 2009 年，我国登记在册的吸毒人员已达 133.5 万人，比上一年增加 20 余万人。[①]这些吸毒人员中有相当一部分人拥有驾照。以浙江省为例，该省有机动车驾驶证的吸毒人

---

① 截至 2009 年底我国登记在册吸毒人员 133.5 万名. 中国政府网. http://www.gov.cn/gzdt/2010-02/01/content_1525435.htm[2010-02-01].

员占在册吸毒人员的1/4。[①]

人们经常使用交通事故的统计数据去评估毒品引起事故的潜在性，但是由于缺乏一个清晰的确定个体近期是否使用毒品的指标，使检测变得非常复杂。与酒精相比，人们不能使用血液或者尿液检测去确定个体最后使用毒品的时间，因为某些毒品的代谢产物在使用后会在身体中存在很长时间（几天甚至几周）。

（3）药驾

尽管调查显示，16%～18%的交通死亡事故是由服用药物（除酒精之外）引起的，但是通常情况下这些药物是与酒精联合使用的（Fitzpatrick et al.，2006）。下面是关于药物影响驾驶的总结：①大剂量通常比小剂量影响更大；②熟练的任务比新奇的任务受到的影响更小；③药物通过削弱驾驶员察觉事物的能力或者延长反应时来影响驾驶行为；④苯丙胺会鼓励风险行为，而苯二氮平类药物和吗啡能够损害驾驶员对意外、紧急事件的注意或应激反应的能力。

服用精神药品或麻醉药品后，驾驶员自身的判断能力、控制能力和反应速度等驾驶能力会降低，发生交通事故的概率会增加。这是因为，吸毒会使一定的化学物质进入人体，这些物质会在人体内发生某种生理反应，对人的中枢神经系统产生作用，主要表现为使人的精神兴奋或抑制，并最终使人意识模糊。吸毒者经常会出现幻觉和幻听，他们若在这种情况下驾驶，则极有可能会视线模糊，肢体失去平衡，极易导致交通事故，严重影响交通安全秩序，甚至造成人员伤亡，破坏社会的和谐稳定。

2.3.2 药物驾驶的特点

1. 酒驾的特点

酒精进入人体后首先会影响大脑机能，尤其是影响人的思维活动和判断能力。驾驶所需的心理机能包括识别路面信息、注意分配、保持警觉、视觉追踪、快速反应、决策以及执行策略等能力（Schermer，2006）。酒精能够广泛地影响驾驶所需的心理机能，导致许多心理上的变化。

（1）视觉

当BAC为0.03%时，低水平的视觉功能，如相对敏感性和眼球运动就开始受到影响；而当BAC达到0.07%时视敏度才会受到影响。

驾驶员的颜色视觉极容易受到酒精的影响。当BAC大于等于0.10%时，驾驶员的颜色感觉能力下降，不能正确知觉交通信号和交通标志、标线。

---

① 浙江拟规定吸毒人员隔离戒毒期间驾照将被注销. 新浪网. http://news.sina.com.cn/c/2011-09-28/132723231430.Shtml[2011-09-28].

饮酒后驾驶员的视野范围缩小，主要集中于道路前方的目标上。由于外周视觉范围缩小，很多重要信息无法被驾驶员看到，这是非常危险的。此外，驾驶员眩光的恢复时间也会显著增加。

在大量酒精作用下，驾驶员的深度知觉与速度知觉能力迅速下降，选择反应时延长，注意分配能力呈线性下降。在酒精作用下，驾驶人的皮肤电反应降低，心率升高，注视点数目减少，平均瞳孔直径变大，眼跳次数减少，眼跳速度峰值降低，眨眼次数减少，平均眨眼时间增加等。在少量酒精作用下，驾驶人的中枢神经系统会变得兴奋，并有可能增强部分驾驶人的副交感神经系统的功能（裴玉龙等，2012）。

（2）注意

酒精对人的认知影响首先是注意。由于醉酒驾驶员的很多认知能力都下降了，因此，为了补偿，他们会将注意力集中于主要任务而忽略其他任务。例如，醉酒驾驶员会把注意力集中在驾驶操作的某个方面，尽量维持正常的驾驶控制，以逃避警察检查。然而，这种状态可能会导致驾驶员忽略周围环境中其他潜在的危险。

（3）思维

饮酒的驾驶员倾向高估自己的能力，增加风险操作。当清醒时，驾驶员会慎用急转弯策略。但是当饮酒后，其可能会频繁尝试使用这种策略。驾驶员在喝醉时与清醒时相比，倾向更加快速地驾驶。此外，喝醉的驾驶员会有一种错误认知，认为自己能够胜任驾驶。

（4）情绪

平时谨慎、规矩的驾驶员，在饮酒后可能会出现驾驶愤怒和攻击等行为表现。

2. 毒驾的特点

（1）认知

实验室研究显示，服用苯二氮平类药物（镇静剂）后，驾驶员的行为特点包括反应时延长、目标检测率降低、驾驶操作受影响（Friedel & Staak，1993）。此外，其判断能力也会受到损害。

国外研究者对 120 个探究大麻（致幻剂）对心理机能和驾驶操作产生影响的研究进行了元分析，得出的结论是，大麻能够严重损害驾驶操作的各个方面，如行动路线、心理运动能力（受个体意识支配的精细动作能力）、反应时、视觉功能、注意力、编码以及操作技能。吸食大麻后的两个小时内，其对人体的损害是最显著的。注意、行动路线和心理运动能力最容易受到影响（Berghaus & Guo，1995）。

2012 年，研究者在新西兰进行了关于驾驶员在患病期间服用药物后的驾驶行为，驾驶员经常服用的四种主要类型的药物是酒精、大麻、甲基苯丙胺和苯二氮。酒精是主要物质，其次是同时服用酒精和大麻以及单独服用大麻。近半数进行冒险驾驶的驾驶员有过服用酒精或者大麻的经历，并且只有 1/3 的人有驾照。这类人中的大多数人出现了事故，且超过一半的人是主要责任方。因此，应当关注药物对驾驶的影响，通过研究吸毒者来减少危险驾驶的发生（Robertson et al.，2014）。

（2）人格

研究发现，长期服用苯丙胺会改变驾驶员的人格特征，增加事故风险。随着剂量的增加，驾驶员的协调能力会逐渐下降，高剂量还能够使驾驶员产生妄想。另外，服用可卡因会引起驾驶员人格特征的短暂改变，使其驾驶行为具有高冲动性（Macdonald et al.，2004）。

3. 药驾的特点

临床上服用后会对驾驶产生负面影响的药物有十多种，多用于治疗一些常见疾病，其中最常见的是治疗感冒的药物。

（1）视觉

服用降压药后，驾驶员会出现视力模糊等特点，抗心绞痛的药物也会使其产生视物不清、头晕乏力等症状。含有可待因的镇咳药会导致服用者产生视觉障碍和忽然疲乏，其他常见镇咳药是中枢性镇咳药，有致疲惫、困倦的作用，可能会影响到驾驶员思维与操纵的灵敏性。

（2）听觉

人在大剂量服用解热镇痛剂后会出现听力减退、耳鸣、眩晕等症状。治疗感冒的药物主要作用于中枢神经系统，并对其产生抑制作用，其主要不良反应有嗜睡、困乏、视力模糊、头痛等，出现嗜睡、听力减退等，严重影响驾驶员的行车安全。

（3）注意

长期服用抗生素会使驾驶员的注意力减退、反应能力和动作协调能力下降。

（4）思维

长期使用止痛药的驾驶员不仅会出现幻觉，还可能成瘾。驾驶员的判断能力、决策能力、定向能力、操作能力均会受到影响。在药效作用期内，驾驶员会出现反应迟钝的症状，这对于瞬息万变的交通环境来说无疑是危险的。

2.3.3　药物对驾驶安全的影响

1. 酒精对驾驶安全的影响

酒精对人的作用与人体内的 BAC 是密不可分的。具体来说，酒精对人脑的作用过程可以分为三个阶段。

（1）兴奋

当 BAC 为 0.02%～0.04%（20mg/100ml～40mg/100ml）时，高级神经中枢会产生抑制作用，对低级神经中枢失去控制（范士儒，2005）。所以，饮酒的驾驶员最初会显得异常兴奋，感觉舒适，情绪好，过度自信，但是，其控制能力部分丧失，好冒险行为，表现出较强烈的冲动性和爆发性。

1）对控制能力的影响。在相对较低的 BAC 条件下，主体反应和控制行为比无意识行为更容易受到影响。当 BAC 为 0.02%时，驾驶员的注意能力会受到影响；当 BAC 为 0.04%或更低时，其操作技能开始受到损害。

2）对思维的影响。Tiplady 等（2004）调查了酒精对驾驶员自我评估的影响。实验中，在不同酒精消耗量的条件下，连续 3 天要求大学生参与者进行电脑操作测试。每个人的操作测试在这 3 天内都是相似的。但是，酒精剂量越高，会有越多的参加者高估自己的操作能力。另外，酒精对错误知觉有特殊的影响。在驾驶中，过度自信是非常危险的，它会导致驾驶员把驾驶速度放在第一位，并且有可能导致其超速驾驶。如果酒精影响错误知觉，那么，喝醉的驾驶员与平时相比会更少地关注错误，相应地，如果饮酒的驾驶员没有发生事故，那么，他们将更加确信自己能够应付酒后驾驶。

（2）失调

当 BAC 达到 0.05%时，驾驶员的眼球运动、眩光抵抗力、视知觉、反应时、注视能力、信息加工和心理机能的其他方面都将受到损害。随着 BAC 的上升，交通事故的风险也逐渐增大。当 BAC 达到 0.06%时，个体的反应能力首先会受到损害，一旦 BAC 达到 0.08%，其损害程度会进一步加剧（范士儒，2005）。

年轻、没有经验的驾驶员对酒精的作用更加敏感，酒后驾驶的风险也更高。事实上，BAC 为 0.05%的、没有经验的驾驶员发生交通事故的概率是浓度更高的、有经验驾驶员的 2.5 倍。

（3）昏迷

BAC 为 0.10%～0.14%的驾驶员发生致命事故的概率比清醒驾驶员高出 48 倍。当 BAC 为 0.15%或更高时，其发生致命事故的概率比清醒驾驶员高出 382 倍。

在发生致命交通事故的驾驶员中，超过 50%的驾驶员的 BAC 达到 0.16%或更高（McCammon，2001）。

此外，酒精对疲劳有直接影响，饮酒能够显著降低警觉测试的成绩。

2. 毒品对驾驶安全的影响

不同药物影响驾驶的机制不同：一些药物影响驾驶在于它们的安神作用，而另一些药物影响驾驶在于它们能影响驾驶员的性格，如可卡因可能增加攻击性。

（1）镇静

巴比妥类药物能够使人脑从过度兴奋状态转变到睡眠状态，这一点与酒精的生理影响类似。此外，巴比妥类药物能够随人们所处的情境的不同使其产生攻击或抑郁情绪。

研究发现，服用苯二氮平类药物与上升的事故风险之间有密切联系。苯二氮平类药物使用者肇事的可能性比没有服用此药物的驾驶员高出 6 倍，而事故的风险程度依赖于苯二氮平类药物的具体使用方式（Vingilis & Macdonald，2002）。

驾驶员在服用安眠镇静药物后短期内不可以驾驶，因为这类药物在体内代谢得比较慢，药效完全消失需要的时间比较长。前一天晚上服用药物，药效可能持续到第二天中午，如果在这段期间驾驶，驾驶员会出现头晕、注意力分散、思想不集中以及瞌睡等症状。

（2）兴奋

兴奋剂，如苯丙胺（安非他命，Amphetamines）和可卡因（Cocaine）可以潜在地影响驾驶，甚至会改变驾驶员的性格。可卡因是一种强大的中枢神经系统兴奋剂。它的效果与苯丙胺非常相似，但是持续的时间较短：苯丙胺的影响可能持续几小时，而可卡因在 1h 内就可能被新陈代谢掉。

（3）麻醉

麻醉剂的影响类似吗啡，能够产生一种令人愉快的、梦幻般的、过度兴奋的状态。海洛因是吗啡的一种半合成的衍生物，但对人体的影响力度却增加了 3 倍。美沙酮（对于想要戒掉海洛因成瘾的人来说，其可以作为海洛因的替代物）与吗啡有相似的止痛作用，但其引起的兴奋程度较低。止痛药是可以合法使用的麻醉剂。

麻醉剂的药效持续时间为 3～5h，研究发现，适度剂量的麻醉剂不会严重影响操作，特别是在耐受性产生之后（Vingilis & Macdonald，2002）。

（4）致幻

致幻剂是指能够使人产生幻觉的药物，主要特点是能够使人的意识尤其是感知觉发生扭曲。致幻剂使人产生欣快感，增强其感觉的敏感性，并且使其时间知觉错乱，也可能使人产生焦虑、恐怖和妄想，还能够造成思维和判断的混乱。常见的致幻剂有大麻（主要致幻成分为四氢大麻醇）、摇头丸、麦角酸二乙基酰胺和墨斯卡灵等。

不同剂量的四氢大麻醇会影响认知、心理运动能力和实际的驾驶操作。换句话说，四氢大麻醇的剂量越大对驾驶操作的损害程度越大。当达到人体体重每千克中含有 300μg 四氢大麻醇时，其损害水平基本上与 0.05%的 BAC 对人脑的损害程度相同。实验研究认为，与更加复杂的、需要意识控制的驾驶任务相比，高度自动化的行为（如选择行动路线）受四氢大麻醇影响的程度更大。在模拟驾驶中，大麻延长了任务反应时，而反应时对于机车操作来说至关重要（Moskowitz et al., 1976）。

2.3.4　改善措施

1. 严惩酒后驾驶

相比于其他国家，我国对酒后驾驶的惩罚力度较轻。例如，澳大利亚强制要求驾驶员配合检查血液中的酒精含量。对此我们提出以下建议。

1）完善法律法规，加大查处力度，要坚持严管严罚，始终保持“高压线，零容忍”的严管态势。

2）加大严禁酒后驾驶和有关交通肇事严重后果的宣传。通过各种宣传手段向社会和机动车驾驶员传达严禁酒后驾驶的思想，使社会形成反对酒后驾驶的风气，使个体产生相应的意识，有助于机动车驾驶员自觉规范自己的行为，抵制酒后驾驶。

3）加强对公务用车的管理，从公务人员尤其是政法干警做起，杜绝酒后驾驶，从而为社会起到模范和榜样作用。

2. 提倡合理用药

世界医疗保健机构在 20 世纪 80 年代建议，凡是服用后会使驾驶员反应迟钝、注意力下降，并且影响驾驶操作的药物，驾驶员在服用后都不要开车，包括 7 种药物：①对神经系统有影响的药物；②催眠药物；③使人恶心和产生变态反应的药物；④兴奋剂；⑤治疗癫痫的药物；⑥治疗高血压的药物；⑦止痛药物。[①]

此外，驾驶员在医生开处方之前要说明自己的职业，避免处方中有威胁驾驶的药物。驾驶员在服药时应注意药物的禁忌与用量，还需要特别注意的一点是，服药后，在药物血液浓度处于高峰时，驾驶员应尽量避免驾驶。

---

① 服药对安全驾驶的影响. 安全管理网. http://www.Safehoo.com/item/260056.aspx[2020-11-05].

关键术语

过度卷入（over-involvement）：某一年龄组中，与事故相联系的犯错驾驶员的数目。

交通失控（ran traffic control）：当驾驶员应该停下来或保持汽车静止时却没有停下来，或者没有及时让道，撞上其他汽车。

疲劳（fatigue）：从唤醒到睡眠的过渡，如果疲劳持续下去，它可能会导致睡眠的发生。

驾驶疲劳（fatigue driving）：所谓驾驶疲劳，是指机动车驾驶人在驾驶车辆时，由驾驶作业引起的生理上和心理上的疲劳以及客观上出现驾驶机能减退的现象。

主观困倦（subjective sleepiness）：疲劳的典型症状，是指在唤醒和睡眠之间的过渡期，出现与睡眠的愿望或需要有关的感受和躯体症状，如打哈欠、点头、眼皮下垂。

主动疲劳（active fatigue）：在监控任务中，由任务要求持续而长时间的知觉活动的协调参与而造成的疲劳。

被动疲劳（passive fatigue）：在监控任务中，由任务要求很少的知觉活动参与、长时间的单调反应所造成的疲劳。

毒驾（drug driving）：未戒断毒瘾的患者和正在使用毒品的驾驶员驾驶机动车的行为。

药驾（drug driving）：驾驶员在服用了某些可能影响驾驶安全的药品后依然驾车出行的现象。

血液酒精浓度（blood achohol concentration，BAC）：作为血液中酒精含量的指标，代表了过去几小时内个体消耗的酒精量。

第3章　驾驶员视知觉

本章介绍驾驶员视知觉的定义、意义及其表现和机制，分别阐述驾驶员色觉缺陷、暗适应、眩光、弯道错觉的概念、特点、影响因素及改善措施。

3.1　驾驶员视知觉概述

3.1.1　驾驶员视知觉的定义和意义

1. 驾驶员视知觉的定义

视知觉（visual perception）是人脑对直接作用于视觉器官的事物的整体反映，如对物体的形状、大小、距离和运动的知觉。驾驶员视知觉（driver visual perception）是驾驶员在驾驶过程中对直接作用于视觉器官的事物的整体反映。个体所获得的80%以上的信息来自视觉，所以，研究驾驶员的视觉特点是非常必要的（Vasconcellos，1995）。

2. 驾驶员视知觉的意义

（1）获得信息

驾驶员需要在自身发生位移的情况下感知动态信息，在辨识障碍物时，驾驶员要做到既准确又迅速。既要保证时间，又要考虑速度，这就需要驾驶员具有良好的视知觉。

很多研究者都强调视知觉在驾驶中的重要性。例如，驾驶员可以利用的90%的信息是通过视知觉获得的。但也有研究者质疑这个数据。尽管在技术上可以定量地测量信息，但是我们始终不能精确地知道来自环境中的什么信息会被驾驶员利用，更不用说精确到某种特定的信息源能够给予驾驶员多少信息量。然而研究者一致认为：驾驶员非常依赖视觉信息（Hills & Burg，1978）。

（2）加工信息

视知觉不仅能够为驾驶员提供信息，并且能够使其对获得的信息进行加工。在知觉过程中，通常包括两种加工方式：自下而上加工和自上而下加工（图 3.1）。

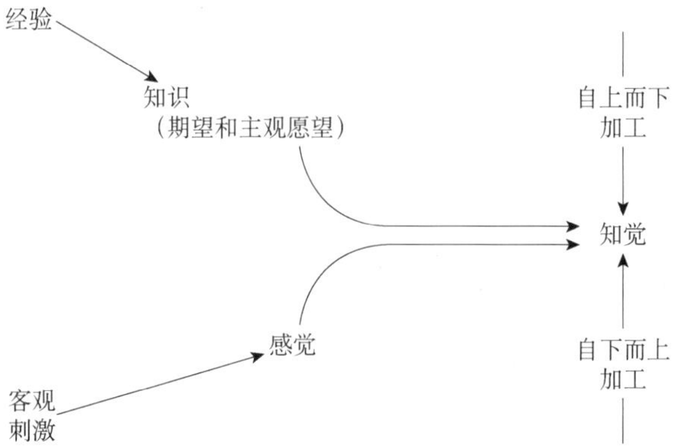

图 3.1　自上而下加工与自下而上加工（威肯斯等，2007）

自下而上加工是指知觉分析刺激的原始特征（如颜色），知觉也就由此开始。但是，在某种程度上，如果人们过去经历过一起出现的一组特征（交通路口的信号灯），而且人们对这些同时出现的特征很熟悉，那么这些成组的特征通常都能被整合在一起。整合加工比知觉加工的速度更快，更加自动化。自上而下加工可被看成是在缺少精确的、可识别的信息（自下而上）时，以期望为基础进行的正确猜测，而这些期望又是以过去经验为基础的（威肯斯等，2007）。所以，虽然每位驾驶员都有视知觉，但是由于生活经验或者处境的不同，不同驾驶员对同一种情况的解释可能是不同的。例如，当看到前面路口的车向左侧停靠时，有的驾驶员会认为前车想要左转弯，而有的驾驶员会认为前车有可能是为右转弯做准备。

（3）反馈信息

视知觉的意义不单单是它能把形象从眼睛传导到大脑，也不仅仅是能“清理”或“感觉”视网膜之外的不完整的形象，同时，它能对获得、加工的信息进行反馈。

当我们想在驾驶的同时调收音机、和乘客聊天或者使用手机的时候，我们靠的就是知觉系统的多用途功能，这也是我们能够驾驶的基本能力。而在复杂的环境中，知觉能力仅仅能够快速而粗略地针对周围信息是危险的还是安全的提供简捷的答案。

驾驶中的大部分信息是通过视知觉获得的，注意、决策、判断等也都是在视知觉的基础上进行的。这些都能够充分说明视知觉对驾驶安全的重要性。因此，从驾驶员的视觉信息出发采取科学合理的措施，如提前控制车速等，对于提高道路交通安全水平具有重要的现实意义（丁靖艳等，2013）。

3.1.2 驾驶员视知觉的表现

1. 动视力

（1）动视力的概念

动视力（dynamic acuity）是指人与视觉对象存在相对运动时人眼辨别物体运动的视觉能力。动视力的测量指标是动态视敏度，其水平反映了在运动状态下静视力的衰减程度。

好的动视力能使个体正确地识别移动中物体的细微部分。捕捉影像后，大脑在短时间内加工、处理视觉信息，使机体做出相应的反应。人的动视力低于静视力。驾驶员与外界周围环境处在相对运动中，视力会出现下降现象。随着车速的增加，动视力下降的幅度增大。动视力下降幅度随着驾驶员的生理条件及年龄的不同也有差异，年龄越大，动视力下降的幅度越大。根据实际测试结果，车速每提高 1/3，视认距离将减少 33%，为了保证安全行车，驾驶员应控制车速，以便保持足够的动视力，能分辨清楚前方障碍物（姜华平等，2003）。

近年来，驾驶员动态视觉能力与行车安全的研究引起国内外学者的关注，前沿性课题包括如何确定动态视觉能力的检测方法，如目标运动速度、目标可认性、目标可塑性、对比度变化等问题；如何确定评价体系，如视评区的划分、安全阈值的限定等问题。

（2）动视力对驾驶安全的影响

1）静态视敏度。视敏度指人眼辨别静态物体细节的能力，是人眼正确分辨物体的最小维度，以视角来衡量。一般所说的视敏度即静态视敏度（static acuity），在实际中，通过要求人们读出视力表上的字母来评定。在英国，法律规定驾驶员的视敏度需达到 6/15 的斯耐仑（Snellen）分数。欧洲委员会规定：双眼视力的个体标准为 6/12，对于只有单眼视力的人，标准为 6/10。第一个数字代表个人绩效，第二个数字是平均绩效。如果某一个体的视力为 5/6，这意味着人们平均在 6 米外能看清的东西，而该个体只有在 5 米的距离内才能看清，因此，该个体的视力不如常人。

图 3.2 为右侧空间频率较高的图像，体现了我们对较小视角和细节的敏感性（因此也反映了视敏度的测量标准）。例如，个体阅读微小的印刷体或者在游标上做微调。较低的空间频率可以表示在昏暗或较差环境中对形状的识别，驾驶员错过路标以及难以发现的坑洼就属于这种情况。低对比条件下的空间频率可以表示较差感觉解析度下的视觉图像，就好像通过红外雷达看到的景象一样（威肯斯等，2007）。

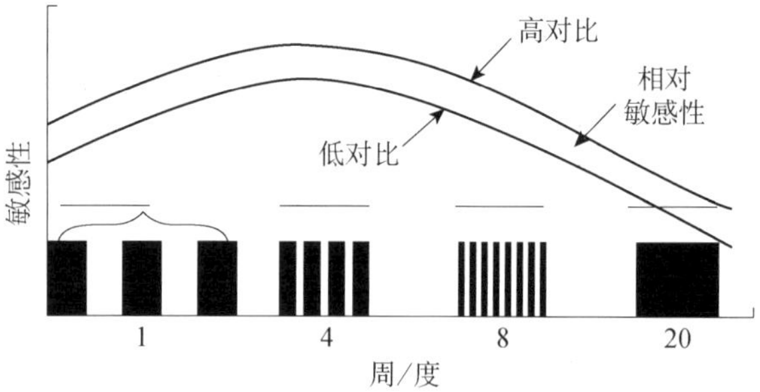

图 3.2 空间频率光栅

2）静态视敏度并非衡量驾驶员视力的有效指标。通常认为，好的视力对于驾驶来说是至关重要的。但是，在驾驶事故和视力功能研究中并没有发现静态视敏度与事故之间有显著的联系。

Hills 和 Burg（1978）在为期 3 年的时间里，对加利福尼亚州超过 17 500 名驾驶员进行了一次大规模的视觉功能和驾驶事故率之间的关系研究。结果发现，事故和视觉功能之间的联系非常微弱，只有当驾驶员的年龄超过 54 岁时，视敏度和事故率之间才展示出一些系统性联系，即便这样，相关程度也是非常低的（小于 0.1），并没有什么实践意义。

如果视觉对驾驶员是非常重要的，那么为什么视敏度和事故率之间表现出如此微弱的关系呢？

测量静态视敏度时，往往在高照明、充足时间条件下测试视网膜中央凹的视力。静态视敏度是在最佳照明条件下，在观察者视野中心，目标和观察者都是静止的，并且没有时间限制时，人们分辨细节的能力。高水平的视觉表现是个体可以识别教室中黑板上的板书，或能够在中午时分解读十字路口上街道的名字。但是，驾驶是一种特殊的视觉任务。而在驾驶中，驾驶员的视觉环境是运动的，光线条件也远不能达到最佳水平（夜晚、雾、眩光），危险情况常常首先展现在视野的外周。例如，行人飞奔过马路，驾驶员只有很少的时间去感知和回应这些危险情形。

3）动态视敏度对驾驶安全的影响。对于优秀的驾驶员来说，好的静态视力并不是必需的。但是，驾驶员需要在一定速度下感知动态信息、快速准确地辨识障碍物，这就需要其具有良好的动视力。

驾驶员以相对粗略的（低频的）场景分析为基础，就可以避免移动的障碍物。幸运的是，大多数汽车与周围环境在颜色和亮度上不同且体积比较大，在低频渠道上很容易被激活。虽然识别路标对于近视的驾驶员来说的确是一个困难，但人们并不常在陌生的环境中驾驶。

静态视敏度关注的是中心视野的敏锐度，而驾驶员在移动过程中，重要的信息往往不在中心视野呈现。眼睛在正确的时间注视正确的对象才是非常必要的。因此，静态视敏度和动态视敏度的相关并不高。动视力与运动速度、环境的照明度以及驾驶员的年龄等因素有关。行驶速度增加、动视力降低对于驾驶安全来说是非常不利的。

2. 夜视力

（1）夜视力的概念

夜晚条件下视敏度下降幅度相当大（从 6/6 下降到 6/9），然而，大多数的驾驶员并不觉得夜晚驾驶是特别困难的，夜晚事故率也没有像预期的那样高。这是因为我们具备夜视力。

夜视力（night acuity）是指在黑暗环境条件下，人眼辨别物体细节的能力。夜视力相对于暗适应来讲，区别在于没有明显的光线强度变化，主要强调人在不良光线强度下的视力情况。

有些驾驶员白天视力正常，但是在夜晚或光线不足的情况下就看不清物体，行动困难。这是夜视力不好的明显表现，通常被称为夜盲症。视力检测不能发现夜盲症的存在。夜盲症是由体内缺乏维生素 A（视黄醇）引起的夜间不能视物的病症。

（2）夜间驾驶的视觉规律

1）夜视力对颜色的感知。人眼根据夜视力确定自身离物体的距离的难易程度随颜色变化而变化，白色物体最易被发现，黑色物体最不易被发现。

2）夜视力对物体高低、大小和明亮的感知。在白天，大的物体即使在远处也可以被确认，但在夜间就难以被感知。亮度、对比度大的物体比亮度、对比度小的物体更容易被确认。

3）夜视力对路面的观察。机动车在夜间行驶时，由于车灯直射，路面凸出处显得明亮，凹陷处显得很黑。但在雨天或者路面有水时则相反。由于灯光晃动，有时无法准确判定。

4）夜视力与驾驶员年龄有关。个体年龄越大，夜视力越差。20～30 岁的驾驶员的夜视力最好。夜视力也与车速有关，车速加快后夜视力会下降。

（3）夜视力对夜晚驾驶的影响

由于夜间没有足够的能见度，驾驶员的视野相对比白天小，进入驾驶员眼中的信息也少。在夜间条件下，人眼只有相当于 20%的视效率，导致驾驶员对色彩的分辨力下降，对距离判断容易失误，对车速估计较低等。天黑以后，驾驶员对灯光照亮的视野中出现的视觉刺激物的反应与白天是不大一样的，如果不注意这种差异就会产生判断错误，导致车祸发生。苏联交通事故统计表明，白天与夜间所发生的交通事故率为 1∶1.87。在美国，交通死亡人数在夜间比白天高出 1.5～2 倍（赵承平和杨少伟，2009）。对于道路运输驾驶员来说，在傍晚和夜间以及阴雨天气行车是避免不了的，甚至是经常发生的事情。在这些不良光线环境下，出于对行车安全的考虑，对夜视力有要求也是应该的（韩玉昌，1991）。研究发现，驾驶员夜视力的好坏与交通事故的发生有着密切的联系，夜视力有缺陷会严重影响驾驶安全，因此，对有夜视力缺陷的驾驶员进行筛检是非常有必要的（吕宣伟等，2000）。

许多国家的高速公路部门都明确规定，驾驶员不能驾驶得太快，以便与前车保持安全距离。但是，大多数驾驶员在夜间会习惯性超速。研究发现，如果驾驶员在夜间想要看清前车距离并及时停车，那么，夜间最大驾驶安全速度只能维持在 25～50km/h（15～30m/h）（Leibowitz et al.，1998）。

人们为什么会在夜晚习惯性超速呢？Leibowitz 等（1998）指出，大多数驾驶员没有明确地意识到他们在夜间活动时的视觉问题。

第一，在夜晚，中央视野的锥体细胞比外周视野的棒体细胞功能衰减得更多。但是对于驾驶汽车来说，外周视觉更有用。Szlyk 等（1992）观察处于黄斑性营养不良初期阶段的驾驶员，这些人显著地缺失中心视觉（视敏度为 6/12～6/24），但是有正常的外周视觉。与另一组具有正常视觉的驾驶员相比，尽管他们在夜晚的事故率更高，但是两组驾驶员在白天的事故率相似。相比之下，一组患有色素性视网膜炎的病人（具有正常的中心视觉，但是外周视觉领域严重缺失），与正常控制组相比，在白天和夜晚条件下都有更高的事故率。因此，人们能够在夜晚高速行驶，而中央视觉可能完全察觉不出任何危险，这被称为选择性下降假说（selective degradation hypothesis）。因为驾驶的首要任务是充分操作，驾驶员可能意识不到自己已经超速，以至于不能及时停下来。由于驾驶员往往能够非常清晰地看见车外周围环境中各种各样的能够反射光线的对象（如路标、猫的眼睛、其他车辆的反光镜），这使超速变得更加肆无忌惮。

第二，夜视力主要涉及昏暗的、低对比度的物体。例如，行人和动物较少在高速公路上出现。因此，驾驶员无法准确了解自己视觉的退化程度，并且对夜晚的障碍物缺乏必要的预期。Owens 和 Tyrrell（1999）试图以驾驶模拟器实验验证选择性下降假说。道路由流动的垂直光标组成，驾驶员旋转按钮操作，沿着道路行驶，研究者时而将虚拟路况进行模糊处理，时而降低道路光标的亮度来选择性地干扰驾驶员的外周视觉功能，进而破坏识别的清晰度。正如 Leibowitz 等预言的那样，驾驶绩效的精确性下降是由外周视觉渠道被破坏造成的，而无关敏感度下降的程度（Leibowitz et al.，1998）。

Owens 和 Tyrrell（1999）研究的一个实际意义是，车道界限的改善可能达不到预期的目标。如果通过道路环境设计，使车道边缘在夜间更容易被识别，那么，与驾驶现状相比，外周视觉将发挥更大的作用，反而鼓励驾驶员在夜晚驾驶得更快。

3. 深视力

（1）深视力的概念

深视力（depth perception），也称深度感，是视觉器官准确判断物体三维空间位置的感知能力，是建立在双眼同时视觉融合功能基础上的独立的高级双眼视功能。深视力越大，距离判断越不准确。

我们每天感知的都是三维立体空间中的物体。感知三维空间对于一个人来说是很重要的。例如，驾驶员能够感知前方汽车的距离、汽车的高度等，这样才能更好地躲避危险。

深视力是驾驶员获得目标的速度、空间位置及距离的重要途径（Liu et al.，2014）。一般来说，深视力的范围越大，个体对目标感知的敏锐度会越低，因而对目标的速度、空间位置和距离等信息的判断误差也会增大，经常因对速度、距离估计错误而发生交通事故。研究者通过深视力测试仪器对事故倾向驾驶员组和安全驾驶员组进行对照检测发现，事故倾向驾驶员组深视力的平均值为18.7mm，其中，48%的驾驶员的深视力值大于20mm。这说明深视力特性的好坏与交通安全有很大的联系（Liu et al.，2014）。

立体盲是指立体视敏度异常。立体视敏度是指人的深度视觉中可感知到的最小深度差。立体盲患者的主要症状是双眼立体感觉缺失，不能准确判断不同深度距离的目标，会由于对情况判断不准而发生意外。由此可见，立体盲会严重威胁交通安全。

（2）深度视觉的线索

人的驾驶操作是在三维空间完成的，通常情况下我们可以自动、准确地完成这一过程。深度视觉线索如图3.3所示。

深度视觉线索有下列三种。

1）肌肉线索（生理线索）。它包括调节（adjust）和辐合（focus）。为了能够看清物体，环境中来自物体反射的起伏光线需要被聚焦在视网膜上。为了实现这一点，光线需要被弯曲（折射）。当眼睛注视无限远的地方时，这些折射中大约有80%是通过眼角膜运行的，剩余20%的折射是当我们看近处对象时，通过改变晶

图 3.3　深度视觉线索（威肯斯等，2007）

状体的形状产生的。晶状体被圆形的肌肉环绕着，它被辐射状的韧带固定住了，就像轮子上的辐条。当我们想要聚焦远距离的对象时，肌肉放松，直径增大，依次绷紧韧带，使晶状体变成一个平滑的侧面。为了看清近处的对象，肌肉放松，韧带松弛，晶状体变回它正常的球形状态。晶状体的厚度在人的整个生命中都在增加，因此，年长的人丧失了许多年轻人特有的弹性。聚焦能力随着年龄的增长而退化的现象被称为老花眼。这就是为什么大多数 45 岁以上的成年人需要带老花镜阅读。实际上，老年人的眼睛就像一部劣质的、固定焦距的相机，对远距离的对象能够保持清晰的形象，但是对近处的物体却很难聚焦。

对于车外大多数物体的远近变化，驾驶员不必时刻改变他们的焦点，这是利用了焦深（depth of focus）的作用。焦深依赖于瞳孔的尺寸，瞳孔越小，视野越大。在光亮条件下，瞳孔正常缩小，因此提供了相对大的焦深。在夜间，瞳孔扩大，允许更多的光线进入眼睛，但是，这也相应地减少了焦深，并将产生大量的不良后果。结果，稍微有点近视的人在强光条件下可能有良好的深度知觉，但是在夜晚和光线条件不良的情况下深视力就会变差。

2）单眼线索。顾名思义，单眼线索就是通过单眼知觉到的深度线索。当人眼距离物体超过 100m 时，落入两眼视网膜上的图像基本上是相同的，因此，知觉远处物体时，个体倾向依赖来自单眼的信息。单眼线索主要有以下几种。

（a）遮挡（interposition）。当一个不透明的物体挡住了第二个物体时，就出现了遮挡。被遮挡的物体（后者）要比遮挡的物体（前者）被知觉得更远[图 3.4（a）]。

（b）线条透视（linear perspective）。当平行线向远方延伸时，它们在视网膜上的像会聚为一点。会聚的线越多，知觉得就越远[图 3.4（b）]。

（c）相对大小（relative size）。如果两个物体大小相差不多，那么，我们就会把视角小的那一个知觉得更远[图 3.4（c）]。

（d）纹理梯度（textural gradient）。物体由粗大、清晰的质地变为细小、模糊的质地时，我们知觉的距离会变远[图 3.4（d）]。

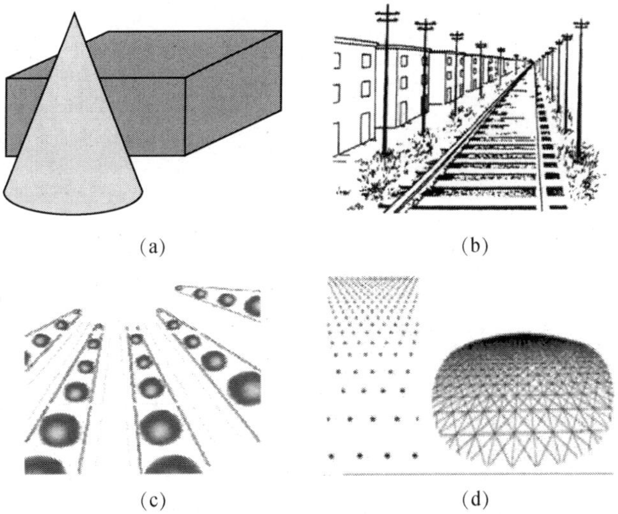

图 3.4　单眼线索

（e）相对运动（relative motion）。它又被称为运动视差，描述了这样的现象，当观察者运动的时候，离观察者越远的物体在视野中的运动量越小。因此，现实中，我们常会将头前后移动，通过相对运动的线索判断物体远近。

3）双眼线索。双眼线索主要由双眼视差提供深度线索。一个物体在双眼中对应的图像在水平方向上的位移被称为双眼视差。与单眼线索相反，个体在知觉近处物体的距离与深度时主要依赖于双眼线索。

3.1.3　驾驶员视知觉的机制

1. 生理基础

视觉系统并不会详细地分析全部场景，只是对进入中心视野的小部分场景进行详细分析（图 3.5）。我们只是模糊而粗糙地知觉场景的其余部分，在视网膜中，有一个中心区域，叫视网膜的中央凹，它的直径大约只有 1°。当看周围的物体时，移动眼球使这个物体的形象落在中央凹，只有落在这个区域，我们才能具有精确的细节视觉，在这个区域外，视敏度逐渐变小。在极端的外周视觉中，我们几乎只能觉察到一个模糊的运动感觉。距离中央凹越远，视敏度下降越快。例如，与识别一个落在中央凹的路标相比，识别一个落在距离中央凹 5° 的外周视觉中的路标，需要将距离拉近 3 倍才能看清。图 3.5（a）描述的是照相机看到了什么。图 3.5（b）揭示的是当注视汽车时，视觉系统看到了什么。

(a)　　　　(b)

图 3.5　展示外周视觉中视敏度是怎样衰退的

在外周视觉中，视敏度的减弱至少与三个生理因素有关。

第一，光感受器，即视网膜上的光敏感细胞，其在视网膜上的分布是不一样的。视网膜上大约有 1.27 亿个光感受器，它们被分为两种类型：大约 700 万个锥体细胞和余下的大约 1.2 亿个棒体细胞（图 3.6）。锥体细胞负责接收白天的视觉信息，具有高分辨率，可以分辨颜色；然而，棒体细胞只负责接收昏暗照明条件下的视觉信息，并且只能分辨黑白，分辨率很低。锥体细胞大多数分布在中央凹，在那里，它们紧密地拥挤在一起，大约 60%的锥体细胞位于视觉领域中心的 20°内（注视点每边各 10°）。当一个物体向视网膜的外周移动时，锥体细胞的数量在减少，空间规律性在下降。事实上，当离开中央凹的距离增加时，锥体细胞能够体验到的形象越来越少。

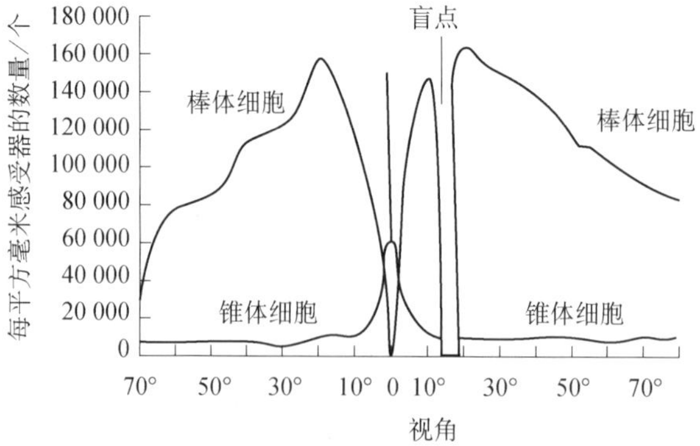

图 3.6　锥体细胞与棒体细胞在网膜上的分布

棒体细胞的分布模式不同。它们不在视觉领域的中心，大多数分布于中央凹两侧 10°～15°的地方。当一个物体远离中央凹并不断移动到外周视觉时，棒体细胞数量也不断下降。但是，它们在数量上与锥体细胞的比例达到 20∶1，因此，外周视觉中有更多的棒体细胞。

第二，棒体细胞和锥体细胞通过其他细胞发生联系，如视网膜上的神经节细胞。每个神经节细胞收集大量的光感受器并产生电冲动，并且最终通过光神经将电冲动传递到大脑。与一个单一神经节细胞联系的感光细胞的数量在视网膜上是相应变化的：一个在中央凹中心的神经节细胞可能只与一个或两个锥体细胞相联系，而一个在极端外周视网膜上的神经节细胞可能与数百个棒体细胞相联系。来自感受器的合并输入数量越多，感受器的敏锐性越低，因此，视网膜能够精确定位的信息也越少（图 3.7）。

第三，视网膜上锥体细胞的分配不平均，大量的大脑皮层被用于专门分析来自中央凹区域的信息，而用于分析来自外周视网膜信息的大脑皮层的数量却很少。

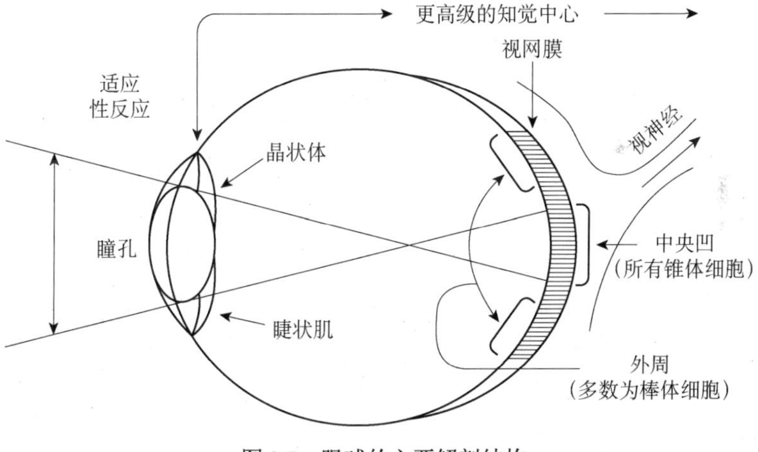

图 3.7　眼球的主要解剖结构

所有的这些意味着，对于周围环境，我们只能通过移动眼睛来获得视觉世界的详细信息，而且需要注意的参与。常规视觉是由与眼球运动相联系的简单的注视构成的。注视的转移可以以主动和被动的方式发生。一方面，如果在场景中的某个地方有一个非常重要的改变，它通常能够引发眼球向该区域移动；另一方面，我们也可以预期在场景中的某个地方可能会存在有用的信息，并以此为基础，将视线移动到该区域。最后，我们可能只是保留了从注视中获得的少数信息。图 3.8 阴影部分代表驾驶中由于视觉局限我们所不能收集的驾驶信息。

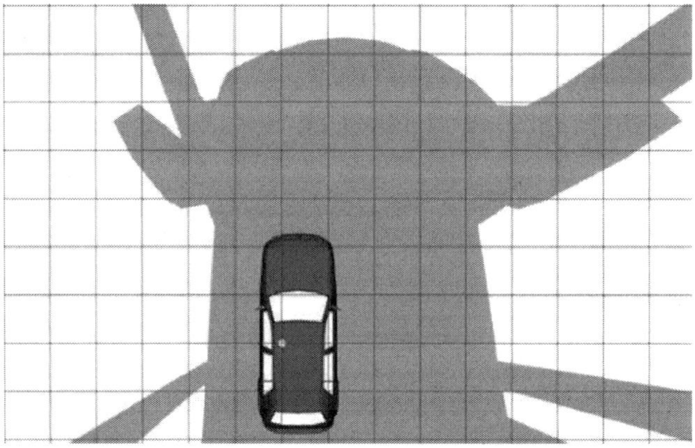

图 3.8　通过车窗不能看到的路面区域（de Winter et al.，2007）

2. 认知加工

视觉系统根据对象和背景的视觉特点解释复杂的形象，并需要借助自上而下的知识。自上而下加工是指人类的信息加工大量地依赖于图式（schemas）或脚本（scripts）。图式是概括出来的构架，是从具有代表性的大量的细节例子中抽象出来的。一个典型的例子是，当我们去饭店的时候，场景、人物等具体情况总是不同的。然而，借助于许多相似场景的可预期规律，我们可以依赖固定模式的活动顺序：等待位置、坐在桌子旁、点饮料、点食物等。利用就餐的概括化的图式，接着补充详细的视觉细节，这比在一个完全陌生的事件中处理每一个浏览细节更有效。图式能够使我们预言可能发生什么，也能够使我们有效地回应特定的结果。

驾驶在大多数时间正是一种可预言且可重复的活动，即可以形成固定的图式。驾驶图式能够以不同的水平进行操作。在低水平的动作图式中，例如，遇到十字路时，先在交通灯前停车，之后可改变路线等，尽管每个场合的详细程度不同，但是驾驶员一般都已经执行了几千次这些动作。在高水平的程序化图式中，如离开住所去超市、从学校接孩子放学等，这些高度重复的事件通常只是在细节上有所不同而已。

自上而下的加工机制和图式在驾驶过程中至关重要，在许多意外事故中都是重要的影响因素。自上而下加工可以有效减少感觉数据量，提高加工效率。知觉系统需要对物体是什么、它们在哪儿或者它们改变了什么等问题提供快速且简单的答案。预期在自上而下加工过程中发挥着重要作用。

3.2　驾驶员色觉缺陷

驾驶员的色觉对行车安全具有重要意义。人眼一般能感受到的色彩波长为380～780nm。对于驾驶员来说，色彩在心理和生理上都会产生一定的作用，不同的颜色放在一起，它们的清晰度会有很大差异。色彩可以提高视认性，引起注意和提高识别能力，对交通安全有重要意义。

3.2.1　色觉缺陷的概念

正常的色觉来源于视网膜内锥体细胞的三种不同类型的光接收器对色光的不同吸收能力的比较。

色觉缺陷（color vision deficiencies）是由于先天遗传、后天病变或药物的影响，视网膜内的锥体细胞上的某一种（或几种）类型的光接收器的功能发生变异或完全丧失的现象。

在实际生活中，我们会发现有些人存在色觉上的缺陷，不能很好地识别颜色，这种缺陷又可分为色弱和色盲。

色弱者在正常的光照下识别颜色不会有问题，但由于他们对光的感受性均低于正常人，所以，在刺激光较弱的情况下，他们几乎分辨不出任何颜色。

色盲则多是因为个体没有锥体细胞，即全色盲，或是因为锥体细胞有缺陷而产生部分色盲。全色盲者并不多见，他们生活在黑白世界中，不能感知其他颜色。而部分色盲主要是红绿色盲与黄蓝色盲，他们分辨不出相应的红、绿颜色或黄、蓝颜色。因为我国的交通信号灯以红、绿色为主，所以，《机动车驾驶证申领和使用规定》明确规定，机动车驾驶证申请者必须无红绿色盲。

3.2.2　色觉缺陷驾驶员的特点

1. 颜色观察特点

暗色汽车让人觉得它运行得很慢，缺乏经验的驾驶员往往会错估车距。对于有色觉缺陷的驾驶员来说，在光线不好的黄昏、雾天或夜晚，他们可能会出现看不见暗色汽车的情况。

在夜晚，市区等交通复杂路段的周围景物五颜六色、相互交错，有色觉缺陷的驾驶员容易将路口红绿灯错看成霓虹灯，把停驶车辆的尾灯错看成行驶车辆的尾灯，把前车的刹车灯错看成尾灯等。

为了提高色觉缺陷驾驶员的驾驶安全，有研究者开发了色盲驾驶的辅助系统。该系统首先通过图像采集装置收集交通信息，然后使用微处理器分析及处理这些信息，最后通过音频输出装置给予色盲驾驶员交通信号灯提示，使得红绿色盲驾驶员也能够识别交通信号灯（武波涛等，2011）。

2. 明度识别特点

色觉缺陷者如何识别颜色这个问题一直都是学者研究的重点。色盲患者不知道自己缺少哪种感觉经验，无法将自己的感觉经验与别人的感觉经验进行比较。

色觉缺陷患者大多利用物体明度来区分物体。他们不能分辨物体的色调，而是依靠明度的不同来对应他人所说的颜色，因此，有些人并不知道自己有色觉缺陷。

在驾驶中，色觉缺陷驾驶员不能完全依靠明度来“识别”颜色。在光线不充足的阴天或夜晚，仅依靠明度是看不出差异的，此时，他们只能依靠前面车辆的行驶状态进行判断，这就会严重威胁驾驶安全。

3.2.3 色觉缺陷的影响因素

1. 感光细胞

除了遗传病理基础和后天病变之外，还有一些因素可能导致颜色识别问题的产生。

棒体细胞不能区分不同波长的光（除非这些光在强度上也不同）。从这个意义上说，棒体细胞是“色盲”。因此，在外周视野（锥体细胞较少）和夜视（只有棒体细胞活动）条件下，棒体细胞的颜色分辨能力低。

即使在中央凹范围内，视觉细胞对不同颜色也有不同的感受性。在中央凹 15′ 视角的很小区域内，人眼对红色感受性高，但却丧失对蓝、黄的感受性。也就是说，对于小于 15′ 视角的小面积颜色，人眼成为蓝、黄色盲，而只能看到红和绿的各种混合色。如果观察面积再小，则人眼对红、绿的辨认也会发生困难。所以，在远距离观察颜色信号灯时，个体时常发生误认现象，特别是在低亮度下，个体极易将蓝、黄色信号灯与其他颜色混淆。因此，交通信号灯常用红、绿两色作为信号标志（韩玉昌，1991）。

2. 驾驶经验

色觉缺陷驾驶员在驾驶中凭借发光信号灯在三只灯中的水平位置关系来辨别红绿灯，可是，到了晚上或在树叶遮蔽信号灯的情况下，由于看不见未发光的两只灯，就只好以前面车的行动为准了，在这种情况下极易发生交通事故。

这些有色觉缺陷的驾驶员常常是利用不正当手段通过身体检查的，这是一种害人害己的危险行为，一旦肇事，有关部门将担负不可推卸的责任。因此，在驾驶员检测中，有关部门对色觉的检测要严格把关，避免蒙混过关的情况发生。

3.3 暗 适 应

3.3.1 暗适应的概念

在白天，当汽车进入无灯光照明或昏暗的隧道时，驾驶员会暂时性地看不清车前道路交通情况，过一会儿才会逐渐地看清楚。这种对低亮度环境的视觉适应现象就是暗适应（dark adaptation）。汽车通过隧道后又回到明亮环境，眼睛也要经历一个适应过程，这就是明适应。与驾驶关系更为密切的是暗适应过程。

暗适应是指照明停止或者由亮处到暗处时视觉感受性提高的时间过程。具体来说，就是当我们从明亮的地方走进黑暗的地方，我们会看不清东西，需要经过一段时间，眼睛才会慢慢适应，视觉感受性逐渐提高，逐渐看清暗处的东西，这种现象被称为暗适应，暗适应的时间相对较长，为 20～30min。

3.3.2 暗适应的特点

1. 适应性

视觉系统能够对很大范围强度的光做出反应，我们能够看到的最亮的光大约是我们能够看到的最暗光光强度的 10 亿倍。但是，在任何特定的时刻，我们只能看到相当窄范围强度的光，视觉系统使它自己的敏感度适应当前周围的光线水平。这就是为什么当我们从一个漆黑的电影院出来时，需要几秒钟的时间去适应眩目的日光。

2. 阶段性

暗适应包括两个阶段：首先是相对快速的适应阶段，持续大约 6min，接着是持续更长时间的适应阶段，年轻人需要大约持续 16min，以实现从锥体系统到棒体系统的过渡。锥体细胞和棒体细胞参与了整个过程，二者起作用的大小和作用阶段不同。一般在暗适应过程的最初 7～10min 是由锥体细胞和棒体细胞共同完成的，以后的暗适应过程主要由棒体细胞完成，在30～40min后视觉感受性就不再提高了。图3.9是暗适应过程的曲线图。

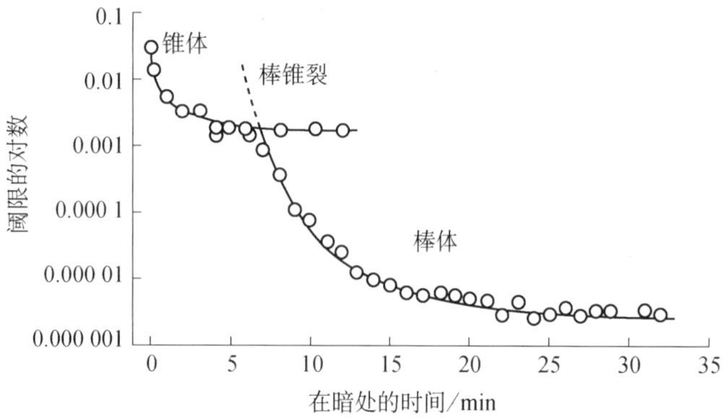

图3.9 暗适应曲线（Hecht & Shlaer，1938）

对于驾驶安全来说，暗适应不具有决定性作用，因为街上的灯光和汽车的前灯已经为驾驶员提供了足够的光线。夜间路灯的照明水平大约是1cd/m^2，它落在了锥体系统和棒体系统共同起作用的中间视力范围（10^{-3}～3cd/m^2）内，而不是只有棒体系统操作的暗适应范围（10^{-6}～10^{-3}cd/m^2）内。因此，对于驾驶员来说暗适应不是一个问题。

3.3.3 暗适应的影响因素

1. 感光细胞

暗适应的过程主要是由感光细胞完成的，特别是棒体细胞的作用。当光线作用于视觉感受器时，棒体细胞与椎体细胞中的视觉色素的分子结构会发生变化。人眼棒体细胞的视觉色素叫视紫红质，它由视黄醛和视蛋白构成。视黄醛是一种光敏集团，它的结构近似于维生素A；视蛋白是一种结构复杂的蛋白质。暗适应的好坏取决于感光物质视紫红质的浓度。因此，可以通过补充维生素A的方式改善暗适应。

2. 年龄

年龄也是一个关键因素。不同年龄的人适应暗适应所需要的时间是不同的。不同年龄组和驾龄组的驾驶员，其暗适应水平有显著差异。

到了一定年龄后，人眼的视觉机能随着年龄的增长而逐渐衰退。据美国卫生教育和福利部的资料，在美国18～74岁人口中，各种视力的分布有很大不同，在65～74岁年龄组中，视力良好的比例较小，仅占32%，明显低于年轻组。大量研究表明，暗适应在大约50岁以后明显减退（吕宣伟等，2000）。

3. 照明条件

照明能量取决于光源（图3.10中指汽车前灯），但是，对于给定的照明区域（照度），这个能量随着它与光源距离的平方的减小而下降。图3.10分别描述了三个标志牌的照度值，它们与车灯光源的距离逐渐增加，分别为2个单位、4个单位和6个单位。有一些照度（实光）被标志牌所吸收，其余的被反射至观察者，这就是人们所能看到的标志牌的照度。而明度其实是知觉者的主观体验（威肯斯等，2007）。

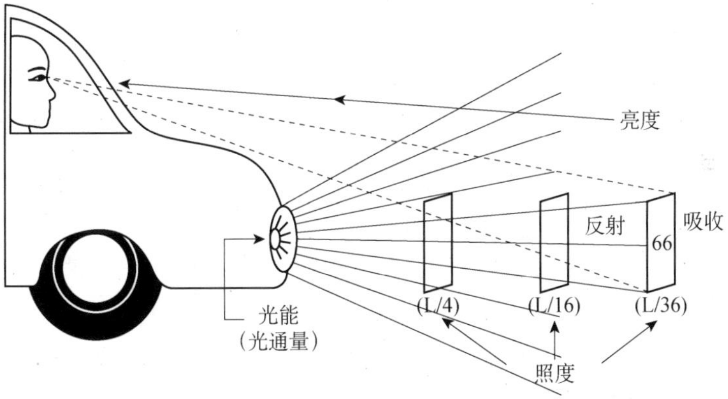

图3.10　照度与物体到光源距离的平方成反比（威肯斯等，2007）

3.3.4　改善措施

隧道的进出口是交通事故的高发区，这是因为隧道内外环境的明暗存在差异，进入和驶离隧道时存在明适应和暗适应的过程，在这个过程中，驾驶员往往不能及时判断路况，从而造成交通事故。

本书以隧道为例，提出解决明适应、暗适应对交通安全影响的举措。

第一，在设计隧道照明时，要考虑到人的明适应和暗适应因素，重视过渡空间和过渡照明的设计，为了满足眼睛的适应性要求，在隧道入口需有一段明暗过渡照明，以满足一定的视力要求。研究发现，在车辆进入隧道或其他光照强度较低的地点之前，可通过传感设备获取位置信息，提前降低车内光照强度，或者直接在隧道外设置灯具或顶棚，降低光照强度，从而适当缓解暗适应现象，提高驾驶员的辨识能力（蔡光林等，2012）。在隧道出口处，因适应时间很短，一般在1s以内，故可不做其他处理。隧道照明不同于其他道路照明，存在以下几种特殊的视觉问题。

1）进入隧道前（白天）：隧道内外的亮度差别极大，因此从隧道外部去看，照明很不充分的隧道入口就像“黑洞”入口。

2）进入隧道后（白天）：汽车由明亮的外部进入即使不太暗的隧道以后，驾驶员要经过一段时间才能看清隧道内部的情况，这种现象被称为适应滞后。

3）隧道出口处：在白天，汽车穿过较长的隧道并接近出口时，由于通过出口看到的外部亮度极高，出口看上去是一个“亮洞”，会出现极强的眩光，使驾驶员感到极不适应；夜间与白天正好相反，隧道出口看上去不是“亮洞”，而是“黑洞”，这样，驾驶员就看不清外部道路的线型及路上的障碍物（Jurado-Piña et al.，2009）。

第二，隧道照明的设置。隧道照明按照不同的区段可被划分为引入段、适应段、过渡段、基本段和出口段照明，其作用如下。

1）引入段：消除“黑洞”现象，使驾驶员在洞口处能辨认障碍物的照明区段。

2）适应段：进入隧道后，使驾驶员能很快适应并消除“黑洞”现象。

3）过渡段：使驾驶员逐渐适应隧道内部照明的照明区段。

4）基本段：隧道内部基本照明区段。

5）出口段：在白天，使驾驶员能逐渐适应出口处的强光，消除“亮洞”现象；在夜间，消除出口处的“黑洞”现象，使驾驶员能在洞内看清楚外部道路的线形及路上的障碍物。

隧道灯照明亮度以白天和夜间两种不同情况来确定。在白天，隧道出口段和入口段的照明亮度应比隧道内基本照明亮度值高；夜间则相反，其应低于隧道内基本照明亮度值。当隧道外有路灯照明时，隧道内路面亮度值不得低于露天亮度值的 2 倍（Zhang et al.，2012）。

3.4 眩　　光

3.4.1 眩光的概念

国际照明委员会（International Commission on Illumination）从视觉状态出发，将眩光区分为不舒适眩光和失能眩光。失能眩光直接导致目标能见度的降低，而不舒适眩光是一种心理现象，即视野中过高的亮度使观察者产生的不舒适感（项震，2002）。眩光是影响照明质量的重要因素之一。从眩光产生的原因出发，可将其分为直射眩光和反射眩光两种。直射眩光是由在观察者正常范围内出现过亮的光源引起的，反射眩光是由观察者在光滑表面看到光源的映象而引起的。眩光对视觉工作的功能性影响主要是眩光源发出的光线进入人眼，并在屈光介质内散射形成等效光幕亮度，从而在一定程度上降低视标与背景的亮度对比（Jurado-Piña et al.，2009）。

根据国际照明委员会的划分，失能眩光是由生理原因产生的，而不舒适眩光是由心理原因造成的。

眩光使能见度下降最多的地点一般为汽车相互接近距离为15～70m处。

3.4.2　眩光的特点

1. 照射期特点

据调查，夜间驾驶的突出问题是迎面而来的车辆眩目的前灯。突然增加的照明将影响驾驶员的适应水平，致使他们的视觉功能短暂受损。

强光射入眼球内，不仅会在视网膜上形成亮度很高的光点，而且会在角膜和网膜之间的介质中发生散射，形成一种光幕，致使驾驶员视觉感受到的亮度、对比度大大降低，因而造成视觉伤害，降低视觉功能。

如果视野内经常出现高亮度光源的刺激，还会使视觉产生不舒适和疲劳感。

2. 恢复期特点

研究者测量了驾驶员被迎面车辆的前灯眩晕后对各种目标的可见性，发现驾驶员需要花大约10s再适应，在这段时间内，驾驶员已经驶出相当长的距离（项震，2002）。

驾驶员被强光眩晕后，视力需要经历一个短暂的恢复阶段。在交通及其他需要在运动时做出迅速判断的情况下，这段恢复时间也是特别危险的。眩光往往发生在夜间，眩光过后的恢复期内，周围环境很暗，因此，视觉恢复期是驾驶员视觉条件最差的时候（项震，2002）。

3.4.3　眩光的影响因素

1. 年龄

眩光的生理基础主要是视网膜适应问题。暗适应能力越强，恢复期越短，相应的损害就越小。

眩光损害程度受到年龄的影响，老年人需要更长的时间恢复。Schieber（1994）通过用2个50W的照明灯，对着被试照明10s（模仿一辆接近汽车的前灯），使其眩晕，接着测试被试需要用多长时间才能恢复识别低对比度的字母。年长的被试（65～74岁）不仅需要更高的对比度才能识别字母，而且他们从眩光中恢复的时间是年轻被试的2倍多。年长的被试需要2142ms，年轻被试（18～25岁）需要

790ms，中年被试（40～55 岁）与年轻被试有相似的字母对比度临界值，但是从眩光中恢复的时间比年轻被试长 300ms。Schieber（1994）估计，被迎面的前灯眩晕后，年长驾驶员在 2s 内将不能察觉低对比度的目标。

2. 光源

眩光受光源的发光强度、光源外形大小、光源与驾驶员眼睛的相对位置、光源周围的亮度、驾驶员眼部的照度、驾驶员眼睛的暗适应性影响。光源直接照射驾驶员的眼睛时损害最大。光源亮度越大，眩光越显著；光源越接近视线，眩光越显著；光源表观面积越大，光源数目越多，眩光越显著。

防止夜间行车的眩光问题是当前国内外的重要研究课题。防止车灯眩光应主要从两方面着手：一是设法减少从光源射入眼内的光的照度；二是设法改变车灯光束与眼睛的投射角度。

目前推广使用双光束前照灯，即在配光结构上，调整近光束角度向下、向右侧偏斜，尽量避免或减少对驾驶员眼部的照射，以备会车时使用。

《中华人民共和国道路交通安全法实施条例》明确规定，夜间会车应当在距相对方向来车 150m 以外改用近光灯。

3. 周围环境

周围环境对眩光也会产生较大影响，环境亮度越暗，眼睛能适应的亮度越低，眩光也就越显著。在道路照明中，环境引起的眩光一般出现在隧道等明暗环境的过渡处。从亮环境到暗环境或从暗环境到亮环境，人的视觉有一个适应过程，前者叫暗适应，后者叫明适应。暗适应比明适应所需时间长，而适应的时间与亮度差有关。因此，为避免此类眩光产生，在装设照明路段到不设照明路段的中间往往需要增设过渡照明，即把照明路段延长并逐渐降低照明水平。

此外，中央分隔带能够有效缓解眩光引起的交通冲突。还有一些防眩光的设备可以用来避免眩光，如防眩光后视镜。防眩光后视镜是指具有防眩功能的车内后视镜，主要功能是防止后面汽车过强的大灯照射在车内后视镜上而产生眩光。

3.5 弯道错觉

3.5.1 弯道错觉的概念

弯道错觉（bend illusion）是指在道路平竖线形组合中，当平竖曲线重合（即平曲线与竖曲线重合）时，凹形竖曲线使平曲线显得更平坦，而凸形竖曲线则使平曲线显得更陡（王福建等，2009）。

这种弯道错觉得到了交通事故分析的支持。驾驶员根据弯道内侧边线的开敞程度来判断和估计弯道曲率。在凹形组合路段上，事故率显著高于平均值，导致较大的伤亡；而凸形组合路段上的事故率则较小（王福建等，2009）。

在平凸组合的路段超速行驶时，驾驶员为保持安全距离需要频繁制动，爆胎率也较高。一般认为其原因是：在高速公路上，驾驶员习惯了高速行驶，当驶入平凸组合弯道时，受弯道错觉影响，驾驶员有意无意地采取了刹车、减速、转向等操作，干扰了正常的交通流，使得前后车辆难以保持安全距离，从而引发追尾，这符合交通工程学中的跟车理论。同时，这些操作对高速行驶的轮胎施加了额外的压力，增加了爆胎的可能性，也增加了撞击固定物、翻车等的事故率（王福建等，2009）。

3.5.2　弯道错觉的特点

研究显示，当车速超过 40km/h 时，道路曲线开始出现拐点，产生“运动效应”。

1. 注视点向曲线内侧切点集中

有关曲线路段驾驶员视觉特点的研究指出，驾驶员在曲线段行驶时，注视点多集中于曲线内侧切点上，并且在进入曲线段 1～2s 之前就开始搜寻切点，当注视点靠近切点时，其感知最为敏感（周孝波，2010）。

2. 视野范围缩小

有关视野的研究指出，人眼的舒适视野为 18°，但是，驾驶员动态视野范围随车速的提高而缩小，驾驶员进入弯道时，视野范围会明显变窄，为 6°～12°。

弯道驾驶时，驾驶员会不自觉地加速，这就缩小了驾驶员的视野范围。动态视野的大小与车速有很大的关系，随着车速的增加，驾驶员的视野缩小（张驰等，2010）。

3.5.3　弯道错觉的影响因素

1. 双眼视差

弯道错觉是由驾驶员立体知觉误差引起的。驾驶员的立体知觉是由驾驶员的双眼视差形成的。

双眼的水平距离有 2～3 英寸，因此，它们接受外部世界的图像稍有不同，即左眼和右眼看到的图像是不同的。一个物体在两眼中对应的图像在水平方向上的位移被称为视差。这种不同或者差异的大小依赖于物体与观察者之间的相对距离。

2. 外部环境

在平竖重合的弯道错觉下，动（静）态透视图的背景对驾驶员有影响，当背景图案更真实时，驾驶员产生弯道错觉的可能性更大，这表明在实际道路上，由于周围地形、环境等的影响，驾驶员出现错觉的可能性会更大（王福建等，2009）。对驾驶员来说，这种弯道错觉将导致其产生更高的视觉需求和工作负荷以调整驾驶状态和控制车辆（Easa & He，2006）。

驾驶员通常是利用道路沿线作为弯道曲率线索的。为了避免发生弯道错觉，一般使用红、白相间的导向标志来正确、明显地标示弯道线形变化方向，从而保障弯道交通安全。图 3.11 是目前常用于弯道曲线段的边缘线和轮廓标安全设施。

图 3.11　曲线段的边缘线和轮廓标安全设施

苏格兰将交叉路口设计为圆形，就是利用了深度线索，这样的设计取得了很好的效果。以往，驾驶员行驶到此路口时总会超速，导致了较高的事故发生率。为了找到解决的办法，研究者决定利用驾驶员知觉系统的错觉，在接近交叉路口的路面上划线，将路面划分为较小的间隔。当汽车以不变的速度（或超速）接近路口时，驾驶员会感到纹理流“快速掠过”，从而体验到汽车的速度在增加。知觉在许多方面几乎都是自动完成的，因此，驾驶员会本能地对知觉到的加速做出刹车反应，从而使车速降低到安全值，这与有了人行道标志后，路口发生的交通事故大幅减少的效果是一样的（威肯斯等，2007）。

弯道宽度也是影响弯道错觉的重要因素。研究者发现，当弯道宽度为 7 米时，速度的增量接近或者超过 20km/h，这表明，在通道宽敞的情况下，驾驶员可以通过充分利用行驶通道的宽度（贴近弯道内侧行驶，即切内线）来减轻甚至消除来自平面线形的控制和约束，所以，如果想在线形设计中对车辆的运行速度进行控制，必须要注意路宽和半径的合理设置（徐进等，2011）。

雾天也会影响弯道错觉。在能见度较低的雾天情况下，驾驶员在弯道行驶时的平均车速要比在无雾情况下略高，随着雾的浓度的增大，驾驶员在直角弯道处和“S”形连续弯道处驶出弯道的比例均显著增大，并且在雾天条件下，无论是简单直角弯道还是复杂“S”形弯道，驾驶员进入弯道时的速度都会对其是否能安全通过弯道具有显著影响。这一研究结果表明，在浓雾天气多发地带，尤其是山区道路上的弯道线形较多，有必要在弯道路段前方设置警示标志或限速标志，提醒驾驶员进入弯道前应及时减速，以便安全顺利地通过弯道（李晓梦等，2014）。

弯道错觉及交通事故的异常性应引起人们的高度重视，今后还有待于对各级道路进行全面调查研究，进一步明确各种影响因素（如周围地形、环境等），找到解决方法以减轻或消除弯道错觉带来的不良影响，提高弯道处的交通安全水平。

关键术语

视知觉（visual perception）：人脑对直接作用于视觉器官的事物的整体反映，如对物体的形状、大小、距离和运动的知觉。

驾驶员视知觉（driver visual perception）：驾驶员在驾驶过程中，对直接作用于视觉器官的事物的整体反映。

静态视敏度（static acuity）：人眼辨别静态物体细节的能力。

动视力（dynamic acuity）：人与视觉对象存在相对运动时，人眼辨别物体运动的视觉能力。

夜视力（night acuity）：在黑暗环境条件下，人眼辨别物体细节的能力。

深视力（depth perception）：也称深度感，是视觉器官准确判断物体三维空间位置的感知能力，是建立在双眼同时视和融合功能基础上的独立的高级双眼视功能。

色觉缺陷（color vision deficiencies）：由于先天遗传、后天病变或药物的影响，视网膜内的锥体细胞上的某一种（或几种）类型的光接收器的功能发生变异或完全丧失的现象。

暗适应（dark adaptation）：照明停止或者由亮处到暗处时视觉感受性提高的时间过程。

弯道错觉（bend illusion）：在道路平竖线形组合中，当平竖曲线重合（即平曲线与竖曲线重合）时，凹形竖曲线使平曲线显得更平坦，而凸形竖曲线则使平曲线显得更陡。

第 4 章　驾驶员注意

本章将介绍驾驶员注意的概念、分类、测量以及驾驶员的注意品质，探讨驾驶员注意缺乏的概念、分类，分析视盲的概念、表现、影响因素及其与“视而不见”事故的关系，介绍驾驶员分心的定义、表现、种类和影响因素，并提出改善驾驶员注意的建议。

4.1　驾驶员注意概述

4.1.1　驾驶员注意的概念

注意（attention）是心理活动或意识对一定对象的指向与集中，是高级心理过程的最高统合。注意是指向和集中有限的认知资源以促进知觉和心理活动的过程。注意是保障安全驾驶的基本心理品质，贯穿于整个驾驶过程。驾驶员注意（driver attention）指驾驶员在驾驶过程中，心理活动或意识对一定的道路交通信息进行有选择的指向和集中。

在驾驶环境中，车辆和行人的移动、交通标志和信号信息纷繁复杂，驾驶员必须将心理活动指向和集中在很多对象或活动上。然而，人的认知资源是有限的，不可能同时处理大量的信息。如果一定要同时完成多项认知任务，那么，每项认知活动的效率都会不同程度地下降（Navon & Miller，1987）。但幸运的是，常人只要经过练习，完全可以满足驾驶任务的要求（韩玉昌，1991）。由于人类工效学的发展，现代驾驶甚至不需要驾驶员持续地倾注 100%的注意来维持行驶，因此，现代驾驶可被称为“满意任务”。

但是，恰好是低任务要求使得驾驶员过于放松和自信，使其在与安全驾驶无关的信息上分配了过多的注意资源。影响交通安全的最常见风险之一就是驾驶员的注意力暂时偏离交通安全信息，给自己和其他道路使用者带来危险。NHTSA 在研究和评估后指出，驾驶员以多种方式表现出注意涣散所导致的碰撞事故占官方报告事故的 25%左右（Ranney，2008）。

4.1.2　驾驶员注意的分类

1. 无意注意

无意注意（involuntary attention）是指没有预定目的，也无需意志努力的注意，也被称为不随意注意。在驾驶中，无意注意多表现为在某些交通信息的直接作用下，驾驶员会不由自主地把感受器官朝向这些刺激（杨静和景国勋，2008）。

驾驶员无意注意的影响因素大致可被分为两类：一类是客观刺激本身的特点，如道路环境和驾驶环境中出现刺激物的强度会对驾驶员无意注意产生影响。有研究者发现，白天使用车前灯以及明亮的外壳能够使摩托车更容易被侦测到（Wulf et al.，1990）。还有研究者发现，摩托车与背景对比的差异程度是引起驾驶员注意到摩托车的重要条件，在明亮背景下，黑色外壳的摩托车比开着车前灯的摩托车更容易被识别，这说明摩托车配备的显著性辅助设施的效果取决于背景条件（Hole et al.，1996）。另一类是驾驶员本身的状态。驾驶员本身的状态包括驾驶员的兴趣、感情、精神状态等。

2. 有意注意

有意注意（voluntary attention）是指有预定目的，必要时还需做出一定意志努力的注意，也被称为随意注意。例如，驾驶员在长途行车或危险路段的行车中必须付出很大的努力来保持和集中注意，才能保障行车的安全。

驾驶员对任务目标的明确性和驾驶经验是维持有意注意的重要条件，涉及高任务-特性（task-specific）的注视模式受自上而下的加工方式控制，与任务目标直接有关的信息得到加工，无关信息被忽略。Shinoda 等（2001）让被试利用模拟器在一个虚拟的城镇中驾驶，要求一半被试尝试与前车保持恒定距离，另一半被试在完成相同任务的同时还要遵守正常的交通规则。在驾驶过程中，一个“通行”标识有时会被转变成“停车”标识。这个标识或者被置于十字路口之前，或者被置于道路中央。结果发现，被试侦测标识变化的正确率在很大程度上取决于其任务目标以及标识的位置。当被试的任务目标仅仅是跟随前方汽车时，被试很少侦测到标识的变化，无论标识处于道路中央还是处于交叉口（两种情况下的侦测率分别为 15%和 8%）。但是，当要求被试遵守交通规则并跟随前方车辆时，被试更倾向侦测到标识的变化，特别是当标识处于交叉路口前方时，侦测率为 100%，而处于道路中央时的侦测率为 33%。

研究表明（马锦飞，2014），被试更倾向在停车标识最可能出现的地方搜索外周视野，如岔道口。总而言之，对于标识变化与否的侦测率既取决于驾驶员的任务目标，也取决于驾驶员侦测停车标识的经验。有研究者认为，交通信号的可见度取决于驾驶员是否在目标和已知环境的范围内进行积极的搜索，这取决于观察者的目标和交通信息在环境中出现的概率（Shinoda et al.，2001）。

4.1.3 驾驶员注意的测量

1. 主观报告法

主观报告法是采用驾驶员自我报告的方式对注意进行测量，这种方法具有较高的有效性，且操作简便易行（戢晓峰等，2015）。

目前，多维度驾驶风格量表（Multi-dimensional Driving Style Inventory，MDSI）是直接测量分心倾向的量表，由 Taubman-Ben-Ari 等编制。该量表涉及 8 种驾驶员风格类型，驾驶员注意分散作为其中一种稳定的驾驶风格，包括 8 个条目，具体测量驾驶中的分心和认知分离倾向（Taubman-Ben-Ari et al.，2004）。另外，研究者还发现可以通过测量驾驶员在驾驶过程中的心理负荷水平来间接评估驾驶员的注意资源占用量。主观报告法假设人的注意资源是有限的，因此，处于分心任务中的驾驶员往往报告有更高的心理负荷水平（Schnotz & Kürschner，2007）。目前涉及的量表主要包括以下几种：主观负荷评估技术（Subjective Workload Assessment Technique，SWAT）量表，采用的指标包括时间负荷、努力负荷和心理紧张负荷；美国航空航天局任务负荷指数（Nation Aeronautics and Space Administration Task Load Index，NASA-TLX）量表，采用的指标包括认知负荷、体力需求、时间需求、努力程度、业绩水平以及受挫程度，该量表已被证明是测量驾驶员心理负荷变化情况的有效工具（孙崇勇，2012；孙向红和杨帆，2008）；心理努力自评量表（Rating Scale of Mental Effort），相关研究显示，驾驶员在使用手机通话时，无论通话内容的复杂程度如何，其在该量表上的得分均更高（Rakauskas et al.，2004）。

2. 外周视觉任务检测法

目前，外周视觉任务检测法（peripheral detection task，PDT）被认为是测量车内信息系统注意资源占用量的标准方法（Jahn et al.，2005）。该方法沿袭了认知心理学中注意分散研究使用的双任务测量范式，要求驾驶员在驾驶过程中同时注意外周视野呈现的刺激信号，并在发现信号后立即做出反应，基本逻辑是：随着驾驶主任务对心理资源要求的累积，驾驶员剩余的心理资源就会大大减少，从而导致认知隧道效应，对外周视觉任务目标的反应变慢，击中率下降，因此，可以通过测量外周视觉任务的绩效来评价驾驶员的注意（刘宁和张侃，2007）。

另一种测试方法被称为有用视野（useful field of view）测试，该测试将一个小标志安置在外周视野中，观察者必须尽可能正确而快速地识别该标志。

3. 驾驶员绩效检测法

20 世纪 90 年代，驾驶模拟器方法的引入大大提升了驾驶心理学研究的实验室研究水平（Beh & Hirst，1999；North & Hargreaves，1999；Turner et al.，1996）。

注意缺乏会导致车辆控制失灵、车速意外改变以及车辆偏离到车道界线之外。有研究者将注意缺乏操作性定义为：在驾驶任务进行过程中，驾驶员的资源（感知的、认知的及生理的）被当前次要任务所竞争，从而增加了工作负荷，表现为车道维持、纵向操控、对对象及事件的侦测或扫视行为受损。驾驶模拟器研究正是基于这些注意缺乏的表现来设置绩效指标的，主要是让被试在双任务情境中进行模拟驾驶，被试需要在从事次级认知任务的同时完成驾驶的各项操作，并力图保证驾驶绩效，可检测的因变量指标包括车道维持效果、障碍物闪躲正确率、速度维持效果、危险源侦测正确率以及心电、肌电、皮肤电等生理指标（Yu et al.，2011）。如果处于分心任务中的驾驶绩效受损，通过受损程度即可评估这种分心任务占用的心理资源水平。

常见的驾驶员绩效检测法有如下两种。

（1）车道横向控制绩效

车道横向控制绩效（lateral control performance）反映驾驶员维持车道稳定的表现能力。研究者一般通过车道平均位移、车道位移标准差以及车道偏离次数来测量驾驶员的车道横向控制绩效。手机使用及其他高认知负荷任务对车道横向控制仅存在较小程度的影响，甚至使得车道变异更小，这可能是由于在高认知负荷状态下，驾驶员为了保障车辆路线稳定，减少了对其他次要驾驶任务的注意分配而优先考虑对车辆的横向控制；另一种可能是，注意分散导致注视凝缩（gaze concentration）及隧道视觉，从而使得驾驶员对车道位置偏差更敏感。

（2）车道纵向控制绩效

车道纵向控制绩效（longitudinal control performance）反映驾驶员维持车速及跟车距离稳定的表现能力，研究者一般通过车速标准差、跟车距离及跟车时间来测量驾驶员的车道纵向控制绩效。注意分散的驾驶员一般驾驶速度更慢，速度变异更大，刹车控制变异更多，跟车距离也更长，有研究者认为这是驾驶员为降低注意分散风险而采取的补偿行为（Törnros & Bolling，2006）。

4. 眼动测量法

基于驾驶员视觉行为的检测技术的基本假设是：在驾驶过程中，视觉通道是获取安全信息的主要途径，驾驶员注意缺乏的视觉表现有无意和变化视盲、注视凝缩以及注意隧道效应，因此，如果能够精确测量视觉行为，便可以衡量驾驶员的注意缺乏状况。眼动测量法主要是对视觉行为进行实时测量，一般是在一个交通场景中记录眼睛注视点、注视频率、平均注视时间以及与注视点相关的眼跳幅度和方向。

根据注意缺乏的诸多视觉行为表现，可以通过以下指标对其进行测量。

（1）平均注视时间

平均注视时间是驾驶员对驾驶视野注视时间的总和与注视点个数的比值，反映的是刺激加工的难易程度，平均注视时间越长，加工越难。当驾驶员处于注意分散状态时，其处理路面信息的难度会增加，从而会延长平均注视时间（杨萌等，2011）。

注意分散的另一个视觉行为表现即注视凝缩，可以通过测量在次要任务过程中眼睛对路面增加的注视时间占总注视时间的百分比来评估注视凝缩（Young，2012）。

当驾驶员注意分散严重时，还会表现出视盲现象。因此，研究者通过视盲现象来评估注意分散程度，即当被试的注视点投射到目标刺激上时，虽然有注视时间，但是却侦测失败，由此可以断定被试处于严重注意分散状态。例如，注意分散的操作性定义为思维失控并导致“视而不见”（looked but failed to see，LBFS），杂乱地浏览路况。“视而不见”具体指驾驶员虽然朝向交通冲突的位置看去，但是并没有及时做出反应，眼睁睁地看着事故演变为现实。驾驶员对外部事件有比预期更高的漏报率及更长的反应时，即在低工作负荷情况下注意缺乏较突出，扫视表现不符合其应该有的事件侦测表现。具体的研究范式包括两种：一种为事后回忆法，即要求驾驶员在视频录像或图片呈现结束后回忆是否注意到非预期刺激；另一种是实时侦测法，即要求被试在观看视频或者图片时，一旦发现目标刺激，立刻做出按键反应，然后研究者利用眼动数据判断被试是由注视转移模式导致的侦测失败还是仅仅由于“视而不见”（Henderson & Hollingworth，2003）。相比于事后回忆法，实时侦测法可以排除记忆因素的干扰。

（2）注意广度

当驾驶员由于注意分散而产生注视凝缩时，其眼跳距离会相应缩短，进而缩小注意广度。眼跳距离是指驾驶员视野内每两个相邻注视点间的距离，可以表征注意广度，即眼跳距离越大，注意广度越大。但是，单凭眼跳距离无法了解搜索的方向，因此，需要水平注意广度和垂直注意广度相互补充。有研究表明，驾驶员处于注意分散状态时，其眼跳距离缩短，水平和垂直注意广度变小，这大大干扰了其注视点分布模式，产生注视凝缩现象（Liang & Lee，2010；杨萌等，2011）。

（3）视觉扫描范围

视觉扫描范围的大小反映了驾驶员的注意分配情况，注意分散会缩小视觉扫描的范围。研究发现，在注意分散状态下，驾驶员将注视点长时间停留在前方路面，而降低了外周视野的采样率，如减少了对后视镜的扫视频率（He et al.，2011）。

5. 生理测量法

生理测量法是指将驾驶员在任务过程中的生理反应作为评价指标，客观、实时地反映驾驶员的状态。有研究报道，当驾驶员高度紧张时，其生理唤醒（physiological arousal）水平会明显提高。例如，当飞行员处于应激状态时，其心率加快而心率变异性降低（Veltman，2002）。心率变异性是指窦性心率的周期性变化，其指标包括 LF（low frequency，低频值）（反映交感神经活动度）、HF（high frequency，高频值）（反映副交感神经活动度）以及 LF/HF（反映应激水平）。

4.1.4 驾驶员的注意品质

驾驶员的注意品质对交通安全有直接影响。用眼动技术记录驾驶员的眼动轨迹的研究表明，行车中，人眼绝大部分时间在注意前方，并在汽车后视镜、挡风玻璃前方来回运动（韩玉昌，1991）。事故与无事故汽车驾驶员在注意品质方面存在显著差异，事故驾驶员的注意广度比无事故驾驶员更小，注意转移和注意分配的能力更差，并且注意力不易集中（毛恩荣和周一鸣，1997）。

1. 注意广度

注意广度（range of attention）也叫注意的范围，是指在同一时间内人能清楚把握的对象的数量。沈玮和何存道（1994）用速示器在 0.1s 内向被试呈现黑点、数字、字母、图形、汉字等视觉刺激物以研究注意广度，研究表明，当刺激信号为 6～10 个时，安全组驾驶员的注意广度大于事故组驾驶员的注意广度。Deery 的研究也表明，新手驾驶员对交道环境的搜索范围更小，更少看后视镜，对整个路面的扫描频率更低、使用外周视觉的效率更低以及会更多地集中注视少数路面目标（Deery，1999）。

驾驶员注视点坐标数值的标准差是衡量注意广度的有效指标。一般使用驾驶视野内注视点横坐标数值的标准差来衡量水平注意广度，使用驾驶视野内注视点纵坐标数值的标准差来衡量垂直注意广度（杨萌等，2011）。

2. 注意稳定性

注意稳定性（stability of attention）是指人将注意长时间地保持在感受某种事物或从事某种活动上。驾驶员的注意稳定性是指驾驶员在开车时可以时而注意车前，时而注意车内，不断变换有关注意对象，但必须保持注意的总方向是在驾驶活动上（杨静和景国勋，2008）。目前，关于驾驶员注意分散和警觉递减的研究成为热点，很多研究者使用眼动追踪技术、驾驶模拟器、外周视觉任务检测法来考察驾驶员长时间将注意力稳定在驾驶任务上的能力（刘宁和张侃，2007；Ranney，2008）。例如，外周视觉任务的击中率越高，说明驾驶员剩余的注意资源越多，注意稳定性越好（施臻彦等，2010）。

3. 注意分配

注意分配（distribution of attention）是指人在同时进行多种活动时把注意指向不同的对象。恰当的注意分配对视知觉和安全驾驶至关重要。随着眼动技术的发展，研究者开始关注驾驶员的视觉注意力分配模式，注视时间、注视点个数及注视点分布等眼动指标能够很好地反映驾驶员的视觉注意分配模式。例如，李辉等利用露天体育场模拟驾驶环境，用眼动设备记录被试在直道驾驶、弯道驾驶、复杂路况驾驶的眼动数据，发现驾驶员在不同的驾驶环境下有不同的注意力分配策略和扫描模式，相对于直道驾驶环境，被试要在弯道驾驶环境和复杂路况驾驶环境中分配更多的注意力，注视次数显著增加、注视时间显著延长（李辉等，2009）。

经研究，新手驾驶员倾向把全部注意分配到驾驶任务上，而有经验的驾驶员则只把少量注意分配到驾驶任务上，留有充分的注意储备，一旦出现特殊情况，就会及时发现，迅速、准确地处理险情，这是“注意分配主动型”驾驶员和“消极分配型”驾驶员的本质区别（韩玉昌，1991）。

研究发现，新手和有经验的驾驶员的注视时间和注视点的分布方式明显不同。有经验的驾驶员能依据环境调整搜索的范围，他们在双行道上横向和纵向分布的注视点比新手驾驶员更多。有经验的驾驶员可以通过增加的横向注视点更好地利用车外反光镜，而新手驾驶员则过分依赖车内反光镜（Underwood et al.，2002）。

4. 注意转移

注意转移（shifting of attention）是根据新的任务，人主动地把注意从一个对象转移到另一个对象上。有研究者使用眼动测量指标——眼跳来测量注意转移。眼跳是对目标的外显朝向，而注意则是对选择物体过程的内隐朝向，二者在选择视觉信息、找到注视目标以及忽略无关信息的过程中都发挥着重要作用（王一楠和宋耀武，2011）。在环境趋于复杂时，驾驶员的注意力也会向原驾驶车道以外的区域（如后视镜、目标车道、路边行人等）转移（李辉等，2009）。

新手驾驶员很难根据路面状况的变化而转移注意。在需要利用旁边道路信息时，有经验的驾驶员会迅速扫描后视镜，相反，新手驾驶员的扫描模式却很难被有效转移（Falkmer & Gregersen，2001）。在宽敞的路面上，驾驶员的注意一般都保持在正前方，有经验的驾驶员的注意则时而偏向左边，时而偏向右边，以观察有无潜在的危险，形成一个椭圆形的视觉注意窗口，而新手驾驶员的注视点则始终保持在正前方（Chapman & Underwood，1998）。随着路况变化，有经验的驾驶员注意转移更加容易，例如，在需要观察车后情况时，有经验的驾驶员能够迅速扫视后视镜，而新手驾驶员的视觉扫描转移则更加困难（Falkmer & Gregersen，2001）。在苛刻的道路环境中，有经验的驾驶员对各方面信息的注意时间都很短，但是，无论道路环境的难度如何变化，新手驾驶员都极少表现出注意转移行为（Underwood et al.，2003；Crundall et al.，1999）。

4.1.5　驾驶员注意缺乏

1. 驾驶员注意缺乏的概念

注意缺乏（inattention）被定义为注意或留意失败。这个定义有两个要点：第一，个人能够控制注意；第二，注意缺乏是一种疏忽。

驾驶员注意缺乏（driver inattention）是指驾驶员在驾驶活动中的心理活动或意识缺乏对安全信息的指向和集中，致使操作失误，造成驾驶任务失败。

2. 驾驶员注意缺乏的分类

Regan 等提出了驾驶员注意缺乏的分类模型，该模型主要来源于对碰撞事故数据的深度分析，同时也参考了人类工效学和认知心理学的交叉研究领域的结果（Regan et al.，2011）。这个分类模型如图 4.1 所示，Regan 等将驾驶员注意缺乏定义为“驾驶员在从事驾驶活动时，注意投入不足或没有注意参与，从而无法保证安全驾驶”，他们认为，根据驾驶员注意缺乏的诱发机制，可以将其分为以下几类。

驾驶员注意受限（driver restricted attention）：由某种自身原因（如生理因素）导致的驾驶员无法侦测到影响安全驾驶的关键信息，从而引发驾驶员在从事驾驶活动时注意投入不足或没有注意参与，无法保证安全驾驶。

驾驶员注意非优先（driver misprioritized attention）：驾驶员仅注意驾驶过程中的个别方面信息而疏忽其他更重要的安全驾驶信息，从而引发驾驶员在从事驾驶活动时注意投入不足或没有注意参与，无法保证安全驾驶。

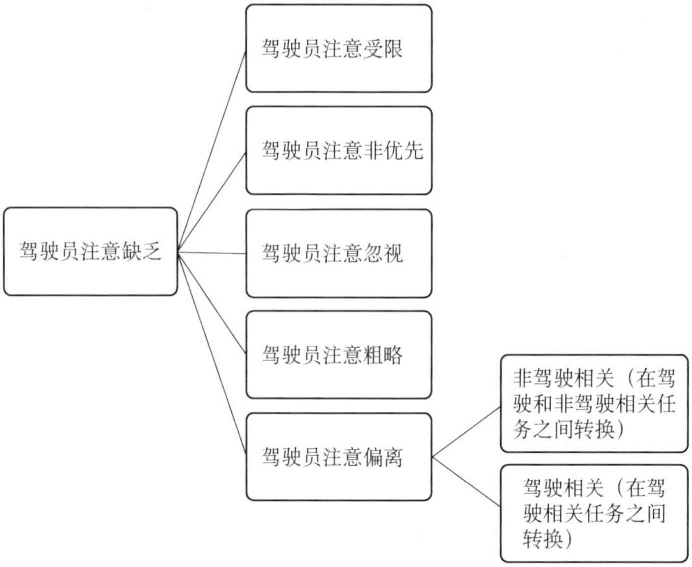

图 4.1　驾驶员注意缺乏的分类模型（Regan et al.，2011）

驾驶员注意忽视（driver neglected attention）：驾驶员忽视影响安全驾驶的关键信息，从而引发驾驶员在从事驾驶活动时注意投入不足或没有注意参与，无法保证安全驾驶。

驾驶员注意粗略（driver cursory attention）：驾驶员只是粗略地或者草率地处理影响安全驾驶的重要信息，从而引发驾驶员在从事驾驶活动时注意投入不足或没有注意参与，无法保证安全驾驶。

驾驶员注意偏离（driver diverted attention）：驾驶员的注意由安全驾驶的关键活动偏离到其他竞争活动上，从而导致驾驶员对安全驾驶的关键信息注意不足或注意缺乏。根据竞争活动是否与驾驶任务相关，这种注意缺乏可被分为两种类型：第一，驾驶员的注意偏离到与驾驶无关的任务上去，受竞争活动的干扰，在驾驶和非驾驶相关任务之间转换（驾驶时查看手机、给朋友打电话，或思考上班后需要做什么）；第二，驾驶员的注意从安全驾驶的关键活动偏离到与驾驶相关的竞争性活动上去，并在驾驶相关任务之间转换（油箱要空了，驾驶员不断地想怎样找到最近的加油站）。

Regan 等提出的模型假设，驾驶员是否能够控制诱发注意缺乏的因素并不是该模型的分类标准（Regan et al.，2011），例如，尽管生理因素（如瞌睡的驾驶员闭上眼睛）超出了驾驶员的控制，可能使得驾驶员侦测关键信息变得困难，甚至使其丧失注意，但是，驾驶员注意受限依然被包含在模型的分类中。

4.2　驾驶员视盲

4.2.1　视盲与“视而不见”事故

1. 视盲

注意是影响知觉的重要方面。注意不仅使得我们的意识更加集中于周围环境中的某些方面，也决定了我们所见的以及我们如何见之。注意缺乏往往意味着令人诧异的知觉失败，例如，有些人甚至侦测不到像火车、公共汽车和卡车这样的大型物体。由注意缺乏而导致知觉失败的现象被称为无意视盲（inattentional blindness）。

Mack 和 Rock（1998）在研究外显注意捕获（explicit attentional capture）问题时发现，当观察者集中注意于某个物体或事件的时候，他们经常不能觉察到显著的、与众不同的刺激，研究者由此提出了无意视盲概念，用以描述观察者是否觉察到了非预期的刺激。

2.“视而不见”事故

视盲是交通领域中的一个普遍现象，视盲会直接导致“视而不见”事故的发生。“视而不见”是指看了却没有看见，“视而不见”事故是指虽然驾驶员的视线落在了道路中的危险对象上，但是并没有注意到危险，从而引发的交通事故。人类所处理的有良好细节的视觉信息仅仅占我们视域的一小部分。我们需要对周围环境的各个部分反复地进行定位和注意。研究发现，墨尔本市区将近 30%的意外事故发生在交叉路口。研究者调阅了警方的事故报告，发现车辆相撞事故的 78%～90%的原因是碰撞双方中至少其中一方的驾驶员没有及时看见前方车辆，无法规避碰撞。值得强调的是，在这些事故中，有一半事故是由于双方驾驶员都没有看见对方车辆。很多肇事驾驶员声称，当时一直在注视道路，但是没有看见其他车辆（Cercarelli et al.，1992）。

摩托车手和自行车手经常是这种事故的受害者，很多摩托车碰撞事故都源于其他道路使用者在十字路口并道时横穿挤占摩托车手的车道。图 4.2 描述了摩托车事故的普遍类型：一辆轿车从一个岔道口并道，没有侦测到主干道上的摩托车，从而与其相撞。

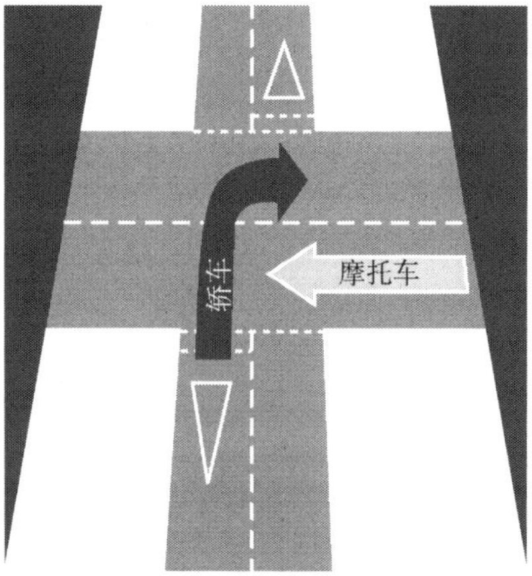

图 4.2　摩托车事故的普遍类型

转弯并道并非变化视盲被应用于驾驶环境中的唯一情境。Velichkovsky 等考察了驾驶员在扫视和眨眼等自我行为中对变化的察觉能力，发现在日常生活中，眨眼和扫视占我们观察外界总时间的 18%，在这段时间内，我们完全处于盲视状态（Velichkovsky et al.，2002）。Velichkovsky 等推测，一些事故的发生是因为某个重要事件（如交通信号灯变红）正好发生在盲视时刻。他们做了两个关于扫视和眨眼是否会导致涉及交通刺激变化视盲的实验，结果表明，这种影响的确可能发生：无论是眨眼、扫视或者空屏，只要盲视发生，都会削弱驾驶员侦测场景变化的能力，并会增加反应时。

4.2.2　视盲的影响因素

1. 对象显著性

驾驶员对摩托车（也包括对自行车）“视而不见”的通常解释是摩托车的对象显著性不够，例如，研究表明，发生在视野中央位置的变化比发生在外围位置的变化被识别的正确率更高（Pringle et al.，2001）。高显著性的变化比低显著性的变化被识别的正确率更高。意义性变化的识别效果没有对象显著性高的识别效果好，这表明在识别变化方面，高水平加工过程所指导的注意没有低水平加工过程所指导的注意有效。Pringle 等认为，显著的感知变化效果更加突出，而不显著的感知变化需要连续的搜索过程才可被识别（Pringle et al.，2001），由此引发了一系列增强摩托车显著性的研究。在感知方面，摩托车很难被侦测到。它们车型小，且前端狭窄，很难被看见，又容易被其他物体（如路灯、邮箱和其他车辆等）遮掩。如果这个假设成立，那么，合理的补救措施是尝试增强其对象显著性程度，如增强其亮度，辅以荧光、发亮或反光的外壳，并使用前灯。

2. 认知显著性

“视而不见”事故真的是源于对象显著性程度差吗？Preusser等（1995）查阅了美国致命事故报告系统（Fatal Accident Reporting System，FARS）的数据后总结出，1992年，美国大约有2074起摩托车事故导致的死亡案例是由这一原因引发的，且这些案例大多发生在城市道路环境中的春季、夏季和初秋的白天时间段，以晴好天气居多。

“视而不见”事故真正的原因是认知显著性问题，而非对象显著性问题。驾驶员的经验决定了他们喜欢看到什么。如果驾驶员在岔道口只期待看到汽车，那么，关于摩托车的信息就很难进入其意识中（Wulf et al.，1990）。认知显著性（cognitive conspicuity）或搜索显著性（search conspicuity）是指，观察者有意搜寻某物体时该物体可以被侦测到的属性。它取决于该物体的信息含量以及观察者的心理状态。

（1）预期

Hole和Tyrrell考察了人们侦测摩托车的预期能力（Hole & Tyrrel，1995）。被试以驾驶员等候并道的视角观看一系列交通场景幻灯片。被试需要既快又好地识别是否在每张幻灯片里都有摩托车。依据摩托车车头灯的使用情况，研究者划分了四种条件。在开/开条件下，所有的摩托车的车头灯都是点亮的；在关/关条件下，所有摩托车的车头灯都是关闭的；在开/关条件下，除了最后一张幻灯片外，其他幻灯片中的摩托车车头灯都是点亮的；在关/开条件下，除了最后一张幻灯片外，其他幻灯片中的摩托车车头灯都是关闭的。总之，被试在两种灯亮条件（开/开和开/关）下都能更快地侦测到摩托车，表明辅助车灯很醒目。但是，开/关条件下的被试侦测最后一张幻灯片中的摩托车的速度更慢，尽管该摩托车已经很大且很清晰。对于这张幻灯片，一些被试集体侦测失败，只有60%的幻灯片中的摩托车车头灯被点亮，尽管不那么显著，但这种效果依然存在。

究其原因，研究者认为被试产生了一种知觉定势，即被试过于依靠车头灯（尤其在远距离）来识别摩托车。由此可以推测这样一种普遍现象：驾驶员可能使用了简捷编码（shorthand code）方式来侦测其他车辆的存在。

（2）简捷编码

简捷编码是详细观察驾驶环境的有效替代编码方式，通过积累经验而发展起来，是一种相对简单的知觉属性，驾驶员习惯性地将某种知觉属性与驾驶环境的各个方面相联系。驾驶员使用简捷线索作为行动依据（Langham，1999）。研究者给被试呈现一系列从驾驶员并道时的视角拍摄的视频短片，被试需要确定每个短片中是否有车辆（摩托车或者轿车）正在接近。在一些短片中，摩托车被用移动的灰色垂直矩形代替，汽车被用移动的灰色水平矩形代替。实验结果显示，被试常常在准确识别之前就对矩形做出反应。与新手驾驶员相比，职业交警驾驶员的这种效应表现得更为显著，这表明有经验的驾驶员更加依靠简捷线索。

（3）注意定势

注意定势是指个体对目标刺激的相关特征所产生的一定的预期或准备状态。注意定势可以使个体对视觉世界中的某些刺激更为敏感，这种注意预备状态使个体能更好地将选择性注意集中于目标刺激上，更有效地完成当前的目标任务。但是，这种状态却要付出一定的代价，即对非预期刺激产生无意视盲。

Langham 等（2002）曾调查涉及警车的“视而不见”事故。停在高速公路上的警车有时会被碰撞，驾驶员声称直到无法避免碰撞时才看见警车。一份详细的警方报告显示，在某些案例中，碰撞发生在良好天气里，违章驾驶员完全可以一览无余地看到前方静止的警车。虽然不能完全排除疲劳的原因，但是，这些驾驶员都很清醒，这些事故并未发生在坏天气或者晚间，而且警车两侧和后面都有不同寻常的反射光条，并在上方有蓝红闪灯，因此，这些车辆从外观上看十分显著，很难用知觉局限来解释这些事故。根据注意定势理论，我们可以推测，在车道中放置一辆静止的车是高速公路上不常遇见的事情。如果驾驶员看见前方有一辆车，其会先入为主地假定它与自己同方向前进，这合情合理，因此，无意视盲事故便发生了。

（4）认知加工能力

加工能力指的是一个人同时能够注意的刺激或信息的数量。加工能力受年龄、当时的精神状态（如疲劳等）、认知过程（适应）以及生理状态（药物和酒精）的影响。在驾驶背景中，Pringle 等通过 Rensink 的闪烁范式考察了年轻和老年驾驶员对场景变化视而不见的差异。被试以驾驶员视角观看成对的驾驶场景照片，并尽快识别两者之间的差别。研究表明，在侦测变化方面，老年驾驶员比年轻驾驶员的识别正确率更低，反应时更长（Pringle et al.，2001）。注意广度在其中也发挥了重要作用，注意广度更大的人识别变化的速度更快。因为功能性视野随着年龄增长而逐渐变得狭窄，这可能导致老年驾驶员在识别场景变化方面表现更差（Pringle et al.，2001）。

（5）搜索模式

当摩托车处于良好的侦测视觉阈限之上时，为什么驾驶员没有侦测到它们？在很多事故中，粗心扮演着重要角色。Langham（1999）隐蔽拍摄了驾驶员在十字路口并道时的表现，并且发现多数人会花很少的时间观察它们要并入的道路，平均时间大概只有 0.3～0.4s，一些驾驶员甚至根本不看。

国外研究者发现，驾驶员在接近十字路口时经常只看一个方向，结果他们很可能与另一个方向的任何迎面骑车的人相撞。如果事故已成定局，肇事驾驶员不太可能坦白自己没有看两个方向的路况，因此这种事故存在一定程度的报告偏见。同时，以上两个研究都发现，只搜索一个方向的倾向与进入十字路口时驾驶速度更快相关(Rasanen & Summala，2000；Summala et al.，1996)。Rasanen和 Summala 认为，高速使得驾驶员来不及仔细观察路况，而只是选择性地注意环境，并使他们更加依赖于常年在十字路口积累的经验。因此，这些事故常被归类为“视而不见”事故，但其实它与摩托车的感知觉属性毫无关系，完全是由驾驶员的不适当搜索模式造成的，任何显著性辅助设施都无法帮助摩托车手避免此类事故的发生。

4.3 驾驶员分心

4.3.1 分心与驾驶员分心

分心有两种含义，既指受其他刺激影响的不期而然的一种注意力转移现象，也指容易导致注意力不能集中的情境。驾驶员分心（driver distraction）已经被广泛讨论和研究，这似乎意味着人们已经理解了驾驶员分心的实际含义（Regan et al.，2008）。但是，作为一个科学概念，驾驶员分心的定义目前并不统一。很多关于驾驶员分心的研究甚至将研究过程中使用的这个明晰的概念定义错误。以往文献将驾驶员分心定义为驾驶员注意缺乏的一种形式，也是造成警觉递减的诱因之一。换句话说，当驾驶员的注意偏离到与驾驶无关的刺激或额外任务上时，注意缺乏和分心便会给驾驶带来干扰，无关刺激或额外任务既可能来源于外部（如其他车辆或风景），也可能来源于内部（如他们自己的思绪）。因此，驾驶员分心是驾驶员注意缺乏的一个子集，驾驶员分心是指驾驶员没有完全执行关键任务和集中注意力于驾驶的关键任务上（Porter，2011）。

澳大利亚道路交通管理局提出了一个综合性定义：驾驶员分心是驾驶员的注意力从主要驾驶任务上自发或无意识地偏离，与损伤（来自酒精、毒品、疲劳或药物作用等）无关，注意力偏离的原因是驾驶员在执行一个主要驾驶任务时，临时将注意力集中于一个与主要驾驶任务无关的客体、事件或人上（Regar et al.，2011）。这种偏离会降低驾驶员在碰撞、擦碰或转向行为中对环境的认知、驾驶决策的正确率以及表现绩效（Ranney，2008）。

4.3.2 驾驶员分心的表现和种类

1. 驾驶员分心的表现

有研究者曾在美国卡罗来纳州的大学组织了一次自然观察研究，考察了驾驶员在驾驶中的活动类型及其对交通事故的潜在影响（Stutts & Feaganes，2005）。在一个星期内，研究者大约记录了 70 名驾驶员 10h 的驾驶视频录像，经过对录像的分析，研究者确认了各种分心次要任务的影响率。他们发现，在驾驶过程中，驾驶员花大约 15.3%的时间与乘客说话聊天，从事一些其他活动的时间占整个驾驶时间的 14.5%，花在特定活动上的时间百分比如下：准备吃饭、吃饭（4.6%）；拿东西或休息，其他一些内部分心活动（3.8%）；使用电话（包括拨打、接听和谈话）（1.3%）；摆弄收音机（1.4%）；吸烟（1.6%）。

Sayer 以大约 120h 的驾驶记录为基础，以 5s 为一个视频记录单位，发现 28.7%的片段包含次要任务，大多数情况是与其他乘客对话，其发生率占样本的 15%，随后是装扮时间（6.5%）、使用手机（5.3%）和吃喝东西（1.9%）。研究结果还表明，从事次要任务的频率随着驾驶员年龄的增长而有所下降。年轻驾驶员（平均 25 岁）比年长驾驶员（平均 64 岁）从事次要活动的可能性高出两倍以上（Sayer，2005）。

以上两项研究结论的相同之处在于，驾驶员花大约 15%的驾驶时间从事与乘客交谈的活动，其他分心活动所占用的时间也大致相当。

2. 驾驶员分心的种类

相同的一种分心来源可引起不同种类的分心。例如，如果驾驶员观看一个广告牌，其将产生视觉分心；如果驾驶员思考上面传达的信息，其将产生内部分心（如内部思想）。同样，使用手机可能意味着很多事情，如查看、拨号、发短信、读短信、倾听等。每种不同的交流模式将产生不同的分心种类（单独的或者联合的），同时产生不同的干扰模式。Regan 等（2011）根据注意偏离到竞争活动时初始感觉形态的不同，区别出以下六种不同种类的分心。视觉分心：注意偏离到我们看到的事情上；听觉分心：注意偏离到我们听到的事情上；嗅觉分心：注意偏离到我们闻到的事情上；味觉分心：注意偏离到我们品尝的食物上，如吃到一个腐烂的苹果；触觉分心：注意偏离到我们触碰到的物体上，如感到一只蜘蛛落在胳膊上；认知分心：注意偏离到我们思考的事情上。

4.3.3 驾驶员分心的影响因素

分心是否会影响驾驶表现和驾驶安全依赖于四个主要因素（Young et al.,

2008)：驾驶员个体差异（driver characteristics）、驾驶任务要求、非驾驶相关任务需求以及驾驶员应对竞争活动的自我调节能力。

1. 驾驶员个体差异

驾驶员个体差异是指驾驶员的个体差异性，包括性别、年龄、驾驶经验、驾驶状态（如瞌睡、醉酒、生气、焦虑等）、对于次要任务的熟悉程度和练习程度、人格、参与竞争活动的意愿、注意分配能力等（Young et al.，2008）。

（1）性别与年龄

研究表明，男性驾驶员更倾向卷入认知分心活动中，但认知分心活动对女性驾驶绩效的损害更大，这并不是由生理因素造成的，而是由男性与女性在风险认知和练习程度方面的差异造成的（Young et al.，2008）。老年驾驶员由于视觉和信息处理能力的降低，在双重任务上的执行能力下降，所以，他们比年轻驾驶员对分心的影响效果的易感性更强，同时，年轻驾驶员的风险决策、风险判断能力较差，更难抵御同伴压力，更容易参与有风险的分心活动（McEvoy et al.，2006）。年龄与经验往往具有高相关，Chen 认为有经验的驾驶员对潜在危险的认知水平更高，危险驾驶行为更少，新手驾驶员在行车中更多地使用移动电话很可能是因为他们的危险认知水平较低，缺乏评估交通情境安全性的技能，正所谓“初生牛犊不怕虎”（Chen，2007）。

（2）任务熟练程度

熟练驾驶员通过不断练习，已经可以自动化地同时处理很多驾驶子任务，因此在这些任务上仅需要很少的注意资源。与之相比，新手驾驶员在处理竞争活动时空闲的注意资源较少（Regan et al.，2011）。驾驶员对驾驶任务和次要任务的练习可以使他们学会更好地调整双重任务的优先度，发展出一套优化多重任务绩效的策略，从而减少彼此间的干扰（Eysenck，2005）。

（3）驾驶生理唤醒状态

低唤醒状态（疲劳）会持续地导致注意能力的整体下降，或者直接导致驾驶员的注意力偏离主要的驾驶任务，对驾驶表现产生不利影响。同时，由于驾驶任务需要驾驶员长久地维持相对高水平的注意，这会使其产生很高的心理负荷，会使疲劳效应进一步扩大（Hancock & Warm，1989）。疲劳效应的表现包括情绪状态改变、注意狭窄、信息分析处理过程变少、决策能力下降、对某一具体策略产生定势倾向，并且对任务投入的努力程度降低（Smit et al.，2004；van der Linden et al.，2003）。

疲劳还会促使驾驶员把有效的注意资源都集中到主要驾驶任务上，而使其对认知分心活动（如白日梦）更不感兴趣（Hancock & Warm，1989）。例如，在单调任务的前期阶段，驾驶员通过思考其他与驾驶任务无关的事情来帮助自己维持警觉，但是，当任务时间很长、睡眠缺乏或受到昼夜节律影响时，其注意资源减少，对认知分心活动更不感兴趣。而且，内倾-外倾理论认为还要考虑人格差异问题，外倾者在长时间和单调情境中更渴望被唤醒，因此，在单调驾驶条件下，他们更愿意参与分心活动，从而增加外部刺激。Thiffault 和 Bergeron（2003）的研究表明，外倾者和感觉寻求倾向者更倾向在单调的驾驶模拟器实验过程中瞌睡，因此，分心的唤醒效果对于某类个体来说可能更重要。

但是，也有研究者认为，疲劳驾驶员会主动使用一些分心策略（如手机通话或唱歌）来抵抗疲劳，因此，疲劳增强了驾驶员从事分心活动的意愿。

过高的情绪唤醒状态也不利于驾驶员集中注意。Wilson 等让驾驶员在焦虑状态下驾驶，结果发现驾驶员在焦虑状态下的眼动分布范围更小，焦虑以削弱方向盘操控与眼动模式的相关为中介变量，对驾驶绩效产生消极影响（Wilson et al.，2008）。

关于驾驶员状态（如疲劳、药物或酒精作用、情绪状态）与认知分心活动交互作用的研究很少。有研究者指出，驾驶员状态与认知分心活动可能通过以下几种途径发生交互作用：①使驾驶员更多地或者更少地卷入某种分心活动中；②影响驾驶员的自我调节能力；③产生累积效应，如疲劳和分心都会使驾驶员产生注意隧道效应，对驾驶绩效产生叠加影响，陷入分心的酒后驾驶员比清醒驾驶员的事故率更高（Young et al.，2008）。

2. 驾驶任务要求

驾驶任务要求不以驾驶员的个人条件为转移，是对驾驶员的个人能力和驾驶活动提出的要求。影响驾驶任务要求的因素包括交通条件、天气条件、乘客的数量和种类、驾驶舱的人体工效学设计以及汽车速度（Young et al.，2008）。一般来说，驾驶任务要求越低，可供驾驶员参与竞争活动的剩余注意资源越多。例如，一个良好的人体工效学设计的汽车座舱将减少工作负荷，并给予驾驶员更多的注意资源去参与竞争任务，并由此降低从事次要任务的难度。由于现代车辆操作起来更加方便，驾驶任务相对容易，驾驶员并不需要完全投入注意并持续维持注意来安全驾驶，因此，现代驾驶任务可被称为“满意任务”。但是，往往低任务要求反而促使驾驶员更加自信，使其对无关安全驾驶的信息分配注意资源，以至于产生分心，导致事故的发生。

驾驶任务要求对驾驶员认知分心效果的调节途径有两条：①调节驾驶员的心理负荷。一般来说，驾驶任务要求越低，对驾驶员心理负荷的要求越少，可供驾驶员参与竞争活动的剩余注意资源就越多。例如，同样是拨打电话，其在困难跟车任务中比在简单跟车任务中的负面影响更加显著（Strayer & Johnston，2001）。②调节驾驶员的危险知觉。例如，在手机通话过程中，在潮湿路面上驾驶的驾驶员会比在正常路面上驾驶的驾驶员更多地考虑潜在的碰撞风险（Cooper & Zheng，2002）。

3. 非驾驶相关任务需求

非驾驶相关任务是指在驾驶过程中的特定时间内进行的除驾驶任务以外的非必要驾驶活动的额外任务，与驾驶任务竞争注意资源，如手机通话、调收音机等。非驾驶相关任务需求是指在驾驶过程中与首要驾驶任务竞争注意资源的额外任务所产生的心理负荷。

非驾驶相关任务与驾驶任务往往同时进行，因此，驾驶员的能力是否能够胜任非驾驶相关任务的难度、非驾驶相关任务所分配的时间、驾驶员的经验、非驾驶相关任务的操作内容和操作难度等因素都会对驾驶任务产生不同程度的干扰（Young et al.，2008）。与非驾驶相关任务有关的影响因素包括非驾驶相关任务与驾驶子任务的相似度（如非驾驶相关任务是否要求与控制汽车相似的视觉或控制行为）、非驾驶相关任务的复杂性、非驾驶相关任务是否可以被忽略、非驾驶相关任务的预测性如何、非驾驶相关任务可被调节的难易程度、非驾驶相关任务被打断后可恢复的操作难易程度以及非驾驶相关任务占用操作的时间。驾驶员暴露于可干扰安全驾驶的非驾驶相关任务越久，事故危险性就越大。Harbluk 等（2007）让驾驶员在城市交通环境中驾驶时完成一个数字加法任务，结果发现，驾驶员减少了对仪表和视镜的视觉检视，一些驾驶员甚至对这些区域完全无视。

4. 自我调节能力

自我调节（self-regulation）贯穿于驾驶控制过程中的计划（strategic）、策略（tactical）和操纵（operational）层面。在最高的计划层次上，驾驶员可以通过选择不参与具有潜在分心效果的活动来调节他们的风险暴露率。手机通话对老年驾驶员的损害程度远远大于年轻驾驶员，但事实上，很多老年驾驶员并不赞成在驾驶时接打电话，由此降低了事故风险（Lamble et al.，2002）。这涉及一个参与意愿问题。在策略水平上，自我调节决定着驾驶员实现目标的具体方式，如为保证安全到达目的地，驾驶员选择停车后再进行手机通话；在操纵水平上，自我调节决定着车辆的具体操作，如驾驶员是选择继续开车，还是选择通过减速、增加车距、减少对仪表盘或后视镜的扫视频率来保障通话和行车同时进行。但是，当次要任务不可被预测、忽视、打断和调整时，驾驶员就很难或者不可能调整或适应分心模式了。研究表明，使用手机比听广播的干扰程度更大，因为驾驶员可以采取阻塞收听内容的策略来调节广播的分心效果（Ünal et al.，2013）。

如果驾驶任务和次要任务在某一时刻同时具备这些属性，这将对驾驶安全极为不利。研究发现，如果驾驶员认为来电非常重要，即使他们平时认为驾驶时打电话是有风险的，他们也会接听该电话，并且驾驶员卷入交谈内容的程度越深，对驾驶安全的负面影响就越大（Nelson et al.，2009）。

尽管以上所阐述的四个因素对分心效果起到了调节作用，是任何驾驶分心研究都不可忽视的重要变量，但它们很少成为实验研究的控制变量，这增加了比较不同研究中不同分心来源对驾驶表现的影响率的困难，甚至无法对这些研究进行比较。

4.4 驾驶员注意改善

4.4.1 适时休息

单调、疲劳或者嗜睡这些因素无论单独发生作用，还是彼此联合发生作用，都会降低驾驶员的注意稳定性。注意稳定性可以通过训练来提高（Fisk & Schneider，1981），但在执行需要持续注意的任务中，疲劳始终破坏着注意稳定性。对于驾驶员来说，最好的维持注意稳定性的手段是停车并休息一会儿，若能睡上一小觉是最理想的（Horne & Reyner，1999）。因此，驾驶员正确评估自己的注意稳定性并适时休息对于交通安全来说至关重要。

4.4.2 适当唤醒

使驾驶员维持高水平的唤醒是非常重要的。经常休息自然可以使驾驶员维持高水平的唤醒，就像摄入适量的兴奋物质（如咖啡因）一样。其他形式的外部刺激也是有效的，如音乐、噪声或对话（Wickens et al.，2007）。

值得注意的是，当驾驶员由于工作负荷较低（如路况单调）而产生被动疲劳时，他们会胡思乱想或做白日梦，这不利于警觉维持，这时可以给驾驶员播放欢快的、没有歌词的音乐。对于主动疲劳，音乐的唤醒作用实在“爱莫能助”，而且迷信音乐的唤醒作用将是非常危险的。长途货运驾驶员往往采取听广播或音乐的策略来保持唤醒状态。但有关驾驶模拟器的研究表明，这种策略极具风险，研究者让缺乏睡眠的被试驾驶 2.5h，发现听广播比往面部吹冷风的唤醒效果更好，但这种效果不具有统计显著性，而且仅能维持 30min。值得警惕的是，当脑电和驾驶绩效指标都显示驾驶员已严重困倦时，听广播或听音乐的驾驶员却对自身的警觉程度过度自信，客观测量和主观评价的相悖说明音乐因素会干扰驾驶员对自身困倦的主观监控。而年轻驾驶员更加倾向利用音乐来缓解困倦，由此导致更高的事故风险（Reyner & Horne，1998）。

马锦飞的研究表明，轻音乐（无歌词、速度慢、节奏弱、音量中等）会使驾驶员感到放松，降低驾驶员的生理唤醒和认知负荷，在单调路况中易诱发驾驶员产生负荷不足和困倦问题，不利于驾驶员的危险知觉，不适合驾驶员在单调路况中收听。DJ（disc Jockey）音乐（有歌词、速度快、节奏强、音量大）会吸引职业驾驶员的注意，导致其注意偏离，因此在任何路况中都不适合职业驾驶员收听，而且 DJ 音乐会促使新手驾驶员的认知负荷增加，增加负荷超载和分心风险，因此在任何路况中都不适合新手驾驶员收听（马锦飞，2014）。所以，驾驶员最好只将听广播或音乐当作减少困意的权宜之计，停车休息才是安全之道。

目前，在单调驾驶条件下，言语交流的潜在效果只在驾驶模拟器研究中得到探索（Gershon et al.，2009；Oron-Gilad & Shinar，2000）。Oron-Gilad 和 Shinar 通过一个具有言语成分的小游戏发现，言语交流能够阻止被试在驾驶模拟器任务中的绩效成绩下降并提高其警觉水平。从事言语任务后这种效果立即产生，但是，其随着言语任务的结束而消失，持续短暂。

尽管如此，关于手机和乘客交谈的分心效果的研究已经表明，分心对驾驶绩效的消极效果比这类交谈的任何积极效果都要大（Caird et al.，2008；Drews et al.，2008；Horrey & Wickens，2006）。

除此之外，控制车厢温度等环境因素也会防止瞌睡，本书第 9 章还将对此进行详细阐述。

4.4.3 规范行为

在美国的康涅狄格州、新泽西州、纽约州和哥伦比亚特区以及欧盟国家、日本、澳大利亚、加拿大等国家和地区，驾驶员在驾驶过程中使用手机是违法的。美国有 12 个州禁止不满 18 或 21 周岁的驾驶员使用手机，一些州禁止行车驾驶员在驾驶过程中使用手机，并对驾驶过程中使用手机的驾驶员进行罚款，相关法律可在下面的网址中查询：http://www.ncsl.org/programs/transportation/DRFOCUS.htm。

经评估后发现，最初人们对纽约州有关手机使用的法律还是遵守的，但是在 18 个月之后，在驾驶过程使用手机已经再次泛滥到实施该法律之前的状态，原因可能在于宣传力度的直线下降以及缺乏宣传（McCartt et al.，2006）。可以预料，除非法律得到真正实施，否则它将没有任何效力。

4.4.4 改善路况

我们可以通过有效的道路环境设计来改善困倦和分心驾驶员的注意状况。有研究者认为，道路环境设计对于驾驶员注意缺乏的改善最有效果。例如，提供安全停车和休息场所、安装垫肩或中心线停车震动带等。停车震动带可以使偏离轨道的驾驶员警醒。休息场所可提供如无线网络使用的服务，这可以鼓励驾驶员延迟从事次要任务，直到到达休息场所（Ranney，2008）。

4.4.5 简化人机操作界面

改善人机操作界面设计的可用性，使驾驶操作和车载设备都变得更易操作，自然可以帮助驾驶员节约注意资源，但是，这可能反而鼓励驾驶员去从事额外任务。Lee 和 Strayer 探讨了这种“可用性悖论”（Lee & Strayer，2004）。“可用性悖论”是行为适应或风险补偿的一种形式，可以解释为什么高速公路和车辆安全改善仅有短期的效果（Wilde，1982）。当驾驶员意识到控制车辆和使用车载设备更加方便时，他们也许会更加频繁地使用车载设备和手机，这反而增加了风险发生的次数，减少了车辆和道路环境改进最初设想的安全效益。另外，以信息输入和显示查看为主要形式的车载终端在使用时会分散驾驶员最重要的视觉注意力，因此，应从人体工学角度考虑人机交互方式、驾驶员行为特征等，对车载终端任务应用进行优化设计（Wang & Zhang，2009）。

4.4.6 驾驶员高级辅助技术

驾驶员高级辅助技术通过监测驾驶员表现和眼动方向获得驾驶员信息，也可以在风险情况下警告驾驶员维持注意稳定性，并且控制车载设备的使用以减少分心，如屏蔽手机信号。例如，沃尔沃汽车公司开发了智能驾驶员信息系统，如果驾驶状态忙碌（如在加速期间），该系统可以延迟电话信号或其他不重要的信息。沃尔沃汽车公司 2008 年的 Lexus LS600hl 款汽车安装了监测驾驶员脸部的摄像头，如果眼动监测系统观察到驾驶员没有看向前方，而雷达发现存在撞车可能性，这时驾驶员将会接收到警告。

美国运输安全管理局的国家合作高速公路研究项目（national coorperative highway research program，NCHRP）承接了一项研究，专门研究睡眠缺乏驾驶员分心的识别系统（Stutts et al.，2005），例如，该系统可以对分心驾驶员进行眼动监控，并警告分心驾驶员。该系统还可以整合来自雷达和其他传感器的驾驶员数据和交通数据，控制驾驶员对信息的感知。最终通过测试，该系统发展成一种原型适应界面，设定信息流向驾驶员的顺序、警醒分心的驾驶员和提高冲撞警告系统的性能，读者可在下面的网址中了解该项目：http://www-nrd.nhtsa.dot.gov/departments/nrd-13/newDriverDistraction.html。

关键术语

注意（attention）：心理活动或意识对一定对象的指向与集中，是高级心理过程的最高统合。

驾驶员注意（driver attention）：驾驶员在驾驶过程中，心理活动或意识对一定的道路交通信息进行有选择的指向和集中。

无意注意（involuntary attention）：没有预定目的，也无需意志努力的注意，也被称为不随意注意。

有意注意（voluntary attention）：有预定目的，必要时还需做出一定意志努力的注意，也被称为随意注意。

认知显著性（cognitive conspicuity）或搜索显著性（search conspicuity）：观察者有意搜寻某物体时，该物体可以被侦测到的属性。它取决于该物体的信息含量以及观察者的心理状态。

注意广度（range of attention）：在同一时间内，人能清楚把握的对象的数量。

注意稳定性（stability of attention）：人将注意长时间地保持在感受某种事物或从事某种活动上。

注意分配（distribution of attention）：人在同时进行多种活动时把注意指向不同的对象。

注意转移（shifting of attention）：是根据新的任务，人主动地把注意从一个对象转移到另一个对象上。

驾驶员注意受限（driver restricted attention）：由某种自身原因（如生理因素）导致的驾驶员无法侦测到影响安全驾驶的关键信息，从而引发驾驶员在从事驾驶活动时注意投入不足或没有注意参与，无法保证安全驾驶。

驾驶员注意非优先（driver misprioritized attention）：驾驶员仅注意驾驶过程中的个别方面信息而疏忽其他更重要的安全驾驶信息，从而引发驾驶员在从事驾驶活动时注意投入不足或没有注意参与，无法保证安全驾驶。

驾驶员注意疏忽（driver neglected attention）：驾驶员忽视影响安全驾驶的关键信息，从而引发驾驶员在从事驾驶活动时注意投入不足或没有注意参与，无法保证安全驾驶。

驾驶员注意粗略（driver cursory attention）：驾驶员只是粗略地或者草率地处理影响安全驾驶的重要信息，从而引发驾驶员在从事驾驶活动时注意投入不足或没有注意参与，无法保证安全驾驶。

驾驶员注意偏离（driver diverted attention）：驾驶员的注意由安全驾驶的关键活动偏离到其他竞争活动上，从而导致对安全驾驶的关键信息注意不足或注意缺乏。

“视而不见”（looked but failed to see，LBFS）事故：虽然驾驶员的视线落在了道路中的危险对象上，但是并没有注意到危险，从而引发的交通事故。

驾驶员分心（driver distraction）：驾驶员的注意力从主要驾驶任务上自发或无意识地偏离，与损伤（来自酒精、毒品、疲劳或药物作用等）无关，注意力偏离的原因是驾驶员在执行一个主要驾驶任务时，临时将注意力集中于一个与主要驾驶任务无关的客体、事件或人上。这种偏离会降低驾驶员在碰撞、擦碰或转向行为中对环境的认知、驾驶决策的正确率以及表现绩效。

第5章　驾驶员危险知觉

本章将介绍驾驶员危险知觉的概念、机制及其测量方法，探讨驾驶员危险知觉的影响因素，并论述驾驶员危险知觉检测的应用以及如何通过训练来提高驾驶员的危险知觉能力，尤其是如何提高年轻驾驶员的危险知觉能力。

5.1　驾驶员危险知觉概述

5.1.1　危险

交通环境中的危险是指任何可以引起潜在交通事故的永久的、短暂的、静止的或移动的物体。一般而言，道路交通情境中的“危险”特指引起危险的道路使用者（Wetton et al.，2010）。道路使用者是指静态或动态的行人、驾驶汽车者、骑自行车者和骑摩托车者等。

5.1.2　危险分类

1. 明显危险与潜在危险

危险知觉既包括驾驶员对明显危险的感受水平，也包括驾驶员对潜在危险的感受水平（张茜，2010）。驾驶员危险知觉可能是驾驶员对客观存在的明显危险的侦察和识别，如后方有疾速行驶的车辆、一个小孩在车辆面前过马路等，驾驶员要对这些紧急事件做出条件反射；也可能是驾驶员对潜在危险的侦察与识别。潜在危险指隐藏的危险。例如，在驾驶员右转弯处的视觉盲区内很可能有一个小孩从停靠的车辆之间过马路，而驾驶员却看不见，或者是前方提示危险的道路标志被遮挡住，不在驾驶员的当前视角内，该标志直到最后一刻才被驾驶员发现。

如图 5.1 所示，编号为 1 的车向前行驶，右侧的行人或自行车向左边靠近。

驾驶员的视线被松树遮住了，无法看到右侧的道路情况。因此，右边灰色三角区域是一个死角。这是一种潜在危险，如果驾驶员没有意识到这种危险，就不会提前减速，这样等到发现行人时就已经很危险了，很容易发生事故。

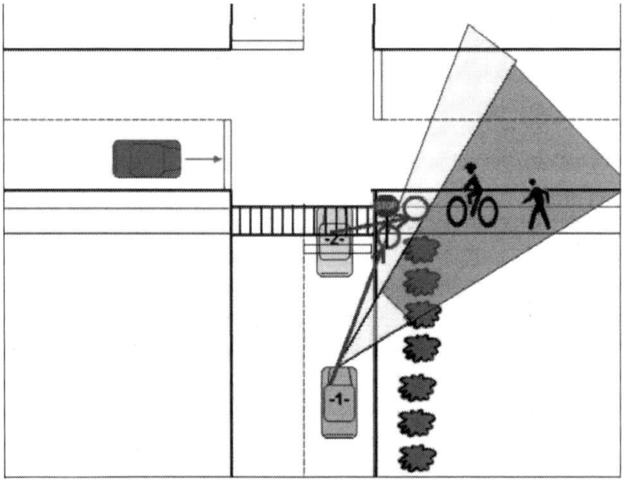

图 5.1　潜在交通危险（Vlakveld，2011）

2. 突然出现的危险与缓慢出现的危险

潜在危险还可以被分为突然出现的危险和缓慢出现的危险两种（Underwood et al.，2013）。突然出现的危险是指潜在危险突然出现在当前视野中。例如，一个行人从前方公交车前面突然冲到行车道上。缓慢出现的危险是指危险的发展完全在当前视野中，驾驶员在很远的距离就可以搜索和识别到危险。例如，前方交通警察正在设置路障。

驾驶员对道路环境中突然出现的危险的视觉搜索与识别是即时的、迅速的，因为这类危险很容易获得驾驶员的视觉注意捕获。相反，缓慢出现的危险会诱发驾驶员的情境意识，驾驶员需要对即将发生的事件进行预期，以采取适当的驾驶行为。驾驶员会不断地扫描危险可能出现的关键区域，一旦产生危险，便会迅速注视那个危险物。

5.1.3　危险知觉概念

在真实驾驶操作中，为了有效地避免交通事故，驾驶员必须能够快速地识别潜在的道路危险，并执行具体的行为策略以进行反应，这种能力就是危险知觉（hazard perception）。危险知觉的理论定义是指驾驶员识别、评估交通中的危险及危险等级的道路情境意识（Huestegge et al.，2010）。危险知觉的操作性定义是指驾驶员对交通情境中的潜在危险进行识别并做出反应的一种能力（Crundall et al.，2012a）。

驾驶员危险知觉是一种复杂的能力，包括认知和行为两种成分（Cheng et al.，2011）。认知成分是指驾驶中的视觉注意模式，即驾驶员在视觉环境中搜寻和定义危险特征的加工过程。行为成分是指具体的驾驶行为技能，受驾驶员安全驾驶态度的影响。

国内研究者对 hazard perception 有“风险感知”“危险感受”“危险感知”“危险知觉”等多种翻译（孙龙和常若松，2014a）。

5.1.4　危险知觉与风险认知

驾驶员危险知觉与风险认知（risk perception）概念有所不同。风险认知是指人们对影响日常生活和工作的各种因素的心理感受与主观认识。它包括的范围非常广泛，如对健康受损、环境破坏、战争爆发等风险的认知。

在交通心理学研究中，风险认知强调驾驶员对危险的主观评估与主观体验（Deery，1999），研究者往往将其作为中介变量或调节变量来研究。而且，危险知觉与风险认知在驾驶员加工潜在道路危险时的作用机制不同（图 5.2）。

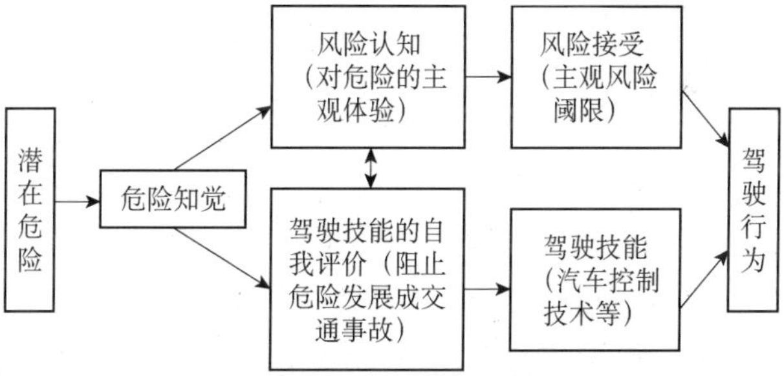

图 5.2　驾驶员加工潜在危险时的作用机制（Deery，1999）

5.2　驾驶员危险知觉的加工机制

驾驶员危险知觉主要涉及以下四个加工过程（图 5.3）（Grayson & Groeger，2000）：①危险识别——注意到当前驾驶环境中存在危险道路；②危险评估——评估危险是否严重到会引发交通事故；③行为选择——从多种驾驶技能中选择一种进行反应；④行为执行——执行选择的行为。

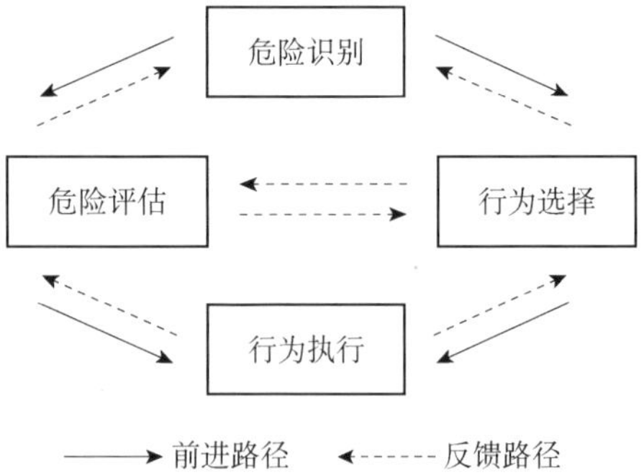

图 5.3　危险知觉四阶段加工模型（Grayson & Groeger，2000）

具体来说，驾驶员在识别潜在危险后会评估危险的等级并筛选可行的行为策略，最后执行行为以应对潜在危险。该模型强调危险评估与行为选择的同时性，重视信息的反馈。

随后，国外研究者提出了一个驾驶员危险知觉三阶段模型（Wetton et al.，2010），如图 5.4 所示，具体包括：①危险识别——快速搜索危险，知道往哪看，并觉察到潜在的危险；②危险评估——评估危险的潜在可能性和危险等级，快速判断出事件发展的轨迹及其是否会引发交通事故；③危险行为反应——驾驶员根据当前危险，决定是否需要马上做出反应。

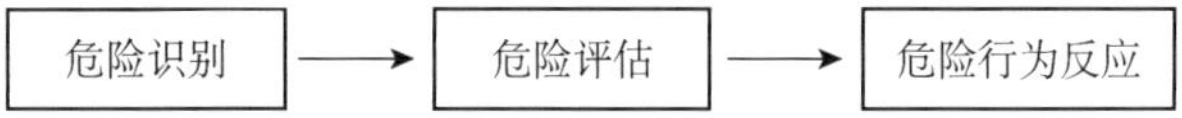

图 5.4　驾驶员危险知觉三阶段模型

研究者认为，危险知觉采用串行加工方式。每个阶段的实现依赖于上一个阶段的完成，而且不同驾驶员危险知觉各个加工阶段的特点不同。据此，Wetton 等（2010）开发了第一个基于反应时技术的标准化危险知觉测试（Hazard Perception Test，HPT），以测量驾驶员危险知觉的整体水平及在各个加工阶段的特点。

同驾驶员危险知觉三阶段模型不同，Vlakveld（2011）指出，危险知觉包括以下四个部分：①识别和理解潜在危险的道路交通场景；②预测这些危险场景发展成不可避免的碰撞事故的可能性；③评估并预测危险的危害性；④为了避免潜在危险发展成真实危险，选择和执行行为来拓展安全空间。

5.3　驾驶员危险知觉的检测

目前，情境实验法是一种流行的危险知觉研究范式，这种方法的流程是：主试向被试呈现一系列从驾驶员的角度拍摄的交通场景视频或图片，被试需对交通场景中出现的潜在危险进行反应。根据研究者情境实验中所采集的因变量指标不同，危险知觉的检测方法有反应时测量方法、眼动测量方法和主观评定测量方法。

5.3.1 反应时测量方法

按照被试反应方式的不同，反应时测量方法的发展经历了三个阶段：操作杆反应、按键（鼠标）反应、触屏反应。

1. 操作杆反应

1974 年，国外研究者首次采用反应时测量方法，要求驾驶员在观看交通视频时，通过移动操作杆来记录视频中危险呈现和消失的具体时间点（Pelz & Krupoat，1974）。在视频中的某一时刻会出现危险，被试的任务就是觉察危险。当出现危险时，被试需要移动操作杆并把它指向不安全的位置，以此来表示他觉察到了危险。结果表明，无交通事故史的驾驶员的反应时比有过交通事故史但没有被判刑的驾驶员的反应时短 500ms，比有过交通事故史且被判过刑的驾驶员的反应时短 1200ms。该研究为后续开发驾驶员 HPT 奠定了方法基础。

2. 按键（鼠标）反应

20 世纪 90 年代，研究者开发了使用鼠标或按键进行反应的 HPT。在此期间，驾驶员危险知觉研究主要集中在探索危险知觉模型、开发危险知觉测试和训练、研究危险知觉与交通事故之间的关系三个方面，并由此揭开了驾驶员危险知觉商品化应用研究的序幕。

研究者认为，驾驶员 HPT 没有必要模仿驾驶任务的所有成分（McKenna & Crick，1994）。危险知觉任务的关键部分是驾驶员对场景的视觉加工。测试中，被试坐在电视屏幕前，只要觉察到交通场景视频中的危险就按下反应键，越快越好。这种测试成本很低而且实施简单，研究者可以进行大规模测试，并将其纳入驾照考核中。

近年来，为了给驾驶员提供有效的视野范围，最大限度地模拟真实驾驶环境，在使用按键反应的实验中，研究者开始使用三块屏幕向被试呈现刺激材料。例如，研究者给被试呈现三块屏幕：一块中间屏幕、两块两边与中间屏幕相邻但与中间屏幕呈一定视角的屏幕（图 5.5）。测试中，道路中的危险不仅仅会出现在前方，有时还会出现在侧面或后面（Shahar et al.，2010）。

如图 5.5 所示，实验要求当被试觉察到潜在危险时就做出按键反应。实验结果表明，被试对中间屏幕中央的危险反应最快，对两边屏幕中央的危险反应稍慢，而对第一次出现在两边屏幕边缘的危险反应最慢，此外，被试在三块屏幕上对危险的反应要比在单个屏幕上对危险的反应更快（Shahar et al.，2010）。这个实验启示我们，给驾驶员提供更广阔的驾驶视野，包括各种引发危险的环境线索等，会提高驾驶员对危险的识别能力。

图 5.5　使用三块屏幕的驾驶员的危险知觉测试（Shahar et al.，2010）

3. 触屏反应

由于使用按键或鼠标进行反应不能记录反应的空间位置，一部分驾驶员可能会出现作弊现象。这极有可能导致两种后果：在实验阶段，对部分反应时重复记录；在统计分析阶段，数据的解释比较模糊。随着触屏技术的发展，驾驶员 HPT 进入触屏反应阶段（孙龙和常若松，2014b）。

例如，Wetton 等（2010）开发了第一个标准化 HPT。该 HPT 由一系列从驾驶员的视角拍摄的道路交通视频片段组成。驾驶员在观看视频时，如果预期到潜在的交通冲突，就触摸屏幕上引起交通冲突的道路使用者。研究者以反应时为测量指标，同时记录触屏反应的空间位置。交通冲突是指驾驶员预测到前方其他道路使用者的行为可能会引发危险，采取必要的安全措施以对其进行反应。测试时，如果驾驶员没有及时地识别出潜在的交通冲突或没有正确触摸引起交通冲突的道路使用者，说明他们识别危险（视觉搜索模式不灵活或危险预期能力弱）、评估危险（对危险等级的主观评估不准确）或做出行为反应的能力不足（Wetton et al.，2010）。

基于反应时的 HPT 的最大特点是使用了触屏反应并实现了测试标准化，适合对所有年龄阶段的驾驶员进行测试，出现了基于驾驶模拟器、基于动态交通视频片段和基于静态交通图片的三种标准化版本。这使得危险知觉正式被纳入驾驶员驾照考试之中成为现实（Wetton et al.，2011）。然而，HPT 在危险预期线索控制、个体差异控制和测试内容选取等方面尚存在一定不足。后续研究应注意测试视频的背景复杂度、危险类型、危险预期线索的数量及呈现方式等因素对危险知觉反应时的影响（孙龙和常若松，2014b）。

5.3.2　眼动测量方法

眼动测量方法在交通心理学研究中应用广泛，可以很好地测量与评估驾驶员视觉搜索模式对驾驶安全的影响（Chapman et al.，2002）。驾驶中，有效的视觉搜索模式是驾驶员快速、准确地识别潜在危险的先决条件。研究发现，新手驾驶员发生交通事故的原因主要有三个：对驾驶环境的视觉扫描失败（43.6%）、注意力不集中（23%）及速度控制不当（20.8%）（McKnight A J & McKnight A S，2003）。有效的视觉注意模式对驾驶员及时获取潜在道路危险的相关信息、保证危险识别顺利进行至关重要（Chapman & Underwood，1998）。因此，结合眼动仪，研究者可以使用电脑或驾驶模拟器来呈现真实的驾驶视频片段，通过分析驾驶员的眼动指标来评估他们的危险知觉能力。

那么，新手驾驶员与有经验的驾驶员的视觉搜索模式有何差异？研究发现，新手驾驶员在所有类型的道路环境中都采用相似的视觉搜索模式。他们的视觉注意大多集中于道路正前方的中央，对道路周围环境的水平视觉扫描范围相对狭窄，扫描次数较少，对潜在的易引发危险的道路使用者的注视次数较少，对汽车后视镜的注视次数更少。这是一种非适应性的视觉搜索模式，该模式缺乏灵活性，对潜在危险不敏感。相反，有经验的驾驶员对中央视觉与周围视觉的协调性较好。他们对整个道路环境的水平视觉扫描范围相对宽阔，扫描次数较多，对潜在的易引发危险的道路使用者的注视次数较多，对汽车后视镜的注视次数也较多。这是一种比较安全的视觉搜索模式，可以很好地适应不同类型的道路环境（Underwood，2007；Chapman & Underwood，1998）。

有研究者根据测试视频中危险预期线索的不同，将潜在危险划分为行为性危险、环境性危险、注意集中与分散性危险三种（Crundall et al.，2012a）。例如，在环境性危险情境中，危险预期线索是货车停靠在路边，而真正的危险是儿童突然从货车后面跑到行车道上。结果发现，在危险预期线索方面，有经验的驾驶员对行为性危险预期线索的首次注视时间比新手驾驶员更短，注视次数比新手驾驶员更多（孙龙和常若松，2014a）；而对于其他两种危险预期线索，两组驾驶员的首次注视时间和注视次数差异并不大。另外，虽然新手驾驶员对环境性危险预期线索的注视次数较多，他们却很少能识别出真实的环境性危险。在危险类型方面，有经验的驾驶员对所有危险的首次注视时间比新手驾驶员都更短，对危险的注视次数比新手驾驶员都更多，对危险的平均注视时间比新手驾驶员都更长。该研究表明，危险预期线索对驾驶员搜索与识别真正危险有重要影响。同时，该研究也解释了先前一些危险知觉眼动测量效果不理想的原因：对危险的定义没有具体化；危险预期线索过多或过少；驾驶员混淆了对危险预期线索与对真正危险的反应（Crundall et al.，2012b）。

眼动测量方法细化了不同驾驶员搜索与识别潜在危险的基本规律，为开发系统化的危险知觉眼动干预与训练项目提供了科学依据。随着便携式眼动测量技术的发展与成熟，研究者应重视探索在事故多发路段，驾驶员视觉扫描模式对危险识别的影响；重视分析和比较不同驾驶员视觉扫描模式的整体性差异，而不只是测量一两个眼动指标；重视测量在实施具体驾驶操作行为（如在高速公路上超车）时，驾驶员视觉扫描模式的变化（孙龙等，2014c）。

此外，研究者应重视眼动测量技术与反应时测量技术的结合，以完善驾驶员危险知觉测量范式。例如，国外研究者在研究中将反应时分为首次注视点之前的反应时和首次注视点之后的反应时，二者分别对应视觉加工和认知加工两个阶段。结果表明，在视觉加工阶段，新手驾驶员和有经验的驾驶员的反应时没有差异；而在认知加工阶段，有经验的驾驶员的反应时更短（Huestegge et al.，2010）。

5.3.3 主观评定测量方法

使用主观评定测量方法，研究者往往要求驾驶员对交通情境视频中的危险进行等级评定，或者要求他们评估交通情境中危险的风险水平，或者要求他们对交通情境中的视频进行分类，或者要求他们评估自己的危险知觉能力（Borowsky et al.，2010；Horswill et al.，2004）。例如，有研究者要求驾驶员在观看交通视频后对视频中的危险进行等级分类。结果发现，新手驾驶员往往根据内容相似性对危险进行分类，有经验的驾驶员则根据情境相似性对危险进行分类（Borowsky et al.，2010）。这主要是因为，有经验的驾驶员对交通环境有一个整体知觉，而年轻的、无经验的驾驶员对交通情境危险水平的评估则是基于单个维度，不太注意关键细节和线索。新手驾驶员往往更关注危险本身，对交通情境中危险的知觉缺乏整体性，缺少为避免危险而采取某种驾驶措施的准备。在真实驾驶情境中，有经验的驾驶员的道路情境意识较强，擅于利用各种危险预期线索来识别潜在危险（Underwood et al.，2013）。这说明，情境意识对不同驾驶员如何识别与评估潜在道路危险的影响较大。

Borowsky 和 Oron-Gilad（2013）要求新手驾驶员、有经验的驾驶员和出租车驾驶员在观看交通视频时依次完成三个任务：识别到危险时做按键反应、对危险进行分类和评估交通情境的危险性水平。结果发现，出租车驾驶员对潜在危险的反应速度最快，新手驾驶员对危险的分类严重依赖于他们对交通情境危险性的主观评估。然而，由于时间压力，在驾驶时，很少有驾驶员会同时考虑发生碰撞的可能性与碰撞后果的严重性。这说明，如果驾驶员可以对交通情境的危险性进行充分的评估，那么发生交通事故的可能性将会降低。

主观评定测量方法受驾驶员主观性的影响较大。研究发现，年轻的新手驾驶员往往对自己的驾驶技能过度自信，这种过度自信会造成他们认为自己的危险知觉能力较高的假象（窦广波，2016；Horswill et al.，2004）。老年驾驶员虽然意识到自己的生理与认知能力有所降低，但他们对自己危险知觉能力的评价却不“现实”（Amado et al.，2014）。另外，驾驶员对视频中危险等级的评估数据与他们的危险知觉反应时之间不一定存在相关（Wetton et al.，2010）。因此，研究者往往将主观评定测量方法作为一种辅助测量手段，与危险知觉反应时测量方法或眼动测量方法结合起来使用。

5.4 驾驶员危险知觉的影响因素

孙龙和常若松（2014a）系统总结了驾驶员危险知觉的影响因素，主要包括年龄、性别、驾驶经验、人格、疲劳、酒精与药物使用等。

5.4.1 年龄

驾驶员年龄与危险知觉反应时之间是一种“U”形曲线关系，这同年龄与交通事故之间的关系曲线一致。25岁以下驾驶员的危险知觉反应时较长，随着驾驶经验的增加，其反应时变短，并在45～54岁达到稳定。55～64岁的驾驶员与25岁以下驾驶员的平均反应时相似（Quimby et al.，1986）。研究发现，35～55岁和65～74岁驾驶员的危险知觉反应时没有差别，但是年龄超过75岁的驾驶员的危险知觉反应时比前两组驾驶员的反应时更长且差异显著（Horswill et al.，2009）。

研究发现，新手驾驶员，尤其是年轻的新手驾驶员的危险知觉能力相对较低。他们缺乏驾驶经验，在驾驶操作中也缺乏有效的视觉搜索策略（Hosking et al.，2010）。部分新手驾驶员存在一定的感觉寻求倾向，易受到同龄乘车人的影响，往往高估自己的驾驶技能。而且，驾驶员越自信，在驾驶时越觉得安全，他们将驾驶技术好等同于驾驶安全（Horswill et al.，2004）。这导致新手驾驶员搜索、识别和加工潜在道路危险的时间较长，引发交通事故的可能性较大。老年驾驶员受同年龄有关的生理与认知能力下降的影响，危险知觉反应时较长。但是，与年轻的新手驾驶员相比，老年驾驶员的事故率较低，这主要是因为他们采取了一些降低暴露率的措施，如减少夜间行车、只在熟悉的道路上行驶等。

5.4.2 性别

研究发现，女性驾驶员的危险知觉能力比男性驾驶员更高。新手男性驾驶员比新手女性驾驶员和男性有经验驾驶员的危险知觉反应时更长（Wetton et al.，2010）。这可能是因为男性驾驶员对自己的驾驶技能过度自信，导致他们的危险知觉能力的实际表现较差。但是，有研究发现，性别与危险知觉之间没有关系（Scialfa et al.，2011；Wetton et al.，2010）。这可能是因为男性驾驶员的事故率要高于女性，而且在研究中，男性驾驶员的样本人数往往多于女性驾驶员的样本人数。

5.4.3 驾驶经验

研究发现，有经验的驾驶员对明显危险和潜在危险的整体加工效率（正确率和反应时）显著高于新手驾驶员。两组驾驶员在危险知觉反应时上的差异既来自危险识别阶段，也来自危险评估阶段。眼动模式是否灵活在一定程度上影响了两组驾驶员对明显危险和潜在危险的反应时和正确率（孙龙，2017）。

具体来说：一方面，与有经验的驾驶员相比，新手驾驶员对潜在危险的识别时间更长，而且他们对首个注视点的加工效率也更低；另一方面，虽然新手驾驶员比有经验的驾驶员对明显危险的识别时间更短，但是他们对危险的评估时间更长，不能快速地把视觉信息转换成有效的行为反应。

有经验的驾驶员的危险识别能力比新手驾驶员更高。两组驾驶员对明显危险和潜在危险的识别能力的差异是因为他们对危险的敏感性不同（驾驶经验的影响只体现在识别潜在危险上），而且判断标准不同。此外，有经验的驾驶员的危险评估能力比新手驾驶员更高。驾驶员危险评估能力不仅受到危险类型的影响，而且受到驾驶技能的自我评估等因素的影响。

5.4.4 人格

驾驶员人格特点不同，对危险的知觉能力不同。无论是新手驾驶员还是有经验的驾驶员，场独立性驾驶员的危险知觉能力比场依存性驾驶员更高（张茜，2010）。研究发现，驾驶员在感觉寻求、攻击特质和内外控倾向等三个方面上的特点对安全驾驶行为影响显著，驾驶员感觉寻求倾向越高，在驾驶中越容易出现攻击性驾驶行为。一般来说，具有攻击特质的驾驶员的感觉寻求倾向更高，出现交通事故的可能性也更大。此外，驾驶员内控倾向越强，发生致命交通事故的次数越少（孙龙，2013）。最新研究发现，神经质、责任性和宜人性可以有效地预测不同驾驶员的危险知觉能力。回归分析发现，驾驶员驾龄、年龄、神经质、责任性和宜人性可以共同解释驾驶员危险知觉 31.8%的变异（赵光珍等，2015）。窦广波等（2016）研究了驾驶员危险知觉能力与人格的关系，发现驾驶员危险知觉能力得分与开放性和责任性呈正相关，与神经质呈负相关。

5.4.5　疲劳

驾驶疲劳对安全驾驶影响重大。经过长时间驾驶，驾驶员的视觉搜索效率降低，对潜在危险的反应速度也变慢。Smith 研究了驾驶员困倦、驾驶经验与危险知觉之间的关系，发现困倦对新手的危险知觉能力影响较大，而中等水平的困倦对有经验的驾驶员的危险知觉能力却没有影响。这说明，驾驶经验因人而异，驾驶经验对危险知觉的影响可能是通过调节其他变量或与其他变量一起作用来实现的（Smith，2009）。

5.4.6　酒精与药物使用

酒后驾驶和在吸食药物（如大麻、可卡因等）后驾驶一直是引发交通事故的重大原因。例如，研究发现酒精使用对危险知觉有影响。饮酒的驾驶员对危险的识别速度较慢，平均反应时较长，他们针对危险而采取的行为反应也欠妥当（Deery & Love，1996）。

5.5　驾驶员危险知觉检测的应用和训练

目前，驾驶员危险知觉应用和训练主要集中在开发 HPT 以及如何提高驾驶员危险知觉能力两个方面。

5.5.1　HPT

孙龙和常若松（2014c）详细论述了国内外驾驶员 HPT 的发展历程，具体包括以下三种。

1. 基于驾驶模拟器的 HPT

基于驾驶模拟器的 HPT 主要由模拟的道路情境视频片段组成，在测试中，研究者往往将其同眼动测量技术结合起来使用。早期研究侧重于对驾驶员进行单一的危险预期训练，目的是迫使驾驶员前瞻性地进入一种驾驶情境，以增强他们的道路情境意识（Underwood et al.，2011）。鉴于驾驶模拟器研究的效度得到越来越广泛的认同，并被广泛地应用于测量、评估和训练与危险知觉有关的危险预期、速度管理与视觉注意模式等方面（Chan et al.，2010），研究者开发了一种基于驾驶模拟器的 HPT。

驾驶模拟器研究可以提供同驾驶员危险知觉能力有关的具体行为指标，如刹车、方向盘控制和车道变换等，这些指标不仅表明驾驶员注意到了潜在危险，而且表明他们针对潜在危险采取了哪些行为反应策略。Underwood 等结合眼动技术，在驾驶模拟器中先后呈现真实驾驶视频、HPT 和模拟驾驶视频来探索新手驾驶员与有经验的驾驶员的危险知觉能力。结果发现，在三种测试中，有经验的驾驶员对驾驶环境的视觉扫描范围相对较宽广，对潜在危险的注视较早，平均注视时间也较短。无论是新手驾驶员还是有经验的驾驶员，他们在三种测试视频中的眼动模式和行为反应模式相似，验证了基于驾驶模拟器的 HPT 的有效性（Underwood et al.，2011）。这也说明，驾驶员在驾驶模拟器中学习的行为可以被较好地迁移到真实驾驶环境中去。

基于驾驶模拟器的 HPT 在保证安全、模拟场景及控制额外变量等方面具有优势，但也面临诸如模拟危险的仿真性、培训效果的持续性以及研究结论的普遍性均较低等问题。基于驾驶模拟器的 HPT 一直强调探索模拟视频与真实视频测试中驾驶员危险知觉的相似性，对驾驶员危险知觉认知加工特点方面的关注则较少。

2. 基于动态交通视频片段的 HPT

Wetton 等（2010）开发了动态 HPT，包含 58 个视频片段。实验时，他们向驾驶员呈现一系列从驾驶员的视角拍摄的交通情境视频片段，要求他们尽快识别视频中包含的交通冲突，并触摸屏幕上引起交通冲突的道路使用者，以反应时为统计指标，同时记录触屏反应的空间位置（防止作弊或重复记录反应时）。该动态 HPT 采用触屏反应技术，并规定了反应的有效视野区域。它强调测试的年龄适用性，并且危险知觉能力可以泛化到驾驶员不熟悉的驾驶场景中去。

同样，Scialfa 等（2011）针对新手驾驶员开发了一个包含 18 个交通情境视频片段的动态标准化 HPT。该动态 HPT 对新手驾驶员与新手有经验的驾驶员的分类正确率达到 85%。研究发现，相比新手有经验的驾驶员，新手驾驶员对潜在危险的反应速度较慢，识别潜在危险的次数较少。这说明，新手驾驶员危险知觉能力的“缺陷”比较严重，对他们进行危险知觉系统化训练的意义重大。

3. 基于静态交通图片的 HPT

鉴于构建标准化动态 HPT 的过程繁杂，费用昂贵，很多研究者开始将研究方向转为探索构建基于静态交通图片的 HPT。研究发现，在驾驶分心或不分心状况下，有经验的驾驶员识别静态交通图片中危险的速度均快于新手驾驶员。这与新手驾驶员和有经验的驾驶员在动态视频中的测试情况一致（Huestegge et al.，2010）。

继动态 HPT 后，Scialfa 等（2012）开发了第一个基于静态交通图片的标准化 HPT，该 HPT 包含 21 张交通情境图片。在测试中，每张图片呈现 2s，驾驶员要尽快识别图片中包含的交通冲突，并触摸屏幕上相关的道路使用者。该研究同时统计分析了不同驾驶员应对危险的反应时和对危险的等级评定数据，结果发现，该测试对驾驶员的分类正确率达到 78.4%。在危险识别阶段，图片背景的复杂度对反应时有显著影响，背景越复杂，新手驾驶员对危险的识别时间越长。在危险评估阶段，有经验的驾驶员对危险的等级评定数据的平均值均大于新手驾驶员。这可能是由新手驾驶员对自己的驾驶技能过度自信造成的。在行为反应阶段，新手驾驶员与有经验的驾驶员对危险的等级评定越高，反应速度越快。这说明，在构建危险知觉测试时，不但要考虑危险的类型，还要考虑交通背景的复杂性。

目前，静态 HPT 的应用范围还比较有限。相比动态 HPT，静态 HPT 在测试中具有很多优点（Scialfa et al.，2013）。首先，静态 HPT 可以允许被试更容易、更精确地选择潜在危险的反应启动时刻；而动态 HPT 可能会包含很多潜在危险，从而存在一定的反应误差。其次，静态 HPT 的测试时间较短，可以包含更多的刺激类型；而动态 HPT 中一个视频片段的持续时间为 30～60s，整体测试时间较长，被试容易疲劳并产生厌烦情绪。最后，通过使用图片处理软件，静态 HPT 可以随意地增加或删除交通图片中的信息，以保持测试的最佳难度水平。

5.5.2 训练

如何快速、有效地识别潜在道路危险是驾驶员危险知觉训练的首要任务。目前，各国已经开发了很多关于危险知觉的训练，包括基于眼动、基于电脑视频以及基于驾驶模拟器的危险知觉训练三种。驾驶员危险知觉训练的目的包括提高危险预期能力和改善视觉搜索模式两种。

1. 提高危险预期能力

危险识别是驾驶员危险知觉的首要阶段。驾驶员能否及时地识别出潜在的道路危险依赖于他们的危险预期能力。危险预期是指驾驶员对交通情境中的潜在危险进行预测的一种能力（Vlakveld，2011）。在驾驶中，驾驶员对潜在危险的预期越早，他们做出适当行为反应的时间就越充足。研究发现，危险预期训练可以增强驾驶员的道路情境意识，提高他们对各种危险预期线索的利用度，缩短他们应对危险的反应时（Wetton et al.，2013）。

驾驶员危险预期训练的市场化应用普及程度较高。训练主要是以驾驶模拟器或电脑为载体，使用真实的交通视频片段来进行。例如，有研究者针对新手驾驶员开发了一个危险知觉行为与预期干预训练（act and anticipate hazard perception training，AAHPT）。该训练分为积极、指导与混合三种模式。积极模式是在观看视频时，驾驶员如果预期到潜在危险就做出按键反应。指导模式是给驾驶员讲解具体的危险知觉例子，包括书面例子和电脑操作例子两种。混合模式是在积极模式的基础上，驾驶员进一步接受危险知觉理论指导。一个星期后，所有驾驶员接受 HPT 以检验训练的效果。结果发现，积极与混合模式比指导模式的训练效果更好（Meir et al.，2014）。AAHPT 不仅可以提高驾驶员的危险预期能力，而且其训练效果的保持性较好。

另外，为了提高驾驶员的危险预期能力，研究者开发了一种评价训练。评价训练是指通过电脑或驾驶模拟器呈现训练视频，驾驶员必须说出要注视的地方、正在搜索哪些道路使用者等（Crundall et al.，2010）。例如，研究者采用两种评价训练方法，即将专家评价驾驶训练与自我评价驾驶训练结合起来，通过让驾驶员观看包含专家评价音频的视频片段，或是要求驾驶员观看不包含专家评价音频的视频片段，同时要求他们说出自己对当前情境的评价，从而达到训练目的（Wetton et al.，2013）。结果表明，两种评价训练方法均可提升危险知觉能力，但是二者的差异不显著。这可能是由于评价训练容易受到主观影响而产生偏差。未来研究可以通过调节二者所占比例来开发训练，从而获得更好的训练效果。

2. 改善视觉搜索模式

基于眼动测量方法，为了改善新手驾驶员的视觉搜索模式，研究者往往采用两种训练方式：要求受训驾驶员搜索与识别交通视频片段中的危险（Chapman et al.，2002），或者观察和学习有经验驾驶员的视觉搜索模式（Konstantopoulos et al.，2012）。例如，Chapman 等设计了一个视觉任务搜索训练。该训练大约持续 1h，要求新手驾驶员在观看视频时预测接下来会发生什么。视频先以慢速（正常速度的一半）进行播放，以保证驾驶员有充足的时间来获取视觉加工信息。然后，视频以正常速度进行播放，以促使驾驶员提高对驾驶环境的视觉扫描速度并扩大扫描范围。结果发现，同训练前相比，驾驶员的水平视觉扫描范围变得更宽广，对危险的平均注视时间减少。在训练后的 3～6 个月，研究者完成了对受训驾驶员的追踪调查。他们发现，驾驶员视觉搜索模式的训练效果可以被很好地迁移到真实道路驾驶中，而且保持性较好（Chapman et al.，2002）。

Pollatsek 等（2006）在研究中，给驾驶员呈现一系列从驾驶员视角拍摄的道路交通场景视频，要求驾驶员指出自己会优先注视哪些位置。然后，研究者将此种情境下驾驶员最佳的视觉搜索模式通过视频和音频的形式反馈给被试，在反馈呈现完毕后，向被试提出一些问题以巩固每个场景中的知识要素，从而提高被试预期和识别潜在危险的能力。结果发现，同前测相比，训练后驾驶员正确反馈的次数显著增加。然而，研究者测量了驾驶员面对潜在危险时的行为指标，如踩刹车、减速等。结果发现，他们的驾驶行为并没有发生显著变化。这说明，成功的危险知觉眼动训练不容易被转换为认知加工进程，或者迅速提高驾驶员眼动与行为反应的协调性可能会受到驾驶经验的限制。

虽然危险知觉眼动训练的应用范围相对较小，但训练可以有效地优化驾驶员的视觉搜索模式。在后续研究中，一方面，研究者可以结合驾驶模拟器，将受训驾驶员对汽车后视镜的注视纳入训练的评估指标之中，以更加全面地分析和比较不同驾驶员视觉搜索模式的变化；另一方面，眼动是一系列视觉信息加工的结果。为了识别当前视觉区域内的潜在危险，新手驾驶员可能需要先扫描其他视觉区域，以获取与潜在危险有关的额外信息。因此，在危险知觉训练中，研究者不能过于强调让新手驾驶员去模仿有经验的驾驶员的视觉搜索模式。

3. 对危险知觉训练的评价

总体来说，驾驶员危险知觉训练对于提高和改善初学者、新手驾驶员、有经验的驾驶员和老年驾驶员的危险知觉能力是有效的（Meir et al.，2014；Wetton et al.，2013）。无论是基于哪种训练方式，训练效果都可以在一定程度上被迁移到真实驾驶中去。此外，训练也可以降低特定驾驶群体的交通事故率。

当然，当前驾驶员危险知觉训练也存在一些不足，主要包括研究中没有设置对照组、没有测量受训练驾驶员的行为基线、没有随机分配被试、没有追踪训练效果的持续性、没有区分和控制一些混淆变量对训练效果的影响以及过度使用碰撞率作为训练效果的检测指标等。

关键术语

危险知觉（hazard perception）：驾驶员对交通情境中的潜在危险进行识别并做出反应的一种能力。

危险预期（hazard anticipation）：驾驶员对交通情境中的潜在危险进行预测的一种能力。

第6章　驾 驶 决 策

本章将主要阐述驾驶员在行车过程中的决策问题，介绍驾驶决策的相关概念、研究进展，论述驾驶决策的研究取向，分析影响驾驶决策的因素，提出改善驾驶决策的方法。

6.1　驾驶决策的概述

驾驶决策的研究最早起源于人机工程学，作为一种决策支持系统，它是一种以计算机为工具，应用决策科学及有关学科的理论与方法，以人机交互方式辅助决策者解决半结构化和非结构化决策问题的信息系统（张晴等，2008）。该领域的研究者认为，人们的不同驾驶行为模式的决策机制和车辆运行模式的执行机制是仿真多源信息刺激下驾驶员任务聚焦与综合认知活动的两个重要环节（Stuber et al.，2004），其中，驾驶决策的准确性直接关系到道路交通安全。在决策过程中，驾驶行为经常受到人、车、路、环境等多源信息的影响。由于信息处理能力有限，驾驶员无法对多源信息实现同时输入与输出，以致有时不能准确、快速地进行驾驶决策，易引发交通事故（王晓原和杨新月，2008）。在人机工程学中，关于驾驶决策的研究主要通过模型的建立，采用仿真、模拟等方式研究驾驶决策在驾驶行为中的作用。

6.1.1　决策与驾驶决策

1. 决策

从广义上讲，决策是一个包括提出问题、确定目标、设计和选择方案的过程。从狭义上讲，决策是从几种备择方案中进行选择的过程。Simon（1962）将决策定义为对备择方案进行比较和评估的过程。决策的发展经历了从经济学时期集中研究“最佳理性决策”，到行为认知学时期关注决策者的“有限理性”，再到进化心理学时期的“生态理性决策”成为决策研究者关注的焦点。生态理性决策关注决策环境对决策的影响，而驾驶决策正是依据道路交通场景中的变化或固定的物体所做出的决策。

2. 驾驶决策

驾驶决策被描述为在不确定环境中，驾驶员根据相对确定的行车轨迹，参照道路周边固定或移动的物体所做出的决策，包括路线的选择、根据路线协调各种技能以及不断地调整方向与速度。优秀的驾驶员应该具备良好的注意品质，能够持续接收和分析道路环境中行人和车辆的运动状态，善于预见各种交通变化，能够在一瞬间做出迅速、准确的判断。研究者将驾驶行为与决策相结合开展研究，认为驾驶决策是驾驶员对不同交通场景进行判断，并做出选择，产生驾驶行为的过程（梁超等，2014）。

驾驶员的不良驾驶行为是交通事故中最主要的影响因素（Ulleberg & Rundmo，2003），而驾驶决策是整个驾驶行为中最重要的部分。

6.1.2 驾驶决策的分类

按决策情境（信息获得方式）的不同，我们可以把驾驶决策划分为确定性决策和不确定性决策。在实际生活中，通常存在两种决策情境：一是确定性情境，该情境中的几种方案是确定的，个体根据主观价值判断做出决策；二是不确定性情境，该情境中的几个方案是不确定的，即每个方案的客观价值或获得概率是不确定的，或两者都是不确定的。驾驶过程中，驾驶员要根据车况、路况等多种信息的变化情况来确定驾驶策略。

6.1.3 驾驶决策的研究进展

1. 驾驶行为模型建立时期（1927—1993年）

交通心理学最初集中于驾驶疲劳研究，主要是关于职业火车、汽车驾驶员的疲劳、警觉和单调感等方面，并通过实验设备仪器，围绕单个被试的生理指标开展实验研究（Barjonet et al.，2001）。人类工效学的诞生为驾驶心理学的研究提供了新的视角（Sanders & McCormick，2002）。此时，大多数研究者倾向研究驾驶行为模型的建立，强调的是具体的驾驶行为对交通事故的影响，如超速、频繁超车、变道等，而很少考虑到驾驶员如何判断驾驶任务和所采取的驾驶行为。

直至 1974 年，Näätänen 和 Summala 将动机因素引入驾驶行为的研究中，研究者才开始探讨驾驶员本身的心理因素。他们在研究中提出了驾驶决策流程，首次在交通心理学中使用“驾驶决策”一词。但在该研究中，他们并没有对驾驶决策的机制、影响因素进行详细探讨，只是分析了决策中的动机因素对驾驶行为的影响（图 6.1）。随着心理学方法的介入，关于驾驶员行车的可接受距离、优先选择、并道或变道等的相关研究都提到了“驾驶决策”（Cavallo & Laurent，1988）。

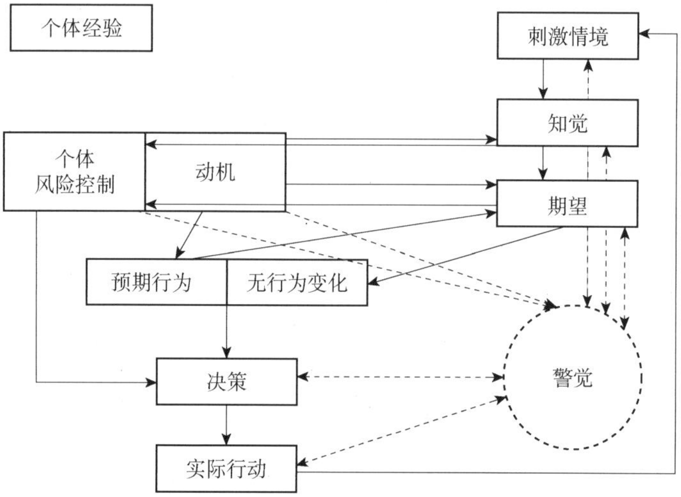

图 6.1　驾驶决策流程图（Näätänen & Summala，1974）

2. 驾驶决策的心理测量时期（1993—2008 年）

French 等在总结了以往关于驾驶行为的研究后发现，早期关于驾驶行为的大部分研究未能完全揭示驾驶员的心理活动能力和道路交通意外事故发生率之间的关系。而关于交通意外事故的预测变量因素的研究主要集中于年龄、经验、快速评估危险的能力和对承担风险倾向（考虑到每年的行驶里程）上。事实上，人们卷入事故的主要原因与人们如何做出判断与决策有关，如对超车、变道、停车时可接受的固定距离的决策等，而不是对汽车的控制能力（French et al.，1993）。在此基础上，French 编制了决策风格量表（Decision-Making Questionnaire，DMQ），该量表以驾驶情境为基础，着重分析了影响驾驶员决策风格的因素。

Lucidi 等在对年轻驾驶员的睡眠状况的研究中应用框架效应分析了驾驶员在行车过程中面对风险时的决策（Lucidi et al.，2006）。研究者采用问卷法，让年轻驾驶员自我评估不同瞌睡水平情境下的驾驶行为，并用前景理论的框架效应解释了睡眠缺乏与驾驶决策之间的关系。

3. 驾驶决策的实证研究时期（2008—2018 年）

随着认知心理学的兴起，交通心理学逐步将研究重点从决策结果转移到决策过程上，驾驶决策的研究方法逐步从问卷测量法转化为行为实验法，开始强调决策过程在驾驶决策中的重要性。

21 世纪初，有关驾驶决策的研究逐渐以行为实验为主，主要采用驾驶模拟器实验与爱荷华赌博任务实验等。对研究结果的分析也有了新的方法。其中，期望价值模型（expectancy valence model，EVM）的提出为分析决策特征提供了新的研究视角。研究者在 IGT 的基础上运用 EVM 分析驾驶决策的特征。该模型通过分析驾驶员权衡获得和损失的模式，分析驾驶员是否会有超速、酒驾或违章等倾向（Kasar et al.，2010；Farah et al.，2008；Lev et al.，2008）。

这一时期，研究者不仅关注驾驶行为对驾驶决策的影响，也逐步重视驾驶决策者本身的认知特征；与驾驶决策的相关研究不仅涉及具体的驾驶行为，同时也考虑到了一些其他的心理学因素，如风险感知、情绪、智力、人格等。然而，这些因素是否独立或交叉地对驾驶决策产生影响仍没有一致的结论。近年来，双重决策模型的提出为解决这一问题提供了新的视角（Rhodes & Pivik，2011）。双重决策模型认为，信息加工过程分为两个系统：一个系统是理性的、慎重的，基于逻辑分析信息；另一个系统是经验的、直觉的，基于情绪分析信息。由于驾驶员通常是在快速变化的情境或刺激中做出决策，因此，除了驾驶员的逻辑分析能力，驾驶员对事件或刺激的情绪反应也会影响到驾驶决策。研究认为，情绪与风险知觉的交互作用能够预测风险行为，积极情绪更容易影响到驾驶员对风险的预测（Ulleberg & Rundmo，2003）。

6.2 驾驶决策的研究取向与决策研究的经典实验

驾驶决策的研究取向主要有基于决策结果的研究取向和基于决策过程的研究取向。前者着力评估个体对备选方案的发生概率和效用以及选择，而后者关注个体在执行决策时的认知、情绪等心理活动（Loewenstein et al.，2001）。

6.2.1 驾驶决策的研究取向

1. 基于决策结果的研究取向

早期的决策研究主要集中在解释和预测决策的结果上，如选择和判断。基于决策结果取向的研究主要研究个体如何评估备择方案的可行性和结果效用，一般不考虑决策者的心理过程。一直以来，有关个体决策的研究大部分是在这种研究范式的框架下进行的，这是一种经济学的研究模式（高志强等，2008）。

基于决策结果取向的研究方法主要包括：①案例分析法，采用各种调查方法尽量收集研究对象的全部资料，分析其在决策中的心理活动和行为规律。案例分析法可以获得完整资料，可以对研究对象的心理活动规律得出较为准确的结论，但持续时间较长。②心理测量法，通过制定心理量表鉴定个体心理特征的差异。

2. 基于决策过程的研究取向

伴随信息加工理论的兴起，决策领域的研究重心逐渐从对决策结果的关注转为对决策过程的分析。基于决策过程是决策研究的新取向，属于心理学的研究范式。这种取向以决策和判断的心理活动为研究重点，强调个体在决策中的信息加工过程。研究者将决策看作一系列信息加工的过程，决策的结果是信息加工的产物。

基于决策过程取向的研究方法主要包括：①口头报告分析法（verbal protocol analysis），要求被试在决策过程中报告思考过程，研究者通过将这些内容进行编码加工来分析被试决策的内部心理活动过程。②信息公告板（information display board，IDB）技术，以 $m \times n$ 矩阵形式呈现任务信息，m 表示备择方案数目，n 表示每个备择方案的特征数目，矩阵的每个方框均表示某个备择方案在对应特征上的值。实验者通过检索和比较各个备择项，最终做出决策。

6.2.2 决策研究的经典实验

目前，决策研究的经典实验主要有三种：①爱荷华赌博任务（Iowa gambling task，IGT）；②剑桥风险任务（Cambridge risk task，CRT）；③罗杰斯剑桥风险任务（Roger’s Cambridge risk task，RCRT）。

1. IGT

IGT 是测量决策的经典实验室任务。该任务模仿现实生活中的决策情境，既有奖励，也有惩罚，且奖惩具有不确定性。爱荷华大学的 Behcara 研究小组于 1994

年设计了 IGT。IGT 常用三种记分方法：①（C+D）-（A+B），该记分方法可以分离被试的冒险策略。②分为四个模块，（C_1+D_1）-（A_2+B_2），…，（C_4+D_4）-（A_4+B_4），然后做配对 t 检验，该记分方法可以分离随机与思考之间的决策成绩。③低分组和高分组以总分 20 分为界，该记分可以区分不同的被试或人群（图 6.2）。

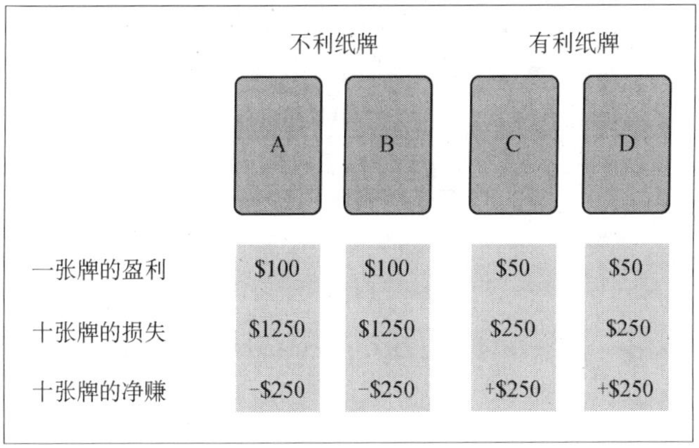

图 6.2 爱荷华赌博任务（转引自：Barraclough et al.，2004）

2. CRT

CRT 是 Rogers 等在 1999 年编制的，该任务要求被试在两个相互排斥、有不同奖励和惩罚概率的方案中进行选择，测量指标有：①被试选择安全选项和风险选项的频次或概率；②被试根据前一次反馈改变选择的次数，研究者据此分析反馈效应（图 6.3）。

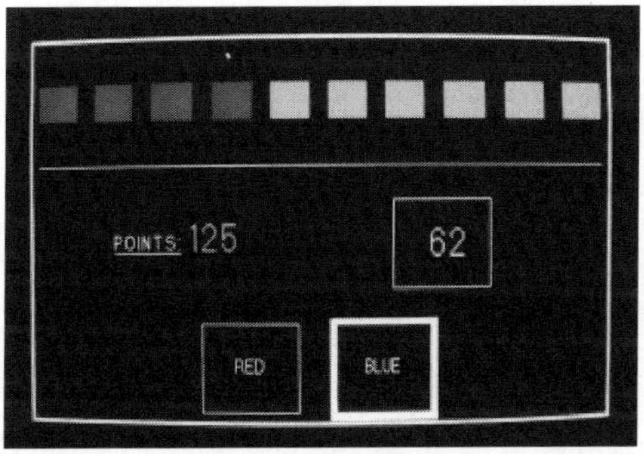

图 6.3 剑桥风险任务

3. RCRT

RCRT 是 Rogers 等在 CRT 基础上改进而成的，该任务在基础研究和临床研究中被广泛使用（图 6.4）。其测量指标有：①决策的速度，即选择不同颜色盒子所花的时间；②决策的质量，即选择最优结果的次数（与盒子颜色相关）；③风险调整，即在有利条件下增加有效赌注的概率。

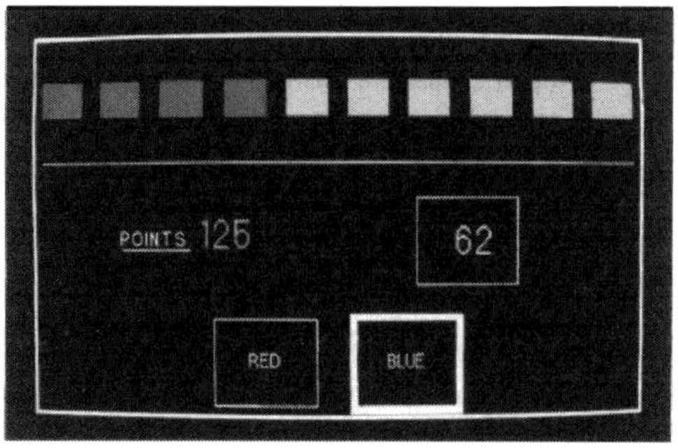

图 6.4 罗杰斯剑桥风险任务（Rogers et al.，2004）

6.3 影响驾驶决策的因素

6.3.1 年龄

研究发现（Jonah，1986），在驾驶事故中，年轻驾驶员的重大事故死亡率最高，比平均水平高出 1.83 倍。当青少年与成年人单独完成任务时，青少年会承担更多的风险；而当其与同伴共同完成任务时，青少年承担风险的水平比成年人有更显著的提高。但随着年龄的增长，这种承担风险的水平以及受同伴影响的程度逐渐降低。不同年龄阶段个体的决策风格也存在差异（French et al.，1993）。在认真、尽责与犹豫等维度，18～30 岁个体随着年龄的增长在各维度上的得分逐步升高，而 30 岁以后，其在各维度上的得分没有显著变化，个体在社会抵制维度上的得分随着年龄的增长而逐步升高。

6.3.2 性别

Bos 等（2007）把 IGT 与驾驶模拟器实验相结合，测量了参与者承担风险的场景。结果显示，在驾驶模拟器实验中勇于冒险的女性在 IGT 中更倾向选择不利纸牌（纸牌 A 或 B），这表明女性对直接奖励更为敏感。在 IGT 中，在风险评估与勇于冒险两个测验项目中，男女驾驶员则没有表现出差异。被试在 IGT 中所表现出的性别差异也可以在神经活动中找到证据。在 IGT 中，男性的背外侧前额叶皮层表现出比女性更加明显的激活现象（Bolla et al.，2004）。French 等（1993）的研究发现，在驾驶行为方面，男性与女性的行车速度随着年龄的增长而逐渐降低。女性驾驶员认为，与男性驾驶员相比，她们更加缺乏冷静，但她们在驾驶过程中的注意力更加集中。

6.3.3 风险感知

在交通心理学中，风险感知是指驾驶员对潜在的交通风险的主观经验（Machin & Sankey，2008）。相关的决策模型假设，决策风险行为是经过评估风险和收益后采取的行动。风险感知在双重决策过程模型中处于理性的、逻辑的地位，可以预测驾驶员的风险行为，并能够通过教育课程干预驾驶员的行为，鼓励驾驶员安全驾驶（Rhodes & Pivik，2011）。

6.3.4 情绪

最新研究结果表明，驾驶员的情绪状态会影响驾驶决策（Summala，2007）。陈立民（2012）采用情绪状态量表对驾驶员进行研究，发现积极情绪状态得分高的驾驶员在日常生活中的心境干扰程度低，表现出有充沛的精力和较高的自尊心，自信心较强；而消极情绪状态得分高的驾驶员在日常生活中的心境干扰程度高，表现出心情烦乱、烦闷，容易紧张或疲劳，缺乏自信心。相关研究发现，驾驶员的积极情绪状态得分越高，消极情绪状态得分越低，驾驶决策类型为勇于冒险的可能性越大。并且，决策类型与情绪状态的关系会受到驾龄与性别的影响（Rhodes & Pivik，2011；Vaa，2011；Pêcher et al.，2009）。在女性群体中，与新手驾驶员相比，有经验的驾驶员在行车过程中的心境干扰程度低，有充沛的精力和充足的信心操控车辆；而在新手驾驶员群体中，相对于男性，女性在行车过程中更容易表现出紧张、疲劳、不适或缺乏自信（梁超和陈晓晨，2014）。

6.3.5 决策风格

决策风格（decision-making style）体现了驾驶员对行人与其他车辆的价值观，是决策者对问题的思考与反应及其处理压力的方式。决策风格制约着个体思考周围环境、处理信息及决策的方式，依此可以预测个体的决策行为。也就是说，决策风格是个体在决策过程中习惯化的行为模式。

Scott 和 Bruce（1995）编制的一般决策风格量表（General Decision-Making Style Scale，GDMS）被认为是能够最真实地反映决策风格的量表，其中包括理智型量表、直觉型量表、依赖型量表、逃避型量表和冲动型量表（Allwood & Salo，2012）。国内研究者以驾驶员为被试群体修订了 GDMS 量表，修订后的 GDMS 包括三个维度：理性型、直觉冲动型、依赖型（陈晓晨等，2013）。

在交通心理学中，研究者通过评估驾驶员的决策风格分析其处理交通事故的能力（French et al.，1993）。French 等将决策风格分为七个维度：控制型、彻底型、本能型、社会抵制型、犹豫型、完美型与理想型。其研究结果表明，决策风格与驾驶员的年龄、性别、年行驶里程、事故卷入程度、驾驶速度、A 型行为模式、社会偏差等因素相关（转引自：West et al.，1993）。

6.3.6 时间压力

决策是一个过程，需要时间参与其中。决策领域的大量研究表明，时间压力严重影响了决策过程，导致决策者的决策质量明显降低（王大伟，2009；Ariely & Zakay，2001）。但也有研究发现，时间压力提升了决策质量（李爱梅等，2015）。驾驶决策属于风险决策，也会受到时间压力的影响。一项对 9475 名驾驶员进行的研究发现，时间压力是驾驶员危险驾驶的重要影响因素（McKenna，2005）。驾驶员在行车过程中做出的驾驶决策大部分离不开时间压力的影响，时间压力是驾驶员在日常驾驶活动中必然会面对的一种驾驶情境。Dorn 等（2010）也指出，时间压力对日常的驾驶活动有巨大影响。在真实的交通场景中，处理危险源的可用时间对驾驶员非常重要，如果驾驶员不能尽早发现危险刺激，那么，可用于处理危险的时间将会减少，相应的时间压力就会增加，驾驶员发生交通事故的可能性将大大增加，其生命财产安全将受到威胁。但如果中等时间压力提高了驾驶员对驾驶活动的控制感和自我效能感，驾驶员可能会表现得更好（Bandura，1997）。

在决策领域，Payne 等（1996）指出，决策者在时间压力下会改变信息加工方式，采用加速策略、选择策略或转换信息搜索模式等。Weening（2002）研究了复杂决策任务中时间限制对信息搜索策略的影响，发现在时间限制条件下，被试既不会采用加速策略，也不会转换搜索模式，而是倾向通过采用选择性策略以简化决策任务。Brien 等（2004）认为，在驾驶决策领域，时间压力是促使驾驶员的愤怒驾驶行为和攻击性驾驶行为增加的一个因素。Adams（2009）的研究表明，处于不同焦虑水平的驾驶员在攻击性驾驶、超速驾驶、闯红灯次数、肇事次数等方面存在差异。驾驶员的焦虑水平越高，实施危险驾驶行为的可能性越大。Naveteur 等（2013）通过指导语的说明使被试产生时间压力，研究了停车等候情境中时间压力对驾驶员耐心的影响。研究发现，时间压力情境会激发驾驶员消极的情绪唤醒，影响驾驶员的耐心。Eriksson（2014）的研究发现，驾驶员的决策时间随交通复杂程度的提高和时间压力的增加呈现出先增加后减少的趋势。

可以发现，时间压力不仅会影响驾驶决策的质量，也会影响驾驶决策的信息加工过程。在时间压力影响决策的研究基础上探讨时间压力影响驾驶决策的心理机制，对于提高驾驶员的决策能力、减少因驾驶员决策不当而发生交通事故具有重大现实意义。

6.4 驾驶决策的改善

交通事故是一个闭环过程，事故控制要以闭环模型为基础。因此，为了避免交通事故的再次发生，驾驶员需要根据以往驾驶决策结果的反馈（包括意外和近期事故）在类似交通场景下做出更好的驾驶决策。因此，驾驶决策实际上是一个反复的过程，驾驶员需要根据对以往决策的反馈确定下一次的决策。在这个过程中，驾驶员会根据驾驶经历、驾驶任务情境、认知能力和可能的决策辅助来调整他们的反应。

6.4.1 驾驶决策支持系统

在驾驶情境中，驾驶员借助计算机辅助工具进行计算以改善决策，这是应用了决策支持系统。决策支持系统是特殊设计的通过扩展用户的决策认知能力来改善用户决策的互动系统。有关驾驶决策支持系统的相关研究主要集中在人类工效学领域（王晓原和杨新月，2008；张晴等，2008；郑黎黎等，2004）。通过将计算机技术与人工智能相结合，驾驶员可以利用自动驾驶系统分析路况，从而降低工作负荷，提高决策能力。

6.4.2 训练

提高决策能力的一种方法就是训练人们克服决策偏差（如确认偏差和过度自信偏差）的能力。这种训练有时能帮助人们克服决策偏差，但也有研究表明它没有或者很少起作用（Wingerden & Kalenscher，2015）。一种更为有效的方法是采用多种策略，但需要先教给人们每种策略的特点以及什么时候用。训练在一定程度上能够提高操作者知觉和模式识别的能力。模拟也是一种比较好的训练方式，能够比实际情况使用更少的时间并提供更多的不同情境。训练时，决策者应该对每个步骤做出反馈，再对决策的结果做出整体反馈。

Pollatsek 等（2006）设计了一个基于个人电脑的训练方案，教授新手驾驶员如何较早地识别危险。该训练方案以平面示意图的形式给参试者呈现一些交通场景，参试者需要在平面示意图上圈出他们在驾驶时应该注意的位置，随后得到针对每个交通场景的反馈和指导。该训练方案之所以采用平面示意图而没有采用透视画面或真实视频，主要是考虑到平面示意图更有利于新手驾驶员对场景展开空间的想象和推理，如果经过训练的新手驾驶员在驾驶模拟器上完成即时驾驶任务的表现更好，则表明通过平面示意图对驾驶员进行训练是有效的。另外，该训练方案能够帮助年轻的新手驾驶员学会行车时在道路的哪些地方能获取降低事故可能性的信息。含有潜在风险的图片相对于驾驶模拟器和眼动技术来说更为便捷，而且训练后驾驶员的风险感知能力有了明显的提高。平面示意图不仅要求驾驶员识别出风险，还要求驾驶员分析场景中可能导致风险的抽象因素，增加了驾驶员在评估风险中的工作负荷，而这种工作负荷恰好也是衡量新手驾驶员与有经验的驾驶员之间对风险评估存在差异的重要指标（Ariën et al.，2013）。

Rosenbloom 等（2008）通过避免和处理驾驶场景中的风险来训练新手驾驶员的风险感知能力。训练后的驾驶员风险感知能力显著提高，女性驾驶员比男性驾驶员提高得多，年长驾驶员比年轻驾驶员提高得多。对部分驾驶员的追踪研究显示，两个月以后，驾驶员的风险知觉水平与刚训练时的风险知觉水平相比没有显著降低，说明这种训练效果能够维持较长时间。

关键术语

决策风格（decision-making style）：决策者对问题的思考与反应及其处理压力的方式。决策风格制约着个体思考周围环境、处理信息及决策的方式，依此可以预测个体的决策行为。

第7章　驾驶员情绪

本章将主要阐述驾驶员最常见的情绪体验及其对交通安全的影响，介绍应激的概念、常见应激源、驾驶员的应激状态及应激行为以及对驾驶员应激能力的训练和测量，分析驾驶愤怒的概念、影响因素、行为特点以及测量方法，并提出驾驶员情绪调节的方法。

7.1　影响交通安全的常见情绪表现

7.1.1　愤怒

情绪是个体对客观事物是否符合自己需要而产生的态度和体验，是以个体的愿望和需要为中介的一种心理活动。影响驾驶员安全常见的情绪表现主要有愤怒、抑郁、焦虑等。情绪不断被个体唤醒和体验，唤醒有时是显意识的，有时是无意识的。人格障碍、感觉寻求、冲动等也可引发驾驶员的不良情绪，并以此为中介增加驾驶员的错误操作和攻击性驾驶行为（Donovan & Marlatt，1982）。

研究发现，相同的情绪事件可以使驾驶员产生不同的驾驶情绪，不同的驾驶情绪与不同的交通事件有关。例如，责备这种生活事件可以引发焦虑、愤怒和抑郁等不同的情绪体验，可触发不同的交通事件（Mesken et al.，2007）。根据以往研究，焦虑往往与分心驾驶有关；愤怒与攻击性驾驶有关；在驾驶模拟器实验中，抑郁的被试对方向盘的操作更缓慢，事故率也更高（Bulmash et al.，2006）。还有研究表明，驾驶员在驾驶模拟器实验中听忧伤的音乐会感到镇静，却不能把精力集中在驾驶任务上（Pêcher et al.，2009）。

愤怒（anger）是指当愿望不能实现或没有达到满意的结果时引起的一种紧张而不愉快的情绪。从20世纪90年代中后期至21世纪，驾驶中的愤怒情绪被广泛研究（Galovski et al.，2006）。研究主要集中在驾驶愤怒测量工具的编制、侵略性驾驶行为的鉴别以及非侵略性行为和冒险倾向上（Deffenbacher et al.，1994，2002，2004；de Pasquale et al.，2001）。有研究表明，驾驶员愤怒情绪和攻击性行为与精神病理学因素相关（Blanchard et al.，2000）。也有研究发现，攻击性强的驾驶员比其他驾驶员更有可能存在各种心理问题，如躁狂症、酒精依赖或药物依赖、反社会和边缘性人格障碍、注意力缺陷、多动症等（Malta et al.，2005）。另外，驾驶愤怒的驾驶员罹患心理疾病的风险较高（Smart et al.，2003）。

尽管有研究表明，愤怒和攻击倾向性强的驾驶员有更多的冒险驾驶行为，但是大多数研究发现，驾驶员愤怒的程度和已发生的交通事故数量之间没有显著的相关（Sullman，2006；van Rooy et al.，2006）。也有研究显示，在其他变量得到控制后，消除驾驶员的愤怒情绪能够显著降低事故风险（Sullman et al.，2007）。总之，驾驶员的愤怒情绪和攻击性驾驶普遍被认为是依赖于驾驶员人格特质和驾驶环境的复杂问题。

有研究发现，男性驾驶员在驾驶过程中产生愤怒情绪的概率要高于女性驾驶员；年长驾驶员出现驾驶愤怒情绪的概率显著高于年轻驾驶员；而随着驾龄的增加，驾驶员的平均愤怒等级逐渐降低；同时，不同驾照类型对驾驶愤怒情绪也有着较大的影响（严利鑫等，2013）。

从驾驶员操作车辆控制部件的频率来看，驾驶员在愤怒情绪下操作油门、脚刹、离合、方向盘、档位等要比在正常情况下更加频繁一些；在愤怒情绪下，汽车驾驶员换道频次相对于平时也会相应增加；从驾驶员在愤怒情绪下操作车辆的猛烈程度来看，汽车驾驶员操作油门、脚刹、离合、方向盘、档位等的猛烈程度要比在正常情况下稍微猛烈一些；在愤怒情绪下，驾驶员也倾向近距离跟车；除此之外，汽车驾驶员还会通过用言语攻击其他驾驶员、对本车发泄等方式表达愤怒情绪，驾驶员在愤怒时也会通过开车窗、听音乐等方式缓解愤怒情绪。驾驶员在愤怒情绪下最容易分神，其次是容易出现驾驶操作上的小失误，在控制能力不强的情况下驾驶员还容易冲动开车（雷虎，2011）。

7.1.2 抑郁

抑郁（despondent）是一种情绪状态，表现为长时间的情绪低落，意志力和行动力减弱，有时伴随自我伤害及自杀行为。

在实际生活中，研究人员通过发放问卷，以驾驶员自我报告的形式考察驾驶员出行前的情绪、驾驶中出现的想法以及驾驶时的交通环境等因素与事故率的关系，结果发现，抑郁情绪对交通安全有消极影响（Cundao et al.，2001）。

由于问卷法本身的局限性，研究者无法准确诊断抑郁情绪，对于事故样本中抑郁的概率也不能得到准确的计算结果（Hilton et al.，2009）。仅研究抑郁情绪和驾驶关系的研究尚不多见。

抑郁是导致道路交通事故发生的一个危险因素。汽车驾驶员易出现抑郁情绪，此情绪与其人格特征有密切的关联（秦蕴等，2010）。在驾驶员情绪状态量表中，抑郁维度对驾驶员交通违规行为具有预测作用（郭双等，2014a）。

7.1.3　焦虑

在人的正常发展中，危险——无论是真实的还是想象中的——会以各种形式表现出来。如果个体没有获得处理危险的办法，其就会陷入长期的无助和惊恐之中，对危险的本能反应就是焦虑（worriment）。通常情况下，焦虑与精神打击以及即将来临的、可能造成的威胁或危险相联系，个体主观表现为感到紧张、不愉快，甚至痛苦以至于难以自制，严重时会伴有植物性神经系统功能的变化或失调。

驾驶员的焦虑水平会影响危险驾驶行为，危险驾驶行为与高焦虑水平具有一定关系（孙舒放等，2009）。

有研究表明，驾驶员的焦虑与人格类型和人格障碍、压力等因素相关（Hentschel et al.，1993）。Shoham 等使用人格变量组合去预测交通事故发生的可能性。他们指出，有焦虑特征的驾驶员已形成高度内化的驾驶习惯。驾驶过程中的焦虑情绪会消极影响驾驶员对道路信息的识别，例如，焦虑使其注意视野变窄、加工受限，改变其对其他驾驶员行为的理解，最终增加驾驶的潜在危险性。焦虑对一系列操作失误、交通违规操作有消极影响，主要是由于焦虑会引起驾驶员的分心和注意缺陷（Shoham et al.，1984）。

焦虑也有积极作用，可以提高驾驶警觉（Oltedal et al.，2006；Shahar，2009）。虽然驾驶员会因为焦虑而出现分心，但可能由于处在焦虑状态下，驾驶员的注意力集中在评估威胁上，所以，他们的事故率低于平均水平。研究者认为，焦虑可能会以一种更加复杂的方式影响驾驶，例如，程度较低的焦虑会对驾驶行为和驾驶技术产生积极的影响（O'Hanlon et al.，1995；Payne et al.，1994）；中等水平的焦虑可能使驾驶员在短期内掌握驾驶需要的所有基础技能，同时能更有效地注意潜在危险，而高水平的焦虑会妨碍驾驶操作，并且通过失误和犹豫增加驾驶行为的风险（Egeda et al.，1997）。实际上，Taylor 等在一个道路驾驶任务中发现，焦虑组驾驶员会比控制组驾驶员做出更多的错误行为，但是在事故率上两组没有显著差异（Taylor et al.，2007）。

焦虑驾驶风格与危险知觉呈显著负相关，焦虑驾驶风格对危险知觉的预测作用显著。驾龄越长、年龄越大的驾驶员在驾驶过程中的焦虑水平越高，危险知觉能力越低（董悦等，2014）。男性驾驶风格以冒险型和愤怒型为主，女性驾驶风格以焦虑型为主。有交通违规记录的驾驶员在焦虑维度上的得分均高于无交通违规记录的驾驶员，且二者差异显著。驾驶员的驾驶风格越倾向焦虑型，他们的交通违规次数也越多，应当针对危险驾驶行为采取适当有效的预防和干预措施（孙龙等，2014a，2014b）。

驾驶员的特质焦虑作为一种易导致不良情绪状态的复杂的人格特征，时刻影响着行车安全。为了能充分了解驾驶员的特质焦虑，以采取有效措施控制焦虑情绪，研究者提出了从主观和客观两个方面评估驾驶员的特质焦虑水平的方法。在主观方面，研究者编制了一套驾驶员特质焦虑自评量表，经过信效度分析证明驾驶员特质焦虑自评量表具有良好的信效度；在客观方面，研究者采用模糊层次综合评价法，将驾驶员特质焦虑综合评估中存在的模糊关系和概念进行定量化处理，实现对驾驶员行为的客观评定。性别、驾驶经验和气质类型对特质焦虑水平都有显著影响；年龄与特质焦虑水平的相关性不明显；特质焦虑水平高的驾驶员驾驶更谨慎，事故率更低。在一般环境下，特质焦虑水平越高的驾驶员对环境的风险评估越高，越容易紧张；在高危环境下，特质焦虑水平高的驾驶员驾驶更小心谨慎，相对于低焦虑水平的驾驶员失误更少（夏映雪和曹凯，2013）。

7.1.4 愉悦

在行车过程中，驾驶员的情绪波动表现为两种倾向：焦虑、愤怒、抑郁等消极情绪与愉悦状态、高兴等积极情绪状态。一般来说，驾驶员在愤怒、焦虑等消极情绪状态下行驶的安全性较低（Maag et al.，2010），在适度的愉悦状态下驾驶车辆时失误少，工作效率高（Hu et al.，2013）。但如果在高兴状态下，中枢神经系统会处于兴奋状态，此时驾驶员的行为往往表现为轻率、好动、异想天开，判断情况和操作动作常常不准确（孙志强，2012）。驾驶员在高兴状态下往往也可能因为不同程度的注意力分散而感知不到（或较少感知到）一定区域内的刺激物，一旦出现异常情况，很有可能发生事故。

7.2 驾驶员应激

7.2.1 驾驶员常见的情绪状态

根据情绪发生的速度、强度和持续时间的长短，我们可以把情绪分为三种状态：激情（passion）、心境（mood）和应激（stress）。

激情是一种如暴风骤雨般的激烈而短促的情绪状态，如狂喜、暴怒、恐惧、悲痛等都是激情的典型表现形式。激情通常都是由生活中的重大事件引发的，对驾驶员的影响很大。当人处于激情状态时，其认知范围变窄，理智分析和解决问题的能力受限制，对行为的调控能力也会降低，不能正确认知和评价自己的行为后果，以致引发交通事故。

心境是一种使人的一切体验和活动都染上一种稳定、持久但较微弱的情绪色彩的心理状态。它是发生过的情绪情感的延续和“后作用”的结果，是具有背景性质的情绪状态，后续的心理活动是在这个心理背景下发生和发展的。良好的心境使人感觉“事事顺心”，世界是那么美好，充满了阳光。例如，得到年终安全大奖的驾驶员在其后的几天中都会觉得心情舒畅，觉得连花儿、鸟儿都在为自己祝福，在驾驶过程中反应迅速、动作敏捷，还能主动礼让行人和其他过往车辆，甚至连平时最不能容忍的事情都能谅解。而消极沮丧的心境会使驾驶员心情沉重、萎靡不振，在驾驶过程中反应迟钝，注意力不集中，错误动作、多余动作增加，对外界刺激极其敏感，容易动怒，很容易发生交通事故（韩玉昌，1991）。

7.2.2 应激概述

应激是个体在意外事件或危险情境下面临或察觉到应激源对机体有威胁或挑战时，在适应和应对过程中出现的高度紧张的情绪状态。能够引起应激反应的因素是应激源。

人在突如其来或十分危险的条件下必须迅速地采取行动，这时就会处于应激状态，如在驾驶中突然出现险情（轮胎爆炸、方向盘突然失灵、刹车系统失灵等）。当车辆行驶在复杂的交通环境中时，凸显信息的出现，如突然跑到车道上来的小孩、突然转弯过来的自行车等，使得驾驶员必须迅速判明情况，并在一瞬间做出决策，这时，驾驶员的一系列情绪反应就是个体处于应激状态的表现。

应激状态的发生会很快改变有机体的激活水平、心率、血压，其肌肉紧度发生显著改变，从而引起情绪的高度应激化和行动的积极化（应激反应）。应激反应的个体差异较大。有的人应激反应较好，应激会使其心理上和生理上的激活水平得到极大提高，能充分发挥和调动潜能，表现在行动上则是动作迅速、敏捷，主动性和积极性都达到最高水平，在危机时刻能用最短的时间采取正确的措施，从而化险为夷。一般情况下，人在应激状态下的主要表现为：认识变得狭窄、不充分，注意集中于一点，难以转移和分配，在极端情况下失去对外界情况的认识能力；对外界情况只能做出“有”或“无”的两极判断，难以做出程度或数量上的判断；对外界情况的综合判断能力下降；无暇思考便立即做出判断，在极端情况下失去判断能力；难以维持平衡的动作，用力往往过大；动作准确性下降，易出现错误动作，失去操作能力。可见，应激状态的发生对驾驶行为会产生很大影响（韩玉昌，1991）。

应激状态引起的身心紧张有时有利于个体主动调动身心各个部分以解决当前的紧急问题，即维持一定的紧张度反而有助于认知功能的发挥，使个体做出平时不可能做出的判断和行为；但应激状态所造成的高度紧张又会造成个体的注意范围狭窄，反应迟钝，阻碍认知功能的正常发挥，导致个体正常处理事物的能力全面下降，这时很容易出现事故。一项关于注意负荷、应激和驾驶绩效的研究验证了驾驶员应激和驾驶绩效相关的假设，因为应激驾驶员易受注意资源负荷的影响。与超负荷假设相反，当任务需求相对较低时，驾驶员的应激水平和车辆变道控制能力下降有关。应激状态的驾驶员可以相当有效地满足高水平的任务需求，但当任务需要的控制程度低时，可能会使驾驶绩效下降（Matthews et al.，1996）。

驾驶员在交通事故发生的瞬间会产生高度应激状态，如相向行驶的车辆在没有中央分隔带的道路中突然驶入对方车道、车辆在行驶中遇到行人突然横穿马路、同方向行驶的自行车不给任何信号突然猛拐等。这时需要驾驶员迅速地判断情况，在一瞬间做出决定，利用过去的经验进行处理。因此，客观地认识应激的利弊，通过正确把握和引导来降低应激反应程度，最大限度地减少应激的不良反应，是解决问题的根本所在（王均国等，2002）。

7.2.3 驾驶员的应激源

应激源的测评工具包括社会再适应量表（测量重大生活事件）、日常生活中小困扰的测量（测量日常生活小困扰以及日常生活中令人兴奋的事）、知觉压力量表（测量超过个体应对能力的事情）。与驾驶员有关的应激源包括噪声、震动、高温、昏暗的照明以及心理因素，如焦虑、疲劳、挫折和愤怒。这些应激源对驾驶员有四种作用：①可以使驾驶员产生一种心理体验。例如，持续的噪声会增加驾驶员的愤怒情绪，有时这种情绪无法用语言加以陈述，但的确可以引起生理唤醒。心理体验和生理变化经常是相联系的。②在应激源的刺激下，驾驶员经常伴有生理变化，这可能是一种短期效应，例如，心率的增加这种生理变化常发生在高工作负荷的应激情境中（如飞行员驾驶飞机或空中交通管制人员指挥飞机）；也可能是一种持续的效应，例如，在应激事件结束后，相关人员仍可以从空战或陆战人员的尿液中检测出来儿茶酚胺分泌的变化。③应激源影响信息加工的效率，一般来说，其会降低工作绩效（Salas et al.，1996）。④应激源对健康有长期的负面影响。

应激源主要有以下几种。

1. 环境应激源

环境应激源包括照明、温度、标识、路况等。

2. 生活应激源

生活应激源与驾驶员的驾驶工作和个人生活的紧张程度有关，而且会破坏工作绩效（Cooper & Cartwright，2001）。有研究表明，财政困难的单位会有更差的安全记录，或者说，对劳资关系更满意的员工（解除了潜在的工作应激源）更能从高生产效率中获得乐趣（李娜，2013）。而令人紧张的生活事件，如家人去世或婚姻纠纷等则与飞行事故有关，但这种相关不是特别强。这从另一个方面说明，也有许多遭遇同样不幸事件的人不受影响，会把工作处理得很好。

生活应激引发事故的原因可能与注意的不同方面有关。第一，工作因素（如差的工作条件、不公平的待遇）所造成的应激导致的低绩效可能与缺少注意资源或工作不够努力有关（如低动机水平）。第二，一些处于生活应激中的个体所遇到的安全问题可能与分心或注意转移有关，即注意从工作任务偏离到对应激源的考虑上去。

企业尤其应重视生活应激对驾驶员的干扰。Cooper 和 Cartwright（2001）提出，可从以下三个方面改善驾驶员的生活应激：①在组织内部明确或消除应激源，如低工资、劳动时间过长和未来的不确定性；②教给驾驶员应激策略；③给驾驶员提供心理咨询服务。

生活应激源会对驾驶员在行驶时的情绪状态产生一定影响，从而影响驾驶员的行车安全。除了按效价划分情绪外，还可将情绪按照与当前决策任务是否相关进行分类，以更为细致地探讨情绪对驾驶员的影响。其中，偶然情绪（incidental emotion）与当前决策任务无关，由决策之外的其他因素引起。偶然情绪是与即将发生的判断和决策不相关的情绪体验。例如，由在工作中和同事争论而产生的愤怒情绪被认为是与一种驾驶任务无关的情绪体验。研究表明（童交柱，2014），驾驶员在驾驶过程中的一些具体行为，如超车、跟车状态等都会随驾驶员的情绪状态而发生改变。日本的内山道明通过对 100 名交通肇事者进行调查发现，因“在家里吵过架”“被上级训斥过”“在公司里碰到令人厌烦的事”等原因而出现交通事故的比例占 33%（转引自：周大经，1991），这表明偶然情绪对驾驶员的驾驶行为和驾驶安全有重要影响。

在行车过程中，驾驶员因为交通路况堵塞而产生的烦闷或者愤怒及其他与驾驶任务相关的情绪被称为整合情绪，当强度足够大时，整合情绪会直接影响驾驶员的决策行为。例如，驾驶时因想要快速到达目的地而产生的焦虑情绪可能会促使驾驶员做出加速甚至是超速的行为，从而影响行车安全。

3. 心理应激源

环境应激源具有可观察的特点，可以对其进行物理测量，如噪声由噪声计测量、振动由振动指示仪测量、温度由温度计测量，进而量化评定应激的影响。但是，心理应激源却不那么容易被测量。这里的心理应激源指个体由于感受到威胁而产生的应激，这些威胁包括意外伤害、失去尊严（如陷入尴尬境地）、失去一些有价值的事物、由受伤造成身体功能丧失和面临死亡等（威肯斯等，2011）。心理应激源通过影响驾驶员的情绪进而影响其认知功能，增加驾驶风险。

驾驶员的主要心理应激源是工作学习问题、与家庭有关的问题；在应对方式上，驾驶员更趋于积极应对；在社会支持上，驾驶员的主观支持分明显高于客观支持分；在心理控制感上，驾驶员明显趋于外控；由生活事件引起的情绪应激与驾驶员操作、交通违章和事故有一定的关系（陈爽和冀国峰，2002）。

7.2.4 驾驶员的应激状态及应激行为

1. 工作记忆受损

令人紧张的焦虑和危险情形会增加生理唤醒，这种生理唤醒可以用许多生理指标客观地测量出来，如心率、瞳孔直径和激素物质分泌水平。但根据耶克斯-多德森定律，唤醒水平与工作绩效成倒“U”形关系。也就是说，在高度唤醒水平下工作绩效有所降低。产生损失的原因之一是工作记忆的丧失。

工作记忆的丧失有如下特点：在应激状态下，人们很少用工作记忆储存或复述新的材料、完成计算或者其他需要注意的心理活动。想象一下，发动机失灵，天气又很恶劣，还处于迷路的危险中，这一切使得飞行员变得恐慌而又紧张，这时他很难准确记住空中交通管制人员对他的位置和空间转向的引导。

2. 采取习惯反应

在应激状态下，一方面，人们的工作记忆会受损；另一方面，人们对充分了解的事实和技能的长时记忆很少受到破坏，甚至在紧急状态下会得到加强。因此，在应激状态下，人们倾向采用最易提取的思维和行动，当紧急行动与危险情境中应采取的最佳行为不一致时，事故就发生了。平时，人们很少练习紧急情况的应对反应，因为这种事件极少发生。而紧急应对反应与日常情境中的惯常反应有时又是不相容的。当在结冰的路面上行驶时，对打滑的恰当的紧急应对反应就是一个很好的例子。在这种紧急状况下，驾驶员首先应该做的是向打滑的方向打方向盘，如此才能控制住汽车，这种做法与在干燥路面上的正常反应相反。在干燥路面上，驾驶员通常的反应是，若要离开想要避开的方向，应该将方向盘打向同一方向。正是由于紧急情况下的正确反应与占优势的习惯反应相反，因此驾驶员对紧急情况下的正确反应模式进行过度学习是非常重要的（Wickens & Wiesenthal，2005）。

3. *快速实施行动*

慎重和延迟的行为往往建立在更多信息加工和小心推理的基础之上。企业管理者希望操作者能够更加谨慎，不要在紧急情形发生后的几秒或几分钟内就采取行动，而是在明确了什么行为是恰当的之后再采取行动。但是，在紧急情形下产生应激时，即使是最谨慎的驾驶员，其行为策略也会发生转变，倾向"行动起来，就是现在"，即立即采取行动。缺乏经验的驾驶员往往不能权衡速度-准确性，快速反应经常会牺牲准确性，从而做出错误的行为。

7.2.5 驾驶员应激训练

有研究者以 17 名驾驶员为被试，让他们在实验室中进行模拟驾驶训练，以证明适当的训练可以使驾驶员在特定的应激情况中避免事故发生。训练次数与完成任务百分比如图 7.1 所示。结果表明，训练次数较少时效果不太显著，达到一定次数后效果明显提高，之后又进入平稳状态（陈队永等，2004）。

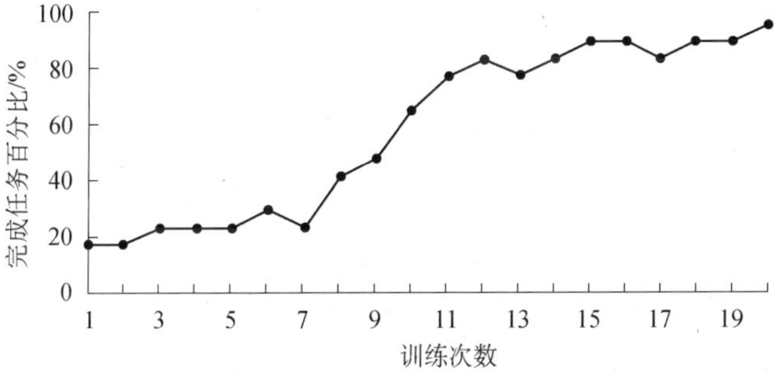

图 7.1　模拟驾驶训练效果图（陈队永等，2004）

在十分复杂的交通环境中，驾驶员要想在行车中完全避免遇到任何紧急情况的发生是不可能的，也是不现实的。但是，通过适当的训练，运用科学的驾驶判断方法可以减少应激出现的次数和降低应激反应程度。具体来说，应加强以下几方面的训练。

第一，加强注意品质的培养，提高预见性驾驶能力。只有具备了良好的注意品质，驾驶员才能在行车过程中迅速、及时、清晰地获取交通环境中的有关信息、迹象，并进行分析、判断，从而对可能发生的情况做出预见性估计，提前采取相应的预防措施，既可避免应激状态的出现，又可避免可能发生的交通事故。

第二，进行以提高技术素质为目的的驾驶技能训练。应激状态的发生是以突发性为特征的，必须训练驾驶员掌握正确的驾驶车辆技能，并使其达到完全的“自动化”（完全脱离视觉控制而单纯依靠动觉控制驾驶），以便使其在应激发生时能采取正确的驾驶操作，或由于采取了正确的驾驶操作而极大限度地降低了应激水平，从而保障行车安全。

第三，加强应激情境训练，提高心理承受能力。在训练时人为地创设一些应激情境，如行人突然穿过公路、自行车突然猛拐或摔倒、机动车辆在车前紧急制动、车辆制动或方向盘失灵等，使驾驶员亲身体验应激状态下的心理感受，思考对策，为以后的驾驶积累经验，从而最大限度地克服和避免应激出现时的手忙脚乱现象，有效地保证行车安全（王均国等，2002）。

另外，女性驾驶员导致的交通事故逐年增多，由于男女驾驶员在生理和心理上差异明显，女性对突发应激情境的处理能力不如男性，研究女性驾驶员的应激反应能力能有效减少交通事故的发生。研究者通过自主开发的驾驶应激模拟系统，选用女性被试进行仿真实验，运用多导生理记录仪 MP150 实时记录心率参数，通过建立回归模型得出不同应激情境下的训练标准，并与男性驾驶员训练标准进行对比以找出关键应激源。结果表明，所建立的回归模型能有效拟合随着训练次数增加心率下降的规律；不同性别驾驶员的应激状态存在较大的差异性；突然横穿道路的行人为女性驾驶员的关键应激源，且性别差异显著；前方视距不良、前车紧急制动应激源上无性别差异；对关键应激源情境进行重点训练有助于提高女性驾驶员的应激反应能力（陈颖和刘浩学，2012）。

7.3 驾驶愤怒

7.3.1 驾驶愤怒的概念

“路怒”一词于 1988 年首先出现在美国，在报道洛杉矶一起由驾驶纠纷引起的枪击事件时，一家电视台使用了这个词。20 世纪 90 年代，该词被引入英国。之后，媒体将其用来描述包括驾驶员、车上乘客、骑自行车的人或者行人在内的“故意的、报复性的、不合理的、压力诱导的、心胸狭窄的”行为（郭双，2015）。

“路怒”的广泛和随意使用后来被“敏锐”的学术圈和法律圈所接纳。一个词汇这样的产生和发展路径导致“路怒”这个词一直被认为是“这么普通和主观”而近似无意义（郭双，2015）。《牛津英语词典》一般被认为是英语定义和发展的来源。1997 年，《新版牛津英语大辞典》记载“路怒”一词，用以形容由令他人厌恶的驾驶事件引起的压力与挫折导致的直接指向另一驾驶员的攻击行为，驾驶员可能会陷入失控之中（转引自：郭双，2015）。2006 年，“road rage”被译为“路怒”，入选“泛华语地区中文新词榜”，第一次进入中国公众的视野。医学界将“路怒”归类为阵发型暴怒障碍，“路怒”发作的驾驶员经常会骂人、动粗甚至毁损他人财物，也就是有驾驶攻击行为。

驾驶愤怒是在驾驶过程中发生的、以负性情绪为核心的、包含认知和行为反应的、从轻微激惹到极度愤怒的变化过程的多维结构。该定义有四个要点：第一，驾驶愤怒发生在驾驶情境中；第二，驾驶愤怒是一种负性情绪；第三，驾驶愤怒是具有认知和行为反应的多维结构；第四，驾驶愤怒包含从轻微激惹到极度愤怒的程度变化的过程。

驾驶愤怒似乎成为汽车时代的通病。从 20 世纪开始，研究者对其做了大量研究。Underwood 等使用日记记录的方法指出，在英国驾驶员样本中，85%的驾驶员报告在过去的 2 周内至少体验过一次愤怒（Underwood et al.，1999）。

研究者通过电话采访了 1382 名美国成人驾驶员，发现愤怒与危险驾驶行为和事故经历有显著的联系（Wells-Parker et al.，2002），包括违规、注意力不集中、驾驶控制差、手机使用等。一些研究者把驾驶愤怒同交通事故联系起来，发现驾驶愤怒同驾驶员自我报告的一生中的碰撞事故量、去年的事故量以及机动车违规次数有联系（Deffenbacher et al.，2000）。

相反，还有研究者指出，虽然驾驶愤怒同一系列危险行为相联系，但它并不能预测碰撞事故和交通违规（Deffenbacher et al.，2001）。同样，研究者发现了驾驶员愤怒量表同自我报告的过去 5 年间的碰撞事故没有联系（Sullman，2006）。研究结果之间的矛盾可能是由碰撞事故取样少、收集精确数据有困难以及众多影响交通事故的因素的效应之间彼此淹没等导致的。

7.3.2 驾驶愤怒的影响因素

1. 情境因素

Deffenbacher 等（1994）设计了 53 个与愤怒驾驶相关的情境，对 1500 名大学生驾驶员进行了调查，用聚类分析的方法得到了包含 33 个情境的驾驶愤怒量表（Driving Anger Scale，DAS），该量表由六个分量表组成：敌意手势（hostile gesture）、违规驾驶（illegal driving）、警察在场（police presence）、慢速驾驶（slow driving）、粗鲁行为（discourtesy）和交通阻碍（traffic obstruction）。

另外，我国学者（雷虎，2011）针对路况引发的愤怒做了调查，发现有 66.92% 的驾驶员认为在看到有人严重违章的情况下可能会“发怒”，而对“非常堵车”“新手开车”这样的情况能给予充分理解，如图 7.2 所示。

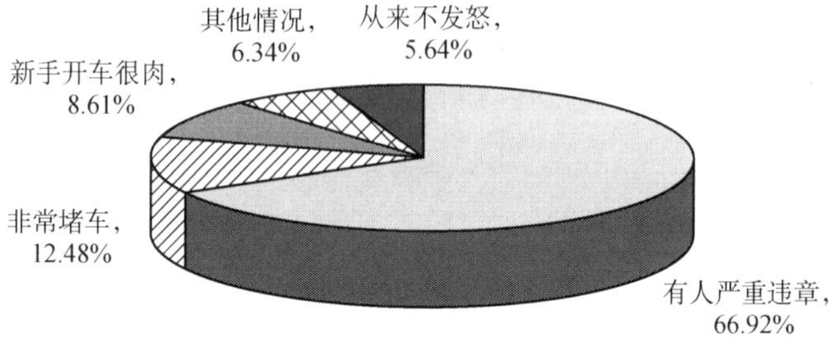

图 7.2 我国引发驾驶愤怒的路况调查结果（雷虎，2011）

注：引文原始数据如此，数据和非 100%

大量的研究已经证明了激发、刺激或引起驾驶攻击的情境和环境因素的影响（Deffenbacher et al.，1994）。这些研究得出如下结论：①道路上有很多种情境会引发驾驶员产生挫折并导致驾驶愤怒；②日常问题的不断侵扰（如工作问题担心、往来债务担心）会提升驾驶员的压力水平，导致产生更多驾驶愤怒；③驾驶愤怒会导致对他人的不尊重、不讲礼仪和更多的驾驶攻击；④噪声、炎热和他人在场可能与驾驶愤怒的出现有关。

当驾驶员处于挫折和压力情境下时，其对情绪的调节及控制能力常常会降低，在驾驶时容易出现驾驶愤怒。国外的研究（Hennessy et al.，2010）发现，目前，交通拥堵是造成驾驶员受挫的主要原因。另外，驾驶过程中出现的矛盾冲突，如其他驾驶员的吼叫、辱骂或敌意手势等无礼行为，故意阻挡、跟踪、追尾等敌对行为，闯红灯、超速、乱停乱放等违章行为以及警察干预等均会引发驾驶愤怒。

2. 人口学因素

驾驶愤怒会因性别、年龄、文化程度、驾驶经验不同而表现不同。男性在警察在场和慢速行驶时更愤怒，而女性则在不规则驾驶和交通拥堵时更愤怒（Deffenbacher et al.，1994）。研究发现，年龄与驾驶愤怒呈负相关，即年龄越小，驾驶愤怒水平越高；年龄越大，驾驶愤怒水平越低（Jovanović et al.，2011；Sullman，2006；Wiesenthal et al.，2000）。例如，国内研究者对中德驾驶员驾驶愤怒行为进行比较，发现中国驾驶员总的驾驶愤怒水平要显著低于德国驾驶员，且随着年龄的增长，中国驾驶员的驾驶愤怒水平也在提高；德国驾驶员的驾驶愤怒水平则是随着年龄的增长而降低，且随着驾龄的增长而降低（刘睿哲等，2013）。

与年龄和性别相比，有关驾驶员文化程度对驾驶愤怒影响的研究很少。目前仅发现在对土耳其驾驶员的调查中有对受教育程度与驾驶愤怒关系的研究，该研究结果显示，小学、初中和高中文化程度驾驶员的驾驶愤怒在“慢速驾驶”“不认真开车”“否定”“敌意”上的得分显著高于大学文化程度驾驶员，也就是说，当遇到慢速驾驶、不认真开车、敌意驾驶、“否定”时，小学、初中和高中文化程度驾驶员比大学文化程度驾驶员更愤怒（Yasak & Esiyok，2009）。

对中国驾驶员的调查发现，报告较高驾驶愤怒水平的驾驶员的周行驶里程较少，但驾驶经验丰富（Li et al.，2014）。驾驶经验不足的驾驶员容易产生焦虑和低自信，驾龄短的驾驶员对于其他驾驶员的攻击性没有那么愤怒，年轻而无经验的驾驶员更能容忍别人的不良驾驶行为，所以他们报告的驾驶愤怒水平比驾龄长的驾驶员更低。然而有研究者发现了不一致的研究结果，驾驶经验丰富的驾驶员自我报告经历和表达的驾驶愤怒水平更低，即驾驶经验与驾驶愤怒呈负相关（Jovanović et al.，2011）。

3. 人格特质

研究发现，驾驶员的人格是危险驾驶行为的有效预测因素（Matthews et al.，1991）。驾驶员的人格特质与危险驾驶行为和事故率有显著相关，特别是愤怒特质和无规则特质是攻击性驾驶和违章的有效预测因素（Yang et al.，2013）。

有研究者通过实证调查比较了高、低愤怒驾驶员人格特征的不同，结果发现，与低愤怒驾驶员相比，高愤怒驾驶员表现出以下特点：①在大量驾驶情境中报告愤怒；②愤怒频率更高；③驾驶时愤怒更强烈；④用更敌对或更具攻击性的方式表达他们的驾驶愤怒；⑤较少用适应性的或建设性的调节方法；⑥从事更具攻击性的工作；⑦驾驶时有危险行为；⑧经历更多事故相关后果。高愤怒被试还报告有更多的一般愤怒和冲动，同时缺少建设性的表达一般愤怒的方式（Filetti，2000）。

可见，以往研究发现，高特质愤怒的驾驶员比一般驾驶员更容易产生愤怒。随着大五人格问卷的广泛使用，近年来，有研究者开始研究大五人格（神经质、外向性、开放性、宜人性和责任性）对驾驶愤怒的影响。以大学生驾驶员为被试的研究发现，驾驶愤怒与神经质呈显著正相关（Dahlen & White，2006），而与宜人性、责任性和开放性呈显著负相关，与外向性无关（Benfield et al.，2007）。

4. 认知方式

研究发现（Lennon et al.，2015），归因风格与驾驶愤怒有相关关系。Hazebroek

等（2001）指出，高特质愤怒驾驶员比低特质愤怒驾驶员对交通拥挤等诱发愤怒的情境更倾向做有意归因，因此，他们更容易愤怒，并产生更多的敌对、攻击、报复行为。Sukhodolsky 和 Ruchkin（2004）认为，高特质愤怒个体更多地将责任归因于对方，将对方看作敌对的一方（敌意归因偏见），并认为这一负性事件与对方的利益有关，因而比低特质愤怒个体更容易对同样的事件产生歪曲认知。个体一旦获得这些歪曲认知，便倾向采用攻击方式解决矛盾冲突，并把攻击当作合理行为。换句话说，意向归因风格的被试有较高的特质驾驶愤怒水平，情境归因风格的被试有较低的特质驾驶愤怒水平。

Nemerovski（2009）研究发现，人际关系指数量表中测量的较高水平的社会观点采择能力和较低水平的特质驾驶愤怒相关，相反地，较低水平的社会观点采择能力和较高水平的特质驾驶愤怒相关。

7.3.3 驾驶愤怒的行为特点

为了研究驾驶员在愤怒情绪下的表现，有研究者设计了驾驶愤怒表达量表（Driving Anger Expression Inventory）（Deffenbacher et al.，2002）。该量表有 62 个项目，反映了驾驶员表达愤怒的四种方式：言语攻击、人身攻击、用车辆表达愤怒和自我调节愤怒。

研究表明，驾驶员的愤怒情绪与攻击性驾驶行为有很强的相关性。研究者对一般性攻击、驾驶员愤怒和攻击性驾驶之间的关系进行了研究，发现男驾驶员的年龄与其愤怒和攻击性驾驶呈负相关，女驾驶员的年均行驶里程与愤怒攻击性驾驶呈负相关（Lajunen & Parker，2001）。然而，攻击性驾驶行为与交通事故之间的关系一直存在争议。

有研究者指出，攻击是独立于人口学变量之外的驾驶愤怒不断增长的一个结果（Deffenbacher et al.，2003）。然而，愤怒和攻击的联系不紧密，二者的联系也不是直接的。考虑到驾驶员的总体人数众多、驾驶员每天的行驶距离和驾驶环境中众多的决定因素和中介变量，日常生活中的攻击行为倒显得并不常见。在这方面，有人提出，愤怒和攻击之间具有中等程度的联系，这种关系的本质取决于有交互作用的个人和情境因素，如挫折、动机、自我意识的程度以及这些因素之间发生交互的类型和本质等（Neighbors et al.，2002）。

7.3.4 驾驶愤怒的测量

DAS 是最常用的测量愤怒的量表。研究者以超过 1500 名大学生为被试，对 53 个潜在的愤怒驾驶相关情境进行聚类分析，得到一个 33 项的驾驶愤怒量表（克

隆巴赫 α 系数为 0.90)，其包括六个分量表，即敌意手势、不规则驾驶、警察在场、缓慢驾驶、无礼、交通拥堵。各分量表两两之间都呈正相关，代表着驾驶愤怒和与具体驾驶情境相关的愤怒一样（Deffenbacher et al.，1994）。他们还开发了一个 14 项简短版本量表，与长版本高度相关。Dahlen 等（2005）调查了 DAS 得分在多大程度上能预测不安全驾驶行为，结果发现驾驶愤怒能解释攻击性驾驶 17%的变异和言语攻击 25%的变异。

DAS 在新西兰、土耳其、西班牙、马来西亚等很多国家都得到了验证，在不同文化中的信效度均良好（Sullman，2006；Sullman et al.，2007，2014；Yasak & Esiyok，2009）。目前，DAS 已被翻译成多国文字，并在很多国家得到使用。尽管该量表在因素的结构效度和预测能力上仍存在些许问题，但 DAS 还是被普遍接受。

我国学者于 2014 年修订了 DAS 并检验了其在我国驾驶员群体中的信效度。修订后的量表包括 22 个题目，分为四个维度，分别是敌意手势、缓慢驾驶、无礼驾驶和交通拥堵。量表各维度与总分之间的相关系数为 0.62～0.80，量表总的内部一致性系数为 0.84，各个维度的内部一致性系数为 0.72～0.82。修订版 DAS 具有良好的信效度，可以作为测量驾驶愤怒的一个可靠而有效的工具（郭双等，2014b）。

7.4　驾驶员情绪的调节

7.4.1　驾驶员情绪调节的基本过程

个体的需要有时候与生活环境的变化协调一致，但有时候则会与生活环境变化产生矛盾与冲突，这就需要个体经常进行情绪调节以适应生活环境。

情绪调节是指个体为完成目标而进行的监控、评估和修正情绪反应的内在与外在过程。情绪调节与社会交往、社会能力、社会适应、心理健康等一系列的发展结果相联系。

Gross 和 Levenson 在情绪调节领域做了许多开创性的研究，提出了情绪调节的过程与策略理论，认为情绪调节涉及情绪的潜伏期、发生时间、持续时间、行为表达、心理体验、生理反应等方面的改变，是一个动态过程，并依此建立了情绪调节过程模型，如图 7.3 所示。根据情绪调节涉及的情绪发生阶段，情绪调节被分成了五个部分，即情景选择（situation selection)、情景修正（situation modification)、注意分配(attentional deployment)、认知改变(cognitive change)、反应调整(response modulation)(Gross & Levenson, 1995)。

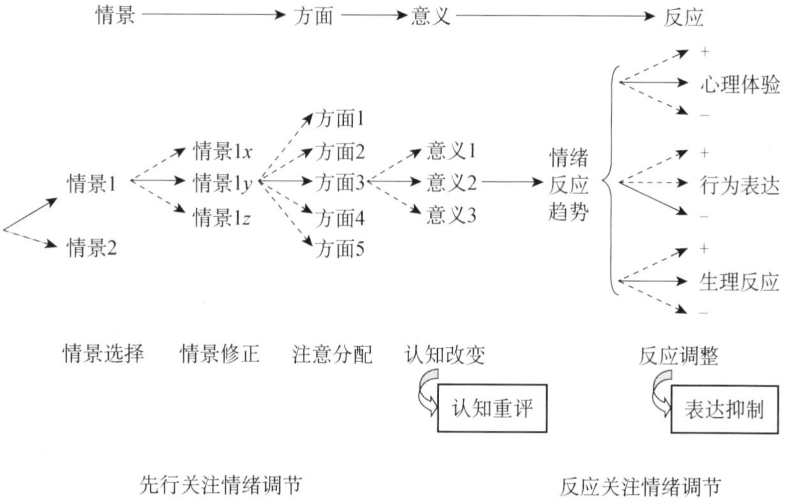

图 7.3 Gross 等的情绪调节过程模型(Gross & Levenson, 1995)

7.4.2 驾驶员情绪调节的方法

情绪包含三个基本范畴,即神经生理-生物化学范畴、认知-体验范畴、动作-行为范畴。由此,研究者将情绪调节方法分为内部调节和外部调节两类。内部调节包括范畴内调节和范畴间调节。范畴内调节指在某一具体范畴内,一个生理反应依据另一个生理反应做出调整。例如,在情绪生理反应中,通过调节呼吸频率来改变心率。在认知-体验范畴,情感体验影响认知或认知激活情感体验。范畴间调节指一个心理范畴的激活调整另一个心理范畴的过程,如认知-体验范畴与动作-行为范畴之间的相互调整、协调和改变。范畴内或范畴间各成分的协调是情绪调节的基本原理。内部调节是个人层面上的调节,与个性相关。外部调节指来源于外部环境的情绪调节,可划分为支持环境与破坏环境两类,支持环境有利于良好的情绪调节,破坏环境不利于良好的情绪调节。

1. 外部调节

员工援助计划(employee assistance program, EAP)是由组织为其员工设置的一项系统、长期的服务项目,通过专业人员对组织的诊断和建议,对员工及其亲人提供的专业咨询、指导和培训,旨在帮助改善组织的环境和气氛,解决员工及其家庭的心理和行为问题,提高员工在组织中的工作绩效,并改善组织管理(谷向东和郑日昌,2005)。

公交驾驶员的工作态度和情绪影响着万千乘客出行的方便程度、安全指数和满意感受。公交驾驶员在工作和生活中面临诸多压力，如果无法得到合适的宣泄和排解，就容易产生暴躁或愤怒的情绪，进而对公共交通安全产生严重后果。公交企业通过实施 EAP，可以帮助公交驾驶员减少或降低由压力导致的不良反应和消极影响，提升其身体状态和精神状态，进而提高他们的工作绩效和工作满意度，降低离职率，使他们更加爱岗敬业，向市民提供安全、便捷、温馨的乘车服务（张季媛，2011）。

2. 内部调节

情绪调节发生于情绪反应过程之中，可以分为原因调节和反应调节。原因调节主要调整（减弱或增强）情绪的评价过程，基本调节方式包括评价忽视（忽视）和评价重视（重视）；反应调节主要调整（减弱或增强）情绪反应成分，基本调节方式包括表情抑制（抑制）和表情宣泄（宣泄）。

由此可以推论，驾驶员可以通过使用积极语句自我暗示（抑制）、将部分注意资源转移到驾驶以外的任务上（忽视）、与相关人士或者心理咨询师进行交流（重视）或者增加运动量（宣泄）等方式调节情绪。

7.4.3　驾驶愤怒的调节干预方法

Deffenbacher 对驾驶愤怒进行了干预研究（Deffenbacher，2006）。驾驶员可以在识别驾驶愤怒的基础上，通过认知调整和行为改变相结合的方法缓解愤怒情绪。

关于驾驶愤怒的认知调整，评价倾向框架理论认为，愤怒和恐惧位于确信和控制的不同维度上。确信是指个体认知一个情境作为可预期或不可预期的程度；控制是指个体将结果归因于个人因素还是情境因素的程度。以往研究发现，高确信和高个人控制与愤怒密切相关。此外，评价倾向框架理论忽视了责任影响驾驶员对问题出现的归因这一因素。愤怒的人都有高的他人责任感（Lu et al.，2013）。重新评估是在认知方面干预驾驶愤怒的可行方法之一（Brown，2010）。例如，为了降低确信感、控制感和他人责任感，使高特质愤怒和高状态愤怒的驾驶员学会重新评估诱发愤怒事件，这可能有助于建立道路安全。这些方法和传统认知疗法一起被证明对驾驶愤怒的干预是有效的（del Vecchio & O'Leary，2004）。

关于驾驶愤怒的行为调整，音乐是能有效缓解驾驶愤怒的方法之一。研究发现，积极效价的音乐和中、低等唤醒程度的音乐都能对预防驾驶员超速驾驶有积极作用。特别是在严重交通堵塞情境下，特别舒缓放松的音乐能降低驾驶员的应激水平以及减少攻击性驾驶行为（Wollstädter et al.，2013）。此外，2014 年的认知神经科学最新研究发现，大脑左半球与高敌意和危险驾驶有关，通过右半球的激活认知练习可以部分降低驾驶愤怒水平（Gidron et al.，2014）。

关键术语

情绪（emotion）：个体对客观事物是否符合自己需要而产生的态度和体验，是以个体的愿望和需要为中介的一种心理活动。

愤怒（anger）：当愿望不能实现或没有得到满意的结果时引起的一种紧张而不愉快的情绪。

抑郁（despondent）：是一种情绪状态，表现为长时间的情绪低落，意志力和行动力减弱，有时伴随自我伤害及自杀行为。

焦虑（worriment）：对危险的本能反应。

应激（stress）：个体在意外事件或危险情境下面临或察觉到应激源对机体有威胁或挑战时，在适应和应对过程中出现的高度紧张的情绪状态。

应激源（stressor）：能够引起应激反应的因素。

驾驶愤怒（road rage）：驾驶愤怒是在驾驶过程中发生的、以负性情绪为核心的、包含认知和行为反应的、从轻微激惹到极度愤怒的变化过程的多维结构。

第8章　驾驶员人格

本章将主要阐述驾驶员人格与交通事故的关系，介绍驾驶员人格量表，分析人格中的感觉寻求、攻击特质、内外控倾向与驾驶安全的关系，分析驾驶员人格与危险驾驶行为的关系，并重点介绍驾驶员驾驶风格及其对驾驶安全的影响。

8.1　驾驶员人格概述

8.1.1　人格的概念

人格（personality）是构成一个人的思想、情感及行为的特有模式，这个独特模式包含一个人区别于他人的稳定而统一的心理品质。人格是稳定而持续的模式和行为倾向，作为独立个体的驾驶员，他们的驾驶风格、学习过程、肇事经历和驾驶安全期望都是不同的，具有迥然各异的人格表现。研究发现，事故驾驶员有更多的情绪不稳定和自我中心倾向。事故驾驶员的攻击性、神经质倾向更明显，而其持久性、协调性和同情性较差（沈玮和何存道，1994）。

8.1.2　人格与交通事故

很多研究者试图将人格因素同消极驾驶，特别是交通事故联系在一起，但得到的结果却很复杂。造成这种差异的原因在于人格表现是多维度的，人格的现实行为更多的是特质联合作用的结果（孙龙，2013）。

人格和交通事故之间的关系可能是间接的。就人格本身来说，它并不能有效地预测碰撞事故的发生，但如果和其他因素一起，如驾驶即时状况、与驾驶有关的压力因素，它们的交互作用就能很好地预测碰撞事故的发生。例如，研究者认为，人格首先影响驾驶即时状况、驾驶风格和其他不连续的短暂因素，然后它们共同作用才会对碰撞事故产生影响（Sümer，2003）。

例如，有研究者使用问卷调查了 2605 名瑞典驾驶员。问卷内容包括内外控倾向、无行为规范感（必须遵守的社会规范对行为的约束）、感觉寻求、驾驶愤怒和发生事故等的问题，还涉及危险驾驶的频率，特别是超车和超速的频率（Iversen & Rundmo，2002）。数据分析表明，感觉寻求对危险驾驶行为的影响最大，紧接着是无行为规范感和驾驶愤怒。这三个因素通过影响危险驾驶行为而间接影响事故发生。内外控倾向并不是导致危险驾驶行为和事故发生的重要影响因素。然而，这个模型不能对 61%的危险驾驶行为变异做出解释，说明人格变量只是引起危险驾驶行为的一部分因素而已。

8.1.3 驾驶员人格量表

研究者检验了众多人格特质和测量模型，这使得我们很难评估人格同驾驶安全的关系。因此，研究者一直在寻找一些能够区分个体和加深对个体人格理解的核心特质，如攻击特质、愤怒特质等。其中，使用最广泛的测量工具是大五人格模型。它是一个在单一框架内呈现并测量多种人格特质的系统。

大五人格模型有五个维度，向我们展示了一个整体的人格概况。模型的每个维度都包括很多具体的特质：①外向性，指随和、健谈、自信、有活力、大胆、冒险、寻求刺激，它同退缩、害羞、安静、保守、沉默寡言相反。②宜人性，指友好、和蔼可亲、谦虚礼让、助人为乐、灵活、宽容、体贴、信任、合作以及人性的其他方面（利他主义和关心他人）。③开放性，指好奇、想象力丰富、兴趣广泛、易于接受新事物、易受影响、有创造力。④责任性，指谨慎、负责、全面、有组织、有效率、目标明确。⑤神经质，指焦虑、抑郁、紧张、害怕、愤怒、没有安全感，它同感情稳定相反（McCrae & Costa，1987）。

研究表明，外向性、神经质和责任性能够预测驾驶行为和驾驶结果。外向性同机动车事故、交通违章、酒驾和吸食药物后驾驶有关。神经质同机动车事故、驾驶攻击、驾驶厌恶有关。责任性同由汽车故障引起的交通碰撞、驾驶员事故总数和交通逃逸有关（Arthur & Doverspike，2001；Dahlen & White，2006；Lajunen & Parker，2001）。总体来说，大五人格模型可以可靠、有效地预测驾驶员之间的差异，具有重要的理论意义和实践意义。

8.2　感觉寻求与驾驶安全

8.2.1　感觉寻求的概念

在交通心理学研究中，最能有效预测消极驾驶行为的人格因素是感觉寻求（sensation seeking），感觉寻求是一种为寻求新奇、复杂、多变和高强度的感觉刺激和极端体验而甘愿在身体、社会、法律和经济方面冒险的特质。高感觉寻求者往往会自觉表现出一定程度的身体和社会危险性。Zuckerman（1994）指出，驾驶为感觉寻求者提供了一个绝佳的机会，满足了他们对内在唤醒、兴奋、危险、速度和竞争的欲望。感觉寻求会增加驾驶员的危险驾驶行为，包括驾驶破坏、超速和不系安全带等。

8.2.2　感觉寻求的测量

测量感觉寻求一般使用 Zuckermen 的感觉寻求量表（Sensation Seeking Scale，SSS）。量表包含 40 个条目，每个条目都要求被试在一个陈述句（反映其感觉寻求的欲望）和一个相对更谨慎的替代句之间做出选择。量表又进一步被分成四个分量表，分别是厌烦易感性量表（Boredom Susceptibility，BS，对厌烦和单调重复工作的反感）、刺激和冒险寻求量表（Thrill and Adventure Seeking，TAS，通过兴奋和危险体育活动来寻求非同一般的感觉）、无抑制量表（Disinhibition，DIS，失去自我控制的欲望）和经验寻求量表（Experience Seeking，ES，寻求新奇、离异的经验，如使用毒品后的效果）。总体来说，感觉寻求量表的得分在时间上是相对可靠的、有效的。这可能说明该量表测量的是一种稳定的人格特质，而非一段时间内的状态。

然而，对不同的关于感觉寻求和危险驾驶行为的研究进行比较往往相当困难。因为在实际研究中，根据不同的文化差异，研究者经常使用一部分量表（如只是用 TAS）或者只截取量表的一部分条目使用。

鉴于 Zuckermen 的感觉寻求量表存在没有被实践检验的弊端，Arnett 编制了另一个感觉寻求量表（Arnett Inventory of Sensation Seeking，AISS），并被广泛使用。量表的条目由各种危险行为组成，这些危险行为在各类研究中被当作测量感觉寻求的因变量，如饮酒和用药。Arnett 的感觉寻求量表根据感觉新奇性和模拟强度分为两个分量表。研究证明，该量表的感觉寻求维度同 Zuckermen 的感觉寻求量表一致，二者都能预测危险驾驶行为（Arnett，1994）。

8.2.3 感觉寻求与危险驾驶行为

Zuckerman 指出，感觉寻求与莽撞驾驶等危险驾驶行为呈正相关（Zuckerman，1994）。感觉寻求促进了驾驶员危险驾驶模式的形成，如攻击驾驶等高危险驾驶行为模式。那些准备学车的高感觉寻求者也存在这种明显趋势，使用 Arnett 的感觉寻求量表的 8 个条目测量 11～16 岁男孩发现，高感觉寻求倾向的男孩具有不恰当的驾驶态度（Waylen & McKenna，2008）。

同感觉寻求有关的其他消极驾驶行为还包括追尾、超速、不系安全带、不安全超车和对交通规则的漠视（Dahlen & White，2006；Harris & Houston，2010；Iversen & Rundmo，2002）。感觉寻求也能够预测驾驶员交通违规频率的增加趋势、过去的交通违规记录（Schwerdtfeger et al.，2010）

然而，驾驶员感觉寻求也有积极作用。在高感觉寻求者中，摩托车碰撞事故少，因为他们对自己的驾驶能力很有信心，在危险事件中能出色发挥自己的驾驶技能。然而，一旦发生碰撞，高感觉寻求驾驶员比低感觉寻求驾驶员的事故后果更严重（Wong et al.，2010）。

通过随机调查 1304 个瑞典汽车拥有者，研究者探索了感觉寻求和危险驾驶行为之间的关系，发现在众多类型的驾驶行为中，故意违规型行为与感觉寻求相关（Rimmö & Åberg，1999）。男性在感觉寻求、故意违规和疏忽型错误方面的得分比女性高，女性更容易犯驾驶经验缺乏型错误。TAS 得分、DIS 得分和不同类型的交通违规都有关联：TAS 得分和超速有关，而 DIS 得分和粗心有关。感觉寻求会导致违规的倾向，而违规增加了事故的危险性。

然而，研究者用感觉寻求对危险驾驶行为进行解释时需谨慎。如果一个人的生活方式本来就是不断地寻求冒险，那么他理所当然地会寻求各种刺激活动。因此，感觉寻求的心理特征可能与危险行为的预测因素有交叉。事实上，感觉寻求者可能并不具有危险性。例如，感觉寻求者可能驾驶速度很快、唤醒水平很高，但都是在一定的安全界限内，因为他们并没有其他多余的危险驾驶行为（如在高速公路上超速驾驶）。

另外一个需要考虑的因素是，感觉寻求同年龄发展过程联系密切。研究发现，在青少年后期，感觉寻求达到顶峰，然后开始下降，对于青少年来说，感觉寻求、危险倾向、危险驾驶的相对比例都较高（Zuckerman，1994）。这种情况会导致研究者高估感觉寻求和危险驾驶行为之间的关系。大部分研究只关注年轻驾驶员感觉寻求与危险驾驶的相关性。但是，卷入更多危险驾驶行为的年轻人并不一定就是感觉寻求者，他们可能驾驶经验较少，缺少必要的驾驶知识，对速度的知觉加工和识别潜在危险的敏感性不高，这才会卷入更多的危险驾驶活动中，通过驾驶实践和不断练习，这种情况自然能够得到改善。

8.3 攻击特质与驾驶安全

8.3.1 驾驶攻击的概念

近年来，恶性交通事故频发，攻击特质引起公众和学界越来越多的关注。根据攻击动机理论，驾驶攻击（driving aggression）是指在驾驶环境中，倾向对他人的身体、心理和感情进行伤害的行为。驾驶攻击主要包括大吼、咒骂、按喇叭、路边冲突等（Hennessy & Wiesenthal，1999）。

随后研究者指出，驾驶攻击是指任何不顾后果的危险驾驶行为，包括超速、行驶中朝窗外挥手、使用路基超车等，这些危险行为往往源于驾驶员的过分自信，与出于自私目的的交通违规行为不同（Hennessy & Wiesenthal，2005）。

驾驶攻击可以用很多个人的、社会的、认知的和环境的因素预测。根据攻击动机理论，具有攻击特质的人往往存在更频繁和更严重的攻击行为。与那些为寻求刺激而危险驾驶的人格品质相区别，我们要从意图和动机上认识驾驶员的攻击特质。攻击往往是由于误解了其他驾驶员的行为和意图，并把他们的行为理解为敌意的和有威胁的，或因其他驾驶员的行为而感到受挫或被激惹，并对冒犯自己的驾驶员进行报复（Hennessy & Wiesenthal，1999，2005）。

由于研究者很难定义攻击意图，因此，研究者无法用自我报告量表对驾驶员攻击意图进行测量。研究者认定的一些攻击性行为在不同的文化背景中可能有不同的含义，这一事实的存在有时会导致驾驶员夸大攻击意图。例如，驾驶员按喇叭在斯堪的纳维亚半岛一般被认为是攻击性的，而在南欧却是传达信息的意思（Lajunen et al.，2004）。研究发现，具有攻击性驾驶行为的驾驶员表现出攻击频率和持续时间增加，行为的隐匿性降低，攻击模型同时涉及多种攻击形式，这种攻击模型对攻击行为更有预测性（Hennessy & Wiesenthal，2005）。

8.3.2 攻击特质与危险驾驶行为

社会学习理论可以解释驾驶员攻击特质形成的原因。当攻击行为达到了预期效果时，其便会得到强化，例如，当攻击行为消除了激惹、挫折和冲突时，攻击行为会得到负强化；或者当攻击行为增加了控制感，使个体获得主导权时，攻击行为会得到正强化。久而久之，通过不断地强化，同时由于消极反馈的缺乏，这些行为便被视为解决问题的有效方式而被接受，越来越习惯化。

攻击特质同一系列危险后果相联系。Britt 和 Garrity（2006）在实验中让被试回忆过去的驾驶事件及他们是如何反应的。他们发现，先天性的内在攻击特质能够预测愤怒和攻击反应。这同随后的研究发现一致。驾驶员攻击特质同交通违规关系密切，具有攻击特质的驾驶员更可能违反交通规则，并且低估他们违规的频率（King & Parker，2008）。

攻击特质和交通事故的关系比较复杂。通过使用自我报告法研究者发现，在中国驾驶员中攻击特质同碰撞事故和交通违规相联系。然而，他们的样本主要以男性为主，可能会夸大二者的关系（Li et al.，2004）。另外，研究也发现，卡塔尔驾驶员的攻击特质能够预测碰撞事故，但是他们使用的攻击结构包括超速竞争成分，没有与感觉寻求特质做区分（Bener et al.，2008）。事实上，驾驶攻击和碰撞事故之间的关系可能是间接性的，因为它是通过驾驶风格起作用的。

8.4 内外控倾向与驾驶安全

8.4.1 内外控倾向的概念

内外控（internal-external locus of control）倾向是指个体对事发缘由和个人行为关系的一种稳定、持久的信念，分为外控倾向和内控倾向两级（Rotter，1966）。外控倾向的人倾向用外因来解释自己的行为，这些外因包括其他人、运气、机会、无法控制的情境因素等。这也使得他们对生活中的消极结果缺乏谨慎及缺少预防措施。根据 McCrae 和 Costa（1987）的研究，外控倾向的人在交通环境中是比较危险的，因为他们的消极倾向会导致其较少采取个人预防措施。相反，内控倾向的人倾向把自己的行为看成是一种稳定的内部因素，更积极地采取措施以改变消极结果，并承担行为责任。

8.4.2 内外控倾向的测量

目前，常用的测量内外控倾向的量表是 Rotter 内外控倾向量表，然而，Rotter 的内外控倾向量表的内容太过宽泛，很难预测具体的驾驶情境，并且内外控倾向有各种维度，单一维度不能有效地解释驾驶行为的复杂性。McCrae 和 Costa

（1987）使用 Montag 和 Comrey 发展的两种相互独立的量表以测量具体的内控倾向（driving internality，DI）和外控倾向（driving externality，DE），发现外控倾向与交通事故呈正相关，内控倾向与交通事故呈负相关。

国外研究者设计了一个多维度的专门研究驾驶内外控倾向的量表（Traffic Locus of Control Scale，T-LOC）（Özkan & Lajunen，2005）。量表有四个分量表：其他驾驶员（即其他驾驶员的行为引起了事故）、自我（即驾驶员自己的行为引起了事故）、汽车和环境（即外部因素引起了事故）、命运（即命运或运气不佳引起了事故）。在一组土耳其研究生被试中，自我（高内控）分量表得分高能够预测驾驶员自我报告的事故总数目、交通冒犯、违规和操作错误的次数，在汽车和环境分量表得分高的被试的交通冒犯的数目和由驾驶员行为量表测得的操作失误得分呈正相关，其他驾驶员分量表得分同操作失误呈负相关，而命运分量表同其他任何独立变量均有关联。Ozkan 和 Lajunen 的研究结果表明，高内控倾向不是一件好事情，就道路安全而言，这类驾驶员比外控倾向的驾驶员发生事故的数目更多。他们指出，这可能是因为这类驾驶员对自己控制交通场景因素和避免事故的能力太过自信和乐观。因此，这类驾驶员行车更危险。

8.4.3　内外控倾向与危险驾驶行为

总的来说，内外控倾向同驾驶员的驾驶态度和行为相联系。已有研究证明，外控倾向与酒后驾驶、驾驶攻击、操作失误和意图违反交通规则等事故的增长趋势有关。内控倾向同安全带的使用频率、谨慎驾驶有关（McCrae & Costa，1987）。然而，其他研究者并没有证明内外控倾向同事故或者安全带使用之间有关系，并指出不同的测量途径可能会导致相反的结果（Iversen & Rundmo，2002）。例如，研究发现，这种差异可能是因为研究中过度使用男性驾驶员做被试。男性驾驶员具有更多的自我偏见，他们更不愿意承认自己对交通事故负有责任。因此，内外控倾向同驾驶行为之间的关系可能是间接的（Holland et al.，2010）。

有研究者发现内外控倾向像一个调节器。研究发现，驾驶内外控倾向影响驾驶员对危险行为和死亡之间因果关系的理解和信念（Miller & Mulligan，2002）。在接受有关死亡专题的训练后（在训练中，每个被试要回答关于能够激起自己死亡想法的 15 个正误题目），内控倾向的人的未来危险驾驶行为减少，而外控倾向的人的未来危险驾驶行为则增加。这表明，就未来危险驾驶行为而言，内外控倾向能解释在驾驶背景下知觉的变化和关于自身死亡信息的变化。因此，驾驶员内外控倾向对交通事故的影响可能是通过调节其他变量来实现的。

8.5 社会性倾向与驾驶安全

8.5.1 社会性倾向的分类

1. 亲社会倾向

亲社会驾驶行为是一种高尚的驾驶行为，强调团结合作和相互信任，并且能激发个体的愉悦心理（Ryan & Deci，2000；Knobel et al.，2013）。增加亲社会驾驶行为会大大减少实际驾驶过程当中的事故率。研究表明，男性驾驶员的攻击性驾驶行为更多，女性和老年驾驶员的亲社会驾驶行为更多（Harris et al.，2014）。此外，驾驶员安全态度对亲社会驾驶行为和攻击性驾驶行为有良好的预测作用。驾驶员对超速、违章、酒后驾驶的态度在一定程度上可以预测他们出现攻击性驾驶行为的频率。这对于当前驾驶教育有重要的意义，可以用于预测驾驶员的攻击性驾驶行为，并且及时给予宣传教育，避免事故的发生。

2. 反社会倾向

根据驾驶员在驾驶行为量表上的反应可以将反社会倾向驾驶行为分为三类（Reason et al.，1990）：①不适当错误型，指在具体的交通情境中，驾驶员的行为方式错误，如没有注意到一个“让”的标志，或者要左转时却右转了；②疏忽型，指无意识地遗漏了安全驾驶行为的关键部分，如忘记关闭转向提示灯；③故意违规型，指故意轻视交通法则和安全行为，如闯红灯。

8.5.2 社会性倾向驾驶行为的影响因素

1. 性别

危险驾驶行为存在显著的性别差异。相比女性驾驶员，男性驾驶员有更多的危险驾驶行为；男性驾驶员的死亡率是女性驾驶员的 3 倍多，特别是年轻男性驾驶员的事故率更高（Oltedal & Rundmo，2006）。

2. 年龄

驾驶员危险行为的三种类型有不同的年龄模式（Aberg & Rimmo，1998）。故意违规型行为随着年龄的增长而减少，而且所有年龄段的男性驾驶员都比女性驾驶员的故意违规型行为多。不适当错误型行为不随年龄的增长而减少，且疏忽型行为则随着年龄的增长而增加，老年人尤其倾向注意力不集中错误型事故。就故意违规型行为来说，社会因素和动机因素很重要，而不适当错误型行为则是由信息加工过程的失败造成的。那些故意违规型行为最多的驾驶员往往认为自己的驾驶技术超级好，可以不受交通规则的约束。

8.5.3　驾驶事故模型

国外研究者建立了一个年轻驾驶员交通事故影响因子模型（Gregersen & Bjurulf，1996），如图 8.1 所示。该模型主要关注驾驶员发生交通事故的相关影响因子及各个因子之间的相互作用。例如，学习、社会、个人、驾驶动机、驾驶自动化和危险知觉等因子。该模型将驾驶经验与驾驶技能和驾驶知识分开，强调驾驶培训对驾驶行为的影响。

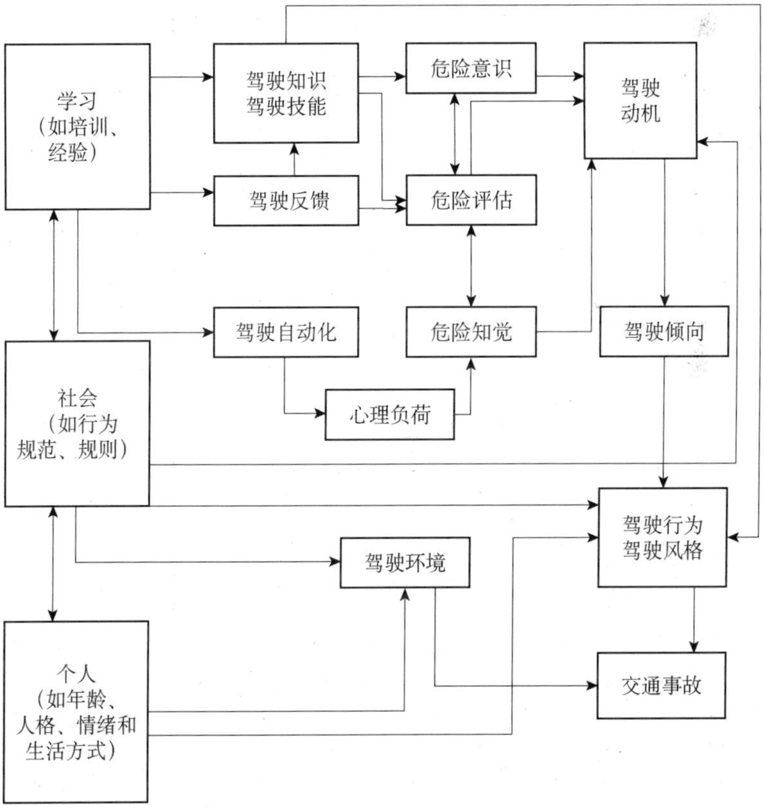

图 8.1　驾驶事故模型（Gregersen & Bjurulf，1996）

同时，该模型首次将驾驶风格纳入年轻驾驶员交通事故影响因子模型中，并阐述了驾驶风格对交通事故的影响。然而，该模型并没有对驾驶风格与交通事故之间的关系进行深入的分析，也没有分析其作用机制。此外，该模型并没有论述驾驶员习惯性驾驶方式（驾驶风格）的形成以及驾驶风格与驾驶行为之间的具体关系。

8.6 驾驶风格

8.6.1 驾驶风格概念

1993 年，有研究者指出，在驾驶中，导致交通事故的人为因素主要由驾驶技能和驾驶风格两部分组成，首次提出了驾驶风格概念（Elander et al.，1993）。驾驶技能是指驾驶员有效控制汽车和应对复杂驾驶环境的一种能力。随着驾驶经验的不断丰富，驾驶员的驾驶技能会得到相应提高。驾驶风格是一个复杂的多维度的概念，涉及广泛的内容，包括速度管理、行车间距控制、注意力水平和驾驶员对自我驾驶技能的自信水平。另外，驾驶员驾驶风格也受到驾驶态度、驾驶信念和驾驶需求的影响。

驾驶风格是驾驶员在日常驾驶时的一种态度、定位和思考方式（Taubman-Ben-Ari et al.，2004）。我国研究者认为，驾驶风格是驾驶员习惯性的驾驶方式，受到驾驶环境、驾驶员人格、驾驶态度等因素的影响（孙龙和常若松，2013）。

8.6.2 驾驶风格分类

Taubman 等（2004）基于多维度驾驶风格量表提出了四种驾驶风格：①鲁莽粗心型驾驶风格，指故意违反安全驾驶规范，驾驶时寻求刺激，具有速度快、非法超车等特点；②焦虑型驾驶风格，指驾驶时的感觉、情绪受到警觉和紧张的影响，并伴随着驾驶过程中无效的放松活动；③愤怒攻击型驾驶风格，指在道路上有激惹、暴怒、敌对的态度和行为，并伴有攻击性行为倾向，如诅咒，或者向其他驾驶员频繁闪灯（挑衅）；④谨慎型驾驶风格，指一种适应性风格，包括事前规划、注意路面信息、耐心、谦让、冷静并服从交通管理。

8.6.3 驾驶风格的形成

驾驶员的驾驶行为是如何发展成驾驶风格的呢？

研究发现，驾驶风格的形成通过驾驶经验的获得来实现（Miller & Taubman，2010）。驾驶风格的形成受到驾驶员情感、思维和人格等因素的影响（图 8.2）。具体来说，驾驶经验会激发驾驶员的情感等因素，使得驾驶员调整自己的驾驶风格。例如，曾经发生过交通事故的女性驾驶员在实际驾驶中更愿意采取谨慎型驾驶风格。

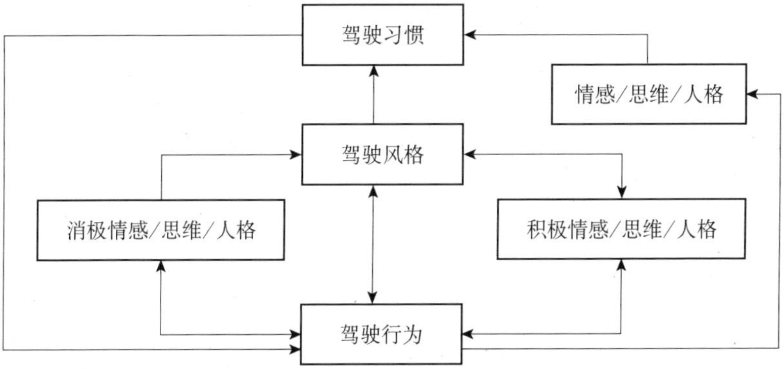

图 8.2 驾驶风格的形成过程模型

如果先前的驾驶行为对驾驶员产生了积极的情感效应，那么，先前的这些驾驶行为将有可能被继续保持下去。在日常驾驶中，如果没有重大因素或恶性事件对驾驶员的驾驶行为造成严重的消极影响，那么，他们的驾驶风格将趋于稳定，即那些容易引发积极效应的驾驶行为将会被保留下来，而那些容易引发消极效应的驾驶行为将会慢慢消失。久而久之，驾驶行为逐渐发展成一种习惯性的驾驶方式，即驾驶风格。

8.6.4 驾驶风格的影响因素

国内外研究发现，驾驶风格的主要影响因素包括人口学因素、人格因素、情绪因素、动机因素和家庭因素，具体如图 8.3 所示，此外还包括思维方式。

1. 人口学因素

总体来说，男性驾驶员以冒险型驾驶风格或愤怒型驾驶风格为主，女性驾驶员以焦虑型驾驶风格为主（Taubman-Ben-Ari et al.，2004）。

年龄同多维度驾驶风格量表的小心维度和耐心维度得分呈正相关，同愤怒维度、焦虑维度、冒险维度和速度维度得分呈负相关，而且驾驶员在感觉寻求、愤怒、分心维度上的得分随着年龄的增长而下降（孙龙等，2014a）。此外，随着年龄的增长，驾驶员的驾驶风格有可能会产生一定程度的改变。

驾驶员的受教育水平越高，他们越容易在驾驶中感到焦虑，相应地驾驶中的焦虑和分心活动就越多（Taubman-Ben-Ari et al.，2004）。

驾驶员的驾驶经验越少，危险驾驶行为就越多。随着驾驶经验的增加，驾驶员非适应性驾驶风格倾向减少，适应性驾驶风格倾向增加。我国学者研究了

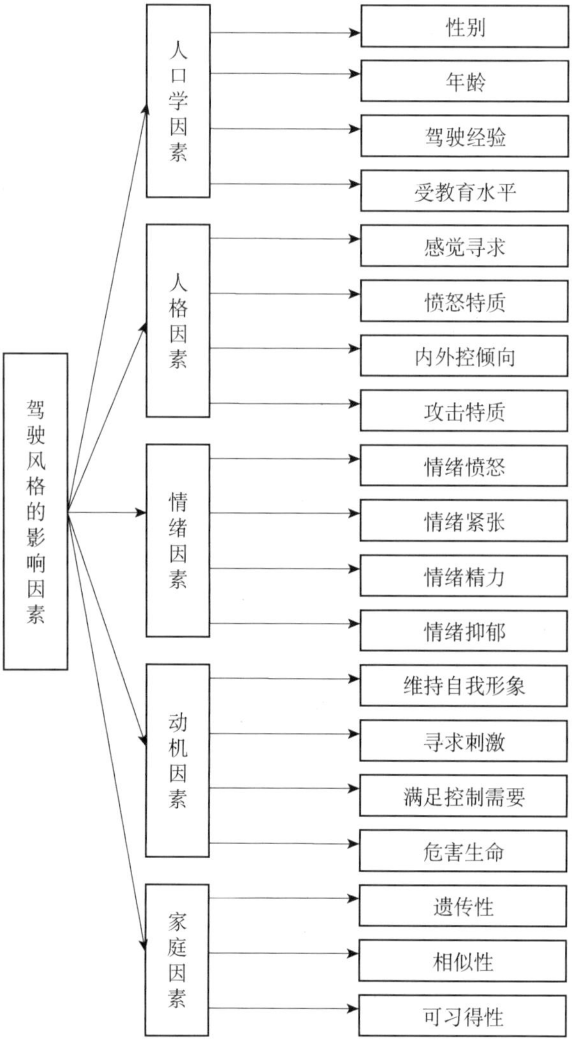

图 8.3 驾驶风格的主要影响因素

驾驶经验对 35～55 岁驾驶员驾驶风格的影响，以及驾驶经验对驾驶风格与交通违规之间关系的影响。驾驶经验被分为两部分：驾龄和每周驾驶里程。结果发现，驾驶风格的各维度性别差异显著。驾龄与驾驶风格的愤怒、焦虑和分心之间的相关显著，每周平均驾驶里程与驾驶风格各维度之间的相关均不显著。驾驶中，驾驶员感觉寻求、分心、冒险和愤怒活动越多，他们的交通违规次数也越多（孙龙等，2014a）。

然而，随着驾驶经验的增加，驾驶员交通违规次数呈整体减少的趋势，这说明驾驶经验对驾驶风格与交通违规之间的关系具有调节作用。

2. 人格因素

驾驶员驾驶风格与人格特质之间关系紧密。攻击特质、焦虑特质和感觉寻求等人格因素对冒险型、愤怒型和谨慎型驾驶风格的影响较大。

研究者研究了驾驶风格与大五人格之间的具体关系（Taubman-Ben-Ari & Yehiel，2012），结果发现，冒险型驾驶风格和愤怒型驾驶风格与宜人性和责任性之间呈负相关；谨慎型驾驶风格与宜人性、责任性和开放性之间呈正相关；焦虑型驾驶风格与神经质呈正相关，与责任性呈负相关。这说明，男性驾驶员，尤其是年轻男性驾驶员的冒险型驾驶风格或愤怒型驾驶风格与感觉寻求、过度自信和不遵守交通规则等有关。

此外，研究发现，内外控倾向通过驾驶经验的中介作用而影响驾驶风格。外控倾向与多维度驾驶风格量表的分心维度、焦虑维度和痛苦减轻维度得分呈正相关（Holland et al.，2010）。

3. 情绪因素

我国学者采用MDSI和驾驶员情绪状态量表对165名营运驾驶员进行测量，结果发现，驾驶风格量表在感觉寻求、愤怒、焦虑和分心四个维度上性别差异显著。紧张与感觉寻求、分心和焦虑维度得分呈正相关。愤怒与MDSI的所有维度得分呈正相关，抑郁与感觉寻求和冒险维度得分呈正相关，精力与感觉寻求和愤怒维度得分呈正相关。驾驶员各人口学因素和情绪各维度可以分别解释冒险型、愤怒型和焦虑型驾驶风格19.4%、36.3%和29.3%的变异。因此，驾驶员长期情绪愤怒或紧张对驾驶风格有不良影响，会影响驾驶安全（窦广波和孙龙，2015）。

4. 动机因素

驾驶动机因素一般分为驾驶获益（benefit of driving）和驾驶代价（cost of driving）两种（Taubman-Ben-Ari，2008）。驾驶获益包括维持自我形象、寻求刺激、满足控制需要、获得愉悦感四个维度；驾驶代价包括驾驶压力、自我形象受损、厌烦和危害生命四个维度。如果驾驶员将驾驶理解成一次寻求刺激的机会，或者驾驶压力较大，那么，他们的驾驶风格则以冒险型为主，他们相应的交通事故率也较高。相反，驾驶员越觉得驾驶会损害自己的形象，他们的驾驶风格就越谨慎。因此，驾驶动机因素可以很好地解释年轻男性驾驶员驾驶风格的变化。

国外研究者研究了动机因素对驾驶风格的影响。结果发现，在驾驶获益方面，冒险型和愤怒型驾驶风格同驾驶获益的四个维度之间均呈正相关，焦虑型驾驶风格只与获得愉悦感之间呈负相关，谨慎型驾驶风格与维持自我形象和寻求刺激之间呈负相关；在驾驶代价方面，焦虑型驾驶风格同驾驶代价的四个维度之间均呈正相关，冒险型驾驶风格同自我形象受损和危害生命维度之间呈正相关，愤怒型驾驶风格只同自我形象受损之间呈正相关，谨慎型驾驶风格只同自我形象受损之间呈负相关（Taubman，2008）。

5. 家庭因素

父母的驾驶风格会对他们孩子的驾驶风格产生最直接的影响（Prato et al.，2009）。父母和孩子的驾驶风格具有很高的相似性和遗传性，即儿子与父亲的驾驶风格比较相似，女儿与母亲的驾驶风格比较相似（Taubman et al.，2005）。

例如，研究者使用驾驶陪同态度（Attitudes Toward Accompanied Driving，ATAD）量表和多维度驾驶风格量表进行的研究发现，父母非适应性驾驶风格、高事故卷入率与儿女在 ATAD 的驾驶紧张、驾驶回避、驾驶反对和驾驶焦虑等维度上的得分均呈正相关。该研究指出，父母是促进儿女安全驾驶态度和安全驾驶行为形成的重要因素（Taubman，2010）。

6. 思维方式

国外研究者同时使用思维方式量表和 MDSI 研究了思维方式对年轻驾驶员驾驶风格的影响，重点分析了二者之间的关系对年轻驾驶员安全驾驶行为的预测作用。思维方式分为 13 种，分别是权威型、执行型、公正型、优先型、专一型、同时型、无主见型、全面型、局部型、内向型、外向型、自由型和保守型。其中，冒险型驾驶风格与执行型、优先型、同时型和保守型思维方式之间相关显著；愤怒型驾驶风格与专一型、同时型、无主见型思维方式之间相关显著；焦虑型驾驶风格同权威型、内向型和外向型思维方式之间相关显著；谨慎型驾驶风格同权威型、执行型、公正型、专一型、外向型和保守型思维方式之间相关显著（Kleisen，2011）。

8.6.5 驾驶风格测量

早期驾驶风格研究主要以自我报告的量表作为研究工具。然而，早期研究并没有对驾驶风格和驾驶行为做出严格的区分，也没有理清驾驶风格与驾驶行为，尤其是驾驶风格与交通违规之间的具体关系。近年来，国外学者开发了一些专门测量驾驶风格的量表和问卷，这对推进驾驶风格研究的意义重大。驾驶风格各个测量工具的对比如表 8.1 所示。

表 8.1　不同驾驶风格测量工具的比较

量表名称	年份	维度/个	题目数/个	使用频率
驾驶风格问卷（Driving Style Questionnaire，DSQ）	1993	6	40	低
多维度驾驶风格量表（Multi-dimensional Driving Style Inventory，MDSI）	2004	8	44	高
新驾驶风格问卷（New Driving Style Questionnaire）	2007	8	40	低
多维度驾驶风格量表西班牙语版本（Spanish version of MDSI，MDSI-S）	2013	6	40	中
多维度驾驶风格量表中文版本（Chinese version of MDSI，MDSI-C）	2014	5	24	中

1. 驾驶风格问卷

Elander 等（1993）开发了驾驶员 DSQ。DSQ 包括速度、沉着、计划、专注、社会支持和违规行为 6 个维度。该问卷主要用来测量同交通事故或危险驾驶行为有关的速度管理、行车间距、安全带使用、闯红灯次数及驾驶决策等方面。驾驶风格问卷在早期驾驶风格研究中扮演着重要角色，并为后来很多量表的编制提供了结构蓝图。

2. 新驾驶风格问卷

研究者开发的新 DSQ 包括 40 个条目，分为 8 个维度（Ishibashi et al.，2007）：自信维度，是指驾驶员对自己的驾驶技术非常自信，驾驶基本操作熟练；犹豫维度，是指驾驶员在驾驶时偏爱宽敞的大道，并有回避驾驶的倾向；冒险维度，是指驾驶员在驾驶中一味地追求更快，性情急躁；计划维度，是指驾驶员在驾驶中有条不紊，严格按照驾驶操作规范行驶；分心维度，是指驾驶员在驾驶中比较粗心，情绪不稳定；焦虑维度，是指驾驶员在驾驶中总是担心会发生交通事故；安全维度，是指驾驶员严格遵守交通秩序；自我形象维度，是指驾驶员特别注意汽车的养护，认为汽车是自己社会地位的象征。

新 DSQ 采用从“完全没有”（1 分）到“经常有”（4 分）的利克特四点计分法。目前，新 DSQ 应用范围非常有限，其有效性和实用性还有待进一步研究证实。

3. 多维度驾驶风格量表

该量表共 44 个条目，分为 8 个维度（Taubman-Ben-Ari et al.，2004）：冒险维度，是指驾驶员在驾驶中的危险决策较多，追求危险驾驶所带来的快感；愤怒维度，是指驾驶员在驾驶中对其他驾驶员有敌意行为；分心维度，是指驾驶员在驾驶中有分心、认知分离活动；焦虑维度，是指驾驶员在驾驶中有痛苦体验，缺乏驾驶信心；速度维度，是指驾驶员有时间紧迫感，驾驶速度快；痛苦减轻维度，是指驾驶员在驾驶中会采取一系列放松活动来减轻驾驶痛苦；耐心维度，是指驾驶员在驾驶中对其他驾驶员有礼貌，注重事先规划驾驶行程；小心维度，是指驾驶员在驾驶中有准备应对意外事件和解决意外事件的能力。

多维度驾驶风格量表包括 4 种驾驶风格。具体来说，冒险和速度两个维度组成冒险型驾驶风格，是指故意违反安全驾驶规范，驾驶时寻求刺激，具有速度快、非法超车等特点；焦虑、痛苦减轻和分心 3 个维度组成焦虑型驾驶风格，是指驾驶时的感觉、情绪受到警觉、紧张影响，并伴随着驾驶过程中无效的放松活动；愤怒维度则单独组成愤怒型驾驶风格，是指在道路上有激惹、暴怒、敌对的态度和行为，并伴有攻击性行为倾向，如诅咒、向其他驾驶员频繁闪灯挑衅；耐心和小心两个维度组成谨慎型驾驶风格，是指事前规划、注意路面信息、耐心、谦让、冷静并服从交通管理。

多维度驾驶风格量表是一个六点评分量表，从“根本没有”（1 分）到“经常有”（6 分）。

4. 多维度驾驶风格量表中文版

我国研究者也对多维度驾驶风格量表进行了修订，获得了中文版驾驶风格量表。该量表共 24 个题目，分为 5 个维度，即冒险维度、分心维度、愤怒维度、焦虑维度和痛苦减轻维度。具体维度的内容同多维度驾驶风格量表的相关维度定义一样。该量表的信效度较好，适合作为测量我国驾驶员驾驶风格的工具（孙龙等，2014a）。

8.6.6 驾驶风格与驾驶行为模型

结合 Gregersen 和 Bjurulf 的交通事故影响因子模型和 Strecher 等（2006）提出的安全驾驶行为模型，研究者将驾驶风格纳入一般驾驶行为模型中（图 8.4）。该模型同时引入了驾驶习惯和驾驶风格两个概念，可以很好地阐释驾驶风格的形成对驾驶行为的影响机制。

驾驶行为和驾驶风格相互影响。具体来说，随着驾驶经验的增加，驾驶员会慢慢地形成一种稳定的驾驶风格；驾驶风格通过驾驶习惯影响驾驶员的安全驾驶倾向，进而影响驾驶员的即时驾驶行为表现。

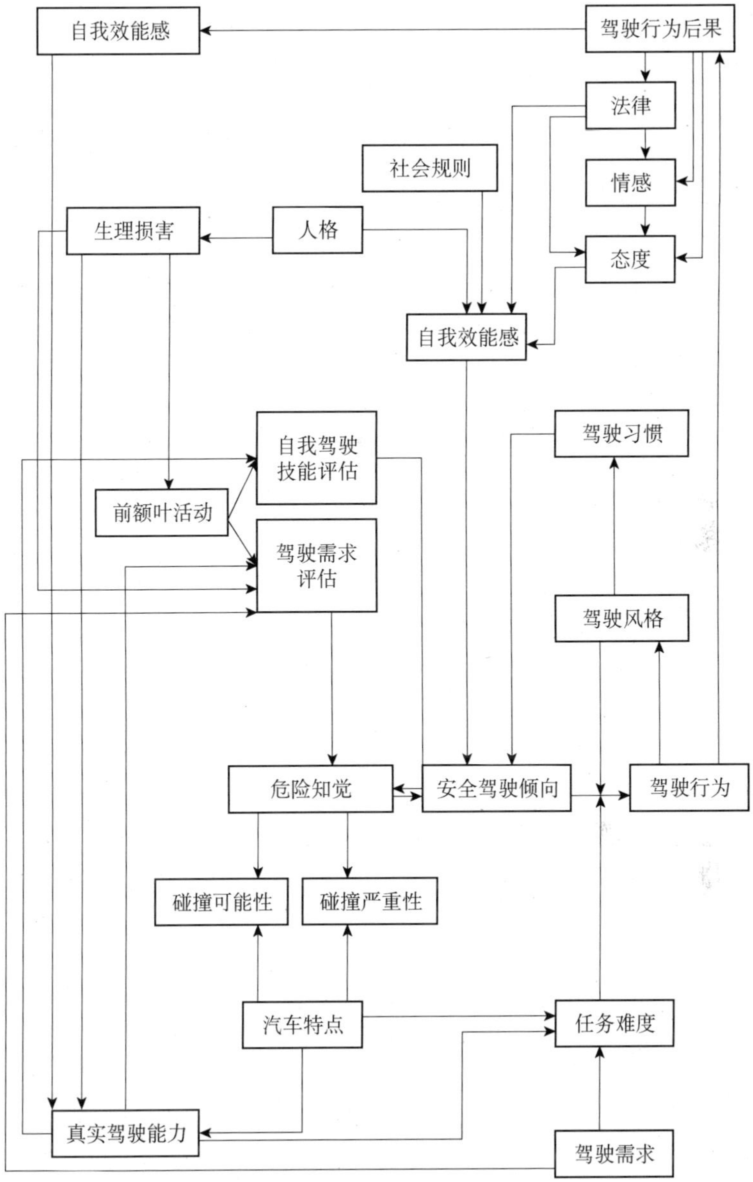

图 8.4　驾驶风格与驾驶行为模型（Strecher et al.，2006）

关键术语

人格（personality）：构成一个人的思想、情感及行为的特有模式，这个独特模式包含一个人区别与他人的稳定而统一的心理品质。

感觉寻求（sensation seeking）：是一种为寻求新奇、复杂、多变和高强度的感觉刺激和极端体验而甘愿在身体、社会、法律和经济方面冒险的特质。

驾驶攻击（driving aggression）：是指在驾驶环境中，倾向对他人的身体、心理和感情进行伤害的行为。

内外控（internal-external locus of control）倾向：个体对事发缘由和个人行为关系的一种稳定、持久的信念，分为外控倾向和内控倾向两级。

驾驶风格（driving style）：驾驶员习惯性的驾驶方式，受到驾驶环境、驾驶员人格、驾驶态度等因素的影响。

第 9 章　交通环境对驾驶安全的影响

本章将介绍交通环境的概念、分类及意义，分析交通环境与驾驶安全，并介绍行人事故、行人分心以及保障行人安全的各项措施。

9.1　概　　述

9.1.1　交通环境的概念

交通环境（traffic environment）是作用于道路交通参与者的所有外界影响与力量的总和，是远端和宏观（如法律和规范）以及近端和微观（如天气和交通堵塞）水平上的物理（如温度）、社会（如文化）和时间（如时间紧迫性）因素的结合（Porter，2011），主要包括道路状况、交通设施、地形地貌、气象条件以及其他交通参与者的交通活动等。

9.1.2　交通环境的分类

1. 道路

我国《公路工程技术标准》（JTG B01—2014）将公路分为高速公路、一级公路、二级公路、三级公路、四级公路；对于城市公路，还可以将其分为快速路、主干路、次干路；交叉路口可分为十字路口、丁字路口、环岛路口等。与道路有关的还有公路照明、噪声等。

2. 交通标志

我国《道路交通标志和标线》（GB 5768.2—2009）将交通标识分为警告标志（47 种）、禁令标志（48 种）、指示标志（36 种）、指路标志（79 种）以及其他辅助性标志。

3. 天气

天气包括下雪、大雾、下雨、温度等。

4. 驾驶环境

驾驶环境包括驾驶座椅、方向盘、汽车踏板、变速杆、仪表盘、闪光灯等。

5. 行人

行人主要涉及穿越过街的行人。

9.2 交通环境与驾驶安全

9.2.1 交通环境对驾驶安全的意义

交通事故并不单由驾驶员因素所致，而是由人为因素（如道路使用者）、环境因素以及人为因素和环境因素交互作用共同造成的。

驾驶员会受到外部交通环境的影响（Wickens & Wiesenthal，2005）。环境因素对驾驶员的思想、情感和行为的影响复杂而持续，不仅会直接导致交通事故的发生，还会促使和加剧人为因素等对交通安全的影响。气候条件与交通安全有着密切的关系，恶劣的天气条件容易造成交通事故，是导致高速公路交通事故、道路阻塞、路产损失的主要原因之一。环境因素对交通安全确实有着显著的影响。因此，加强对环境因素的研究，减少环境因素的消极影响，对于保障驾驶员行车安全、降低事故率具有十分重要的作用。

研究发现，道路特征和环境特征与车辆碰撞行人后逃逸的交通事故频率之间关系密切（Aidoo et al.，2013）。研究者指出，天气、夜间照明条件、平直道路比例对交通事故频率有显著影响（Aidoo et al.，2013）。

9.2.2 交通标志与驾驶安全

根据我国《道路交通标志和标线》（GB 5768.2—2009），道路交通标志是以颜色、形状、字符、图形等向道路使用者传递信息，用于管理交通的设施。交通标志应结合道路及交通情况设置，通过交通标志提供准确及时的信息和引导，使道路使用者顺利快捷地抵达目的地，促进交通畅通和行车安全。

在众多的道路安全措施当中，交通标志作为重要的预防交通事故的手段之一，具有效果明显、实施简单以及成本低廉等优点，因此，在道路上设置路侧交通标志是提高公路交通安全最常用的措施。交通标志的设置应综合考虑各种因素，合理布局，防止出现信息不足或过载的现象；信息应连续，重要的信息宜重复显示。例如，美国的《统一交通管理设备细则》要求道路交通标志的规划设计者在规划阶段就应将道路使用者的需求考虑进来，以便交通标志能适应更复杂的交通状况（张业生，2016）。一般情况下，交通标志应设置在道路行进方向右侧或车行道上方，也可根据具体情况设置在左侧，或左右两侧同时设置。

要使交通标志发挥有效的提示作用并维持它们的效果，应遵循以下三个原则。

第一，可见性原则。交通标志的设置应清晰可见、醒目分明。在可能发生事故之前安装好提示装置，做好事故预防工作。标志放置得及时准确，高度适合，不但可以增强提示效果，而且可以及时改善交通环境。交通标志文字的大小对驾驶员的视觉搜索模式有重要影响。袁伟等发现，在简单交通环境中，驾驶员总是较多地关注道路的左侧区域及距离车辆较近的区域；当车速提高时，驾驶员对道路右侧及远处区域的关注增多；右侧标志文字高度增加会使驾驶员的视线向右偏移。在简单交通环境中，仅在标志文字较小时，驾驶员水平方向的搜索广度在低速与中速条件下存在差异；当标志文字高度增加到一定程度之后，车速因素对驾驶员水平及垂直方向的搜索广度均无显著影响（袁伟等，2011）。

第二，简单性原则。交通标志的文字和图案必须能够被普通人理解，如果使用文字或者字母，不可使用容易产生歧义或生僻的字词，或者技术性很强、双重否定、冗长的表达。标志的提示应该具体。缺乏行为指引的提示一般会失效。例如，相对于“保持右侧行驶” 的提示，“右侧慢行”能提供给驾驶员更具体、更明确的信息；相较于前一种提示，后一种提示会使驾驶员在主观上更多地考虑“是否缓慢通行”。道路设计应该使用那些通俗易懂的标志。在夜晚，标志的可见性受以下几个因素的影响：标尺的尺寸、标志图案和背景的颜色、图例和背景的亮度、使用材料的种类以及是否巧妙利用周围光亮和驶近车辆灯光的照射（Sanders & McCormick，2002）。

第三，完整性原则。利用文字与图形或者声音结合等多种提示方式形成完整的交通信息传递来指引交通使用者的行为。例如，使用箭头指示普通人的行为，同时为盲人准备声音信号。提示装置还应该提醒人们不遵守交通信号标志的后果。放置一个罚款标识牌比放置一个无后果的标识牌更有警示效率（Houten，1988）。

交通标志标线的相对完善能够起到交通语言的作用，对车辆驾驶员的诱导和对行人、骑车人的引导具有十分重要的作用。通过完善交通标志标线，给驾驶人员提供必要的交通安全信息，是减少交通事故的有效途径之一，反之，不完善的交通标志标线则会容易引发交通事故。例如，线形几何要素的不合理可能会导致交通事故的发生。过长的直线段易使驾驶员因景观单调而产生视觉疲劳、注意力不集中、反应迟缓等，一旦有紧急情况出现，驾驶员会措手不及而肇事。交通警告标志是交通标识的一种，目的是告知道路使用者降低伤害的可能性和伤害的严重性，其作用就是引起人们的注意。

9.2.3 道路设计与驾驶安全

1. 交叉路口

交叉路口是指平面交叉路口，即两条或者两条以上道路在同一平面相交的部位。Pradhan 等（2005）设计了一些虚拟的交通场景，这些场景中没有明显的危险预示线索，只是暗示有潜在的危险，但不一定会发生。如图 9.1 所示，前方车辆的尾灯闪烁，是明显的线索。而如图 9.2 所示，人行横道右边的区域被货车遮住了，驾驶员看不见，有可能行人从右边通过，这暗示潜在的危险，并没有明显的线索。图 9.1 和图 9.2 属于这类隐含潜在危险的场景，扫视这些区域可以降低事故危险。越年轻的驾驶员在交叉路口对关键区域注视得越少。

图 9.1 潜在危险 1

图 9.2 潜在危险 2

这种在交叉路口预测危险的策略是可以通过训练提高的。例如，训练宽广度和迅速眼动模式，有经验的驾驶员一般会推荐新手采用这种模式。Chapman 等（2002）通过训练新手驾驶员的视觉搜索技能来让其预测危险，告诉他们为什么某些场景有潜在的危险。在他们的视频评估中，接受训练的驾驶员的注视持续时间缩短，水平方向注视的广度增大。

所以，驾驶员在经过交叉路口时提前减速，并采用有效灵活的眼动策略，能更快、更准确地预测危险，减少交通事故的发生。

2. 高速公路

高速公路上的事故原因是复杂的，既有天气和地形方面的原因，也有道路设计和人为方面的原因。

对 2005—2007 年的 52 例高速公路上的交通事故进行分析发现，大部分的驾驶员对高速公路上高速的车流和单调的环境感到不适，他们的动视力、判断能力下降，反应时有所增加（武淑平和宋守信，2008）。有的驾驶员不熟悉高速公路上的交通规则，很可能会提速和超车，这也会影响驾驶安全。

根据美国佛罗里达州 231 个高速公路出口事故的数据，研究者建立了偏比例优势模型，认为匝道结构、车道构成、匝道限速等对高速公路出口的事故严重程度有显著影响（Wang et al.，2011）。

另外，郭唐仪发现，为提高高速公路出口匝道安全性，有关部门应重点对限速、速度差和速度离散性进行管控，使运行速度变化率控制在 20%以内。另外，出于安全考虑，出口匝道极限最小长度不宜小于 200m，一般最小长度不宜小于 400m（郭唐仪，2014）。

3. 道路设计

很多驾驶员的失误是由道路设计的缺陷造成的，道路线形引起的视觉偏差会给安全行车带来严重的威胁。好的道路设计不仅应符合驾驶员的预测，还应弥补驾驶员的局限（图 9.3 和图 9.4）。例如，驾驶员在有边缘线的道路上行驶比在仅有中心线或无标线的道路上行驶时更居中，在夜间行车时更是如此。边缘线能促使驾驶员准确、稳定地驾驶，提高交通安全度。对驾驶员心率变异系数和稳定性的测试表明，驾驶员在有边缘线的道路上行驶不易疲劳（张殿业等，2001）。

图 9.3　道路图案 1

图 9.4　道路图案 2

图 9.3 和图 9.4 的道路图案给驾驶员一种三维立体知觉，特别是在天黑时，以达到使其减速的效果

众所周知，环形交叉路口对交通安全有重要影响。设置环形交叉路口，让驾驶员必须绕环形驾驶，可以使其减慢速度，刹车更容易，也不易追尾。研究显示，规划环形交叉路可以降低 75%的交通事故（Retting et al.，2003）。这种方法的缺点是，循环车道会使盲人识别交通信号产生困难和混淆，根据美国残疾人法案，环形交叉路口会对盲人的安全构成威胁，盲人社区已禁止设置这种车道（Porter，2011）。

道路宽度会影响驾驶员的行为和心理负荷（崔西奎等，2008）。道路宽度分别是车身宽度的 2 倍、3 倍、4 倍，在这三种条件下，驾驶员心理负荷的主观评定、平均心率、平均瞳孔直径、平均驾驶速度、急转弯到路边的次数、碰撞次数都有显著差异。被试在较窄的路上行驶时的心率较快，瞳孔直径较大，主观驾驶负荷较大，驾驶速度较慢，蹭车次数较多，而且撞车次数也较多。

道路标志线也是影响汽车驾驶安全的一个重要因素。例如，在市政道路设计中，设计合理的道路交通标志标线可以给汽车驾驶员的行驶路线给予提示，保证驾驶员在最短的时间内到达目的地；还能够给予驾驶员足够的视野以使其看清前方的路况和道路两旁的道路信息，确保驾驶员行车的安全性。

4. 照明

夜间的交通事故比白天多，尤其是达到致命程度的事故是白天的 4 倍。其主要原因是夜间照明度的降低会导致驾驶员的反应时增加，外周视力受到的影响较小，中心视力受到的影响较大。跟白天相比，夜间水平方向的视觉搜索范围缩小（Crundall et al.，2004）。Suh 等（2006）的研究发现，夜间有限的照明条件会使驾驶员产生车辆行驶速度过慢的错觉，导致驾驶员高速行驶甚至超速。此外，驾驶员在夜间感知速度不稳定，且有 45%的驾驶员在夜间弯道行驶时会有延迟反应。

夜间行车的里程约占车辆总里程数的 1 : 4，道路照明的状况与夜间行车的事故率相关。有研究调查了 31 个较大路口的照明位置和事故频率，表明良好照明能够减少每年 64%的事故死亡率（Sah et al.，2006）。

照明灯的安装高度一般在 10m 以上，也可在 12m 以上，这样的高度增加了遮蔽距离（shadowing distance）。遮蔽距离是车的挡风玻璃切出的、进入驾驶员眼睛的光源范围。因为路灯也是眩光源，通常遮蔽距离是路灯高度的 3.5 倍，这对舒适度和可见性都有影响。

5. 交通拥堵

驾驶环境中最让人头疼的环境因素就是交通堵塞。交通流量体现了在特定时间点单位空间中车辆的物理密度。当拥堵发生时，驾驶员一般会感到此时此地的车辆太多或空间太小。车辆数量并不是导致拥堵感的充分必要条件，例如，普通上班族在上班高峰期已经对于某种交通拥堵情况见怪不怪，如果某日交通流量比平时快一点，甚至会感到舒适。与此相反，那些不经常经历高峰期的驾驶员会被迫放慢速度或紧挨前方车辆，此时这些驾驶员就会体验到一种拥堵感。交通拥堵的负面影响并不完全取决于路面上的车辆密度，这就可以解释为什么拥堵感和相关压力只出现在相对较少的驾驶员群中，而不是在大城市中心普遍存在（Porter，2011）。

交通拥堵的一个主要后果是增加压力和焦虑。研究者做了一项自然条件下的观察研究，让驾驶员在高拥堵条件下或低拥堵条件下沿着预先确定的路线驾驶，发现随机分配到高度拥挤路线的被试报告有更大的压力和更多的负面情绪（van Rooy，2006）。公交车驾驶员经常会遇到各种交通条件，在以他们为被试的研究中，Evans 和 Stecker 的研究发现，较高的拥堵与高压力有关，但这种情况不会导致个人失控和习得性无助（Evans & Stecker，2004）。

9.2.4 天气与驾驶安全

1. 雨雪天气

雨雪天气也会影响交通事故发生的概率。雨雪天气会导致更高的事故率，主要是因为汽车与道路之间摩擦力的减弱，导致制动距离增加，使汽车不容易停下来。并且在雨雪天环境中能见度降低，导致驾驶员和行人的眼动搜索效率下降（Konstantopoulos et al.，2010）。

研究发现，下雨初期以及下小雨时路面摩擦系数变化较大，此时驾驶员往往会忽略降雨对行车安全的影响，易疏忽大意而超速行驶；相反，在中雨、大雨天气，由于降雨量较大，其对驾驶员视线的干扰也较小雨天气更大，驾驶员会更加注意控制车速，保障行车安全（何树林，2010）。

下雨对驾驶最直接的影响是能见度降低。下雨阻挡了驾驶员的视线，干扰了驾驶员对前方道路交通信息的感知与分辨，使驾驶员获取信息的及时性和准确性无法得到保证，从而影响行车安全。下雨除了阻挡视线外，还会引起光线的折射和反射。折射使光产生偏离，反射使到达驾驶员视觉系统的光能量产生损失。下雨对驾驶员的心理影响也不容忽视。雨天的交通情况远比晴天复杂，出于对速度和安全的控制，驾驶员需要不断观察（视线干扰的情况），反复对车辆进行操纵。注意力长时间高度集中和动作的多次重复，再加上雨天环境的相对单调，使得驾驶员压力增加，更容易疲劳甚至产生烦躁的情绪，行车风险随之加大（代杨，2013）。

2. 雾天

雾天会使驾驶员的视觉功能大大降低，一部分光向着驾驶员的方向散射，其结果是看到白茫茫的光幕，而透过光幕看清道路环境很困难，雾中行车极易出现事故。根据对雾天交通事故的分析，其大多数是追尾事故，主要原因是驾驶员在雾天知觉到的距离要比实际距离远，由于行车车距过小而引发事故。

研究发现，在无雾、轻雾与浓雾环境下，驾驶员的平均刹车反应时分别是 1.22s、1.26s、1.56s，而平均刹车瞬时速度分别为 68.10km/h、45.53km/h、48.85km/h。与无雾环境相比，驾驶员在有雾环境下的可视距离受到限制，刹车反应时分别增加了 0.04s 和 0.34s，刹车瞬时速度分别降低了 22.57km/h 和 19.25km/h（何莎等，2014）。

雾天也会影响驾驶员在弯道上的行驶速度。在弯道行驶时，驾驶员在雾天情况下的平均车速要比在无雾情况下略高，并且在雾天情况下，无论是简单直角弯道还是复杂“S”形弯道，驾驶员进入弯道时的速度都对其是否能安全通过弯道具有显著影响（李晓梦等，2014）。

3. 气温

气温也是影响驾驶员的一种环境因素。驾驶员对热的感觉来源于生理觉醒和心理压力，并能够改变他们的认知、情感和行为（Davies & Parasuramah，1982）。研究发现，随着气温的上升，驾驶员的侦察率下降。然而，研究发现，当体温上升时，侦察率是提高的。极端的冷和热都会影响警觉绩效。这可以通过唤醒概念来解释：随温度上升，唤醒上升至一个最优水平，随后下降，结果在唤醒与绩效之间形成了众所周知的倒“U”形关系（Poulton，1977）。

目前，研究者对气温对交通安全影响的整体效应还不清楚。研究者发现，雅典（地中海气候区）的低温和降水主要集中在冬季，驾驶员发生的事故少，主要是因为在不良环境下交通暴露度低，交通流动性减小（Antoniou et al.，2013）。Bergel-Hayat 等指出，一个月的平均气温上升 1°，当地的交通事故率增加约 1%～2%。气温与交通碰撞事故之间不存在直线关系或负向关系。具体来说，高温（参考气温分类，气温超过 20°）会导致事故率上升。而且，如果一天的平均气温偏离当月平均气温越大，交通碰撞事故越多（Bergel-Hayat et al.，2013）。

4. 噪声

噪声对驾驶警觉的绩效有影响，可以借助唤醒理论的倒“U”形曲线来描述，无噪声与噪声很大都会导致较差的绩效，而适度的噪声则可改善绩效。

驾驶中，交通噪声的大小与分布和车流量直接相关。研究发现，车流量的增加对本底噪声和平均噪声影响很大，但当车流量达到 2000pcu/h（passenger car unit，标准车量数，也称当量交通量）以后，噪声平均值基本不再增加，此时对环境影响更大的是噪声峰值，其大小取决于重型车类型，重车所占比例越大，噪声峰值越高。并且发现，车速对噪声有显著影响。汽车低速行驶时也有噪声，噪声源主要为机噪（即机械噪声，车辆低速行驶时主要指发动机噪声）；汽车高速行驶时，胎噪（即轮胎与地面摩擦的噪声）与风噪（即机动车行驶时与空气摩擦的噪声）成为主要影响因素；加速行驶频繁的地段比匀速行驶地段产生的噪声更大（李泽新和王蓉，2014）。

9.3 驾驶舱环境与驾驶安全

汽车的设计对于驾驶安全意义重大。例如，后视镜不利于驾驶员观察车外情况，可以改为摄像头，然后把车外状况传送到驾驶员前面的面板上。人类工效学专门研究如何设计汽车才能满足人类的需要，提高交通安全和改善人车之间的关系。当今的汽车设计要追求“人车合一”。所谓“人车合一”，就是设计汽车的目标要以人为本，围绕人的需求而建造，要使人乘驾汽车感到舒适、方便和不容易疲劳，并且保障安全系数。因此，要利用能表述人体形状的标准模型作为标准，安排驾驶舱各个部件的位置。

百分位是人类工效学中常用的一个术语，表示人体的某项基础数据，适用于使用对象总体中百分之几的人，这是人类工效学中一条基本的设计原则。因此，目前人体基础数据标准均以百分位的形式公布。这种表达方式已在国际上通用。百分位最简单可分为三档，即第 5 百分位、第 50 百分位、第 95 百分位（威肯斯等，2007）。我国于 1989 年 7 月 1 日正式实施的国家标准《中国成年人人体尺寸》分 7 档公布数据，即第 1 百分位、第 5 百分位、第 10 百分位、第 50 百分位、第 90 百分位、第 95 百分位、第 99 百分位，以方便使用。人体尺寸因种族、国家或地区而异，这一点在引进国外技术设备时是不可忽视的。

9.3.1 眼椭圆

汽车驾驶员眼椭圆（图 9.5）是指不同身材的驾驶员按自己的意愿将座椅调整到适宜位置，并以正常的驾驶姿势入座后，他们的注视点在车内坐标系中的统计分布图形。驾驶员在驾驶过程中，大量的信息是靠视觉得到的，确定良好视野是预防事故发生的必要条件，各汽车生产国也都制定了相应的标准或法规以进行强制性规范。眼椭圆是视野以及与视野有关的零部件人机设计的主要工具，与眼椭圆相关的汽车设计主要包括：汽车风窗玻璃透明区及刮扫面积与部位校核；方向盘、仪表板、前门窗人机设计；后视镜安装位置设计和后视野校核等（欧健和罗虹，2002）。

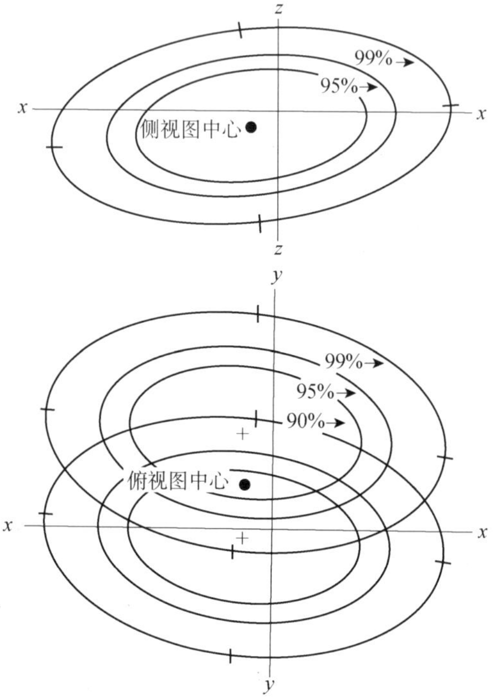

图 9.5 眼椭圆（欧健和罗虹，2002）

确定大多数驾驶员的后视镜视野盲区是汽车盲区检测系统或安全换道系统设计与开发中的一个重要环节。影响驾驶员后视镜视野盲区的因素有很多，如后视镜大小及曲率、驾驶员高度、座椅行程等。基于眼椭圆的仿真结果可以充分反映出不同驾驶员的盲区差异，从而提高驾驶安全。

9.3.2 驾驶座椅

驾驶座椅是汽车总布置的关键布置之一。驾驶座椅的调整应能够在方向盘、操纵杆、踏板等操纵机构和前挡风玻璃方面，以及在纵向和铅垂方向的位置方面满足绝大多数驾驶员群体的各类人体特征。座椅的平行移动及高度调整范围根据人体标准模型的肢体夹角来确定，国际汽车设计界中所应用的总范围为 5%～95%，它涵盖了 90%的人群（威肯斯等，2007）。例如，驾驶员的位置从脚踩油门踏板或刹车踏板上算起，身材高大者要比身材矮小者更靠后坐，这决定了驾驶座椅后移的位置；身材矮小者要比身材高大者更靠前坐，这决定了座椅前移的位置（图 9.6）。

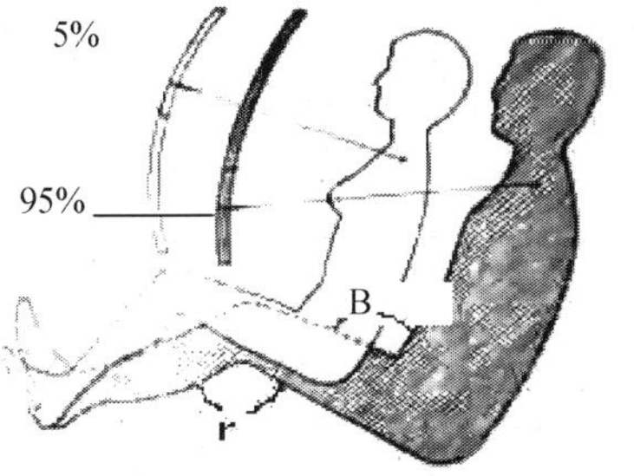

图 9.6　汽车座椅的设计（威肯斯等，2007）

汽车座椅的舒适性、安全性以及对汽车的操作便捷性十分重要。因此，现代汽车座椅的设计应从人机工程学出发，寻求“人-机-环境”的完美结合，使驾驶员有一个安全舒适、操作方便的工作空间，可以提高驾驶员的工作效率并降低事故发生率（赵天鹏等，2014）。

9.3.3　方向盘

驾驶员在车辆行驶过程中依靠方向盘来控制车辆的行驶方向，方向盘的设计要求是转向灵敏、省力。方向盘与驾驶员的距离一般为 150～200mm。方向盘越接近水平位置，可能发出的转向力就越大，而转动角速度却越小。方向盘轮缘一般为圆形或椭圆形，轮缘下部的形状应使驾驶员突然急速转动时不受阻碍和伤害（范士儒，2005）。

当车速越来越快的时候，会出现方向盘抖动以及车身共振的现象，这会导致行车的不安全，甚至出现车祸。因此，驾驶员在高速驾驶时需要注意方向盘的抖动问题，避免出现行车不安全、发生车祸现象（黄沃光，2013）。

9.3.4　汽车踏板

汽车的制动和加速踏板的设计也很重要。Glass 和 Suggs 发现，当制动踏板的设计位置略低于加速踏板时，脚的移动时间是最短的。他们指出，当制动踏板的位置不低于加速踏板时，驾驶员的脚会在上移过程中卡在制动踏板边缘。当行驶速度是 88km/h 时，驾驶员会有 0.3s 的延迟（Glass & Suggs，1977）。

汽车行驶路况复杂多变，驾驶员要不断进行汽车的启动、加速、减速与制动，反复蹬踩汽车踏板。这一系列重复单调的动作带来的直接负面影响就是驾驶员腿部长期疲劳酸痛，从而导致腿部肌肉劳损。为了解决这一问题，人体逆向动力学仿真成为研究热点。

9.3.5 变速杆

根据经验，变速杆一般布置在转向柱管右侧约 100～150mm，距座椅靠背 600mm 处较适合驾驶员的操作（范士儒，2005）。

汽车变速杆的操纵舒适性对汽车操纵性有较大的影响，从而也会影响到驾驶安全。影响变速杆操纵舒适性的因素很多，包括操纵过程产生的力、位移和角度等因素，其中，操控力是最能直观反映操纵舒适度的因素（刘明周等，2013）。

9.3.6 仪表盘

研究表明，手臂长度与腿相比是较短的，当座椅后移时，驾驶员的手可能触及不到仪表板，这就有了一个范围限制。例如，以百分位人群来划分，假设第 5 百分位（德国标准）的女子身高为 1.47m，而第 95 百分位的男子身高为 1.82m。对于固定踏板的布置，工程师就只考虑 5%的矮小女子和 95%高大男子的手臂触及范围。做出仪表板的可接触的衡量，通常以高大男子的手臂长为决定性准则，即以伸展的手臂在水平和垂直方向各绘出一个圆弧线，绘出一个半圆形空间去安排座椅、仪表、方向盘、踏板、变速杆、中控板控制旋钮等零部件的位置及相互之间的距离（阎光寿，1986）。

数字显示装置通常优于模拟器的圆形、水平或垂直的仪表盘显示装置，相对于竖直和水平的仪表盘，实验结果倾向推荐圆形和半圆形的仪表盘。在驾驶仪表中，速度表的作用尤为显著。研究发现，指针颜色、指针宽度和指针长度三个因素对驾驶员操作正确率具有显著影响（朱郭奇等，2012）。

9.3.7 闪光灯

当使用闪光灯时，闪烁率的临界频率要求低于稳定灯光的频率，闪烁率大概是 30 次/秒。闪烁率的建议值大约是 3～10 次/秒，这会较好地吸引人们的注意力。非常典型的例子是车的尾灯，不同的闪烁率代表不同的减速率。人的感知能力决定了其不能同时接收三种以上的不同闪烁率。当出现三种以上的闪烁率时，人将无法清楚地分辨它们（威肯斯等，2007）。

总之，车内各个装置设计，像座椅、操作杆、踏板、仪表盘、照明等与驾驶和交通安全密切相关。人机关系改善可以提高驾驶员驾驶的舒适度，使车辆更好地保障驾驶员、车外行人的安全。

9.4 行人安全

交通环境中的行人可以简单分为两类：纵向沿马路行走的行人以及横向穿越过街的行人。由于穿越过街时与车辆交互最多，后者更易发生事故。即使在许多位置安置了道路指引系统，仍不可避免会发生跟行人有关的事故。在 2008 年美国发生的将近 4378 起交通事故中，有 69 000 名行人受伤。2007 年，美国有将近 73%的行人事故发生在市区（Porter，2011）。在纽约市区，每年发生的行人事故是乡村地区的 4 倍。数据同时显示，超过 67%的行人致命事故发生在晚上（Porter，2011）。夜间行人事故的重要原因之一就是驾驶员在行人安全区域没有看见他们。酒精也是发生夜间行人事故的重要原因之一，尤其是在周四、周五、周六晚上。数据显示，死于交通事故的人中有一半是由饮酒过度造成的事故导致的（Ryb et al.，2007）。

9.4.1 行人事故

行人事故的特殊性在于事故双方责任的不平等性。一旦发生了交通事故，驾驶员所负的责任比例要高于行人，原因在于：第一，驾驶员必须达到驾驶方面知识的最低标准，视野、年龄和驾驶技术水平也要远远高于走路时的需求。第二，驾驶是一项特权，驾驶员需要有驾驶执照，但步行却不是，任何人都可以成为行人。执法者可以没收一名驾驶员的驾驶执照，但是剥夺他人行走的权利将是很严重的人权侵犯行为。第三，行人并不具有同驾驶员相同的物理或者认知能力。例如，所有的孩子和部分老年人不符合机动车运行所需的最低标准，这两个团体已经被证明在判断差距方面是存在不足的。盲人和智障人群也有行走的权利，但他们并不具备驾驶员所具有的能够避免车祸产生的能力。美国有许多州的宪法已经明确规定，驾驶员必须给拄着拐杖或带有导盲犬的行人让路。第四，大多数地区提供了机动车辆必须遵守的机动车条例。这些条例规定，机动车辆必须采取相应措施来避免事故的发生，如果看见在道旁玩耍的孩童，驾驶员必须减慢速度；如果道路两旁停放着多台车辆，驾驶员也应该减慢速度，即使该路段没有限速。驾驶员可以操纵汽车，因此应该控制车辆驾驶。然而，在许多国家，道路就好像是汽车的独家领域，行人必须给车辆让行。由于存在责任的不平等，因此培养驾驶员建立一个安全的道路素养是很关键的。

1. 掩蔽碰撞事故

掩蔽碰撞是一种很严重的车祸类型，因为驾驶员和行人都看不见对方，很少或者根本没有时间采取反应，双方几乎无法在掩蔽的条件下做出任何防御措施。这些事故更可能导致行人受到不可避免的损伤。图 9.7 描绘了掩蔽事故的典型形式。由于隔壁行车道有车辆遮蔽，驾驶员无法看见接近中的行人，而且车速较快，以至于来不及让行。

图 9.7　掩蔽事故的典型形式（Porter，2011）

行人应该尽量避免被困在马路中央。当需要穿过繁忙的马路时，行人常常在穿越中途便陷入两难境地。一旦他们徘徊于马路中间，他们会感到相当不舒服，而且很难抉择出正确的出路。行人在过马路时，关键是要停下来观看周围的车辆情况，而不是边行走边观察（Preusser & Blomberg，1984）。

2. 交通路口事故

在交通路口，行人可能会被转弯的车辆撞上。减少这种事故的方法之一是尽量促使行人寻找转弯车辆的行驶趋势。驾驶员在转弯时可以通过鸣笛、增强行人的听力警觉性来减少行人事故发生。

van Houten 等发现，无论车多还是车少，大部分行人可以耐心等待，直到无车时再通过交通路口（van Houten et al.，2006）。他们在对比了信号灯变灯的时间范围后发现，绿灯的剩余时间越短，事故风险越大，通行的行人越容易被困于道路中央。当绿灯时间仅剩 30s 时，行人最容易受伤；当绿灯时间剩余 1min 时，20%的行人违反了交通信号；当绿灯时间剩余 2min 时，40%的行人违反了交通信号。图 9.8 的数据表明，绿灯剩余时间越多，能够耐心等待信号灯的行人越少。他们还预测，延长信号灯的循环周期（分别延长红、黄、绿三种信号的持续时间）会对行人遵守交通规则有负面影响。

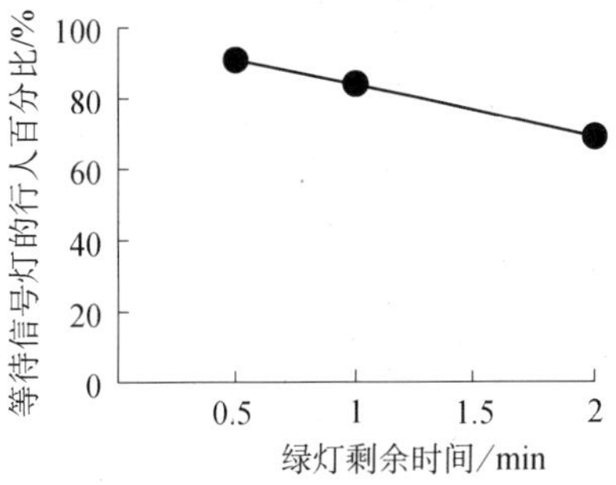

图 9.8 绿灯剩余时间与耐心等待信号灯的行人百分比的关系（Porter，2011）

行人在交通路口与车辆的碰撞事故比其他事故都更严重。大约有 37%的行人致伤和 20%的行人致命事故发生在交通路口（Porter，2011）。行人在交通路口应该降低行走速度，严格遵守交通规则。影响行人交通路口事故的因素包括是否为单行道、道路宽度、车辆频率、车辆堵塞程度、车辆平均速度、车辆数量以及天气。从理论上来说，行人可以通过慢行或者改变行走方向及时规避风险，避免交通伤害。

我国城市道路为典型的复杂、混合交通模式，道路上交通密度高、组成成分复杂。城市道路车速相对较低，交通事故严重程度较其他道路轻，但发生频率较高。在城市道路中，交通路口一直都是事故频发的主要路段（赵炜华等，2011）。

9.4.2 行人分心

1. 分心的影响

行人的分心行为包括打电话、收发短信、听音乐、使用社交软件、玩游戏、上网、看电影和看小说等（赵艳等，2015）。其中，使用手机对行人安全的威胁尤为严重。因为在现代社会，手机已成为生活必需品，人们每天在生活中都会大量使用手机来通信和上网。当人们在街上行走时，人们也会有手机使用行为，这时使用手机所诱发的分心就会成为行人事故增长的重要原因。

首先，过街时使用手机会增加行人交通事故发生的概率（Stavrinos et al.，2009）。交通事故是反映行人安全最为直观的指标，而使用手机的行人更易发生交通事故，增加过街风险。其次，实地观察数据显示，使用手机的行人过街时需花更多的时间。Thompson 等（2013）的研究指出，不使用手机的行人平均的过街时间是 10.4s（3.4 个车道），而收发短信的行人过街会额外花 1.87s，打电话（手持或者免提）的行人会额外花 0.75s（手持）和 1.29s（免提）。道路是以机动车辆为主要参与者并实时动态变化的场地，行人滞留在道路中的时间越长，发生危险的可能性越大，使用手机恰恰会增加行人暴露在交通流中的时间，增加发生危险的概率。最后，行人过街时使用手机会导致更少的警戒行为（cautionary behavior，即行人在条件允许的情况下使用人行横道，服从交通信号以及过街前查看道路交通状况等）（Hatfield & Murphy，2007；Bungum et al.，2005），进而增加行人事故风险。

2. 分心的种类

有关行人的研究中，早期研究者不区别分心的类型（Bungum et al.，2005），但 Hatfield 和 Murphy（2007）则认为区分不同类型的分心是十分重要的，他们将分心分为两类：认知分心（cognitive distraction）和物理分心（physical distraction）。认知分心是指认注意在当前任务上的减少或脱离，源自内在的认知资源的限制（如打电话时则会减少对道路的注意力）；物理分心更多的是指结构上的损害，源自活动主体的固有结构（如查看手机信息时视线转向手机界面而无法观察道路环境）。所有类型的分心都是以同一机制影响行为的观点会致使错误预防方法的滥用以及对于潜在的、更有效的方法的忽视。

9.4.3 行人安全保障

1. 交通控制装置

1）交通标志。交通标志能够指挥、控制行人的交通行为，较好地保障行人的交通安全。在人行道上涂画“转弯注意”的标志，提示驾驶员在转弯时多加注意，可以有效减少交通事故。因此，可以在危险地段设置提醒标志。研究发现，在人行道前 10m 或者 15m 利用道路标志提前警示驾驶员“让行”，行人撞车事故明显减少，在看到标志后，驾驶员主动让行的行为明显增多（Houten et al.，2001）。

van Houten 等曾表示，可以用多元基线标志为行人提供不同的交通信号，他们发现，在安置了多元基线标志后，行人穿越过街时违反交通规则的比例降低了（van Houten et al.，2006）。

2）交通信号灯。交通信号灯可以调节行人和车辆的矛盾，因而减轻了车辆和行人之间的压力。当危险来临时，信号灯比不动的标志牌更起作用，因为它可以吸引人们的注意力，刺激行人的视觉。当行人过马路时，闪烁的灯光更能在短时间内提高行人的警觉性。相对于普通行人信号灯，具有倒计时功能的交通信号灯可以提供给行人更清晰的反馈，让他们判断是否有足够的时间可以通行，让他们调整穿越的速度，尽量避免被困于交通路口中央。倒计时装置可以增加行人的通行量，同时减少强行穿越的行人数量。

在交通路口，可以通过使用信号灯分离行人与车辆的方法来保障行人的交通安全，控制驾驶员在行人通过后再通行（Retting et al.，2003）。行人集中在车辆红色信号灯期间快速地通过交通路口。红灯开始闪烁的 3～4s，应保障行人有充足的时间安全通过路口，在这种交通条件下，行人在行车间隙中强行通过的现象也逐渐减少。之后的研究进一步支持了上述研究结果，他们发现，在红灯开始闪烁的 3s 以内，交通路口的事故率降低了 59%（Fayish & Gross，2010）。

3）后移停车线。避免掩蔽事故发生的最佳方法是消除遮蔽物，但有时做不到，于是，驾驶员应离停车线远一点停车，以减少遮蔽，增加行人的安全系数；还要提前减速，避免后车追尾和伤及行人。在交通路口，尽量后移停车线，增加行人与机动车辆之间的物理距离，可以减少机动车辆和行人之间的碰撞的发生。在交通路口被车辆刮伤的行人大部分都是超过 60 岁的高龄人群，都是在交通信号灯变绿之后发生的，主要原因就是驾驶员没有看见他们。降低这种事故发生率的一种简单方法就是后移停车点 1.2～6m。这种规划可以扩展清晰区域，给驾驶员提供更好的视力范围。Retting 和 van Houten 同时还发现，后移停车点可以减少由驾驶员停放车辆而造成的堵塞交通情况的发生，并且可以帮助他们提前做好停车制动的准备。数据显示，后移停车点可以在很短的时间内同时释放 75%的车辆，促使车辆第一时间启动（Retting & van Houten，2000）。

2. 教育宣传

对于某些行人来说，交通信号灯有时完全不起任何作用，只是一个换键声音，或者是一个 LED 装置。因此，对行人进行安全教育是很有必要的。Porter 的研究表明，对行人进行教育能够有效减少交通事故的发生，提高行人的安全指数（Porter，2011）。道路安全教育需要通过媒体来传播，电视宣传对减少事故最有效果。在媒体宣传期间，事故率平均减少了 8.5%，而在宣传结束后平均减少了 14.8%。例如，在美国竞选期间，驾驶速度普遍降低，事故率减少了 16.9%（Porter，2011）。

相关部门可以通过在社区内开设电影课堂、做现场电视广告、实施海报宣传等方式进行宣传教育。研究者指出，社区教育工作可以有效地减少儿童事故的发生，实施安全教育的社区的事故量明显减少，减少了 21%（Porter，2011）。

给大众邮寄宣传材料和通过媒体发布教育安全信息，也是低耗费或无耗费的方式。但是，媒体发布的覆盖范围是最广的，并且能够吸引大众的注意。对于特定的目标人群，张贴海报的方式也非常有效。例如，经常乘坐公交车的群体也往往是行人群体，可以通过在公交车内张贴有关安全教育内容的、形式新颖的海报来吸引行人注意。而如果目标人群是开夜车的驾驶员，可以通过夜间广播节目来宣传交通安全教育（Porter，2011）。

按照交通参与者的出行特征，交通安全宣传教育主要面向少年儿童、机动车驾驶员及社会公众等群体。基于不同交通参与群体的交通行为方式、宣教需求等，可研发针对不同群体的交通安全宣传教育系统及装备，如儿童交通安全情境体验装置、青少年交通安全游戏体验装置、安全驾驶模拟训练体验装置和交通事故案例 3D 警示教育系统（王长君等，2014）。

3. 执法

保障交通安全的关键在于驾驶员，其次才是行人。如果驾驶员缺乏让行的意识，仅教育行人也不能收到效果。执法的目的是要使驾驶员主动搜寻行人并且让行，保障行人安全（Retting et al.，2003）。有许多法律可以有效地保障行人安全。

第一，“让行”要求在交通信号地设置黄色信号灯。这种方法可以使行人和驾驶员都有效地识别危险地带，做出提前预警准备，在事故发生前做出正确反应，保障安全。这种方法至关重要，必须得到法律支持。

第二，警察应该设置多个秘密侦测点，以增加驾驶员的预警心理。

第三，警察应频繁警告驾驶员。

第四，借助社会舆论，建立社会效应，形成新的社会规范。

1985 年，研究者在加拿大的两个城市制定、实施了一项鼓励驾驶员礼让行人的法律程序，并对其效果进行了评估（van Houten et al.，1985）。这个程序包括书面警告、道具模拟演示、发布安全信息、警示交通事故的严重性等环节。该程序在两个城市内产生了多方面的积极效果，驾驶员的让行行为得到了改善，并且持续了多年。加拿大还出台了一个类似的法律计划，包括：①在路面标记符号，提示驾驶员远离人行道；②引导行人持续用手臂等肢体语言示意过马路；③鼓励行人感谢驾驶员让行；④记录驾驶员一星期内的让行记录，并登记；⑤一年内持续介绍关于驾驶员让行的重要性。

此项法律在加拿大多个地区得到了广泛执行，驾驶员的让行行为普遍增多。通过该项法律的实施，驾驶员与行人的纠纷发生率明显下降。随着两者之间冲突的减少，事故处理也变得容易。这表明，媒体的宣传能够提高驾驶员让行率，而强制性地实施法律程序比宣传的效率要高。

与澳大利亚相比，中国对驾驶人员严重违法行为的处罚比较严厉。两国对酒后驾车、超速行驶、疲劳驾驶等容易引发交通事故、危及自身及他人生命安全的行为都予以重罚，但对超速驾驶和酒后驾驶违法行为的处罚力度有所不同。由此我们提出，要高度重视道路交通执法管理战略、法规、政策的科学性、有效性，还要十分重视交通违法行为记分制度、驾驶员填写驾驶日志对交通执法管理工作的作用。只有这样，我国道路交通执法管理工作才能更加规范和有效（管满泉等，2014）。

4. 视障行人的安全保障

国外研究者分两组比较了 24 位视障被试在盲道范围内穿越马路的行为（Williams et al.，2005），分别运用听觉信号装置和声觉按钮信号装置测量行走间隔时间。声觉按钮信号装置是一个手持式信号接收器，能够接收道路车辆通行信息，并为盲人发出禁止通行的听觉信号；声觉按钮信号装置在禁止通行期间重复传出“等待”指示，并在通行马路过程中发出“小心慎行”信号。研究表明，听觉信号装置和声觉按钮信号装置能够有效地保障盲人的安全。

关键术语

交通环境（traffic environment）：作用于道路交通参与者的所有外界影响与力量的总和，是远端和宏观（如法律和规范）以及近端和微观（如天气和交通堵塞）水平上的物理（如温度）、社会（如文化）和时间（如时间紧迫性）因素的结合。

遮蔽距离（shadowing distance）：车的挡风玻璃切出的、进入驾驶员眼睛的光源范围。

警戒行为（cautionary behavior）：行人在条件允许的情况下使用人行横道，服从交通信号以及过街前查看道路交通状况等。

第 10 章　驾驶员的培养

本章将介绍驾驶员适宜性的国家检测项目以及人格和安全态度对驾驶安全的预测性，阐述驾驶员教育的目标、内容、模式和评价体系，并介绍职业驾驶员的培养。

10.1　驾驶员的选拔

驾驶员的生理、心理特点与驾驶安全存在密切关系。采用科学的手段对驾驶员的生理、心理特点进行检测，并做出驾驶适宜性评估，对降低交通事故率具有重要意义。

10.1.1　驾驶员适宜性的国家检测项目

在视觉机能方面，可以根据深视力、动视力、夜视力三个指标对驾驶员适宜性进行检测（中华人民共和国交通运输部，2001）。

在心理素质方面，可以从操纵机能（注意特征）、复杂反应判断（反应特征）和速度估计等方面对驾驶员进行检测。

1. 深视力

（1）概念

深视力即深度知觉，是指个体对物体深度运动的相对距离和空间位置的感知能力。

（2）国家测评标准

根据《GB 18463—2001-机动车驾驶员身体条件及其测评要求》，初考驾驶员为−25～+25mm，在职驾驶员为−22～+22mm。

（3）测试方法

由测评技术人员对被试做指导性说明。被试在距离主机 2.5m 处坐下，眼睛位置与主机观察孔中心高度相一致，练习 2 次后，即可开始正式测试。当被试通过观察孔观察到移动杆刚好与固定杆排列成一条线时按下遥控器按键，读取判断值，共测 3 次，取平均值（中华人民共和国交通运输部，2001）。

2. 动视力

（1）概念

动视力是指人与视觉对象存在相对运动时，人眼辨别事物的能力。

（2）国家测评指标

动视力大于等于 0.2。

（3）测试方法

由测评技术人员对被试做指导性说明。被试坐姿端正，通过观察孔观察视标从相当于距离被试 50m 的位置由远而近移动，当被试看到视标缺口方向时按下应答开关，根据被试能够正确应答视标的缺口方向，读取动视力值，共测 3 次，取其平均值（中华人民共和国交通运输部，2001）。

3. 夜视力

（1）概念

夜视力即暗适应视觉，是指人眼在明亮的环境下突然进入黑暗环境中逐渐恢复辨别事物的能力。

（2）国家测评指标

夜视力小于等于 35s。

（3）测试方法

由测评技术人员对被试做指导性说明。被试坐姿端正，双眼贴近观察孔。测试时被试双眼接受 30s 光刺激，光刺激灯熄灭后，当被试者能正确分辨出视标缺口方向时迅速按下应答键。根据被试能够正确应答视标的缺口方向，读取暗适应时间（中华人民共和国交通运输部，2001）。

4. 操纵机能

（1）概念

操纵机能即注意力测试，让被试操纵方向盘，控制左右两根指针，同时不断回避动态中呈现的障碍标记，以测定其注意稳定性、注意分配和注意转移的能力，用误操作次数表示。

（2）国家测评指标

3.5min 内，初考驾驶员小于等于 130 次，在职驾驶员小于等于 110 次。

（3）测试方法

由测评技术人员对被试做指导性说明。被试站在指定的位置，测试前不做任何预备练习。测试时被试操作方向盘，使左、右指针只能从标识线箭头后方通过，且不能触及周围红线。若指针不从标识线箭头后方通过和触及标识线周边部位，蜂鸣器就会鸣叫，表示误操作，测试时间为 3.5min，记录误操作总次数（中华人民共和国交通运输部，2001）。

5. 复杂反应判断

（1）概念

复杂反应判断是机体对外界刺激在一定时间内做出正确应答的判断能力，用误反应次数和平均反应时表示。

（2）国家测评指标

在岗的职业驾驶员的平均反应时小于等于 1000ms，且误反应次数小于等于 3 次；招聘新驾驶员的平均反应时小于等于 1200ms，且误反应次数小于等于 5 次。

（3）测试方法

首先由测评技术人员对被试做指导性说明。被试坐姿端正，距离测试屏 1m。测试时被试按下手和脚的三个反应键，当被指定的颜色显示灯亮时，松开相对应的手（或脚）键，如果两者动作不符即为错误。记录规定时间内的误反应总次数。预测试进行 8 次，正式测试进行 16 次（中华人民共和国交通运输部，2001）。

6. 速度估计

（1）概念

速度估计是指被试对物体运动速度感知判断的准确性，即对速度快慢的估计能力。估计偏高和偏低均会影响判断的准确性。

（2）国家测评指标

初考驾驶员为 500～2400 ms；在职驾驶员为 800～2500 ms。

（3）测试方法

首先由测评技术人员对被试做指导性说明。被试坐姿端正，使眼睛位置与仪器的刺激光点明区高度相一致，且距离不小于 1m。被试观察在横槽（明区）中匀速运动的光点，当光点进入挡板（盲区）后，被试假设灯光仍以同样的速度运动，推测其通过固定挡板盲区所需的时间，并迅速按下应答键，读取反应时，共测 5 次，取平均值（中华人民共和国交通运输部，2001）。

10.1.2 驾驶员适宜性的新近研究

除国家规定的驾驶员选拔项目之外，影响驾驶安全的因素还包括驾驶员的人格特征和安全态度，这两个指标也应被纳入选拔体系当中，弥补过去选拔驾驶员的单一模式，从而有效提高驾驶员考核的门槛。通过人格和安全态度的预测性来鉴别驾驶员是否具有危险驾驶行为的潜在性，对危险驾驶行为发生概率大的驾驶员开展有针对性的干预和教育。

1. 人格对驾驶安全的预测性

研究发现，感觉寻求、愤怒/敌意特质能够预测危险驾驶行为。感觉寻求因素预测违章最为有效。通过感觉寻求、愤怒/敌意及二者的交互作用可以建立预测违章的数学模型（Schwebel et al.，2006）。

此外，驾驶愤怒、感觉寻求和大五人格因素对危险驾驶行为和交通事故有一定的预测力，该结果证明，多种因素的结合使用对于预测危险驾驶行为更为有效（Dahlen & White，2006）。

Jovanović 等（2011）对被试的年龄和驾驶经验进行控制，回归分析结果表明，使用大五人格模型能有效地对攻击性驾驶做出预测，神经质、宜人性和责任性可以预测驾驶愤怒和攻击性驾驶，神经质和攻击性驾驶的影响关系可以通过驾驶员的愤怒程度来调节及改善，例如，神经质可以引起愤怒，从而间接地影响攻击性驾驶；宜人性可以直接影响攻击性驾驶；责任性可以间接影响攻击性驾驶。

2. 安全态度对驾驶安全的预测性

对驾驶员安全态度的研究表明，安全态度将直接影响驾驶行为的安全性。

风险驾驶行为和交通事故的发生频率与冒险态度呈高度正相关。Ulleberg 和 Rundmo（2003）通过建立驾驶员的个性特征和社会认知对风险驾驶行为的影响因素模型发现，个性特征通过影响冒险态度进而间接地影响风险驾驶行为，并提出个性是很难改变的，驾驶行为干预应当从态度入手。

有研究者探索了年轻摩托车驾驶员的事故与其人格因素、安全态度和危险驾驶行为的关系。被试来自台湾大学，共计 257 名大学生。研究结果表明，安全态度对危险驾驶行为有直接影响。同时研究也发现，人格特质通过安全态度来调节危险驾驶行为（Chen，2009）。

10.2　驾驶员的教育

近年来，驾驶员教育培训逐渐得到重视。驾驶员教育关注驾驶员教育内容与目标（goals and contents of driver education，GDE）体系的建立以及根据这些体系开发的培训课程和测试系统（Hatakka et al.，2002）。

10.2.1　驾驶员教育要求

1. 驾驶员教育目标

驾驶员教育可划分为 4 个阶段，相应的可设定 4 个教育目标。

（1）熟练驾驶技术

如果一个人不知道如何开车，那么他就无法实现任何驾驶动机，即使懂得交通规则也毫无意义。因此，熟悉驾驶技术是教育的第一步。知觉能力、驾驶技能、车辆控制与驾驶是密不可分的。驾驶技术不仅包括基础技能，如开车、刹车、变速，还包括更复杂的车辆控制知识，如懂得如何躲避车辆、摩擦的概念、安全带和后视镜的作用及使用等。

（2）熟悉交通场景

该阶段重点强调的是驾驶员在特定交通场景中安全驾驶的胜任能力。作为驾驶员，必须能够在不断变化的交通场景中预判和调整自身的驾驶行为（调整合适的车速）。这一阶段的主要内容包括交通规则、危险知觉和与其他道路使用者之间的交流。这些内容是下一阶段的基础，同时也是达成最后阶段的先决条件。

（3）明确驾驶决策与驾驶环境

该阶段需要驾驶员对驾驶任务做出明确的决策，这一阶段的驾驶任务是为第 4 阶段的导向性和计划性任务服务的（Michon，1985）。驾驶决策包括选择驾驶目的、驾驶行程、驾驶时间、驾驶环境、驾驶陪伴者的人员构成等。驾驶行程和驾驶时间（白天或者夜间驾驶）都具有预先计划性，并且驾驶员可以主动选择自己的驾驶状态（清醒或者疲倦的、放松的或者有压力的）。

驾驶环境对于年轻驾驶员来说是非常重要的。社会压力会给驾驶员带来影响，驾驶员在交通场景中需要与他人、群体、社会机构甚至整个社会进行不间断的反馈行为。驾驶员很容易受到外界的影响和干预，包括驾驶员对自身的期望。例如，不管行人是否真的出现在驾驶员的面前，对行人的期望的回应或者对行人的情感性经验都会影响驾驶行为，而与行人有关的危险源是交通与社会心理学研究的重要内容（Williams et al.，1995）。

在年轻男性群体内，社会因素对其驾驶行为有重要影响。群体压力往往会导致严重的交通事故（Chliaoutakis et al.，1999）。

（4）提高生存技能

驾驶员的生存技能指的是在交通环境中，驾驶员能有效地运用驾驶技能、驾驶经验和驾驶风格进行安全驾驶的能力（Porter，2011）。

在实际的交通场景中，驾驶员的生存技能，包括身体技能（如操作技能）和心理技能（如认知技能）对驾驶安全至关重要。如果不把生存技能考虑在内的话，那么针对驾驶员的培训内容就所剩无几了。然而，如果驾驶员对自身的生存技能局限有明确认识的话将有助于减少他们的消极行为。

有研究表明，性别、年龄、个性特征、能力、行为风格、态度、动机、自我控制、社会关系、社会背景、参与群体、生活方式以及对车的重视程度等外界因素对事故的发生有一定影响（Gregersen & Berg，1994）。让驾驶员了解这些因素有助于提高其生存技能，改善其驾驶行为和选择的反应方式。

就交通风险而言，男性与女性的差异根源在于他们各自生活方式和驾驶动机的差异。这些差异在数量上和性质上存在不同（Laapotti & Keskinen，1998）。Schade 等（2008）发现，在德国，刚获得驾照的女性新手驾驶员比男性新手驾驶员有更少的交通事故（22%）和侵犯驾驶行为（50%）。通常所说的年轻驾驶员的交通事故总是具有鲜明的男性驾驶员交通事故的特征，而非女性驾驶员的交通事故特征。例如，破坏性驾驶与超速在男性驾驶员身上很普遍，但很少出现在女性驾驶员身上。这些差异很可能是由男女之间生活目标的不同造成的（Laapotti & Keskinen，1998）。一般来讲，年龄和经验在交通事故中是独立的影响因素。因此，有必要让男性驾驶员充分了解自身性别对驾驶安全的消极影响，树立健康的生活目标，提高生存技能。

以上 4 个阶段相互依赖但不等价。高阶段的目标和动机总是优于低阶段的驾驶技能和驾驶决策。这就说明，努力提高低阶段的驾驶技能并不能降低事故的发生率。例如，仅仅改善下坡行驶的驾驶技能会产生消极的作用（Christensen & Glad，1996）。提高低阶段驾驶技能或者自认为有较高的技能常常会导致驾驶员以尽可能高的车速来满足自己的需求，结果适得其反。如果驾驶动机未能产生安全的驾驶行为，那么驾驶员对交通场景的熟悉度或者对车辆的掌握能力即使再强，也无法保障驾驶安全。

只有当高等级的先决条件是积极的时候，才会产生积极的影响，驾驶训练才能产生积极的结果。如果高等级的先决条件提供消极作用，那么消极的先决条件就会导致消极的后果。例如，驾驶员的目标和动机既可以增加也可以降低风险水平。

关于驾驶培训，各个阶段的培养目标的实现需要广泛的教学和指导方法。驾驶车辆的技能和对交通场景的熟悉度是安全驾驶的基本要求，这两方面应该在驾驶培训过程中得到很好的学习。然而，正如前面所强调的，低阶段驾驶技能的应用离不开高阶段驾驶目标和动机的指导。另外，基础技能的培训以及驾驶员的训练需要与高阶段的任务结合起来，对驾驶员的目标和驾驶行为加以融合。

2. 驾驶员教育内容

在欧洲，GDE 纳入了驾驶员教育内容的三等级水平，分别为知识和技能、危险辨识、自我评估。该培训内容的结构体系可以明确驾驶员培训的重点（Laapotti et al.，2001）。驾驶员可以根据 GDE 大纲的结构要求，达到安全驾驶所需要的胜任能力。GDE 大纲只概括了驾驶安全胜任能力，而无法解释某些特殊的驾驶行为，也不是一种检测驾驶经验的理论，甚至大纲中的有些理论是从现实经验中得来的。

（1）知识和技能

这一水平规定了作为一名好的驾驶员在车辆驾驶和处理交通事件时应该掌握的知识和技能，包括如何在道路上开车、遵守什么样的规则（最基本的规则）、如何做出行车计划、个人特点是怎样影响驾驶行为的以及如何安全驾驶（高水平技能）。这里的知识包括实践知识和理论知识。

就个人特点是怎样影响驾驶行为的以及如何安全驾驶这两个高水平技能而言，其对驾驶员的教育目的在于，在驾驶员培训中让驾驶员明确这样一种意识，即驾驶技能不仅仅是人对车的简单操作，个人的动机特点和驾驶策略的选择将直接影响驾驶行为的安全性。

（2）危险辨识

该水平与上一水平的关系甚为紧密，但这里强调的是与危险有关的特殊知识和技能，由于这些特殊知识和技能对安全驾驶有重要影响，所以，该水平的内容有特殊意义。在现实中，驾驶培训学校的教育以普及基础技能和传授知识为主，而驾驶中的危险因素需要在更多的细节中得到强调和描述。不同的危险在不同等级水平上是有差异的。经常使用的“危险知觉”概念就是一个很值得分析的例子。

有意冒险、犯规、低估风险和高估个人能力往往是年轻驾驶员的普遍特点，特别是年轻男性驾驶员，而这种行为会随着年龄的增长而减少。驾驶员教育应该解决这方面问题，但是这种任务在任何国家都没能被成功解决，就像年轻男性驾驶员的超速和酒驾一样。

在驾驶员的培训过程中，要明确区分驾驶技能和危险意识。对车辆结构和车辆操作的学习要从最基础的部分开始。而危险意识的培训是为了对公路上的危险有更多的知识、经验和认知。二者在培训内容和培训重点上完全不同，尽管它们有许多相似性。

（3）自我评估

自我评估是培训内容的中心和本质所在。自我评估可以被定义为一种过程，是个人反思自己行为之后形成的反馈。在驾驶环境中，它是个人对自身能力与驾驶任务困难程度形成的一种自动化的反馈方式，同样可以被看作一种安全技能，与操作技能被应用于车辆控制是一个道理。

自我评估不仅是驾驶员培训中，也是培训之后的驾驶技能的形成所需的一种重要因素。对成熟的专业技能的研究表明，自动化的认知技能和反思式的思考是专家胜任能力的主要特质（Huestegge & Böckler，2016）。

10.2.2 驾驶员教育模式

1. 驾校教育模式

驾校教育模式指的是驾校培训的课程和方式。

在美国，正规的驾校教育一般由30个不同等级的室内教学和6个等级的室外教学组成（Weknight & Hundt）。由于美国实行的是分级培训方式，因此，新手驾驶员可以根据个人的情况选择适合自己的驾校培训方式。大群体样本调查发现，短期培训可能会对安全驾驶产生消极影响（Osgouei et al.，2013）。例如，选择短期培训的新手驾驶员在独自驾驶的时候会采用更加危险的驾驶方式，而选择长期培训的新手驾驶员没有表现出这种驾驶危险行为。通过对比可以看出，短期培训无法充分传授能减少交通事故的具体技能，而且培训内容没有涉及驾驶员的不良生活方式，正是这些不良生活方式引发了更多的交通事故（Williams & Ferguson，2004）。

在欧洲，考取B等级驾照的申请者需要在驾校进行专业的驾驶员教育（Burchert et al.，2012）。只有在专业的指导下，驾驶员才能学到驾驶的知识和技能。职业培训者不仅能够传授理论知识，而且实践经验更丰富。职业培训者精通驾驶所需技能和现实生活中的驾驶经验，能够把专业知识传授给那些想要学习的人。

专业的驾校培训通常长达一周到几个月不等。在一些国家，驾驶员教育只能在驾校进行，并且由政府指定教育培训的内容。另外，在培训中，驾校教育培训通常都有明确的培训内容和目标，而且还能做到将实践经验和理论内容结合起来。

研究发现，传统的驾驶员培训局限于基础技能、操作知识和熟悉交通场景，而很少注意到那些增加驾驶风险的因素（Hatakka et al.，2002）。由此可以看出，传统的驾驶员培训有以下两方面的不足：一是忽视了个人的驾驶动机和驾驶目标；二是没有涉及个人的自我评估技能。

2. 陪伴驾驶教育模式

（1）驾驶员陪伴者的任务和角色

陪伴驾驶（accompanied driving）是一种培训应用技术，该技术可以被应用于每个人的驾驶练习过程中。陪伴驾驶教育是针对 16 岁的低龄驾驶员的，其目的在于为学习者提供一段具有保护性质的练习时期。该培训项目首先在法国实行，后被各国广泛接受。

驾驶员陪伴者并不是真正的教学者，只是非专业的指导者，但是，他们会非常重视安全驾驶，直接指导和提供驾驶反馈，而有关驾驶理论的指导则退居次位。驾驶员陪伴者负责部分教学工作，但主要是为新手驾驶员考试服务。专业的培训者负责驾驶员的技术操作部分，而驾驶员陪伴者则在新手驾驶员练习中负责陪伴和保证安全驾驶。在德国，禁止驾驶员陪伴者在陪伴过程中进行教学。在瑞典、挪威和英国，驾驶员陪伴者在培训过程中扮演的角色是不同的，例如，驾驶员陪伴者的专业指导只允许在培训的初始阶段进行。

在德国，有 2/3 的驾驶员陪伴者是驾驶员的母亲（Schade et al.，2008）。因为在儿童群体中，40%的男孩与母亲关系非常融洽，而且母亲会比父亲有更多的时间与孩子相处在一起，因此，这种陪伴教育类型可以产生一种积极的效果，即年轻驾驶员在以后的驾驶行为中有更多的安全驾驶行为（Karavasilis et al.，2003）。

在法国，如果使用陪伴驾驶进行培训教育，那么，驾驶员陪伴者必须接受驾校的事前培训。这一措施有效地解决了陪伴者的言行和价值观导向错误的问题（Nallet et al.，2008）。

在芬兰，驾驶员陪伴者在得到政府组织的许可后，可以单独对自己的孩子进行驾驶指导（Twisk & Stacey，2007）。

需要指出的是，应尽量避免同龄人进行陪伴驾驶，同龄人在驾驶过程中可能会引发说笑、嬉闹行为，将干扰驾驶员的注意分配，降低驾驶员危险知觉的敏感性，从而使驾驶风险性大幅提高（Taubman-Ben-Ari，2010）。

（2）陪伴驾驶时间

陪伴驾驶时间是指驾驶员陪伴者陪伴新手驾驶员的时间周期，这个周期既可以是政府规定的时间周期，也可以是驾校规定的时间周期。

在欧洲，驾驶员陪伴者已经成为培训的一部分。如果延长新手驾驶员的陪伴驾驶时间，那么，驾驶员陪伴者指导的介入则可以起到至关重要的作用。

延长陪伴驾驶时间的内在教学思想在于，驾驶实际上是在执行一种驾驶任务，而这种任务需要技术上的技能，还需要动机技能。这就解释了为什么新手驾驶员在最开始的驾驶阶段需要延长学习时间了。这是驾照考核（graduated driver licensing，GDL）的基本思想（Waller，2003）。除了应该熟悉车辆操作和交通场景外，驾驶员还应该熟悉那些能增加交通风险的因素以及有意识地去避险。

延长陪伴驾驶时间是有积极效果的，可以减少新手驾驶员的交通事故。这是因为：其一，新手驾驶员在安全的驾驶环境中积累了足够多的驾驶经验；其二，其增加了驾驶员的练习时间，从而提高了驾驶员的驾驶熟练度。因此，当新手驾驶员获得驾照的时候，他们实际上已经有多年的驾龄了。

延长陪伴驾驶时间可以有效地使新手驾驶员在学习周期内获得更多的驾驶经验以及内化更多的驾驶技能，从而使驾驶安全成为一种可能。内化的驾驶技能可以被称为自动化的驾驶操作行为，与非自动化操作行为相比，自动化操作行为很少会出现错误，并且很少被其他因素所干扰（疲劳或压力），需要很少的注意力和很少的信息加工能力。同时，当出现自动化行为时，新手驾驶员的认知工作量也会减少。

（3）陪伴驾驶环境

陪伴驾驶环境指的是让驾驶员在真实的交通环境下进行培训学习。

陪伴驾驶教育可以选择不同情境对新手驾驶员进行指导和培训。驾驶员陪伴者要在练习情境中避开那些最危险的交通状况（夜间、湿滑道路和高峰期），以此保证安全，并且避免让学习者在这些情况中产生负面的驾驶经验。

在新手驾驶员熟悉的生活地区进行驾驶培训是很重要的。例如，在瑞典和德国，驾照申请者更多的是生活在农村或小城镇。与新手驾驶员（16 岁开始学车的）有关的事故特点为，大部分交通事故都发生在驾驶员熟悉的环境中（Schade et al.，2008）。

在驾校创造一种积极的和鼓励型的培训学习氛围完全是有可能的，但没有充足的时间来考核个人的驾驶态度。而陪伴驾驶则弥补了这一缺点，即让学习者充分体会到驾驶文化给自己带来的积极影响。这对于低等级的教育内容来说不起作用，但是对于高等级的教育内容来说却是非常重要的。

3. 整合教育模式

整合教育模式（combination education method）就是将驾驶员陪伴者的指导和专业培训者的指导结合起来。这种模式出现在法国、澳大利亚和德国。学习者在初期阶段的培训是由专业培训者执行的，根据固定的课程和教育目标来帮助学习者学习基础知识和技能，之后就需要驾驶员陪伴者在实际的操作中进行指导。整合教育模式的两种指导体系存在一种反馈机制，即专业培训者需要驾驶员陪伴者的经验反馈。

4. 二阶段教育模式

二阶段教育模式要求驾驶员在获得初级驾照之后，还必须接受强制性的培训，只有这样驾驶员才可拿到永久驾照。挪威、澳大利亚、芬兰、卢森堡和瑞士使用二阶段教育模式（Sanders & Keskinen，2004）。

通常，第一阶段的基础驾驶技能培训结束之后，第二阶段的培训就开始进行针对性的教育，即培训新手驾驶员学会处理不同情况下的交通状况，而该阶段已经逐渐侧重于对驾驶员自我评估和危险感知方面的培养了。

10.2.3 驾驶员教育评价

1. GDL 评价

GDL 体系要求，在获得学习者许可的情况下，延长青少年驾驶员的驾驶练习时间，延长至法定驾照获得年龄后的一年内（Shope，2007）。McKnigh 和 Peck（2003）认为，在行之有效地延长学习时间之后，青少年驾驶员才有可能减少交通事故。

Hedlund 和 Compton（2005）研究了许多关于 GDL 的使用范例，他们认为，从交通事故统计数据来看，16～17 岁年轻驾驶员的交通事故率明显较低。如果将交通事故的数量与人口比例做对比，这种降低则更加明显。通过使用 GDL 系统，获得驾照的人数呈下降趋势。

不同国家对 GDL 的实施严格程度不同，Blank 指出，如果严格执行 GDL 的具体操作细则，那么该系统是非常有效果的（Blank，2007）。根据各国当地的法律法规，GDL 系统能减少青少年驾驶员的不安全驾驶行为，并且能丰富青少年驾驶员的驾驶知识和改善他们的驾驶行为。

2. 整合教育模式评价

1999 年，澳大利亚引进了整合教育模式，即将驾校教育和陪伴驾驶教育同时进行。考取 B 等级驾照的新手驾驶员在 16 岁时就要接受整合教育，年满 17 岁时可以进行驾照考试，并被允许独自驾驶。研究发现，实行整合教育带来了积极的效果（Keskinen & Hernetkoski，2011），接受整合教育的新手驾驶员很少有违章行为。

3. 二阶段教育模式评价

二阶段教育模式在培养新手驾驶员的教育体系中有着积极的教育作用。通过对 2005 年上、下半年的数据对比中可以看出，18～19 岁新手驾驶员发生的交通事故数量下降了 11%；而在同一时期，未经过二阶段驾驶培训的新手驾驶员的交通事故数量仅仅下降了 2%（Gatscha & Brandstaetter，2008）。

10.3　职业驾驶员培养

前两节所述驾驶员的选拔和教育的主要对象是占驾驶员总数比例较大的非职业驾驶员，而对于比例较小的职业驾驶员来说，其选拔和教育既包含上述项目，同时又有更高的标准和更多的内容，职业驾驶员的技能等级鉴定也有相应的规范。

10.3.1　职业驾驶员选拔

驾驶员适宜性的国家检测项目所设内容和标准是胜任驾驶员的最低要求，对于一些特殊车辆或者特殊环境下的驾驶员来说，该标准是不能完全满足需求的。

对特殊车辆和驾驶环境的驾驶适宜性研究形成了更具针对性的适宜性检测标准。刘志宏等（1995）采用场依存性、深度知觉、动作稳定性等指标编制完成了《军队汽车驾驶员职业适宜性测验》。部队驾驶员心理素质检测研究得到了国家军用标准（GJB2262-95《中华人民共和国军用汽车驾驶员选拔卫生标准》），为军车驾驶员的选拔提供了科学依据。李百川等（2001）通过检测 3000 名职业汽车驾驶员的心理素质情况，建立起了包含动视力、选择反应时等项目的驾驶员适宜性检测体系。颜文华（2010）根据危险品货运驾驶员的特点，提出了包括观察力、操作能力、注意力和综合判断能力方面的危险品货运汽车驾驶员职业适宜性心理测评指标。孙勤英（2013）通过研究职业驾驶员，提出了包括速度估计、选择反应时、风险感知、处置判断等项目的驾驶适宜性评价指标。相比驾驶员适宜性的国家检测项目，此类研究更多采用心理学新近研究手段，较好地融入了心理学前沿成果，具有较强的灵活性和针对性，对职业驾驶员的选拔效果更好。

10.3.2　职业驾驶员培训

职业驾驶员培训主要采用多阶段教育模式，一般根据不同的职业技能等级分层次进行。参照机动车驾驶员职业技能鉴定的要求，相比于非职业驾驶员，职业驾驶员的培训内容除了驾驶技能外，更多侧重于应急处置、故障检修等方面。

第三批国家职业标准中明确规定，道路客运汽车驾驶员和道路货运汽车驾驶员的职业资格为准入类，需要进行相应的职业技能鉴定。道路客运汽车驾驶员和道路货运汽车驾驶员的职业技能等级从低到高分为初级、中级、高级以及技师四个等级。每个职业等级均对从业经验和培训经历有所要求。以高级资格为例，需要满足以下条件之一方可报名参加考试：一是取得本职业中级职业资格证书后，连续从事本职业工作 5 年或安全行车 200 000km 以上，经本职业高级正规培训达规定标准学时数，并取得毕（结）业证书；二是取得本职业中级职业资格证书后，连续从事本职业工作 7 年以上；三是取得高级技工学校或经劳动保障行政部门审核认定的、以高级技能为培养目标的高等职业学校本职业（专业）毕业证书。从高级资格的报名条件中也可以看出，职业驾驶员的教育主要有正规培训和实践提升两种途径。驾驶员职业资格考核包括理论知识考试和操作技能考核两部分。理论知识考试合格者方可参加操作技能考核。技师等级的鉴定除了理论知识考试和操作技能考核外，还须进行综合评审，综合评审主要考察培训指导和日常管理方面的能力。汽车驾驶员职业技能鉴定考核的内容主要包括职业道德、基础知识、汽车驾驶、汽车维护、汽车检修、调整车辆、汽车复杂故障的判断与排除、培训与指导等方面。不同等级的考核内容除了难度有所差异外，侧重点也有所不同。初级、中级的考核内容侧重于驾驶和维护，高级和技师的考核侧重于检修和培训。与此相应的，不同技能等级驾驶员的培训内容也有较大区别。

职业驾驶员的培训除了技能等级鉴定的相应内容外，往往还根据不同的驾驶任务和驾驶环境进行针对性教育和训练。例如，危险品运输车辆驾驶员会重点学习危险品事故处置的相关知识技能，高原部队汽车驾驶员会重点加强高原反应耐受性训练等。

关键术语

陪伴驾驶（accompanied driving）：一种培训应用技术，该技术可以被应用于每个人的驾驶练习过程中。

驾驶员教育内容与目标（goals and contents of driver education，GDE）：该培训内容的结构体系可以明确驾驶员培训的重点。驾驶员可以根据 GDE 大纲的结构要求，达到安全驾驶所需要的胜任能力。GDE 大纲只是概括了驾驶安全胜任能力，而无法解释某些特殊的驾驶行为，也不是一种检测驾驶经验的理论，甚至大纲中的有些理论是从现实经验中得来的。

整合教育模式（combination education method）：将驾驶员陪伴者的指导和专业培训者的指导结合起来。

第 11 章　交通安全文化

本章将介绍交通安全文化的内涵、交通安全文化对驾驶安全的影响、世界各国交通安全文化比较，交通安全态度的界定、维度、测量以及影响因素，交通违法行为的界定、分类以及影响因素，以及驾驶员车语的界定、分类、影响因素以及车语对攻击性驾驶行为的影响。

11.1　交通安全文化概述

11.1.1　交通安全文化的内涵

1. 交通文化

交通是人类普遍联系的现实社会活动，是人类文化的重要表现形式。Leviäkangs（1998）认为，交通文化是所有对驾驶员的技能、态度和行为以及对车辆和基础设施有影响的因素的总和。

Leviäkangs（1998）认为，交通文化由交通系统外部因素和交通系统内部因素构成，外部因素包括五个层面：一是生态-文化-社会-政治层面，包括经济、气候、地理、人口、民族文化和民族性格；二是国家层面，包括政府、机关、交通安全法规、政治氛围和公众意识；三是社会集团层面，包括车辆类型、非正式的社会规则和社会身份；四是组织和公司层面，包括市场财务状况、管理和组织安全文化；五是个体层面，包括年龄、性别、性格、态度、动机和认知能力。

内部因素包括路、车、人三个方面：一是道路工程和基础设施；二是汽车工程和车辆；三是道路使用者的行为及表现。所有这些因素构成了交通文化，受到道路使用者交通暴露度（是指驾驶员把自己暴露在交通环境中，或者交通事故中的程度）的调节，直接或者间接影响交通事故的发生，体现了一个国家的交通安全程度（Leviäkangs，1998）。

交通活动的目的是实现交通安全目标，减少事故发生，促进交通流通性。流通性和安全性并非冲突关系，一个国家交通系统的首要目标是促进流通性，但是，流通性可以通过减少事故发生、提升安全性来实现。

2. 安全文化

安全文化是交通文化的基石。安全文化的概念出现在1986年切尔诺贝利核电站事故后。1988年，国际核安全咨询组首次对安全文化进行了定义：安全文化是个人和集体的价值观、态度、能力、行为模式的综合体，决定了一个机构的安全计划、效率与风格（Walker，2003）。

1991年出版的国际核安全咨询组报告——《安全文化》给出了一个更加概括性的安全文化定义："安全文化是存在于单位和个人中的种种素质和态度的总和。"而后，安全文化的内涵从核工业、特定产业扩展到与安全相关的社会领域。例如，1994年出版的《中国安全文化建设丛书》就扩大了其定义，指出安全文化是"安全物质财富和精神财富的总和"，认为安全文化是人类在社会发展过程中，为维护安全而创造的各类物态产品及形成的意识形态领域的总和；是人类在活动中所创造的安全生产、安全生活的精神、观念、行为与物态的总和；是安全价值观和安全行为标准的总和；是保护人的身心健康、尊重人的生命、实现人的价值的文化。

3. 交通安全文化

交通文化是一个较大范围内的文化传统和当前的环境状态，是经济和政治气氛融合的结果。生态、社会和文化因素决定了政治的机构体系和发展。一旦这些体系被确立，社会的规范和价值观以及正式和非正式的规则就会形成并得到强化，由此形成道路使用者之间的行为界限。文化和环境因素定义了可以接受的"安全""正常"行为的范围，这反过来又影响了对交通违规和危险驾驶行为的定义（Björklund，2005）。

有学者认为，交通安全文化是指在道路使用者互动中一系列正式和非正式的规则、规范、基本假设、态度、价值观、生活习惯以及与交通安全、交通危险和事故受伤的状况有关的观念的综合体（Porter，2011）。

交通安全文化对交通安全有重要作用，交通安全文化与地域文化价值体系密切相关，即使其他因素相同，不同的地域文化也会产生不同的安全特点。

11.1.2 交通安全文化对驾驶安全的影响

交通安全文化会影响驾驶员对其他道路使用者的意图和行为的理解，也会影响驾驶员的行为控制和潜在行为反应（如报复和攻击）的意向性。研究发现，同瑞典和芬兰的驾驶员相比，土耳其和希腊的驾驶员认为他们的交通环境更危险、更快速、更密集、更不可预测而且混乱不堪（Özkan et al.，2006）。相比于土耳其和希腊的驾驶员，瑞典和芬兰的驾驶员认为他们的交通环境更和谐、更安全、功能性更好。他们的这种观念依赖于驾驶员彼此的理解、体谅和行车计划。

更重要的是，交通安全文化因素可能导致不同的风险评估、对不同国家驾驶员行为的评估以及对交通中人与人之间冲突的评估（Björklund，2005）。例如，攻击性驾驶给道路交通事故制造了巨大的危险空间，情境和文化因素对于我们理解驾驶愤怒和攻击性驾驶具有重要意义。跨文化研究表明，中国驾驶员总的驾驶愤怒水平要显著低于德国驾驶员；但随着年龄的增长，中国驾驶员的驾驶愤怒水平也在提高；德国驾驶员的驾驶愤怒水平则是随着年龄和驾龄的增长而降低。其原因可能是，中国被试群体在职业层面上的同质性较高，中国被试作为职业驾驶员，刚入行的年轻人对待工作需要更加谨慎谦虚，因此，其驾驶愤怒水平并不高；随着从业时间的增加，驾驶员由于职业倦怠等原因导致驾驶愤怒水平提高。关于驾驶员风险知觉的研究表明，中国文化背景中的男性驾驶员比女性驾驶员更倾向风险驾驶（Wang et al.，2009）。

11.1.3　世界各国交通安全文化比较

1. 欧洲交通安全文化特点

（1）汽车交通文化的发源地

欧洲是工业革命的发源地，是汽车工业的鼻祖。世界上第一辆内燃机汽车就是德国的奔驰，如今在世界顶级的汽车品牌中，绝大多数依然属于欧洲，如德国的奔驰、法国的雷诺和标致、瑞典的沃尔沃、意大利的菲亚特等。英国发明了第一个“红绿灯”，标志着汽车交通文化的诞生。汽车工业的超前发展使欧洲能够在全球率先跨入“以车代步”的时代。

（2）成熟的道路交通体系

欧洲的交通设备完善，交通规划前瞻合理，交通组织科学高效，道路设施完善实用，公共交通发达，且欧洲注重文明交通意识的培养，交通文化发展成熟。

（3）“绿色交通”的倡导者

欧洲曾因发明汽车而自豪，并创造了富有特色的汽车文化。但是在今天，过多的汽车已经成为许多欧洲城市面临的严重问题。欧洲人认识到交通堵塞和环境污染的危害性，决定重新调整自己的出行方式，提倡“绿色交通”。从 1998 年起，欧洲各国开始开展“无车日”活动，提高公共交通的占有率，推出“共享轿车”、鼓励人们骑自行车等措施都为促进欧洲的“绿色交通”做出了贡献。

2. 美国交通安全文化特点

（1）车轮上的国家

1909年，美国福特公司首次大批量生产汽车并投入市场，其装配线技术是后来汽车大批量生产方式的原型。先进的生产技术降低了汽车的单价，刺激了美国人对使用汽车的需要。美国汽车普及率居全球首位，平均每100人拥有约80辆汽车，是全球最庞大的单一汽车市场，所以，美国又是全世界汽车业最重要、竞争最激烈的地方。

（2）自由主义汽车文化

自由主义贯彻了美国文化的方方面面，自然也渗入汽车文化中。正如一则早期的广告所指出的，“拥有一辆福特汽车就可以自由地冒险进入新的、未经审查的地方”。在《驾驶员共和国：美国汽车文化史》中，考特·塞勒认为，汽车是美国自由和代表权的最重要标志之一。即使在今天，获得驾驶执照的仪式也是美国青年的独立仪式之一。

（3）完善的交通安全法律体系

美国第一部道路交通管理法规制定于1787年，规定了马车、雪橇车的行车规则。1899年，纽约市编制了交通法典，1903年被联邦政府采纳，1930年，颁布了《驾驶法规》《车辆统一管理办法》，从而建立了道路安全法律、法规体系；1966年，颁布了《国家交通和机动车辆安全法案》，旨在减少道路交通事故和死亡事故。为了应对道路上死亡率急剧上升的现状，政府制定了许多有关汽车制造业监管的法律，并建立了NHTSA等安全管理机构。

3. 日本交通安全文化特点

（1）低风险容忍文化

日本人认为“情义最难接受”，格外担心给别人添麻烦从而负上“情义债”，如果因自己给团队造成负面影响，他们会产生强烈的“耻辱感”，由此衍生出“低风险容忍”文化，这使日本人非常恐惧汽车碰撞以及其他交通事故。一旦发生车祸，他们会更倾向把过失归因于自己。这种风险认知模式导致日本驾驶员会过高估计车祸的风险，并购买保险，以减少其他人的车祸成本。

（2）主动承担责任

日本的交通法律和文化都强调责任承担的主动性，驾驶员也非常愿意遵守安全规则，绝大部分驾驶员都会系安全带。对于酒驾，也不仅仅是处罚醉酒驾驶员，还处罚劝酒、为醉酒驾驶员提供汽车的人等。

4. 中国交通安全文化特点

（1）交通文化相对滞后

我国现代交通起步较晚。我国用十几年时间完成了发达国家几十年的汽车化进程。我国的交通文化发展滞后于交通工业和道路的发展。酒驾、醉驾、疲劳驾驶、超载驾驶、随意变道占道、驾驶攻击以及攻击执法人员等现象频繁发生。有些汽车驾驶员和行人的规则意识和安全意识淡薄，交通法律法规不完善，充分说明现代交通文化亟待完善。

（2）交通文化发展迅速

改革开放以来，我国经济建设发展迅猛，交通基础建设和交通工具得到良好发展。1949 年中华人民共和国成立时，公路里程仅 8 万千米，截止到 2015 年，公路里程爆发式增长到 457.7 万千米①。不仅公路里程增长迅速，基建技术也迅猛发展，北京三元桥仅耗费 43h 就完成了“旧桥换新桥”的修复工作，修复效率震惊世界②。

中华人民共和国成立以来，交通工业全面升级换代。在 20 世纪 60 年代，自行车是主要交通工具，私家车数量很少。改革开放以后，全国汽车保有量和驾驶员数量呈爆炸性增长态势。据中华人民共和国公安部交通管理局的统计，截止到 2017 年 3 月底，我国汽车保有量就达到 2 亿辆，机动车驾驶人数量超过 3.64 亿。2019 年，我国将超越美国，成为世界上汽车保有量最大的国家。我国高铁更是由于其技术先进、安全可靠、性价比高等优势走出国门，逐渐成为世界高铁标准。我国还将推进交通基础设施、运输工具、运行信息等互联网化，加快构建车联网、船联网，完善故障预警、运行维护和智能调度系统，推动驾驶自动化、设施数字化和运行智慧化。到 2019 年，全国 14 个省市的高速公路电子不停车收费（electronic toll collection，ETC）正式联网运行。此外，我国交通和电子商务强强联手，创新发展出无人送餐和无人机送快递等新的交通使用方式。

我国也积极建立、健全法律法规，保障交通安全，完善交通文化。1955 年，为了适应国家经济建设的需要，公安部实施了《城市交通规则》。1988 年，为加强道路交通管理，维护交通秩序，保障交通安全畅通，满足现代化建设需要，国务院颁布实施了《中华人民共和国道路交通管理条例》。2004 年，我国开始施行第一部交通安全法——《中华人民共和国道路交通安全法》，其目的是维护交通秩序，防止和减少交通事故发生，为人身安全提供实物保护，保护公民、法人及其

---

① 2015 年交通运输行业发展统计公报. http://xxgk.mot.gov.cn/jigou/zhghs/201605/t20160506_2976374.html [2016-05-06].

② 北京三元桥 43 小时完成改造 视频震惊全球网友. http://world.people.com.cn/n/2015/1123/c1002-27846250.html [2015-11-23].

他组织的财产和其他合法权益，提高行动效率。

（3）交通文化创新动力强劲

随着互联网时代的到来，我国坚持科技是第一生产力，强调创新是发展的核心理念，在交通发展上实现“弯道超车”。2006 年 2 月，《国家中长期科学和技术发展规划纲要（2006—2020 年）》将智能交通确定为交通运输业的优先发展主题，将重点开发综合交通运输信息平台和信息资源共享技术、现代物流技术、城市交通管理系统、汽车智能技术和新一代空中交通管理系统。我国大力发展新能源汽车和智能交通系统。智能交通系统是将先进的信息技术、数据通信传输技术、电子传感技术、控制技术及计算机技术等有效地集成运用于整个地面交通管理系统而建立的一种实时、准确、高效的新型运输管理系统。我国将在新时代积极承担创新大国的责任，引领世界未来交通文化发展。

11.2 交通安全态度

11.2.1 交通安全态度的界定

态度是个体对特定对象（人、观念、情感或者事件等）所持有的稳定的心理倾向。这种心理倾向蕴含着个体的主观评价以及由此产生的行为倾向性。安全态度即以尊重生命为前提的安全心理倾向性（刘军民，2004）。驾驶员的安全态度就是驾驶员在驾驶过程中必须具备的有关安全驾驶的认知、情感和行为倾向（Nordfjærn et al.，2010）。

11.2.2 驾驶员安全态度的维度

Ullebergh 和 Rundmo（2003）的研究认为，驾驶员安全态度可以分为亲社会驾驶安全态度和反社会驾驶安全态度。遵守交通规则、理性避让行人、不违反交通法规对速度的限制的驾驶活动等属于亲社会驾驶安全态度；超速行驶、恶意超车、在复杂交通环境下冒险等驾驶活动属于反社会驾驶安全态度。

有研究者认为，驾驶员安全态度是由认知、情感以及行为倾向三部分构成的。具体来说，认知成分是指驾驶员在心理上对外部环境、条件等的印象，包括相关的事实、知识以及信念。认知成分是驾驶员安全态度其余构成因素的前提和基础。驾驶员在驾驶中对道路状况的复杂简单程度、对交通环境是否熟悉和是否具有及时采取行动以规避交通事故的信心，三者的高低程度对驾驶员安全态度有很大的影响（李红梅，2001）。

情感成分是指驾驶员对态度对象持以肯定或否定的评价以及因这种评价而产生的情绪情感，这一成分是驾驶员安全态度的核心与关键，会影响到构成驾驶员安全态度的其他两个成分。驾驶员对态度对象持以肯定评价以及产生的积极情绪情感，会引发兴奋性情绪，是对驾驶安全有利的态度，不过，如果引发的兴奋性情绪超过了一定程度的话，是对驾驶安全不利的态度。相反，驾驶员对态度对象持以否定评价及其带来的消极情绪情感，如暴躁、愤怒等，是对驾驶安全不利的态度（赵晨鹰和黄希庭，2003）。

行为倾向成分包括意向、倾向和偏好，是指驾驶员准备对外向对象、态度对象所采取的反应，具有准备性质。行为倾向成分会影响驾驶员的情感成分（李彦章等，2008）。

11.2.3 驾驶员安全态度的测量

驾驶员安全态度的测量一般以自我报告量表的方式进行。目前，研究者开发编制的测量驾驶员安全态度的量表主要有驾驶员安全态度量表（The Scale for Drivers' Safety Attitude）（金会庆，1993）、安全态度调查表（The Survey of Safe Attitude）（转引自：赵炳强，1998）、驾驶员态度问卷（Drivers' Attitude Scale）（Ulleberg & Rundmo，2003）、驾驶员驾驶行为与态度问卷（The Measures of Driver Behaviour and Attitudes）（Iversen & Rundmo，2004）、交通安全态度问卷（The Questionnaire of Traffic Safety Attitude）（李彦章等，2008）、驾驶员安全态度问卷（The Questionnaire of Drivers' Safety Attitude）（齐林等，2012）、汽车驾驶员安全驾驶态度问卷（The Questionnaire of Motorists Driving Safety Attitude）（孙云等，2013）、驾驶员危险行为态度量表（The Questionnaire of Drivers' Attitude Towards Risky Behavior）（常若松等，2016）等。

1. 驾驶员安全态度量表

驾驶员安全态度量表由金会庆编制于 1993 年，当时我国没有专门的、获得一致认可的此类量表，所以并没有可靠的根据去区分事故驾驶员，而且没有办法对驾驶员进行有针对性的安全教育。该量表共有 6 个维度，分别为驾驶员责任归属、自我中心、自信心、行动性、冲动性、认知性。每个维度有若干条目。每个维度对不同年龄的驾驶员有对应的常模平均值和常模平均误差率，将每个维度得出的标准分分别与 2 分、3 分、4 分比较，可以得出驾驶员对该维度的态度。

驾驶员责任归属维度是指驾驶员在交通意外或交通事故中会如何归咎责任；自我中心维度是指驾驶员的驾驶活动会优先考虑自身还是他人；自信心维度

是指驾驶员是否很信赖自身的驾驶技能；行动性维度包括安全行动和危险行动；冲动性维度是指驾驶员在驾驶中遇到突发状况时是凭着直觉冲动处理还是能够理性处理；认知性维度是指驾驶员对道路环境、来往车辆、路上行人是否有正确的认知。

此量表测试时要求环境安静，需要对被试隐瞒测试目的，要求进行测试的主试必须经过一定时间的培训，在测试时，主试不可以给予被试任何暗示，不能干预被试的心理倾向性，每题只可以选择唯一答案，整个测试过程需在 16min 之内完成。此量表既可被应用于团体的驾驶员测验，也可被应用于个体的驾驶员测验，中等以上文化程度的驾驶员尤其适合用此量表进行测试。

2. 安全态度调查表

该调查表由日本的山下升编制，初始量表包括 50 个条目。山下升将安全态度划分成责任归属和动作优势倾向及动作不安定三个方面，然后通过因子分析，得到三个因子，即归因方向、遵守法规、粗暴驾驶。归因方向是指在发生交通事故时，驾驶员会如何归咎责任，如交通环境复杂、自己粗心大意等；遵守法规是指驾驶员是否倾向遵规守纪，按照交通法规法则来驾驶；粗暴驾驶是指驾驶员是否存在粗鲁无礼（谩骂他人、恶意超车）的驾驶倾向。

随后，山下升进一步变化相关的抽样因子，以此得到匹配每种标准的主要因子，最后将态度调查表压缩为 30 个条目，确定出 2 个标准、4 个因子，其中，标准 1 为归因方向，包括外部情境、他人、运气和自我中心 4 个因子；标准 2 为行动，包括自信性和活动性 2 个因子。

该调查表用利克特四点计分法测试被试态度的强弱，属于某因子的各个条目的平均值就是该因子的值，即被试在该项目上的安全态度。

3. 驾驶员态度问卷

该问卷由 Ulleberg 和 Rundmo 在 2003 年编制开发，共 15 个条目，分为 3 个维度。交通流畅与遵守规则维度是指驾驶员在驾驶过程中是否会遵守相关的交通规则，是不是即便遇到交通不流畅的堵车情况也会遵守法规；超速维度是指驾驶员在驾驶中是否偏爱对高速度刺激的追求，无视交通规则对速度的限制；驾驶娱乐维度是指驾驶员是否以认真的态度对待驾驶。

该问卷采用从“完全同意”到“完全不同意”的利克特五点计分法，问卷的信效度已经得到检验，均良好，是测验驾驶员安全态度和不安全态度的有效工具。不过，由于文化差异，国内在引进此问卷时还需根据本国实际情况重新修订并进行信效度检验。

4. 驾驶员驾驶行为与态度问卷

该问卷由 Iversen 和 Rundmo 在 2004 年编制开发，共 41 个条目，其中，行为问卷有 24 个条目，分为 7 个维度，即速度维度、鲁莽维度、冒险维度、谨慎维度、酒驾维度、分心维度、小心维度。态度问卷有 17 个条目，分为三个维度。第一个维度是对违反交通规则、超速行为的态度，是指驾驶员在驾驶中是倾向遵守相关交通规则选择限速还是倾向冒险超速。第二个维度是对他人粗心驾驶的态度，是指驾驶员对于其他驾驶员的粗鲁、不安全的驾驶行为能否察觉到和如何评价。第三个维度是对酒后驾驶的态度，是指驾驶员是否倾向接受在饮酒后甚至是醉酒的状态下驾驶。

该问卷采用从“完全符合”至“完全不符合”的利克特五点计分法。总体信效度在 Iversen 和 Rundmo 之前的研究中已经得到检验，均良好。

5. 交通安全态度问卷

该问卷由李彦章在 2008 年编制而成，共 30 个条目，含有 4 个维度。对安全驾驶的态度维度有 8 个条目，对酒后驾驶的态度维度有 7 个条目，对交通规则的态度维度有 9 个条目，对超速驾驶的态度维度有 6 个条目。其中，对安全驾驶的态度包括驾驶员是否会定期检修机动车以及在驾驶中是否存在危险驾驶活动；对酒后驾驶的态度是指驾驶员是否倾向接受在饮酒后甚至是醉酒的状态下驾驶；对交通规则的态度是指驾驶员在驾驶过程中是否会遵守相关的交通规则，是否在即便遇到交通不流畅的堵车等情况时也会遵守法规；对超速驾驶的态度是指驾驶员在驾驶中是否偏爱对高速度刺激的追求，无视交通规则对速度的限制。

该问卷采用利克特五点计分，有些条目反向计分。维度的得分就是对应态度的说明。低分表示态度积极，高分表示态度不积极。该问卷的信度和效度已得到检验，均良好。

6. 驾驶员安全态度问卷

该问卷是依据国外的驾驶员安全态度量表修订而成的，包括 16 个条目，分为 3 个维度。每个维度中均包含路况、人况、车况三个方面。认知维度包括对道路、车辆、行人的认知；情感维度是指驾驶员在驾驶过程中的情感体验，包括积极情感（快乐、轻松等）和消极情感（忧郁、焦虑、紧张等）两个方面；行为倾向维度包括安全行为倾向和危险行为倾向两个方面。

该问卷采用从“完全符合”至“完全不符合”的利克特五点计分法。总体信度良好，且各分维度的信度均达到了心理测量学的要求，并具有良好的内容效度，能够有效地辨别出驾驶员对驾驶安全的态度。

7. 汽车驾驶员安全驾驶态度问卷

该问卷共 25 个条目，分为 6 个维度。维度一：对安全驾驶的态度，包括驾驶员是否会定期检修机动车以及在驾驶中是否存在危险驾驶活动；维度二：对酒后驾驶的态度，是指驾驶员是否倾向接受在饮酒后甚至是醉酒的状态下驾驶；维度三：对交通规则的态度，是指驾驶员在驾驶过程中是否会遵守相关的交通规则，是否在即便遇到交通不流畅的堵车等情况时也会遵守法规；维度四：对超速驾驶的态度，是指驾驶员在驾驶中是否偏爱对高速度刺激的追求，无视交通规则对速度的限制；维度五：对疲劳驾驶的态度，是指驾驶员是否愿意在身心疲劳的情况下驾驶；维度六：对生命的态度，是指驾驶员对自己以及他人的生命安全是否看重。

问卷采用从“完全同意”到“完全不同意”的利克特五点计分法。维度的得分就是对应态度的说明。低分表示态度不积极，高分表示态度积极。该问卷的信度和效度良好。

8. 驾驶员危险行为态度量表

该量表包括 18 个条目，分为三个维度。维度一：对违规和超速的态度，是指驾驶员在驾驶中是否会遵守交通安全法规及其是否会无视交通规则对速度的限制，偏爱追求高速度的刺激；维度二：对他人粗心的态度，是指驾驶员在驾驶中是否有跟随其他违规的驾驶员做出不利于生命财产安全的活动；维度三：对酒后驾驶的态度，是指驾驶员是否倾向接受在饮酒后甚至是醉酒的状态下驾驶。

该量表采用从“完全同意”到“完全不同意”的利克特五点计分法。该量表的信效度良好，是测量危险驾驶行为态度的可靠而有效的工具。

11.2.4 驾驶员安全态度的影响因素

影响驾驶员安全态度的因素有许多，很多学者都有过研究，各抒己见。但即便百家争鸣，总也有相同的结论。综合国内外的研究来看，生理因素、心理因素、文化因素等对驾驶员安全态度都有着或大或小、不同程度的影响。具体如下。

1. 生理因素

有研究表明，年龄、性别对驾驶员安全态度有着一定的影响。老年驾驶员在驾驶过程中受到严重伤害的可能性比年轻驾驶员更大，因此，老年驾驶员对驾驶的安全态度更小心谨慎（Morgan & Mannering，2011）。

在相同的交通条件下，与女性驾驶员和老年驾驶员相比，男性驾驶员和年轻驾驶员更少持有对驾驶安全有利的态度，对驾驶风险的敏感度较低，对造成风险的可能性估计较低（Nordfjærn et al.，2010）。

与男性驾驶员相比，女性驾驶员在驾驶过程中更多地倾向安全驾驶。在对交通违规罚款的感知上，男性驾驶员比女性驾驶员更强烈。也就是说，在面对有可能发生交通违章罚款的情况下，男性驾驶员比女性驾驶员更倾向安全驾驶，也比女性驾驶员更能规避交通违章罚款（Millicent & Richard，2013）。

2. 心理因素

1）驾驶经验。有研究表明，驾驶员驾驶经验对驾驶安全态度有影响。在相同的交通条件下，驾驶经验丰富的驾驶员更可能有超车、飙车以及不顾道路交通安全而卖弄车技的行为。对自己驾驶经验信任度高的驾驶员会倾向做出有风险的驾驶活动，更可能产生对驾驶安全不利的态度（Vardaki & Yannis，2013）。

另有研究认为，驾龄短的年轻驾驶员对驾驶安全有利的态度的倾向性较低，对超速、超车等的态度相对较认可（Akaateba & Amoh-Gyimah，2013）。

2）情绪因素。驾驶员在喜悦、快乐等积极情绪状态下更倾向对驾驶安全有利的态度。例如，一个刚刚得到晋升的公司职员在下班途中遇到堵车时，更有可能采取耐性等待，而不采取违反道路交通安全的冒险超车等行为。与之相反，消极情绪状态会加重驾驶员对驾驶安全不利态度的坚决性（Lund，2006）。

驾驶员情绪状态的瞬息变化也影响着驾驶员对驾驶安全有利的态度的倾向性。道路状况难易程度的变化、交通拥堵、其他驾驶员的驾驶行为等情况的出现会对驾驶员的情绪状态产生或好或坏的影响。道路状况差、长时间拥堵、其他驾驶员恶意超车或谩骂的行为等会引起驾驶员的消极情绪，降低他们对驾驶安全有利态度的倾向性（Lund & Rundmo，2008）。

另外，有研究发现，对驾驶安全不利的态度的倾向性与驾驶愤怒有关系。驾驶员越愤怒，对违反交通安全、超速、超车、其他驾驶员的危险驾驶行为等越可能持有肯定的态度（Yunesian et al.，2008）。

3）人格因素。有研究表明，驾驶员人格特质的不同对驾驶员安全态度倾向性有一定的影响。研究者认为，拥有高特质紧张的驾驶员在驾驶中更可能急躁和愤怒，对高速度也比较偏爱，并伴有较多的鲁莽驾驶行为。这类驾驶员更倾向持驾驶安全不利态度，从而违规和超速（吴雪梅，2009）。

驾驶员自尊感的高低同样会对驾驶员安全态度产生影响。高自尊的驾驶员在面对道德冲突时比低自尊的驾驶员更少感到不安，因而他们在驾驶中不会刻意约束自身，较倾向持驾驶安全不利的态度；而低自尊的驾驶员在面对道德冲突时会产生更多的压力感，这种压力感促使他们更倾向持驾驶安全有利的态度，从而遵守交通规则（Petty et al.，1997）。

3. 文化因素

在经济发达国家，驾驶员对违反交通安全规则、危险驾驶、其他驾驶员的危险驾驶行为等的态度更为坚决（Nordfjærn et al.，2012）。相对而言，经济发达国家的驾驶员更倾向规避交通违规及在其他驾驶过程中可能发生的危险（Oltedal & Rundmo，2005）。

在经济发展相对落后的国家，由于道路交通安全法律法规的普及与实施不是十分到位，驾驶员更倾向违反道路交通安全以及做出其他危险驾驶行为（Nordfjærn et al.，2009）。

11.3 交通违法行为

11.3.1 交通违法行为的界定和分类

1. 交通违法行为的界定

交通违法行为（road traffic violations）是指在道路上通行的车辆、交通参与者（机动车驾驶人、非机动车驾驶人、行人、乘车人以及其他与道路活动相关的人）违反了交通法律、法规和相关规章，扰乱了正常的交通秩序，妨碍了交通安全与畅通，侵犯了公民的交通权益，依照相应法律法规应受到惩罚的行为（赵梨利，2014）。

2. 交通违法行为的分类

按交通违法行为的主体进行分类，可将交通违法行为分为机动车驾驶员交通违法行为、非机动车驾驶员交通违法行为、行人交通违法行为以及营运车辆驾驶员交通违法行为。这是我国目前运用最多的分类方式（赵梨利，2014）。

1）机动车驾驶员交通违法行为。机动车包括各种汽车、摩托车、拖拉机等。该类违法行为包括这些车辆的驾驶员超速、超载、疲劳驾驶、不按道行驶、强超、强会、闯红灯、无牌无证、非法改装等行为。

2）非机动车驾驶员交通违法行为。非机动车主要有自行车、人力三轮车等。该类违法行为包括这些车辆的驾驶员闯红灯、不按道行驶等行为。

3）行人交通违法行为。在我国，最普遍的是行人闯红灯现象。

4）营运车辆驾驶员交通违法行为。营运车辆包括出租车、“黑摩的”等。该类违法行为包括这些车辆的驾驶员违法运营、违规停车等行为。

11.3.2　交通违法行为的影响因素

1. 个人因素

1）性别和年龄。以往的研究发现，性别、年龄等人口统计学变量会影响到个体的违法行为，男性比女性更倾向做出违法行为（Sigelman C & Sigelman L，1976）。

殷盼（2009）对交通违法行为的研究验证了已有的结论，即 30 岁以下的人群要比 30 岁以上的人群更倾向做出违法行为。也有研究表明，那些年轻的、缺少责任心的、对驾驶缺乏热情的驾驶员更容易对道路安全造成威胁（Heslop，2014）。

2）主观规范（subject norm）。主观规范是指个体在决策是否执行某种特定行为时感知到的社会压力，反映了重要他人或团体对个体行为决策的影响。当外界的舆论导向为安全文明行车、遵守交通规则时，驾驶员相应地会感到外界的压力，从而倾向遵守交通规则。刘彦宇（2013）基于计划行为理论对驾驶员超速行为的研究表明，主观规范对超速意向的预测作用显著。

3）风险感知。风险感知是用来描述人们对风险的态度和知觉判断的一个概念（毛华配等，2013），在一定程度上能够预测机动车驾驶员的风险行为，是影响驾驶决策的重要因素（梁超等，2014）。而个体对自己驾驶行为的风险感知能力会影响交通违法行为。年轻驾驶员对风险的感知能力低，不仅仅是由于其缺乏经验，他们的感觉寻求倾向也更强，更喜欢超速驾驶（Preusser et al.，1998），而且其容易过度自信，总是低估危险，高估自己的驾驶技术。

4）人格特质。在众多特质中，愤怒特质和攻击特质是被研究最广泛的两种特质。Rowden 等（2016）的研究表明，高驾驶攻击性的驾驶员在兴奋寻求、风险卷入意图方面的得分也较高，在安全态度方面的得分较低，并会卷入更多的交通违法事件中。

2. 环境因素

1）匿名性。当一个人是匿名时，他不能被识别，因此，他可能会觉得自己的行为不能被判断，也不会被谴责，此时，他会做出更多交通违法行为。在驾驶模拟器研究中，相比于确定身份的驾驶员，匿名状态的驾驶员更容易闯红灯，有更快的平均速度，更多地卷入碰撞中，由此导致受伤的行人也更多（Ellison et al.，1995）。

2）交通拥堵。Hennessy 和 Wiesenthal（1997）发现，与低拥堵情况相比，驾驶员报告在交通拥堵严重的情况下感受到了更大程度的压力。也就是说，在高拥堵情况下，驾驶员会更频繁地出现蓄意尾随、鸣喇叭等攻击性驾驶行为。此外，在经历了低拥堵或正常的驾驶情况后，在道路中遇到严重的交通堵塞时，驾驶员更容易产生一些交通违法行为。

3. 文化因素

Lonero（2007）将驾驶文化定义为“驾驶员在社会中，通过观察其他人所学到的普遍做法、期望和非正式规则”。不同国家的社会文化和社会态度会在其驾驶员身上体现出来，尤其是不同的文化会影响驾驶员的交通违法行为。Sinclair（2013）的研究结果表明，每个国家都有明显不同的驾驶文化：南非是一个高腐败程度、高犯罪率和高人际暴力的国家，同时也是有着较高道路死亡率和高水平攻击性行为的国家；相比之下，瑞典是世界上道路死亡人数最少的国家之一，被公认为是和谐社会，公民信赖政府。南非驾驶员对其他驾驶员持有更多的消极看法，只有 24%的南非驾驶员认为其他驾驶员服从并遵守道路规则，并把驾驶员形容为攻击性的、急躁的和不专心的。相比之下，77%的瑞典驾驶员认为其他驾驶员服从并遵守道路规则，并将驾驶员描述为宽容的、安全的和专注的。由此可见，驾驶员的交通违法行为不可避免地会受到其所处文化潜移默化的影响。

11.4 驾驶员车语文化

11.4.1 车语的界定

语言作为一种外部世界和内部世界联系的方式，对于文化和个人有着重要的意义。它可以让我们的个人经验符号化，并且不断积累为大家所共享，同时，通过语言群体和社会可以把积累的知识流传给后代。作为一种符号系统，语言处于社会生活的核心位置，也处于社会和文化发展的核心位置（冯雨，2017）。

“汽车语言”（简称车语，vehicle signal）是指通过操作车辆的喇叭、车灯等，从而使其他驾驶员了解本车辆将要做的动作（Renge，2000）。车辆信号（包括转向灯、危险警示灯、鸣笛等）是公路交流的渠道，表征驾驶行为的意图，向其他道路使用者警示危险以及表达驾驶员的情绪。

11.4.2 车语的分类

在道路交通中，驾驶员之间使用的信号交流方式可以被进一步分类。Renge

（2000）在日本收集了道路交通的信号方式，按照表达意义，将车语信号初步分为以下五类：不愉快的表达（长时间大声鸣笛表达愤怒）、命令（摆手势让其他车辆让路）、重点强调（转弯前鸣笛提醒其他车辆避让自己）、通知（转弯车辆闪烁尾灯提示其他车辆）和社会礼数性（闪烁车头灯表示谢意）的信号。如果按照车语表达渠道，可以将车语分为三类：正式的基于装置的信号（正式车语，如转弯开启转向灯）、非正式的基于装置的信号（非正式车语，如夜间后车闪烁远光灯提示前车超车意图）和体语（如摆手表示让行）。在日常车语使用中，混合车语使用得更频繁，即正式车语和非正式车语一同使用。

11.4.3 车语使用的影响因素

1. 驾驶经验与性别

对于鸣笛，有些驾驶员会认为这是噪声，对此感到非常愤怒，而鸣笛可能仅仅是想告诉他，汽车的汽油盖没有盖好，或是表达谢谢的意思（Tillmann & Hobbs，1949）。有研究者认为，这种理解的差异可能是驾驶经验不同造成的（Underwood et al.，2013），道路交通中，驾驶员之间的互动交流非常重要。为了理解这些信号，驾驶员必须分析出这些信号代表的意义，这种经验和技能是驾驶员在日常驾驶实践中逐渐积累习得的。Renge 按照驾驶经验将被试分为新手驾驶员和有经验的驾驶员，招募了 63 名参与者（32 名新手驾驶员和 31 名有经验的驾驶员）来评价在 24 个驾驶情境中使用车辆信号所代表的意义，如大灯、危险灯和手势等。交通场景在实验室里用幻灯机放映，使用利克特五点计分法进行评估。研究表明，新手驾驶员可以很好地理解正式车语和日常车语，但是对非正式车语的理解效果较差。有经验的驾驶员对三种车语的理解效果都较好，并且对自己的理解更加自信（Renge，2000）。Renge 的研究表明，女性驾驶员对车语的理解比男性驾驶员更缺乏自信。这意味着，在对车语的理解上，女性驾驶员比男性驾驶员的理解效果更差。

2. 文化差异

不同国家驾驶员的驾驶交流表现出明显的不同。有研究调查了中国和德国文化中车辆系统的交流方式与驾驶员行为的关系。结果表明，在文字、语音和表情符号三种模式中，中国驾驶员最喜欢语音，而德国驾驶员更偏爱表情符号。这可能是因为中国驾驶员的思考方式具有较高的情境性，他们试图收集尽可能多的信息，而语音则可以传递出更多信息；德国驾驶员认为相比于语音和文字，表情符号更直接、清晰（Renge，2000）。

11.4.4 车语对攻击性驾驶行为的影响

Leckie 和 Hopkins（2002）将汽车称为半私人化的金属容器，汽车的封闭性阻止了驾驶员对其他道路使用者社会存在的感知，强化了领域概念，使驾驶员彼此隔离和匿名，并阻碍了驾驶员之间的社会交流。

在驾驶情境中，驾驶员始终抑制着自己与其他道路使用者之间的非言语沟通能力。他们难以通过建立眼神交流、理解面部表情或使用手势来实现社会互动。这使驾驶员产生自我封闭，从而曲解其他驾驶员的意图，引起驾驶员攻击性驾驶行为的发生。

车语交流方式是一种非正式道路规则，正确理解其他驾驶员的车语意图是驾驶员的安全技能之一。驾驶员无法正确表达或感知社会互动会导致攻击性驾驶行为和反社会驾驶行为。50%的驾驶员承认曾口头诅骂过他人，其中有 82%的人觉得这样做是合适的。攻击性驾驶行为有很多车语表现形式，如口头诅骂、不文明手势、大声鸣笛、灯光滥用等（冯雨，2017）。

在驾驶情境中，车辆封闭性和匿名性直接导致驾驶员在判断其他道路使用者的行为意图时产生归因偏差（Björklund & Åberg，2005；Haglund & Åberg，2000），进而产生消极的互动、态度和情绪。驾驶愤怒便是驾驶过程中最常见的消极情绪，是消极社会认知和沟通不畅的结果。在面对面的交流中，当接收到对方的歉意时，愤怒通常会缓解。而在驾驶情境中，驾驶员试图表达愤怒、接受反馈或道歉的途径有限，很难在封闭性的高速驾驶情境中将其及时传递给其他驾驶员。

良好的车语沟通可以将驾驶员的意图及时通知给其他道路使用者，并提供更多的补充信息。研究表明，车语可以改变驾驶员互动的主观评价以及对其他驾驶员的态度和情绪反应（Ba et al.，2015）。例如，简单的微笑便可以大大促进社会交流。Guéguen 等（2016）的研究表明，过马路时，行人向迎面而来的汽车中的驾驶员微笑，会增加其停车的可能性。摩托车驾驶员遇到面带微笑的行人会减慢速度，从而确保行人的安全。因此，行人可以通过使用适当的非言语信号来提高自身的安全系数。

关键术语

交通违法行为（road traffic violations）：在道路上通行的车辆、交通参与者（机动车驾驶人、非机动车驾驶人、行人、乘车人以及其他与道路活动相关的人）违反了交通法律、法规和相关规章，扰乱了正常的交通秩序，妨碍了交通安全与畅通，侵犯了公民的交通权益，依照相应法律法规应受到惩罚的行为。

主观规范（subject norm）：个体在决策是否执行某特定行为时感知到的社会压力，反映了重要他人或团体对个体行为决策的影响。

车语（vehicle signal）：即“汽车语言”，通过操作车辆的喇叭、车灯等，从而使其他驾驶员了解本车辆将要做的动作。

第 12 章　自动化驾驶与交通安全

本章将介绍自动化驾驶的定义、等级划分，接管过程的定义、接管请求的形式、接管过程的心理机制，影响接管过程的人口学因素、自动驾驶使用经验、非驾驶相关任务、驾驶员的疲劳状态和信任态度，并介绍自动驾驶研究的不足和展望未来研究。

12.1　自动化驾驶概述

12.1.1　自动化驾驶的定义

自动化是指机器设备、系统或过程（生产过程、管理过程）在没有人或较少人的直接参与下，按照人的要求，经过自动检测、信息处理、分析判断、操纵控制，实现预期目标的过程。自动化技术被广泛用于工业、农业、军事、科学研究、交通运输、商业、医疗、服务和家庭等方面。采用自动化技术不仅可以把人从繁重的体力劳动、部分脑力劳动以及恶劣、危险的工作环境中解放出来，而且还能扩展人的器官功能，极大地提高劳动生产率，提高人类认识世界和改造世界的能力。因此，自动化是智能社会的显著标志。

自动化驾驶被定义为机械（通常是计算机）操控以前由人类执行的驾驶功能（Parasuraman & Riley，1997）。自动化驾驶具有在人口剧增的背景下提高安全性、减少拥挤和排放等诸多好处。这些好处通常是从以技术为中心的视角来强调的。为了更好地利用车辆自动化的潜力，人机交互问题十分重要。自动化驾驶汽车依靠人工智能、视觉计算、雷达、监控装置和全球定位系统协同合作，让电脑可以在没有任何人类的主动操作下，自动、安全地操作机动车辆。自动化驾驶汽车作为一项新兴技术，是汽车行业当前的研究热点。然而，持怀疑态度的人士认为，自动化驾驶技术至少在现阶段依然不成熟，无法与驾驶员对交通状况诸多因素，特别是突发事件的综合判断相比（威尔·奈特，2013）。

12.1.2　自动化驾驶的等级划分

关于自动化驾驶，人们往往存在误解，经常将完全自动化驾驶和高度自动化驾驶相混淆。美国汽车工程师学会（Society of Automotive Engineers，SAE，2014）和 NHTSA（2013）通过国际公路车辆自动标准委员会组织行业和政府等共同定义了与道路车辆自动化程度日益提高的关键概念，德国和美国分别将车辆的自动化水平分为 5 或 6 个等级，见表 12.1 所示。

表 12.1　自动化驾驶技术的分类标准

德国			美国		
等级	名称	定义	等级	名称	定义
L0	无自动化	驾驶员手动控制	L0	无自动化	驾驶员负责动态驾驶任务的所有方面
L1	驾驶辅助	横向和纵向行驶由驾驶员手动控制，辅助系统负责其他任务	L1	驾驶辅助	单一的驾驶辅助系统通过环境信息负责控制速度或转向，其余均由驾驶员控制
L2	部分自动化	自动化系统控制车辆横向和纵向行驶，驾驶员始终负责监控，并随时准备驾驶	L2	部分自动化	一个或多个驾驶辅助系统通过环境信息负责控制速度和转向，其余均由驾驶员控制
L3	高度自动化	自动化系统控制车辆横向和纵向行驶，驾驶员不必始终负责监控，当接收到信号时，必须在一定反应时间内重新进行手动控制	L3	有条件的自动化	自动化系统控制所有的车辆表现，驾驶员负责适当地响应干预请求
L4	完全自动化（无人驾驶）	自动化系统完全且永久控制车辆横向和纵向行驶，如果重新控制信号没有被接收到，系统自动切换到最小风险模式	L4	高度自动化	自动化系统控制所有的车辆表现，即使驾驶员没有响应干预请求
			L5	完全自动化	自动化系统代替驾驶员全方位控制车辆表现

12.2　接管过程

12.2.1　接管过程的定义

驾驶任务在车辆智能操作和驾驶员操作之间互相转移的过程被称为接管过

程。自动化驾驶的等级不同，车辆智能和驾驶员在接管过程中起的作用也不同。在部分自动化驾驶中（L2 等级及以下），驾驶任务的控制权在人手中。在这一等级中，驾驶员需要时刻监督路面，实时操控。在 L3 等级中，一般情况下，车辆的操控由车辆智能操作系统来完成，驾驶员可以从事与驾驶无关的任务。L3 等级下遇到系统无法处理的问题，如传感器失灵系统要求驾驶员操控时所释放的警示信号，这个警示信号被称为接管请求（take-over request）。驾驶员能够及时接管车辆控制，是 L3 等级自动化驾驶的主要挑战之一。研究者（Wan & Wu，2018）认为，在接管请求之前，从事不同性质的非驾驶相关任务（non-driving-related task，NDRT）对驾驶员接管过程所需的时间也会有影响。以往关于驾驶员注意、警觉和疲劳等心理因素的研究在 L3 等级自动化驾驶条件下被赋予了新的意义，并将通过接管过程的用时得以体现。关于不同形式的接管请求以及非驾驶相关任务的研究成为交通心理学中的新兴热点。

自动驾驶意味着车辆具备了横向和纵向的自动驾驶能力，对驾驶模式带来了极大的改变。Radlmayr 等（2014）认为，这种改变对驾驶员的任务和需求都造成了极大的影响，自动驾驶条件中的驾驶员不再需要实时控制车辆的行驶，腾出的双手双脚可以从事非驾驶相关任务。一旦遇到系统无法处理的事件时，其则会释放接管请求以要求驾驶员在一段时间内接管车辆的控制。在这一阶段中，驾驶员必须迅速从非驾驶相关任务切换到手动驾驶，根据得到的环境信息排查出接管请求发出的原因，罗列出可行的操作计划，选择最佳方案进行反应（Gold et al.，2015）。这一过程被称为接管过程（take-over process）。

在 L3 等级自动驾驶中，传统的驾驶绩效（车道变异性、方向盘转角、刹车深度）不再具有实际意义，研究人员倾向使用接管过程的时长来衡量驾驶员应对突发事件的能力，时间越长则意味着效率越低、危险越大（Korber et al.，2015）。Damböck 等（2012）用模拟器研究接管过程所需时长，其所测得的接管过程用时为 6～8s。Damböck 等强调，只有当驾驶员在接管之后的驾驶绩效与手动驾驶的绩效相一致时，才标志着接管过程的完成。

Gold 等（2013）进一步确定了接管过程的重要时间点，发现当接管请求发出之后，驾驶员的视线从非驾驶相关任务回到路面仅需要 0.8s，其余为驾驶员准备接管、认知选择（用时约 4s）和行为反应（用时约 2s）的时间。Melcher 等（2015）在这一研究的基础上，发现驾驶员在不参与非驾驶相关任务时，接管过程平均用时为 3.5s，但他们也认为驾驶员需要至少 10s 的时间才能妥善完成接管。在研究接管过程用时的实验中，由于情境设置的不同，研究者所得到的数值也有显著差异，产生差异的原因引起了研究者的兴趣，情境中的哪些因素会影响接管过程也得到了研究者的重视（Melcher et al.，2015）。

12.2.2　接管请求的形式

自动化条件中的接管请求的本质仍是新模式下的人机交互。驾驶员和车辆之间常见的人机交互形式有视觉和听觉形式。而关于视觉和听觉形式接管请求的有效性也得到了研究者的重视（Schwalk et al.，2015；Naujoks & Totzke，2014），其将研究重点放在了接管请求出现的频率及形式上。Haas 和 van Erp（2014）发现，视觉加听觉形式的接管请求和视觉加触觉形式的接管请求都比单独使用视觉形式的接管请求更有效。在意识到触觉接管请求可以与其他形式的接管请求组合以作为一种复合性的警示之后，Wan 和 Wu（2017）研究了六个不同振动位置的触觉接管请求，研究了在六个非驾驶相关任务（阅读、打字、观看视频、玩游戏、打盹、观察驾驶模拟器上的驾驶场景）中，驾驶员的接管行为及其对车辆的信任和接受程度。研究表明，在所有非驾驶相关任务中，驾驶员在座椅固定振动模式下的响应时间最快，在座椅固定振动模式与不同类型的非驾驶相关任务之间没有发现交互作用。这意味着，驾驶员对触觉形式接管最敏感的部位是固定的。Wan 和 Wu 的研究对自动驾驶车辆人机交互系统的设计具有极大实践意义。不同形式的接管请求所造成的接管过程用时的不同是必然的，因为其涉及不同危险情境下驾驶员不同的感觉通道。未来涉及安全的车辆设计、人机交互设计也应充分考虑这一点。

12.2.3　接管过程的心理机制

1. 接管过程五阶段模型

Naujoks 等（2017）将接管过程划分为五个阶段，分别是 CAD（有条件自动驾驶，conditional automated driving）参与、CAD 降解、CAD 脱离、手动驾驶、CAD 恢复。

1）CAD 参与：在自动化驾驶期间保持驾驶适应性。在自动化驾驶期间，过高的工作负荷会导致主动疲劳，过低的工作负荷会导致被动疲劳，二者皆会改变驾驶员的唤醒水平，不利于驾驶员响应系统接管请求以手动控制机动车。这一阶段主要和驾驶员不同的唤醒水平有关。

2）CAD 降解：驾驶员注意到接管请求。在接管过程中，手动控制机动车的要求会被明确写在接管请求上。这一步骤受到非驾驶相关任务的强烈干扰，降低了驾驶员识别、处理和解读接管请求的能力。例如，当非驾驶相关任务和接管请求以相同的模式呈现时，该步骤的时间将会被大大延长。这一阶段主要和接管请求的方式（听觉、视觉、震动等）有关。

3）CAD 脱离：终止或中断正在执行的非驾驶相关任务并开始手动驾驶。一旦驾驶员认识到机动车需要手动控制时，终止非驾驶相关任务的一些操作便成了驾驶员的额外需求。例如，停止或暂停电子设备并将其放在一边可能会延长驾驶员转换为手动驾驶的时间。这一阶段主要和非驾驶相关任务的性质有关，研究者把非驾驶相关任务性质的不同所带来的反应时的差异总结为驾驶员注意转移的不同。

4）手动驾驶：即使驾驶员已经完成驾驶系统由自动化到手动的转换，如操控机动车变道以躲避障碍物，但非驾驶相关任务仍然影响着驾驶员的判断。

5）CAD 恢复：驾驶员采用手动驾驶处理完突发情况之后，再次启动自动化驾驶。目前，有大量文献论述了从自动化驾驶转换到手动驾驶过程中驾驶员的心理过程，但关于从手动驾驶转换到自动化驾驶过程中驾驶员心理过程的研究几近于无。

2. 接管过程逐级递减模型

Walch 等（2015）提出了一个从完全自动化到逐级递减为手动驾驶的模型。在自动化驾驶系统发出接管警报的同时，该系统应中断次要任务并开始减速。在获得驾驶员的注意后，该系统可以要求驾驶员接手。如果驾驶员没有接手，该系统必须自行处理。该系统在不同情况下可能会有不同的降级策略，如以较低的速度行驶，或在道路一侧的车位紧急停车。该模型考虑了次要驾驶任务对驾驶员的持续影响，并进一步综述了驾驶员注意到接管请求的反应路径和没注意到接管请求的反应路径，考虑到了环境对驾驶员的影响，对人机交互界面设计具有重要意义。接管过程逐级递减模型如图 12.1 所示。

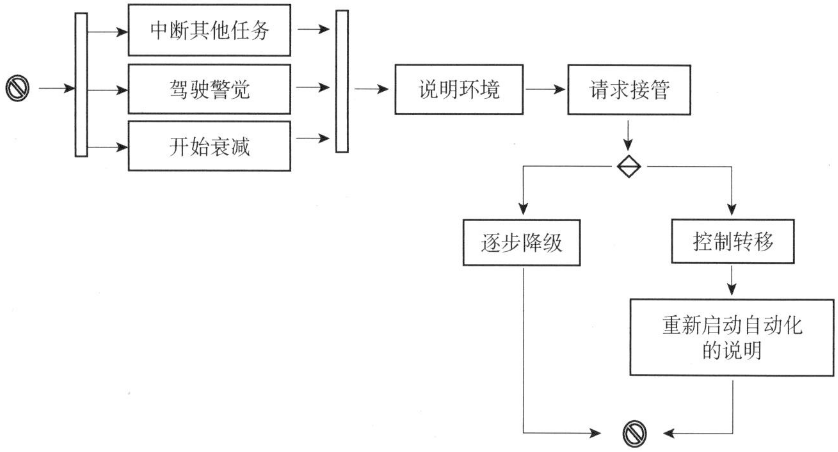

图 12.1　接管过程逐级递减模型

3. 视觉分心接管过程心理模型

Zeeb 等（2015）进一步提出了视觉分心条件下驾驶员响应接管请求的心理模型，如图 12.2 所示。驾驶员首先会将目光从视觉分心任务上重新转向街道。如果所执行的次要任务包括使用手机等，驾驶员可能需要同时将手放回到方向盘上并将脚移向踏板上，从而实现车辆准备以完成接管任务。当驾驶员的注意力转移到车辆并开始接管之后，便是一个新的认知过程和行为选择的过程。驾驶员会分析当前环境，在脑海中选择最适宜的行为方案，对当前突发事件进行反应。驾驶员行为选择的完成意味着接管过程的结束。

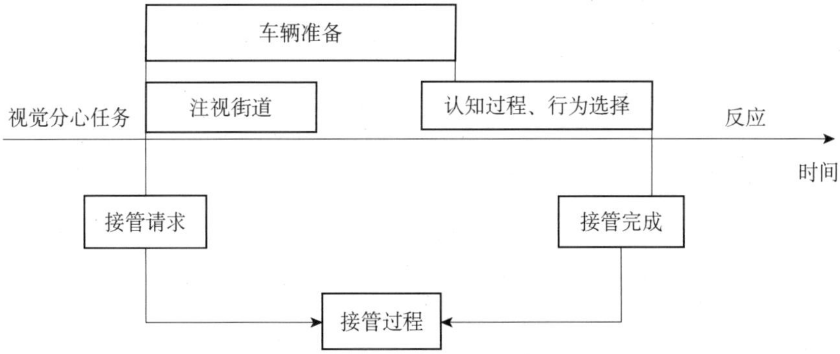

图 12.2　视觉分心条件下接管过程心理模型

4. 接管过程八因素模型

Stanton 和 Young（2000）基于实证研究提出了自动化驾驶时驾驶员的心理因素模型。他们使用了情境意识、心理负荷、心理模式、反馈、控制轨迹、压力、任务需求、信任 8 个心理因素，开发了自动化驾驶条件下驾驶员心理因素模型，如图 12.3 所示。

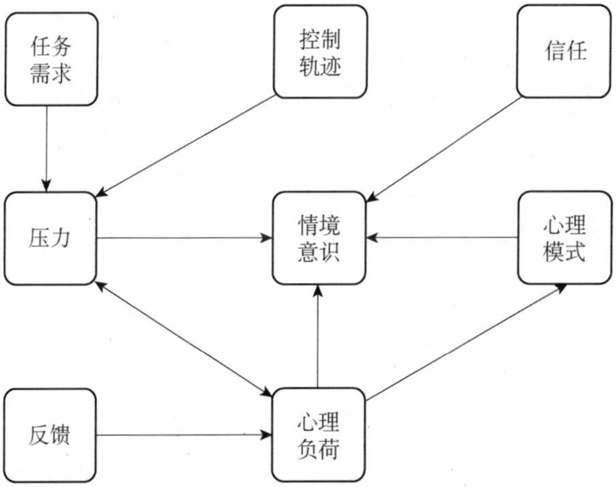

图 12.3　自动化驾驶条件下驾驶员心理因素模型

5. 接管过程因果关系模型

在此基础上，Heikoop 等（2015）采用元分析的方法，根据 224 篇关于自动化驾驶研究中关键心理结构的使用频率，构建了具有因果关系的心理模型。如图 12.4 所示，“−”表示消极影响，例如，当驾驶员有较少的任务需求时，驾驶员便会产生更多的主观疲劳。“+”表示积极影响，例如，更多的任务需求会导致更大的压力。“u”表示“U”形影响，例如，过高和过低的心理负荷都会引起压力。相反，“n”表示倒“U”形影响，例如，适中的心理负荷才能保持较高水平的注意。

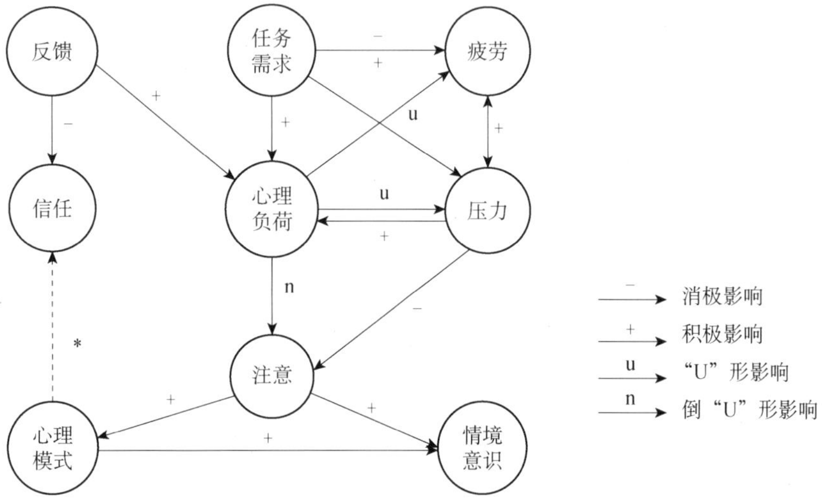

图 12.4　自动化驾驶条件下驾驶员的因果关系模型

元分析研究列举了大量关于自动化驾驶的心理因素，但没有揭示这些因素之间的内在逻辑关系，并不能满足我们对接管请求心理机制探究的需求。

12.3　接管过程的影响因素

12.3.1　人口学因素

Petermann（2013）研究了年龄对驾驶员响应接管请求的影响，发现两个年龄组接管过程的平均值之差高达 1200ms，但这种差异并不显著。这一结果的原因可能在于研究设计：被试以相当低的速度（35km/h）开车，并且不需要立即做出反应。Körber 等（2016）推进了这一研究，他们在三种不同交通密度的情境下对老年驾驶员和年轻驾驶员的反应时进行了测量，结果仍未发现显著差异，即年轻组与老年组的接管过程所用时间一样。然而，Körber 等却提出驾驶员之间的工作方式有所不同：老年驾驶员会更频繁、更强烈地制动；而年轻驾驶员则较为散漫。Pöysti 等（2005）在传统驾驶模式下就已发现老年驾驶员在驾驶时倾向不使用手机，即使电话响了也拒绝接通，他们把这种现象总结为老年驾驶员认知退化的一种补偿性策略。与此相反的是，年轻驾驶员在自动化驾驶条件下往往更容易被非驾驶相关任务所吸引（Naujoks & Totzke，2014），研究者将这种倾向归结为年轻驾驶员因对自己的能力盲目信任而频繁关注非驾驶相关任务。

12.3.2 自动化驾驶使用经验

驾驶经验对驾驶员来说非常重要，驾驶经验丰富的驾驶员在操控机动车时对道路情况的判断更为准确，面对危险时可以正确应对。而在自动化驾驶条件下，驾驶使用经验同样重要，可以改变驾驶员参与非驾驶相关任务的频率，从而影响接管过程。Körber 等（2016）还发现，在不考虑交通密度的条件下，不同年龄阶段的驾驶员都存在学习和适应的状态，即在第一个情境和最后一个情境之间，两组所用的接管请求时间显著减少，接管后的车道变异性也明显降低。Befelein 等（2016）通过实车测评得出了与之相反的结论，参与非驾驶相关任务频率的增加与自动化驾驶的经验成正比（定期使用 ACC 的驾驶员更容易参与非驾驶相关任务），驾驶员在之前的驾驶活动中启用车辆的自动驾驶功能越多，越容易参与非驾驶相关任务，在接管过程中的表现越差。这意味着，Körber 等的研究结果仅适用于完全没有使用过自动化驾驶系统的驾驶员。未来关于自动化驾驶的实验除了要考虑练习效应之外，是否区分有自动化驾驶使用经验的驾驶员也会对实验结果造成影响。

12.3.3 非驾驶相关任务

随着车辆自动化等级的不断提高，驾驶员在驾驶时从事非驾驶相关任务的可能性就越来越大，机会也越来越多，所从事任务的复杂性越来越高。Naujoks 等（2017）对近三年自动化驾驶条件下不同的非驾驶相关任务的研究做了总结，关于非驾驶相关任务的研究结果如表 12.2 所示。

表 12.2 自动化驾驶研究中使用的日常非驾驶相关任务概述

非驾驶相关任务	描述	作者
车载信息系统	与车载信息系统的互动	Toffetti，Wilschut，Martens
自由选择任务	参与者可以自由选择非驾驶相关任务（如看电影）	Carsten，Barnard

续表

非驾驶相关任务	描述	作者
阅读	文字阅读或看图形材料	Helldin，Riveiro
天气软件	从智能手机中检索与天气有关的信息	Naujoks，Purucker
应用导航	在车载导航系统中输入目的地	Tijerina，ohnston，Parmer
测验任务	回答有多个答案的问题（如“谁想成为百万富翁？”）	Petermann-Stock，Hackenberg
出声阅读	阅读呈现在眼前的文字	Rudin-Brown，Parker
听完文本后回答问题	聆听信息（如附近的餐馆），口头回答问题	Seppelt，Lees，Lee
视觉信息搜索	例如，从显示器上检索股票价格并大声朗读	Rudin-Brown，Parker
吃	吃零食（如吃放在乘客座椅上的糖果）	Carsten，Barnard
打游戏	打电脑游戏	Politis，Brewster，Pollick
听音乐	听收音机里的音乐	Blommer，Curry，Kochhar
打电话	与实验者交谈（如解算术任务）	Neubauer，Matthews，Saxb
在手机上写/拨电话	写短信或用手机拨号	Llaneras，Salinger，reen
打字	在手机上输入带有或没有指令的文本来写入特定的文本	Zeeb，Buchner，Schrauf
看电影	观看电影	Mok，Johns，Lee
靠车窗	在自动化驾驶期间斜靠车窗	Omae，Hashimoto，Sugamoto

12.3.4 驾驶员的疲劳状态

随着社会的发展，驾驶任务的复杂性越来越高，所要求的持续驾驶时间也越来越长，理解疲劳的意义以及寻求解决疲劳的方法对交通安全的意义比以往任何时候都要重大（Hu et al.，2013）。Brown（1994）将生理疲劳与心理疲劳区分开来。生理疲劳与肌肉功能的动态和/或静态直接相关，通常伴随着肌肉力量、疼痛、不适、头痛、恶心和眼睛模糊的症状。相反，心理疲劳是个体不愿意继续完成手头任务的一种主观体验。根据Brown（1994）的研究，驾驶员缓解生理疲劳最有效的方式就是打个盹或者休息一下，而主观疲劳状态的改善要复杂得多。Desmond和 Hancock（2001）将主观疲劳区分为主动疲劳和被动疲劳。在监控任务中，由任务要求持续而长时间的知觉活动的协调参与而造成的疲劳被称为主动疲劳；在监控任务中，由任务要求很少的知觉活动参与、长时间的单调反应所造成的疲劳被称为被动疲劳。

在自动化驾驶条件下，因为驾驶任务单调枯燥，起监督作用的驾驶员发生被动疲劳或任务相关疲劳的概率更高。未来自动化领域的研究最重要的就是探讨在单调环境下，驾驶员如何适度提高工作负荷以保持必不可少的警觉。通过在驾驶模拟器中模拟高速公路上的自动化场景可证实这一点，在自动化驾驶条件下，起监督作用的驾驶员更容易发生被动疲劳及警觉下降，接管过程所用时间更长。

12.3.5 驾驶员的信任态度

信任这一概念起源于人与人之间的交往，是衡量个体对他人相信程度的重要标尺，也是人际交往间的黏合剂。随着科技的迅猛发展，信任的意义不再局限于人与人之间，在自动化驾驶中同样起着重要作用。驾驶员过度信任或不信任自动化系统都会导致事故的发生（王新野等，2017）。2012 年 1 月，Costa Concordia 游轮触礁，致使 32 名乘客遇难。触礁的原因是船长不信任导航系统，采用手动控制致使船舶偏离了既定的航线（Levs，2012）。对自动化系统过度信任也会导致事故，2016 年 5 月 7 日，美国佛罗里达州发生一起车祸致死事故，主要原因是驾驶员过度信任特斯拉汽车的 Autopilot 模式（该模式要求驾驶员实时监控车辆运行），对突发情况无视系统警告，没有做出及时接管。

人与自动化驾驶系统的交互是一个动态的过程，人对系统信任的程度自然也不是一成不变的，哪些因素会影响驾驶员对自动化驾驶系统形成适当的信任一直是人机交互领域力求回答的关键性问题（Hoff & Bashir，2015；Schaefer & Vokrinek，2015）。Hoff 和 Bashir（2015）通过整合 2002—2013 年的 127 篇自动化驾驶的研究总结出三种类型的信任，分别是气质型信任、情境信任和习得性信任，为研究驾驶员与自动化驾驶系统交互过程中的信任问题提供了新的视角。

不同的因素会影响信任的不同方面，但任何驾驶员对自动化驾驶系统的信任都是驾驶员的一种倾向，是驾驶员对系统的看法的汇总，我们在不忽视气质型信任和情境型信任的前提下，应尽可能地通过车辆中人机交互功能的设计来提高驾驶员的习得性信任。除了驾驶员对自动化驾驶车辆的信任外，社会民众对自动化驾驶车辆的态度也是目前需要测量和深思的一件事。特斯拉致死事故发生后，该公司强调 Autopilot 系统安全运行了 1.3 亿英里，远低于普通汽车平均每运行 9400 万英里就会发生一起致死事故的概率。但无论概率多低，这毕竟是一起机器致死事故。人类可以接受自己犯错，但机器犯错导致人类死亡中微妙的心理因素及道德伦理值得我们探讨和关注。

12.4 自动化驾驶研究的不足与展望

12.4.1 已有研究的不足

毫无疑问，自动化驾驶将在不久的将来走入人们的生活中，即使是现在，自动化驾驶也在高铁、动车、地铁以及航空航天领域发挥着举足轻重的作用。与人们生活息息相关的汽车自动化程度迟迟不高，是因为道路交通远比轨道、航空等环境更为复杂。而且，自动化驾驶汽车所面对的用户专业水平更低，不似飞行员及专业驾驶员一般受过诸多培训。

除了心理因素外，还有许多影响交通安全的外在因素的研究需要得到进一步拓展。例如，人口学因素有年龄、性别、文化、驾驶经验、受教育程度等。在手动驾驶模式中，驾驶事故和年龄的关系呈“U”形模式，即 25 岁以下的危险性很高，在中年递减，65 岁后又开始上升（常若松，2016）。这一点在自动化驾驶的研究中因为其往往只采用高、低两个年龄段的被试而没有得到体现。另外，不同性别驾驶员的视觉、听觉和触觉等形式的敏感度不同，对危险情境的感知和评估都存在差异，研究接管过程性别差异的文献需要得到进一步补充。Huerta 等（2012）发现，与美国人相比，墨西哥人更有可能信任自动化决策辅助工具，也就是说，不同的文化背景会影响人们对机器的信任程度。不同的文化背景是否会导致接管过程的显著差异需要得到进一步证实。

配套设施也应引起注意，现有关于交通的一切是工业革命留下的产物，并不是为自动化驾驶车辆量身定制的。Radlmayr 等（2014）也发现，交通密度是影响接管过程的重要因素。由此我们认为，为自动化驾驶汽车配备专用的路面、交通标志甚至制定有针对性的交通法规，也许可以弥补自动化驾驶技术的许多缺陷。当自动化驾驶车辆走进生活之后，是否需要特殊车道以保障自动化驾驶汽车的通行？现有的红绿灯怎样能更好地被自动化驾驶车辆识别？这些都是未来研究需要考虑的重点。

车辆设计是接管过程的前提。自动化驾驶车辆作为驾驶的主体，采用深度学习对搜索到的物体进行分类，激光定位核实距离，一系列技术手段辅助完成操控，然而，现阶段仍存在一些障碍与不足，很多自动化驾驶的硬性指标并不完善。例如，当遇到突发状况，系统无法处理，要求驾驶员接管时，需要车辆在多远的距离检测到突发状况以警示驾驶员呢？我们认为，在驾驶员接管过程所用时长固定

（取最大值）的条件下，进一步建立速度与制动距离之间的函数曲线，对自动化驾驶车辆识别障碍物的距离提出指导意见，只有探测障碍物的距离大于驾驶员所能反应的制动距离的自动化驾驶车辆才可以上路进行测试。从驾驶员的反应速度反推出车辆设计的硬性指标，对自动化驾驶车辆研发具有指导意义。

12.4.2 未来研究的展望

1. 完善驾驶员状态监测系统

在复杂的道路环境中，为了保证驾驶员的注意力聚焦于驾驶任务，许多厂商致力于开发一种良好的驾驶员状态监督系统（driver state monitoring system，DSMS），以监测驾驶员是否有分心和疲劳状态。随着技术的不断进步，眼动指标在这方面表现出独有的优势：根据凝视时间和扫视过程可以准确地判断驾驶员是否分心和疲劳，瞳孔直径也会随着驾驶员状态的不同而变化（Gonçalves & Bengler，2015）。然而，Horrey 等（2008）对听觉任务的有趣程度进行了区分，发现有趣材料所分配到的注意力比对照组要少（通过阅读文本所花的时间来衡量），但却更容易被识记，这一点同 Shirey 和 Reynolds（1988）的研究一致。似乎驾驶员对有趣材料的获取和分辨存在着天然的优势，这一点对自动化驾驶条件下驾驶员状态的监测有启示意义，有时候，驾驶员的生理指标（眼动、心率）并没有发生很大变化，但其注意力及认知资源早就集中在有趣的非驾驶相关任务上了。

2. 探讨影响因素的心理机制

目前，已有大量研究者聚焦于驾驶员接管过程的影响因素研究，但在这些影响因素中，哪些是直接影响驾驶员接管的，哪些是间接（通过直接因素）影响驾驶员接管的，并没有得到详细探究。例如，驾驶员对自动化驾驶汽车的信任程度作为一种态度，通过什么影响了驾驶员的接管过程需要得到探讨；已知的影响因素，如信任、分心及疲劳之间是否存在交互作用并没有得到研究；接管过程的人口学因素，如文化、性别差异需要得到进一步研究的补充。

3. 实车研究建立接管过程速度与制动距离的函数曲线

大多数自动化驾驶车辆接管过程的研究都在驾驶模拟器上进行，而对实车研究少有涉及。Befelein 等（2016）的实车研究结果与在模拟场景中得出的结论截然相反，其中固然有额外变量等因素的影响，但很多驾驶模拟器上模拟的自动化驾驶场景所得出的结论能否被应用于实践是需要进一步考虑的。从某种程度上讲，自动化驾驶接管过程的研究是为了指导车辆设计，将研究成果应用于实践的。因此，我们建议，以后的实验应侧重于在实车自动化驾驶模式下测量驾驶员接管过程所用时长。在时长固定的条件下，进一步建立速度与制动距离之间的函数曲线，对指导自动驾驶车辆设计有实践意义。

关键术语

自动化（automation）：机器设备、系统或过程（生产过程、管理过程）在没有人或较少人的直接参与下，按照人的要求，经过自动检测、信息处理、分析判断、操纵控制，实现预期目标的过程。

接管请求（take-over request）：L3 等级下遇到系统无法处理的问题，如传感器失灵系统要求驾驶员操控时所释放的警示信号。

参考文献

蔡光林，谢培，朱彤.（2012）. 主动降低光照强度对暗适应及交通安全的影响. *交通信息与安全，30*（1），99-102.

蔡厚德，张权，蔡琦，陈庆荣.（2012）. 爱荷华博弈任务（IGT）与决策的认知神经机制. *心理科学进展，20*（9），1401-1410.

常若松.（2016）. *汽车驾驶员安全心理学*. 北京：人民交通出版社.

常若松，马文瑶，孙龙.（2016）. 危险行为态度量表在驾驶员群体中的信效度检验. *中国健康心理学，*（1），84-86.

陈队永，信占莹，申维新，尚晓梅.（2004）. 对驾驶员应激训练的分析与实验. *公路与汽运，*（6），19-21.

陈昊，饶培伦，郭枝.（2017）. 车联网信息对驾驶员视觉注意与行为的影响. *人类工效学，23*（4），44-47.

陈立民.（2012）. 自信心与心境状态关系的相关检验. *西北民族大学学报（自然科学版），33*（1），91-95.

陈爽，冀国峰.（2002）. 职业驾驶员心理应激及其相关变量分析. *中国心理卫生杂志，16*（12），822-824.

陈晓晨.（2013）. *驾驶决策的特征及其影响因素研究*（博士学位论文）. 辽宁师范大学，大连.

陈晓晨，常若松，马锦飞，张士兵.（2013）. 一般决策风格量表在驾驶员群体中的信效度分析. *中国健康心理学杂志，21*（10），1515-1517.

陈颖，刘浩学.（2012）. 女性驾驶员应激反应能力研究. *交通运输系统工程与信息，12*（3），170-173.

崔西奎，孙林辉，宋云峰.（2008）. 路宽对驾驶行为及司机负荷的影响. *邯郸职业技术学院学报，21*（1），60-62.

代杨.（2013）. *雨天车身颜色对行车安全的影响*（硕士学位论文）. 西南交通大学，成都.

丁靖艳，管满泉，黄雨佳.（2013）. 视错觉道路边缘线的应用效果研究. *公路，9*，163-167.

董悦，孙龙，常若松.（2014）. 驾驶风格对新手驾驶员危险知觉的影响. *中国健康心理学杂志，22*（5），729-731.

窦广波.（2017）. *驾驶员被动疲劳的行为分析与测量*（博士学位论文）. 辽宁师范大学，大连.

窦广波，孙龙.（2015）. 营运驾驶员情绪状态对驾驶风格的影响. *人类工效学，21*（2），1-3.

窦广波，宋熙，常若松.（2016）. 人格对驾驶员危险知觉技能的影响. *辽宁师范大学学报（社会科学版），39*（4），46-50.

段靓瑜，冯舒，江朝晖，冯焕清.（2007）. 不同时段下驾驶员复杂反应实验研究. *人类工效学，13*（3），35-37，40.

范士儒.（2005）. *交通心理学教程*. 北京：中国人民公安大学出版社.

冯雨.（2017）. *车语对驾驶员愤怒的抑制作用*（硕士学位论文）. 辽宁师范大学，大连.

高志强，杨志新，孙丽伟.（2008）. 两种取向的个体决策研究范式. *统计与决策*，（22），57-59.

公安部交通管理局.（2011）. *中华人民共和国道路交通事故统计年报（2010 年度）*. 北京：公安部交通管理局.

谷向东，郑日昌.（2005）. 员工援助计划：解决组织中心理健康问题的途径. *中国心理卫生杂志，18*（6），398-399.

管连荣.（1980）. 驾驶疲劳与交通事故. *劳动保护，12*，10-11.

管满泉，黄云，贾克勤，朱蒂.（2014）. 中澳道路交通执法管理比较分析. *中国人民公安大学学报（自然科学版）*，（4），62-66.

郭双.（2015）. *驾驶愤怒的测量、影响因素及绩效表现*（博士学位论文）. 辽宁师范大学，大连.

郭双，孙龙，常若松.（2014a）. 驾驶员情绪状态量表的编制. *中国健康心理学杂志，22*（6），893-894.

郭双，董悦，马伶，张馨予，顾谦浩，葛嘉倩.（2014b）. 驾驶愤怒量表在驾驶员群体中的信效度检验. *中国健康心理学杂志，22*（10），1503-1504.

郭唐仪，Lin，X. L.，& Matthias，K.（2014）. 高速公路出口匝道事故预测模型优选及弹性分析. *东南大学学报（自然科学版），44*（3），682-686.

韩玉昌.（1991）. *汽车交通心理学. 大连*：大连海运学院出版社.

何莎，闫学东，庞洪涛，赵佳.（2014）. 雾天对驾驶行为的影响研究——避撞驾驶行为. *交通信息与安全，32*（5），126-129.

何树林.（2010）. 雨天对高速公路交通安全的影响及对策. *内蒙古公路与运输*，（2），51-53.

黄沃光.（2013）. 汽车方向盘抖动问题的分析和处理. *科技资讯*，（2），93.

戢晓峰，冯川，郭凤香.（2015）. ATIS 环境下驾驶员认知负荷研究进展. *安全与环境学报，15*（3），82-88.

郏红雯，卢勇.（2010）. *交通心理学*. 北京：中国人民公安大学出版社.

姜华平，许洪国，李浩，李祥贵.（2003）. 高速公路车辆超速行驶交通事故分析. *交通运输系统工程与信息，3*（3），49-51.

金会庆.（1993）. 驾驶员安全态度量表. CN93114628.3. 1995-05-31. Doi：CN1102975.

郎宁，赵云，阙旺盛.（2015）. 福州市道路交叉路口红绿灯时间调查与分析. *机电技术，*（1），150-153，157.

雷虎.（2011）. *愤怒情绪下的汽车驾驶行为特征及其对交通安全的影响研究*（硕士学位论文）. 武汉理工大学，武汉.

李爱梅，颜亮，王笑天，马学谦，李方君.（2015）. 时间压力的双刃效应及其作用机制. *心理科学进展，*（9），1627-1636.

李百川，孙建宏，肖利军.（2001）. 中国职业汽车驾驶员适宜性检测标准制定研究. *安全与环境学报，1*（3），7-10.

李都厚，刘群，袁伟，刘浩学.（2010）. 疲劳驾驶与交通事故关系. *交通运输工程学报，10*（2），104-109.

李红梅.（2001）. 驾驶员心理特征与交通事故的关系. *中华创伤杂志，17*（5），316-317.

李宏汀，刘彦宇，李文书.（2013）. 驾驶中使用手机对驾驶员行为安全绩效影响综述. *中国安全科学学报，23*（1），16-21.

李宏汀，徐伟丹，葛列众，李文书.（2010）. 影响驾驶安全的驾驶员注意模式研究述评. *心理科学进展，18*（9），1413-1419.

李辉，景国勋，贾智伟，段振伟.（2009）. 驾驶员注意力分配定量方法研究. *中国安全科学学报，19*（2），148-151.

李建阳，白朝林.（1994）. 458 名驾驶员立体视锐度测定. *贵阳医学院学报，1*，37-41.

李开复，王咏刚.（2017）. *人工智能*. 北京：文化发展出版社.

李娜.（2013）. 驾驶员应激研究综述. *社会心理科学，*（10），40-42.

李升全，李振湘.（2014）. *汽车文化与概论*. 北京：北京理工大学出版社

李晓梦，闫学东，赵佳，王江锋.（2014）. 雾天对弯道驾驶行为的影响研究. *交通信息与安全，32*（5），120-125.

李秀丽，李红.（2012）. 风险取向类型对爱荷华赌博任务成绩的影响. *心理科学，35*（1），105-110.

李彦章，王正国，尹志勇，朱佩芳.（2008）. 摩托车驾驶员驾驶行为、人格、交通安全态度与事故的关系研究. *心理科学，31*（2），491-493，499.

李泽新，王蓉.（2014）. 山地城市道路交通环境特点及其控制对策. *山地学报，*（1），46-51.

李增勇，焦昆，陈铭，王成焘.（2004）. 汽车驾驶员驾驶过程中的心率变异性功率谱分析. *中国生物医学工程学报，22*（6），574-576.

李振福.（2005）. 基于交通文化的交通安全策略. *中国安全科学学报，14*（9），64-67.

梁超，陈晓晨.（2014）. 驾驶员情绪状态对驾驶决策的 Logistic 回归分析. *中国健康心理学杂志，22*（8），1216-1218.

梁超，陈晓晨，常若松.（2014）. 驾驶决策的研究现状与展望. *心理科学，37*（4），862-866.

林崇德.（2003）*心理学大辞典*. 上海：上海教育出版社.

凌永成.（2005）. *现代汽车与汽车文化*. 北京：清华大学出版社.

刘军民.（2004）. 驾驶员安全态度对行车的影响及其养成. *道路交通与安全*，（1），6-8.

刘明周，周维维，张大伟，扈静，沈维蕾.（2013）. 汽车变速杆操纵舒适性的矢量描述与聚类分析. *汽车工程，35*（6），521-525.

刘宁，张侃.（2007）. 驾驶分心的测量方法. *人类工效学，13*（2），38-40.

刘睿哲，周仁来，Oeh，M.（2013）. 中德驾驶员驾驶愤怒行为比较. *人类工效学，19*（1），10-15.

刘晓晨.（2014）. 老年驾驶人群体特征及管理对策分析. *驾驶园*，（7），48-50.

刘彦宇.（2013）. *基于计划行为理论对超速行车意向的研究*（硕士学位论文）. 浙江理工大学，杭州.

刘志宏，管连荣，黄懿，张振德，张建东.（1995）. 军队汽车驾驶员职业适宜性测验的编制及其应用. *心理科学*，（4），242-245.

鲁光泉，赵鹏云，王兆杰，林庆峰.（2018）. 自动驾驶中视觉次任务对年轻驾驶人接管时间的影响. *中国公路学报，31*（4），165-171.

吕宣伟，张志刚，谷欣.（2000）. 夜视力与驾驶适应性. *人类工效学，6*（3），60-63.

马锦飞.（2014）. *不同音乐条件对驾驶员注意及危险知觉的影响*（博士学位论文）. 辽宁师范大学，大连.

马锦飞，常若松，高远.（2014）. 瞳孔直径大小检测驾驶员疲劳的实证效度分析. *辽宁师范大学学报（社会科学版），37*（1），67-70.

马明，严新平，吴超仲，陈伟伟.（2010）. 影响道路交通安全的驾驶员异常行为研究. *武汉理工大学学报（交通科学与工程版），34*（2），228-232.

马艳丽，裴玉龙.（2009）. 连续驾驶时间对驾驶特性测评指标的影响. *中国公路学报，22*（1），84-88.

毛恩荣，周一鸣.（1997）. 汽车驾驶员注意品质与行车安全性关系的研究. *人类工效学，3*（1），18-20.

毛华配，王艇，郑璐，吴雅瓦，郑全全.（2013）. 投资者风险感知与风险倾向对风险决策的影响——基于民间投资者的样本. *应用心理学，19*（4），332-338.

欧健，罗虹.（2002）. 眼椭圆在汽车人机设计中的应用. *重庆工学院学报（自然科学版）*，（4），25-27.

裴玉龙，周侃，张诚.（2012）. 酒精作用下驾驶人心理生理及眼动特性分析. *哈尔滨工业大学*

学报（社会科学版），*13*（5），80-86.
齐林，常若松，刘新洋.（2012）. 驾驶员安全态度问卷的编制. *社会心理科学*，*27*，201-204.
秦缊，赵晓锋，陈帅.（2010）. 汽车驾驶员疲劳综合征与焦虑抑郁情绪及人格特征的关系. *中国健康心理学杂志*，*18*（3），315-316.
任鑫峰，金治富，康慧.（2007）. 疲劳驾驶与年龄、驾龄的关系. *道路交通与安全*，*7*（5），20-22.
邵辉，王凯全.（2004）. *安全心理学*. 北京：化学工业出版社.
沈玮，何存道.（1994）. 事故驾驶员与安全驾驶员人格特征的比较研究. *心理科学*，*17*（5），282-286.
施利承，戴家隽.（2010）. 驾驶员职业适性检测现状与进展. *交通医学*，*24*（2），142-146.
施树明，金立生，王荣本，童兵亮.（2004）. 基于机器视觉的驾驶员嘴部状态检测方法. *吉林大学学报（工学版）*，*34*（2），232-236.
施臻彦，葛列众，胡晓晴.（2010）. 驾驶分心行为的测量方法及其应用研究进展. *人类工效学*，*16*（3），70-74.
宋国萍，张侃.（2009）. 驾驶疲劳对视觉非随意注意影响的 ERP 研究. *人类工效学*，*15*（2），1-4.
孙崇勇.（2012）. 心理负荷测量方法的现状与发展趋势. *人类工效学*，*18*（2），88-92.
孙龙.（2013）. 驾驶员人格特质研究述评. *社会心理科学*，（1），16-20，32.
孙龙.（2017）. *驾驶员危险知觉的加工过程：驾驶经验和危险类型的作用*（博士学位论文）. 辽宁师范大学，大连.
孙龙，常若松.（2013）. 驾驶风格研究现状与展望. *人类工效学*，*19*（4），92-95.
孙龙，常若松.（2014a）. 驾驶员危险知觉：概念、机制及其影响因素. *人类工效学*，*20*（4），80-83.
孙龙，常若松.（2014b）. 影响驾驶安全的驾驶员危险知觉研究述评. *心理科学*，*37*（6），1354-1358.
孙龙，常若松.（2014c）. 汽车驾驶员危险知觉测试研究进展. *中国安全科学学报*，*24*（1），10-14.
孙龙，杨程程，常若松.（2014a）. 多维度驾驶风格量表的修订及初步应用. *人类工效学*，*20*（2），6-9.
孙龙，常若松，董悦，毕岩.（2014b）. 驾驶经验对驾驶员驾驶风格和交通违规的影响. *中国健康心理学杂志*，*22*（2），222-224.
孙龙，常若松，高远，马伶.（2014c）. 驾驶员视觉注意对危险识别的影响及作用机制. *心理科学进展*，（11），1733-1739.
孙勤英.（2013）. 营运车辆驾驶人驾驶适宜性检测与分析. *汽车实用技术*，*29*（5），59-63.

孙舒放，Dula，C. S.，& Adams，C. L.（2009）. 1282 名驾驶员焦虑水平与危险驾驶关系研究. *广东医学，30*（10），1413-1415.

孙向红，杨帆.（2008）. 车辆驾驶心理负荷测量工具的测评与发展：一个现场研究的尝试. *人类工效学，14*（3），27-31.

孙云，李鹏，林华，舒琼，豆欢.（2013）. 汽车驾驶员驾驶安全态度问卷的初步编制. *中国科技博览，*（6），323-324.

孙志强.（2012）. 驾驶员的情绪与行车安全. *科技信息，*（22），433.

汤姆•范德比尔特.（2009）. *开车经济学——我们为什么这样开车？*徐英译. 北京：中信出版社.

童交柱.（2014）. 汽车驾驶员情绪与安全问题的思考. *市场周刊（理论研究），*（6），147.

王长君，高岩，王峻极，尤志栋.（2014）. 交通安全宣传教育技术现状及发展趋势. *道路交通科学技术，5*，58-61.

王大伟.（2009）. 决策制定过程中的时间压力效应. *心理研究，*（6），42-46.

王福建，魏晓冬，张郃生，& Easa，S. M.（2009）. 平竖重合路段的弯道错觉及其对交通事故的影响. *中国公路学报，22*（3），40-44.

王均国，庞国强，贾志绚.（2002）. 驾驶员应激与行车安全. *山西交通科技，*（1），61-62.

王良秋，孙婷婷，董妍，贾燕飞，安然.（2015）. 道路交通违法行为研究：基于计划行为理论的视角. *心理科学进展，*（11），2009-2019.

王晓原，杨新月.（2008）. 基于决策树的驾驶行为决策机制研究. *系统仿真学报，20*（2），415-419，448.

王新野，李苑，常明，游旭群.（2017）. 自动化信任和依赖对航空安全的危害及其改进. *心理科学进展，25*，1614-1622.

王一楠，宋耀武.（2011）. 内源性眼跳与注意转移关系研究述评. *心理与行为研究，9*（2），154-160.

威尔•奈特.（2013）. 向自动化驾驶小心前行. *科技创业，*（6），72-73.

威肯斯•C. D.，李•J. D.，刘乙力，& 贝克•S. G.（2007）. *人因工程学导论*. 张侃等译. 上海：华东师范大学出版社.

吴雪梅.（2009）. 影响驾驶安全的心理因素探析. *重庆文理学院学报（社会科学版），28*（6），185-188.

武波涛，丁勇，潘之杰，余见山，刘巍，刘红刚等.（2010）. 一种红绿色盲驾驶员交通信号灯辅助识别系统. CN201010283064.9.2013-02-27.

武淑平，宋守信.（2008）. 高速公路驾驶中人因失误问题分析. *交通与运输，*（H05），125-128.

夏映雪，曹凯.（2013）. 驾驶员特质焦虑水平评估方法研究. *山东理工大学学报（自然科学版），*

27（2），5-10.

项震.（2002）. 照明眩光及眩光后视觉恢复特性. *照明工程学报，13*（2），1-4.

徐进，毛嘉川，彭其渊.（2011）. *弯道宽度对车辆行驶轨迹和速度的影响分析*. 全国博士生学术论坛.

严利鑫，吴超仲，高嵩，马晓凤，侯萍.（2013）. 驾驶人个体因素对驾驶愤怒情绪影响关系研究. *交通信息与安全，*（6），119-124

阎光寿.（1986）. 汽车仪表板设计. *汽车技术，*（9），23-29，37.

颜文华.（2010）. 道路危险货物运输驾驶员职业适宜性研究. *中国安全科学学报，12*（4），25-26.

杨静，景国勋.（2008）. 驾驶员注意水平的模糊综合评价研究. *工业安全与环保，34*（12），38-40.

杨萌，王剑桥，夏裕祁，杨帆，张学民.（2011）. 背景音乐的节奏与歌词语言熟悉程度对驾驶行为及眼动的影响. *心理科学，34*（5），1056-1061.

杨阳.（2010）. *安全心理学及其在安全管理中的应用研究*（硕士学位论文）. 中南大学，长沙.

叶晓林.（2013）. *认知负荷对驾驶员视觉注意影响的眼动研究*（硕士学位论文）. 天津师范大学，天津.

殷盼.（2009）. *违规行为及其影响因素的实证研究——以交通违规为例*（硕士学位论文）. 浙江大学，杭州.

袁伟，付锐，马勇，郭应时.（2011）. 车速与标志文字高度对驾驶人视觉搜索模式的影响. *交通运输工程学报，11*（1），119-126.

张驰，杨少伟，潘兵宏，赵一飞.（2010）. 交通仿真中驾驶人空间视野感知模型. *交通运输工程学报，10*（4），115-120.

张殿业，金键，杨京帅.（2004）. 老年人驾驶反应行为分析. *交通运输工程与信息学报，2*（3），1-5.

张殿业，张开冉，金键.（2001）. 道路标线对驾驶行为模式的影响. *中国公路学报，14*（4），89-90.

张季媛.（2011）. 心的力量，新的成长—建设健康型组织——浅谈员工援助计划（EAP）与公交驾驶员压力管理. *江苏科技信息，12*，21-25.

张茜.（2010）. *驾驶经验与人格特征对驾驶员危险感受影响的研究*（硕士学位论文）. 辽宁师范大学，大连.

张晴，赵晶心，董德存.（2008）. 交通事故管理智能决策支持系统设计初探. *铁道科学与工程学报，5*（3），83-88.

张业生.（2011）. *基于眼动仪的城市道路交通标志研究*（硕士学位论文）. 内蒙古农业大学，呼和浩特.

赵炳强.（1998）. 驾驶员安全态度的测定与应用. *车辆与驾驶员管理*，（1），43-45.

赵晨鹰，黄希庭.（2003）. 汽车驾驶员攻击性驾驶行为的研究. *应用心理学，9*（3），52-55.

赵光珍，王太海，郭双.（2015）. 驾驶员人格对危险知觉的影响. *中国健康心理学杂志，23*（6），871-873.

赵梨利.（2014）. *道路交通违法行为的研究*（硕士学位论文）. 西南交通大学，成都.

赵天鹏，王淑芬，胡文文.（2014）. 汽车驾驶座椅的人机工程学设计. *机械工程师，9*，92-94.

赵炜华，刘浩学，刘玮，陈颖，朱彤.（2011）. 城市道路环境中驾驶人应激反应能力研究. *中国安全科学学报，21*（7），10-14.

赵艳，刘东，王竞雄.（2015）. 北京市行人过街使用手机对交通安全影响研究. *中国人民公安大学学报（自然科学版）*，（2），58-62.

郑黎黎，丁同强，成卫.（2004）. 高速公路交通事件管理智能决策支持系统. *昆明理工大学学报（自然科学版），29*（6），118-121.

郑维芳，陈素玲，王蕾，叶敏捷.（2013）. 酒驾者心理健康水平与应对方式、人格特征的研究. *中国健康教育，29*（4），352-354.

中华人民共和国国家质量监督检验检疫总局，中国国家标准化管理委员会.（2009）. 道路交通标志和标线国标 GB 5768.2-2009.

中华人民共和国交通部.（2001）. *职业汽车驾驶员适宜性检测评价方法*. 北京：人民交通出版社.

周大经.（1991）. *道路交通心理*. 上海：上海交通大学出版社.

朱郭奇，孙林岩，李同正，崔凯.（2012）. 仪表盘界面指针因素在驾驶行为中影响作用分析. *人类工效学，18*（4），49-51，56.

杨亚明，杨婕，武鸣，沈洪兵，包青松.（2009）. 宜兴市 2009 年机动车驾乘人员安全带佩戴情况调查. *中华疾病控制杂志*，（10），848-850.

Sanders，M. S.，& McCormick，E. J.（2002）. *工程和设计中的人因学*. 北京：清华大学出版社.

Aberg，L.，& Rimmo，P.（1998）. Dimensions of aberrant driver behaviour. *Ergonomics，41*（1），39-56.

Aidman，E.，Johnson，K.，Paech，G. M.，Vedova，C. D.，Pajcin，M.，Grant，C.，et al.（2018）. Caffeine reduces the impact of drowsiness on driving errors. *Transportation Research Part F：Traffic Psychology and Behaviour，54*，236-247.

Aidoo，E. N.，Amoh-Gyimah，R.，& Ackaah，W.（2013）. The effect of road and environmental characteristics on pedestrian hit-and-run accidents in Ghana. *Accident Analysis & Prevention，53*，23-27.

Akaateba，M.，& Amoh-Gyimah，R.（2013）. Driver attitude towards traffic safety violations and risk taking behaviour in Kumasi：The gender and age dimension. *International Journal for Traffic & Transport Engineering，3*（4），479-494.

Åkerstedt，T.，Connor，J.，Gray，A.，& Kecklund，G.（2008）. Predicting road crashes from a mathematical model of alertness regulation—The sleep/wake predictor. *Accident Analysis & Prevention，40*（4），1480-1485.

Åkerstedt，T.，Ingre，M.，Kecklund，G.，Anund，A.，Sandberg，D.，& Wahde，M.，et al.（2010）. Reaction of sleepiness indicators to partial sleep deprivation，time of day and time on task in a driving simulator-the DROWSI project. *Journal of Sleep Research，19*（2），298-309.

Allwood，C. M.，& Salo，I.（2012）. Decision-making styles and stress. *International Journal of Stress Management，19*（1），34-47.

Alm，H.，& Nilsson，L.（1995）. The effects of a mobile telephone task on driver behaviour in a car following situation. *Accident Analysis & Prevention，27*（5），707-715.

Amado，S.，Arıkan，E.，Kaça，G.，Koyuncu，M.，& Turkan，B. N.（2014）. How accurately do drivers evaluate their own driving behavior? An on-road observational study. *Accident Analysis & Prevention，63*，65-73.

Antoniou，C.，Yannis，G.，Katsochis，D.，& Sa，P.（2013）. *Impact of Meteorological Factors on the Number of Injury Accidents.* Paper presented at the Proceedings of the 13th World Conference on Transportation Research，Rio de Janeiro.

Antonsen，S.（2009）. *Safety Culture：Theory，Method and Improvement.* Farnham，Surry：Ashgate.

Anund，A.，Kecklund，G.，Vadeby，A.，Hjälmdahl，M.，& Åkerstedt，T.（2008）. The alerting effect of hitting a rumble strip—A simulator study with sleepy drivers. *Accident Analysis & Prevention，40*（6），1970-1976.

Ariely，D.，& Zakay，D.（2001）. A timely account of the role of duration in decision making. *Acta Psychologica，108*（2），187-207.

Ariën，C.，Jongen，E. M.，Brijs，K.，Brijs，T.，Daniels，S.，& Wets，G.（2013）. A simulator study on the impact of traffic calming measures in urban areas on driving behavior and workload. *Accident Analysis & Prevention，61*，43-53.

Arnett，J.（1994）. Sensation seeking：A new conceptualization and a new scale. *Personality and Individual Differences，16*（2），289-296.

Arthur，W.，& Doverspike，D.（2001）. Predicting motor vehicle crash involvement from a personality measure and a driving knowledge test. *Journal of Prevention & Intervention in the Community，22*（1），35-42.

Atchley，P.，Shi，J.，& Yamamoto，T.（2014）.Cultural foundations of safety culture：A comparison of traffic safety culture in China，Japan and the United States. *Transportation Research Part F: Traffic Psychology and Behaviour*，26，317-325.

Ba，Y.，Zhang，W.，Reimer，B.，Yang，Y.，& Salvendy，G.（2015）. The effect of communicational signals on drivers' subjective appraisal and visual attention during interactive driving scenarios. *Behaviour & Information Technology*，*34*（11），1-12.

Bandura，A.（2005）. Self-efficacy：The exercise of control. *Journal of Cognitive Psychotherapy*，*13*（2），158-166.

Banks，V. A.，& Stanton，N. A.（2015）. Discovering driver-vehicle coordination problems in future automated control systems：Evidence from verbal commentaries. *Procedia Manufacturing*，*3*，*2497-2504*.

Baranski，J. V.（2007）. Fatigue，sleep loss，and confidence in judgment. *Journal of Experimental Psychology：Applied*，*13*（4），182-196.

Barjonet，P.，Tortosa，F.，& Barjonet，P.（2001）. Transport psychology in Europe：A historical approach. *Traffic Psychology Today*，*10*，13-29.

Barraclough，D. J.，Conroy，M. L.，& Lee，D.（2004）. Prefrontal cortex and decision making in a mixed-strategy game. *Nature Neuroscience*，*7*（4），404-410.

Baulk，S. D.，Biggs，S. N.，Reid，K. J.，van den Heuvel，C. J.，& Dawson，D.（2008）. Chasing the silver bullet：Measuring driver fatigue using simple and complex tasks. *Accident Analysis & Prevention*，*40*（1），396-402.

Bechara，A.，Damasio，A. R.，Damasio，H.，& Anderson，S. W.（1994）. Insensitivity to future consequences following damage to human prefrontal cortex. *Cognition*，*50*（1-3），7-15.

Befelein，D.，Naujoks，F.，& Neukum，A.（2016）. *How do Naturalistic Non-Driving-Related Tasks Influence Take-Over Time and Quality During Conditionally Automated Driving?* In proceedings of the HFES Europe Chapter Annual Meeting，Prague.

Beh，H. C.，& Hirst，R.（1999）. Performance on driving-related tasks during music. *Ergonomics*，*42*（8），1087-1098.

Bener，A.，Özkan，T.，& Lajunen，T.（2008）. The driver behaviour questionnaire in arab gulf countries：Qatar and united arab emirates. *Accident Analysis & Prevention*，*40*（4），1411-1417.

Benfield，J. A.，Szlemko，W. J.，& Bell，P. A.（2007）. Driver personality and anthropomorphic attributions of vehicle personality relate to reported aggressive driving tendencies. *Personality and Individual Differences*，*42*（2），247-258.

Bergasa，L. M.，Nuevo，J.，Sotelo，M.，Barea，R.，& Lopez，M. E.（2006）. Real-time system for monitoring driver vigilance. *IEEE Transactions on Intelligent Transportation Systems*，*7*（1），63-77.

Bergel-Hayat，R.，Debbarh，M.，Antoniou，C.，& Yannis，G.（2013）. Explaining the road accident risk：Weather effects. *Accident Analysis & Prevention*，*60*，456-465.

Berghaus，G.，& Guo，B. L.（1995）. Medicines and drivcr fitness—Findings from a meta-analysis of experimental studies as basic information to patients，physicians，and experts. *Alcohol，Drugs，and Traffic Safety*，*1*，295-300.

Bian，Z.，Pierce，R.，& Andersen，G.（2011）. *Eye Movement Patterns and Driving Performance.* Paper presented at the meeting of Driving Assessment：The 6th International Driving Symposium on Human Factors in Driver Assessment，Training，and Vehicle Design. Lake Tahoe，California.

Björklund，G.（2005）. *Driver Interaction：Informal Rules，Irritation and Aggressive Behaviour.* Uppsala，Sweden：Acta Universitatis Upsaliensis.

Björklund，G. M.，& Åberg，L.（2005）. Driver behaviour in intersections：Formal and informal traffic rules. *Transportation Research Part F：Traffic Psychology & Behaviour*，*8*（3），239-253.

Blanchard，E. B.，Barton，K. A.，& Malta，L.（2000）. Psychometric properties of a measure of aggressive driving：The larson driver's stress profile. *Psychological Reports*，*87*（1），881-892.

Blank，R. M.（2007）. What we know，what we don't know. *Ann Arbor*，*1001*，43091-48109.

Blommer，M.，Curry，R.，Kochhar，D.，Swaminathan，R.，Talamonti，W.，& Tijerina，L.（2015）. The effects of a scheduled driver engagement strategy in automated driving. *Proceedings of the Human Factors and Ergonomics Society Annual Meeting*，*59*，1681-1685.

Bolla，K. I.，Eldreth，D. A.，Matochik，J. A.，& Cadet，J. L.（2004）. Sex-related differences in a gambling task and its neurological correlates. *Cerebral Cortex*，*14*（11），1226-1232.

Borbély，A. A.，Achermann，P.，Trachsel，L.，& Tobler，I.（1989）. Sleep initiation and initial sleep intensity：Interactions of homeostatic and circadian mechanisms. *Journal of Biological Rhythms*，*4*（2），149-160.

Borowsky，A.，& Oron-Gilad，T.（2013）. Exploring the effects of driving experience on hazard awareness and risk perception via real-time hazard identification，hazard classification，and rating tasks. *Accident Analysis & Prevention*，*59*，548-565.

Borowsky，A.，Shinar，D.，& Oron-Gilad，T.（2010）. Age，skill，and hazard perception in driving. *Accident Analysis & Prevention*，*42*（4），1240-1249.

Britt，T. W.，& Garrity，M. J.（2006）. Attributions and personality as predictors of the road rage response. *British Journal of Social Psychology*，*45*（1），127-147.

Brookhuis，K. A.，de Waard，D.，Peters，B.，& Bekiaris，E.（1998）. SAVE：System for detection of driver impairment and emergency handling. *IATSS Research*，*22*（2），37-42.

Brown，S. L.（2010）. Changes in risk perceptions prospectively predict changes in self-reported speeding. *Risk Analysis*，*30*（7），1092-1098.

Bulmash，E. L.，Moller，H. J.，Kayumov，L.，Shen，J.，Wang，X.，& Shapiro，C. M.（2006）. Psychomotor disturbance in depression：Assessment using a driving simulator paradigm. *Journal of Affective Disorders，93*（1），213-218.

Bungum，T. J.，Day，C.，& Henry，L. J.（2005）. The association of distraction and caution displayed by pedestrians at a lighted crosswalk. *Journal of Community Health，30*（4），269-279.

Burchert，J.，Petermann，N.，& Spöttl，G.（2012）. The development of recommendations on quality standards in professional driver training in Europe in the framework of directive 2003/59/EC. Institute Technology and Education.

Cai，H.，Lin，Y.，& Mourant，R. R.（2007）. *Study on Driver Emotion in Driver-Vehicle-Environment Systems Using Multiple Networked Driving Simulators.* Paper presented at the Proceedings of the Driving Simulation Conference Iowa City，IA.

Caird，J. K.，Willness，C. R.，Steel，P.，& Scialfa，C.（2008）. A meta-analysis of the effects of cell phones on driver performance. *Accident Analysis & Prevention，40*（4），1282-1293.

Caponecchia，C.，Williamson，A.，（2018）. rowsiness and driving performance on commuter trips. *Journal of Safety Research，66*，179-186.

Cavallo，V.，& Laurent，M.（1988）. Visual information and skill level in time-to-collision estimation. *Perception，17*（5），623-632.

Cercarelli，L. R.，Arnold，P. K.，Rosman，D. L.，Sleet，D.，& Thornett，M. L.（1992）. Travel exposure and choice of comparison crashes for examining motorcycle conspicuity by analysis of crash data. *Accident Analysis & Prevention，24*（4），363-368.

Chan，E.，Pradhan，A. K.，Pollatsek，A.，Knodler，M. A.，& Fisher，D. L.（2010）. Are driving simulators effective tools for evaluating novice drivers' hazard anticipation，speed management，and attention maintenance skills? *Transportation Research Part F：Traffic Psychology and Behaviour，13*（5），343-353.

Chapman，P. R.，& Underwood，G.（1998）. Visual search of driving situations：Danger and experience. *Perception，27*，951-964.

Chapman，P.，Underwood，G.，& Roberts，K.（2002）. Visual search patterns in trained and untrained novice drivers. *Transportation Research Part F：Traffic Psychology and Behaviour，5*（2），157-167.

Chen，C.（2009）. Personality，safety attitudes and risky driving behaviors—Evidence from young Taiwanese motorcyclists. *Accident Analysis & Prevention，41*（5），963-968.

Chen，Y. L.（2007）. Driver personality characteristics related to self-reported accident involvement and mobile phone use while driving. *Safety Science，45*（8），823-831.

Cheng，A. S.，Ng，T. C.，& Lee，H. C.（2011）. A comparison of the hazard perception ability of accident-involved and accident-free motorcycle riders. *Accident Analysis & Prevention，43*（4），1464-1471.

Chliaoutakis，J. E.，Darviri，C.，& Demakakos，P. T.（1999）. The impact of young drivers' lifestyle on their road traffic accident risk in greater Athens area. *Accident Analysis & Prevention，31*（6），771-780.

Christensen，P.，& Glad，A.（1996）. Mandatory course of driving on slippery roads does not reduce the accident rate. *Nordic Road and Transport Research，8*，22-23.

Chung，Y.，& Wong，J.（2010）. Investigating driving styles and their connections to speeding and accident experience. *Journal of the Eastern Asia Society for Transportation Studies，8*，1944-1958.

Cooper，C. L.，& Cartwright，S.（2001）. A strategic approach to organizational stress management. In P. A. Hancock & A. Desmond（Eds.），*Stress，Workload，and Fatigue*（pp.235-248）. Mahwah：Lawrence Erlbaum Associates Publishers.

Cooper，P. J.，& Zheng，Y.（2002）. Turning gap acceptance decision-making：The impact of driver distraction. *Journal of Safety Research，33*（3），321-335.

Crundall，D.，Andrews，B.，van Loon，E.，& Chapman，P.（2010）. Commentary training improves responsiveness to hazards in a driving simulator. *Accident Analysis & Prevention，42*（6），2117-2124.

Crundall，D.，Chapman，P.，Trawley，S.，Collins，L.，van Loon，E.，& Andrews，B.，et al.（2012a）. Some hazards are more attractive than others：Drivers of varying experience respond differently to different types of hazard. *Accident Analysis & Prevention，45*，600-609.

Crundall，D.，Crundall，E.，Clarke，D.，& Shahar，A.（2012b）. Why do car drivers fail to give way to motorcycles at t-junctions? *Accident Analysis & Prevention，44*（1），88-96.

Crundall，D.，Shenton，C.，& Underwood，G.（2004）. Eye movements during intentional car following. *Perception，33*，975-986.

Crundall，D.，Underwood，G.，& Chapman，P.（1999）. Driving experience and the functional field of view. *Perception，28*（9），1075-1087.

Cundao，H. E.，Tang，Z.，& Zheng，N.（2001）. A study of truck driver's mood state. *Chinese Ergonomics，2*，18-21.

Curry，A. E.，Pfeiffer，M. R.，Durbin，D. R.，& Elliott，M. R.（2015）. Young driver crash rates by licensing age，driving experience，and license phase. *Accident Analysis & Prevention，80*，243-250.

Dahl，R. E.（2008）. Biological，developmental，and neurobehavioral factors relevant to adolescent driving risks. *American Journal of Preventive Medicine，35*（3），278-284.

Dahlen，E. R.，& White，R. P.（2006）. The Big Five factors，sensation seeking，and driving anger in the prediction of unsafe driving. *Personality and Individual Differences*, *41*（5）, 903-915.

Dahlen, E. R., Martin, R. C., Ragan, K., & Kuhlman, M. M.（2005）. Driving anger, sensation seeking, impulsiveness, and boredom proneness in the prediction of unsafe driving. *Accident Analysis & Prevention*, *37*（2）, 341-348.

Davies, D. R, & Parasuraman.（1982）. *The Psychology of Vigilance*. San Diego: Academic Press.

Davison, P. A.（1978）. The role of drivers' vision in road safety. *Lighting Research and Technology*, *10*（3）, 125-139.

de Pasquale, J. P., Geller, E. S., Clarke, S. W., & Littleton, L. C.（2001）. Measuring road rage: Development of the propensity for angry driving scale. *Journal of Safety Research*, *32*（1）, 1-16.

de Winter, J. C. F., Happee, R., Martens, M. H., & Stanton, N. A.（2014）. Effects of adaptive cruise control and highly automated driving on workload and situation awareness: A review of the empirical evidence. *Transportation Research Part F: Psychology and Behaviour*, *27*, 196-217.

Deery, H. A.（1999）. Hazard and risk perception among young novice drivers. *Journal of Safety Research*, *30*（4）, 225-236.

Deery, H. A., & Love, A. W.（1996）. The effect of a moderate dose of alcohol on the traffic hazard perception profile of young drink-drivers. *Addiction*, *91*（6）, 815-827.

Deffenbacher, J. L., Huff, M. E., Lynch, R. S., Oetting, E. R., & Salvatore, N. F.（2000）. Characteristics and treatment of high-anger drivers. *Journal of Counseling Psychology*, *47*（1）, 5-17.

Deffenbacher, J. L., Lynch, R. S., Oetting, E. R., & Swaim, R. C.（2002）. The Driving Anger Expression Inventory: A measure of how people express their anger on the road. *Behaviour Research and Therapy*, *40*（6）, 717-737.

Deffenbacher, J. L., Lynch, R. S., Oetting, E. R., & Yingling, D. A.（2001）. Driving anger: Correlates and a test of state-trait theory. *Personality and Individual Differences*, *31*（8）, 1321-1331.

Deffenbacher, J. L., Oetting, E. R., & Lynch, R. S.（1994）. Development of a driving anger scale. *Psychological Reports*, *74*（1）, 83-91.

Deffenbacher, J. L., Petrilli, R. T., Lynch, R. S., Oetting, E. R., & Swaim, R. C.（2003）. The Driver's Angry Thoughts Questionnaire: A measure of angry cognitions when driving. *Cognitive Therapy and Research*, *27*（4）, 383-402.

Deffenbacher, J. L., White, G. S., & Lynch, R. S.（2004）. Evaluation of two new scales assessing driving anger: The Driving Anger Expression Inventory and the Driver's Angry Thoughts Questionnaire. *Journal of Psychopathology and Behavioral Assessment*, *26*（2）, 87-99.

DeJoy, D. M.（1992）. An examination of gender differences in traffic accident risk perception.

Accident Analysis & Prevention，24（3），237-246.

del Vecchio，T.，& O'Leary，K. D.（2004）. Effectiveness of anger treatments for specific anger problems：A meta-analytic review. *Clinical Psychology Review，24*（1），15-34.

Derosière，G.，Mandrick，K.，Dray，G.，Ward，T. E.，& Perrey，S.（2013）. NIRS-measured prefrontal cortex activity in neuroergonomics：Strengths and weaknesses. *Frontiers in Human Neuroscience，7*，583.

Desmond，P. A.，& Hancock，P. A.（2001）. Active and Passive Fatigue States. In P. A. Hancock & P. A. Desmond（Eds.），*Human Factorsin Transportation Stress，Workload，and Fatigue*（pp.455-465）. Mahwah：Lawrence Erlbaum Associates Publishers.

Desmond，P. A.，& Matthews，G.（1997）. Implications of task-induced fatigue effects for in-vehicle countermeasures to driver fatigue. *Accident Analysis & Prevention，29*（4），515-523.

Dong，Y.，Hu，Z.，Uchimura，K.，& Murayama，N.（2011）. Driver inattention monitoring system for intelligent vehicles：A review. *IEEE Transactions on Intelligent Transportation Systems，12*（2），596-614.

Donovan，D. M.，& Marlatt，G. A.（1982）. Personality subtypes among driving-while-intoxicated offenders：Relationship to drinking behavior and driving risk. *Journal of Consulting and Clinical Psychology，50*（2），241-249.

Dorn，L.，Stephen，L.，Anders af Wåhlberg，& Gandolfi，J.（2010）. Development and validation of a self-report measure of bus driver behaviour. *Ergonomics，53*（12），1420-1433.

Drews，F. A.，Pasupathi，M.，& Strayer，D. L.（2008）. Passenger and cell phone conversations in simulated driving. *Journal of Experimental Psychology：Applied，14*（4），392-400.

Easa，S. M.，& He，W.（2006）. Modeling driver visual demand on three-dimensional highway alignments. *Journal of Transportation Engineering，132*（5），357-365.

Edkins，G. D.，& Pollock，C. M.（1997）. The influence of sustained attention on railway accidents. *Accident Analysis & Prevention，29*（4），533-539.

Edland，A.，& Svenson，O.（1993）. *Judgment and Decision Making Under Time Pressure*. New York：Springer.

Egeth，H. E.，& Yantis，S.（1997）. Visual attention：Control，representation，and time course. *Annual Review of Psychology，48*（1），269-297.

Elander，J.，West，R.，& French，D.（1993）. Behavioral correlates of individual differences in road-traffic crash risk：An examination of methods and findings. *Psychological Bulletin，113*（2），279-294.

Ellison，P. A.，Govern，J. M.，Petri，H. L.，& Figler，M. H.（1995）. Anonymity and aggressive driving behavior：A field study. *Journal of Social Behavior & Personality，10*（1），265-272.

Endsley，M. R.（1995）. Toward a theory of situation awareness in dynamic systems. *Human Factors：The Journal of the Human Factors and Ergonomics Society，37*（1），32-64.

Ericsson，K. A.（2005）. Recent advances in expertise research：A commentary on the contributions to the special issue. *Applied Cognitive Psychology，19*（2），233-241.

Eriksson，A.（2014）. *Driver Behavior in Highly Automated Driving：An Evaluation of the Effects of Traffic，Time Pressure，Cognitive Performance and Driver Attitudes on Decision-Making Time Using a Web Based Testing Platform*. Toronto：Faculty of Arts & Sciences.

Evans，G. W.，& Stecker，R.（2004）. Motivational Consequences of Environmental Stress. *Journal of Environmental Psychology，24*（2），143-165.

Evans，L.（1988）. Risk of fatality from physical trauma versus sex and age. *Journal of Trauma and Acute Care Surgery，28*（3），368-378.

Eysenck，M.（2005）. *Cognitive Psychology：A Student's Handbook*. Cambridge：Psychology Press.

Fabbri，A.，Marchesini，G.，Dente，M.，Iervese，T.，Spada，M.，& Vandelli，A.（2005）. A positive blood alcohol concentration is the main predictor of recurrent motor vehicle crash. *Annals of Emergency Medicine，46*（2），161-167.

Falkmer，T.，& Gregersen，N. P.（2001）. Fixation patterns of learner drivers with and without cerebral palsy（CP）when driving in real traffic environments. *Transportation Research Part F：Traffic Psychology and Behaviour，4*（3），171-185.

Farah，H.，Yechiam，E.，Bekhor，S.，Toledo，T.，& Polus，A.（2008）. Association of risk proneness in overtaking maneuvers with impaired decision making. *Transportation Research Part F：Traffic Psychology and Behaviour，11*（5），313-323.

Fayish，A. C.，& Gross，F.（2010）. Safety effectiveness of leading pedestrian intervals evaluated by a before-after study with comparison groups. *Transportation Research Record：Journal of the Transportation Research Board，2198*（1），15-22.

Feigenbaum，E. A.，& Simon，H. A.（1962）. Simulation of human verbal learning behavior. *Communications of the ACM，5*（4），223.

Filetti，L. B.（2000）. *Characteristics of Individuals with High and Low Driving Anger*. Colorado State University.

Fisher，D. L.，Pollatsek，A. P.，& Pradhan，A.（2006）. Can novice drivers be trained to scan for information that will reduce their likelihood of a crash？*Injury Prevention，12*（S1），25-29.

Fisk，A. D.，& Schneider，W.（1981）. Control and automatic processing during tasks requiring sustained attention：A new approach to vigilance. *Human Factors：The Journal of the Human Factors and Ergonomics Society，23*（6），737-750.

Flemisch，F.，Heesen，M.，Hesse，T.，Kelsch，J.，Schieben，A.，& Beller，J.（2012）. Towards a dynamic balance between humans and automation：Authority，ability，responsibility and control in shared and cooperative control situations. *Cognition Technology & Work，14*，3-18.

Fong，G.，Frost，D.，& Stansfeld，S.（2001）. Road ragc：A psychiatric phenomenon? *Social Psychiatry and Psychiatric Epidemiology，36*（6），277-286.

French，D. J.，West，R. J.，Elander，J.，& Wilding，J. M.（1993）. Decision-making style，driving style，and self-reported involvement in road traffic accidents. *Ergonomics，36*（6），627-644.

Friedel，B.，& Staak，M.（1993）. *Benzodiazepines and Driving Performance.* Paper presented at the Proceedings of the 12th International Conference on Alcohol，Drugs，and Traffic Safety Cologne.

Fuller，R.（1984）. A conceptualization of driving behaviour as threat avoidance. *Ergonomics，27*（11），1139-1155.

Fuller，R.（2000）. The task-capability interface model of the driving process. *Recherche-Transports-Sécurité，66*，47-57.

Fuller，R.（2005）. Towards a general theory of driver behaviour. *Accident Analysis & Prevention，37*（3），461-472.

Fuller，R.（2008）. Driver training and assessment：Implications of the task-difficulty homeostasis model. *Driver Behaviour and Training，3*，337-348.

Galovski，T. E.，& Blanchard，E. B.（2006）. Understanding and treating the aggressive driver. *Sciences Engineering Medicine，5*，47-60.

Gasser，T. M.，Arzt，C.，Ayoubi，M.，Bartels，A.，Bürkle，L.，Eier，J.，et al.（2012）. *Rechtsfolgen zunehmender Fahrzeugautomatisierung：Gemeinsamer Schlussbericht der Projektgruppe.* Berichte：Bundesanstalt für Stra Benwesen.

Gatscha，M.，& Brandstaetter，C.（2008）. *Evaluation der zweiten ausbildungsphase.* Austrian Federal Ministry of Transport.

Gershon，P.，Ronen，A.，Oron-Gilad，T.，& Shinar，D.（2009）. The effects of an interactive cognitive task（ICT）in suppressing fatigue symptoms in driving. *Transportation Research Part F：Traffic Psychology and Behaviour，12*（1），21-28.

Gershon，P.，Shinar，D.，Oron-Gilad，T.，Parmet，Y.，& Ronen，A.（2011）. Usage and perceived effectiveness of fatigue countermeasures for professional and nonprofessional drivers. *Accident Analysis & Prevention，43*（3），797-803.

Gidron，Y.，Gaygısız，E.，& Lajunen，T.（2014）. Hostility，driving anger，and dangerous driving：The emerging role of hemispheric preference. *Accident Analysis & Prevention，73*，236-241.

Gimeno，P. T.，Pastor-Cerezuela，G.，& Montanes，M. C.（2006）. On the concept and measurement of driver drowsiness，fatigue and inattention：Implications for countermeasures. *International Journal of Vehicle Design，42*（1-2），67-86.

Ginsburg，K. R.，Durbin，D. R.，García-España，J. F.，Kalicka，E. A.，& Winston，F. K.（2009）. Associations between parenting styles and teen driving，safety-related behaviors and attitudes. *Pediatrics*，*124*（4），1040-1051.

Glass，S.，& Suggs，C.（1977）. Optimization of vehicle-brake pedal foot travel time. *Applied Ergonomics*，*8*，215-218.

Glassbrenner，D.，& Ye，T. J.（2007）. Seatbelt use in 2007-overall results. *Traffic Safety Facts—Research Note*. National Highway Traffic Safety Administration. http://www.nhtsa.gov/nhtsa/announce/810_841.pdf.

Glassbrenner，D.，& Ye，T. J.（2008）. Seatbelt use in 2007—Race and ethnicity results among occupants traveling with children. *Annals of Emergency Medicine*，*52*（2），165.

Gold，C.，Damböck，D.，Lorenz，L.，& Bengler，K.（2013）. "Take over!" How long does it take to get the driver back into the loop? *Proceedings of the Human Factors & Ergonomics Society 57th Annual Meeting*，*57*，1938-1942.

Gold，C.，Körber，M.，Hohenberger，C.，Lechner，D.，& Bengler，K.（2015）. Trust in automation–Before and after the experience of take-over scenarios in a highly automated vehicle. *Procedia Manufacturing*，*3*，3025-3032.

Gonçalves，J.，& Bengler，K.（2015）. Driver state monitoring systems—Transferable knowledge manual driving to HAD. *Procedia Manufacturing*，*3*，3011-3016.

Grayson，G. B.，& Groeger，J. A.（2000）. *Risk，Hazard Perception，and Perceived Control*. Paper presented at the Proceedings of the Novice Drivers Conference，Held Bristol.

Gregersen，N. P.，& Berg，H. Y.（1994）. Lifestyle and accidents among young drivers. *Accident Analysis & Prevention*，*26*（3），297-303.

Gregersen，N. P.，& Bjurulf，P.（1996）. Young novice drivers：Towards a model of their accident involvement. *Accident Analysis & Prevention*，*28*（2），229-241.

Gregersen，N. P.，Berg，H.，Engström，I.，Nolén，S.，Nyberg，A.，& Rimmö，P.（2000）. Sixteen years age limit for learner drivers in Sweden—An evaluation of safety effects. *Accident Analysis & Prevention*，*32*（1），25-35.

Groeger，J. A.（2002）. Trafficking in cognition：Applying cognitive psychology to driving. *Transportation Research Part F：Traffic Psychology and Behaviour*，*5*（4），235-248.

Gross，J. J.，& Levenson，R. W.（1995）. Emotion elicitation using films. *Cognition & Emotion*，*9*（1），87-108.

Guéguen，N.，Eyssartier，C.，& Meineri，S.（2016）. A pedestrian's smile and drivers' behavior：When a smile increases careful driving. *Journal of Safety Research*，*56*，83-88.

Guldenmund，F. W.（2000）. The nature of safety culture：A review of theory and research. *Safety*

Science, *34*（1-3），215-257.

Haas, E. C., & van Erp, J. B. F.（2014）. Multimodal warnings to enhance risk communication and safety. *Safety Science*, *61*, 29-35.

Haglund, M., & Åberg, L.（2000）. Speed choice in relation to speed limit and influences from other drivers. *Transportation Research Part F: Psychology & Behaviour*, *3*（1），39-51.

Hakamies-Blomqvist, L.（1996）. Research on older drivers: A review. *Iatss Research*, *20*（1），91-101.

Hakamies-Blomqvist, L.（1998）. Older drivers' accident risk: Conceptual and methodological issues. *Accident Analysis & Prevention*, *30*（3），293-297.

Hancock, P. A., & de Ridder, S. N.（2003）. Behavioural accident avoidance science: Understanding response in collision incipient conditions. *Ergonomics*, *46*（12），1111-1135.

Hancock, P. A., & Warm, J.（1989）. A dynamic model of stress and sustained attention. *Human Factors: The Journal of the Human Factors and Ergonomics Society*, *31*（5），519-537.

Harbluk, J. L., Noy, Y. I., Trbovich, P. L., & Eizenman, M.（2007）. An on-road assessment of cognitive distraction: Impacts on drivers' visual behavior and braking performance. *Accident Analysis & Prevention*, *39*（2），372-379.

Harris, P. B., & Houston, J. M.（2010）. Recklessness in context individual and situational correlates to aggressive driving. *Environment and Behavior*, *42*（1），44-60.

Harris, P. B., Houston, J. M., Vazquez, J. A., Smither, J. A., Harms, A., Dahlke, J. A., et al.（2014）. The Prosocial and Aggressive Driving Inventory（PADI）: A self-report measure of safe and unsafe driving behaviors. *Accident Analysis & Prevention*, *72*, 1-8.

Hartley, L., & Commission, N. R. T.（2000）. *Review of Fatigue Detection and Prediction Technologies*. National Road Transport Commission Melbourne.

Hatakka, M., Keskinen, E., Gregersen, N. P., Glad, A., & Hernetkoski, K.（2002）. From control of the vehicle to personal self-control; Broadening the perspectives to driver education. *Transportation Research Part F: Traffic Psychology and Behaviour*, *5*（3），201-216.

Hatfield, J., & Murphy, S.（2007）. The effects of mobile phone use on pedestrian crossing behaviour at signalized and unsignalized intersections. *Accident Analysis & Prevention*, *39*（1），197-205.

Hazebroek, J. F., Howells, K., & Day, A.（2001）. Cognitive appraisals associated with high trait anger. *Personality and Individual Differences*, *30*（1），31-45.

He, J., Becic, E., Lee, Y. C., & McCarley, J. S.（2011）. Mind wandering behind the wheel performance and oculomotor correlates. *Human Factors: The Journal of the Human Factors and Ergonomics Society*, *53*（1），13-21.

Hedlund，J.，& Compton，R.（2005）. Graduated driver licensing research in 2004 and 2005. *Journal of Safety Research，36*（2），109-119.

Heikoop，D.，de Winter，J.，van Arem，B.，& Stanton，N. A.（2015）. Psychological constructs in driving automation：A consensus model and critical comment on construct proliferation. *Theoretical Issues in Ergonomics Science，17*，284-303.

Henderson，J. M.，& Hollingworth，A.（2003）. Global transsaccadic change blindness during scene perception. *Psychological Science，14*（5），493-497.

Hennessy，D. A.（2011）. *Traffic Psychology：An International Perspective*. Hauppauge：Nova Science Publishers.

Hennessy，D. A.，& Wiesenthal，D. L.（1997）. The relationship between traffic congestion，driver stress and direct versus indirect coping behaviours. *Ergonomics，40*（3），348-361.

Hennessy，D. A.，& Wiesenthal，D. L.（1999）. Traffic congestion，driver stress，and driver aggression. *Aggressive Behavior，25*（6），409-423.

Hennessy，D. A.，& Wiesenthal，D. L.（2005）. Driving vengeance and willful violations：Clustering of problem driving attitudes. *Journal of Applied Social Psychology，35*（1），61-79.

Hennessy，D. A.，Hemingway，J.，& Howard，S. R.（2008）. The effects of media portrayals of dangerous driving on young drivers'performance. In F. Gustavssn（Ed.），*New Transportation Research Progress*（pp. 143-156）. Hauppauge：Nova Science Publishers.

Hennessy，D. A.，Wiesenthal，D. L.，& Kohn，P. M.（2010）. The influence of traffic congestion，daily hassles，and trait stress susceptibility on state driver stress：An interactive perspective 1. *Journal of Applied Biobehavioral Research，5*（2），162-179.

Hentschel，U.，Bijleveld，C. C.，Kiessling，M.，& Hosemann，A.（1993）. Stress-related psychophysiological reactions of truck drivers in relation to anxiety，defense，and situational factors. *Accident Analysis & Prevention，25*（2），115-121.

Hergeth，S.，Lorenz，L.，Vilimek，R.，& Krems，J. F.（2016）. Keep your scanners peeled：Gaze behavior as a measure of automation trust during highly automated driving. *Human Factors：The Journal of the Human Factors and Ergoncmics Society，58*，509-519.

Herslund，M. B.，& Jørgensen，N. O.（2003）. Looked-but-failed-to-see-errors in traffic. *Accident Analysis & Prevention，35*（6），885-891.

Heslop，S.（2014）. Driver boredom：Its individual difference predictors and behavioural effects. *Transportation Research Part F：Traffic Psychology and Behaviour，22*，159-169.

Hills，B. L.，& Burg，A.（1978）. Reanalysis of California driver-vision data：General findings. abridgement. *Transportation Research Record，681*，47-50.

Hilton，M. F.，Staddon，Z.，Sheridan，J.，& Whiteford，H. A.（2009）. The impact of mental health symptoms on heavy goods vehicle drivers' performance. *Accident Analysis & Prevention*, *41*(3), 453-461.

Hoff, K. A., & Bashir, M. (2015). Trust in automation: Integrating empirical evidence on factors that influence trust. *Human Factors: The Journod of the Human Factors and Ergonomics Society*, *57*, 407-434.

Hofstede G. (2001). *Culture's Consequences: Comparing Values, Behaviors, Institutions, and Organizations Across Nations*. Thousand Oaks: Sage Publications.

Hofvander, B., Delorme, R., Chaste, P., Nydén, A., Wentz, E., & Ståhlberg, O., et al. (2009). Psychiatric and psychosocial problems in adults with normal-intelligence autism spectrum disorders. *BMC Psychiatry*, *9* (1), 35-41.

Hole, G. J. (2014). *The Psychology of Driving*. Sussex: Psychology Press.

Hole, J., & Tyrrel, L. (1995). The influence of perceptual 'set' on the detection of motorcyclists using daytime headlights. *Ergonomics*, *38* (7), 1326-1341.

Hole, J., Tyrrel, L., & Langham, M. (1996). Some factors affecting motorcyclists' conspicuity. *Ergonomics*, *39* (7), 946-965.

Holland, C., Geraghty, J., & Shah, K. (2010). Differential moderating effect of locus of control on effect of driving experience in young male and female drivers. *Personality and Individual Differences*, *48* (7), 821-826.

Horne, J., & Reyner, L. (1999). Vehicle accidents related to sleep: A review. *Occupational and Environmental Medicine*, *56* (5), 289-294.

Horrey, W. J., & Wickens, C. D. (2006). Examining the impact of cell phone conversations on driving using meta-analytic techniques. *Human Factors: The Journal of the Human Factors and Ergonomics Society*, *48* (1), 196-205.

Horrey, W. J., Lesch, M. F., & Garabet, A. (2008). Assessing the awareness of performance decrements in distracted drivers. *Accident Analysis & Prevention*, *40* (2), 675-682.

Horrey, W. J., Lesch, M. F., Garabet, A., Simmons, L., & Maikala, R. (2017). Distraction and task engagement: How interesting and boring information impact driving performance and subjective and physiological responses. *Applied Ergonomics*, *58*, 342-348.

Horswill, M. S., Kemala, C. N., Wetton, M., Scialfa, C. T., & Pachana, N. A. (2010). Improving older drivers' hazard perception ability. *Psychology and Aging*, *25* (2), 464-469.

Horswill, M. S., Marrington, S. A., McCullough, C. M., Wood, J., Pachana, N. A., & McWilliam, J., et al. (2008). The hazard perception ability of older drivers. *The Journals of Gerontology Series B: Psychological Sciences and Social Sciences*, *63* (4), 212-218.

Horswill, M. S., Pachana, N. A., Wood, J., Marrington, S. A., McWilliam, J., & McCullough,

C. M.（2009）. A comparison of the hazard perception ability of matched groups of healthy drivers aged 35 to 55，65 to 74，and 75 to 84 years. *Journal of the International Neuropsychological Society*，*15*（5），799-802.

Horswill，M. S.，Waylen，A. E.，& Tofield，M. I.（2004）. Drivers' ratings of different components of their own driving skill：A greater illusion of superiority for skills that relate to accident involvement. *Journal of Applied Social Psychology*，*34*（1），177-195.

Hosking，S. G.，Liu，C. C.，& Bayly，M.（2010）. The visual search patterns and hazard responses of experienced and inexperienced motorcycle riders. *Accident Analysis & Prevention*，*42*（1），196-202.

Houten，R. V.，Malenfant，J. E. L.，& McCusker，D.（2001）. Advance yield markings：Reducing motor vehicle—Pedestrian conflicts at multilane crosswalks with uncontrolled approach. *Transportation Research Record：Journal of the Transportation Research Board*，*1773*（1），69-74.

Houtenbos，M.（2008）. *Expecting the Unexpected：A Study of Interactive Driving Behaviour at Intersections*. Delft：Delft University of Technology.

Hu，T. Y.，Xie，X.，& Li，J.（2013）. Negative or positive? The effect of emotion and mood on risky driving. *Transportation Research Part F：Traffic Psychology and Behaviour*，*16*，29-40.

Huestegge，L.，& Böckler，A.（2016）. Out of the corner of the driver's eye：Peripheral processing of hazards in static traffic scenes. *Journal of Vision*，*16*（2），11.

Huestegge，L.，Skottke，E.，Anders，S.，Müsseler，J.，& Debus，G.（2010）. The development of hazard perception：Dissociation of visual orientation and hazard processing. *Transportation Research Part F：Traffic Psychology and Behaviour*，*13*（1），1-8.

Huettel，S. A.，Stowe，C. J.，Gordon，E. M.，Warner，B. T.，& Platt，M. L.（2006）. Neural signatures of economic preferences for risk and ambiguity. *Neuron*，*49*（5），765-775.

Ingre，M.，Åkerstedt，T.，Peters，B.，Anund，A.，& Kecklund，G.（2006）. Subjective sleepiness，simulated driving performance and blink duration：Examining individual differences. *Journal of Sleep Research*，*15*（1），47-53.

Ishibashi，M.，Okuwa，M.，& Akamatsu，M.（2007）. *Indices for Characterizing Driving Style and Their Relevance to Car Following Behavior.* Paper presented at the SICE Annual Conference. Takamatsu，Japan.

Iversen，H.，& Rundmo，T.（2002）. Personality，risky driving and accident involvement among Norwegian drivers. *Personality and Individual Differences*，*33*（8），1251-1263.

Iversen，H. H.，& Rundmo，T.（2004）. Attitudes towards traffic safety，driving behaviour and accident involvement in the Norwegian public. *Ergonomics*，*47*（5），555-572.

Jahn，G.，Oehme，A.，Krems，J. F.，& Gelau，C.（2005）. Peripheral detection as a workload measure in driving：Effects of traffic complexity and route guidance system use in a driving study. *Transportation Research Part F：Traffic Psychology and Behaviour，8*（3），255-275.

Johnson，S. B.，& Jones，V. C.（2011）. Adolescent development and risk of injury：Using developmental science to improve interventions. *Injury Prevention，17*（1），50-54.

Jonah，B. A.（1986）. Accident risk and risk-taking behaviour among young drivers. *Accident Analysis & Prevention，18*（4），255-271.

Jonathan，R.，& Lerner，J. S.（2012）. Decision-making，the role of emotions in foreign policy. In L. Robin（Ed.），*The Encyclopedia of Peace Psychology*. New York：Blackwell Publishing.

Jovanović，D.，Lipovac，K.，Stanojević，P.，& Stanojević，D.（2011）. The effects of personality traits on driving-related anger and aggressive behaviour in traffic among Serbian drivers. *Transportation Research Part F：Traffic Psychology and Behaviour，14*（1），43-53.

Jurado-Piña，R.，Pardillo-Mayora，J. M.，& Jiménez，R.（2009）. Methodology to analyze sun glare related safety problems at highway tunnel exits. *Journal of Transportation Engineering，136*（6），545-553.

Kahneman，D.，& Tversky，A.（1972）. Subjective probability：A judgment of representativeness. *Cognitive Psychology，3*（3），430-454.

Kantor，B.，Mauger，L.，Richardson，V. E.，& Unroe，K. T.（2004）. An analysis of an older driver evaluation program. *Journal of the American Geriatrics Society，52*（8），1326-1330.

Karavasilis，L.，Doyle，A. B.，& Markiewicz，D.（2003）. Associations between parenting style and attachment to mother in middle childhood and adolescence. *International Journal of Behavioral Development，27*（2），153-164.

Kasar，M.，Gleichgerrcht，E.，Keskinkilic，C.，Tabo，A.，& Manes，F. F.（2010）. Decision-making in people who relapsed to driving under the influence of alcohol. *Alcoholism：Clinical and Experimental Research，34*（12），2162-2168.

Kazazi，J.，Winkler，S.，& Vollrath，M.（2016）. The influence of attention allocation and age on intersection accidents. *Transportation Research Part F：Traffic Psychology and Behaviour，43*，1-14.

Kellermann，A. L.，& Martinez，R.（2008）. Hot wheels. *American Journal of Preventive Medicine，35*（3），310-312.

Keskinen，E.，& Hernetkoski，K.（2011）. Driver education and training. In B. E. Porter（Ed.），*Handbook of Traffic Psychology*（pp. 403-422）. New York：Elsevier Inc.

King，Y.，& Parker，D.（2008）. Driving violations，aggression and perceived consensus. *European Review of Applied Psychology，58*（1），43-49.

Kinnear，N.，& Stevens，A.（2015）. *The Battle for Attention：Driver Distraction—A Review of Recent*

Research and Knowledge. A report for Institute of Advanced Motorists.

Kleisen，L.（2011）. *The Relationship Between Thinking and Driving Styles and Their Contribution to Young Driver Road Safety.* Tiburg：Tilburg University.

Knobel，M.，Hassenzahl，M.，& Männlein，S.，et al.（2013）. *Become a Member of the Last Gentlemen：Designing for Prosocial Driving.* Proceedings of the 6th International Conference on Designing Pleasurable Products and Inter faces-DPPI'13.

Konstantopoulos，P.，Chapman，P.，& Crundall，D.（2010）. Driver's visual attention as a function of driving experience and visibility. Using a driving simulator to explore drivers' eye movements in day，night and rain driving. *Accident Analysis & Prevention，42*（3），827-834.

Konstantopoulos，P.，Chapman，P.，& Crundall，D.（2012）. Exploring the ability to identify visual search differences when observing drivers' eye movements. *Transportation Research Part F：Traffic Psychology and Behaviour，15*（3），378-386.

Körber，M.，Cingel，A.，Zimmermann，M.，& Bengler，K.（2015）. Vigilance decrement and passive fatigue caused by monotony in automated driving. *Procedia Manufacturing，3*，2403-2409.

Körber，M.，Gold，C.，Lechner，D.，& Bengler，K.（2016）. The influence of age on the take-over of vehicle control in highly automated driving. *Transportation Research Part F：Traffic Psychology and Behaviour，39*，19-32.

Korber，M.，Weibgerber，T.，Kalb，L.，Blaschke，C.，& Farid，M.（2015）. Prediction of take-over time in highly automated driving by two psychometric tests. *Dyna，82*，195-201.

Krüger，H.，& Vollrath，M.（2004）. The alcohol-related accident risk in Germany：Procedure，methods and results. *Accident Analysis & Prevention，36*（1），125-133.

Kyriakidis，M.，Happee，R.，& de Winter，J. C. F.（2015）. Public opinion on automated driving：Results of an international questionnaire among 5000 respondents. *Transportation Research Part F：Traffic Psychology and Behaviour，32*，127-140.

Laapotti，S.（2003）. *What are Young Female Drivers Made of? Differences in Attitudes，Exposure，Offences and Accidents Between Young Female and Male Drivers.* Turku：University of Turku.

Laapotti，S.，& Keskinen，E.（1998）. Differences in fatal loss-of-control accidents between young male and female drivers. *Accident Analysis & Prevention，30*（4），435-442.

Laapotti，S.，Keskinen，E.，Hatakka，M.，& Katila，A.（2001）. Novice drivers' accidents and violations—A failure on higher or lower hierarchical levels of driving behaviour. *Accident Analysis & Prevention，33*（6），759-769.

Lajunen，T.，& Parker，D.（2001）. Are aggressive people aggressive drivers? A study of the relationship between self-reported general aggressiveness，driver anger and aggressive driving. *Accident Analysis & Prevention，33*（2），243-255.

Lajunen，T.，& Summala，H.（1995）. Driving experience，personality，and skill and safety-motive dimensions in drivers' self-assessments. *Personality and Individual Differences*，*19*（3），307-318.

Lajunen，T.，Parker，D.，& Summala，H.（2004）. The Manchester driver behaviour questionnaire：A cross-cultural study. *Accident Analysis & Prevention*，*36*（2），231-238.

Lal，S. K.，& Craig，A.（2001）. A critical review of the psychophysiology of driver fatigue. *Biological Psychology*，*55*（3），173-194.

Lamble，D.，Rajalin，S.，& Summala，H.（2002）. Mobile phone use while driving：Public opinions on restrictions. *Transportation*，*29*（3），223-236.

Langham，M. P.（1999）. *An Investigation of the Role of Vehicle Conspicuity in the 'Looked but Failed to See' Error in Driving*. Sussex：University of Sussex.

Langham，M.，Hole，G.，Edwards，J.，& O'Neil，C.（2002）. An analysis of 'looked but failed to see' accidents involving parked police vehicles. *Ergonomics*，*45*（3），167-185.

Lawton，R.，Parker，D.，Manstead，A. S. R.，& Stradling，S. G.（1997）. The role of affect in predicting social behaviors：The case of road traffic violations. *Journal of Applied Social Psychology*，*27*（14），1258-1276.

Leckie，G. J.，& Hopkins，J.（2002）. The public place of central libraries：Findings from Toronto and Vancouver. *The Library Quarterly*，*72*（3），326-372.

Lee，J. D.，& Strayer，D. L.（2004）. Preface to the special section on driver distraction. *Human Factors：The Journal of the Human Factors and Ergonomics Society*，*46*（4），583-586.

Lee，J. D.，Young，K. L.，& Regan，M. A.（2008）. Defining driver distraction. In M. A. Regan，J. D. Lee，& K. L. Young（Eds.），*Driver Distraction：Theory，Effects，and Mitigation*（pp. 31-40）. Boca Raton：CRC Press Taylor & Francis Group.

Leibowitz，H. W.，Owens，D. A.，& Tyrrell，R. A.（1998）. The assured clear distance ahead rule：Implications for nighttime traffic safety and the law. *Accident Analysis & Prevention*，*30*（1），93-99.

Lemonnier，S.，Brémond，R.，& Baccino，T.（2014）. Discriminating cognitive processes with eye movements in a decision-making driving task. *Journal of Eye Movement Research*，*7*（4），1-14.

Lennon，A. J.，& Watson，B. C.（2015）. A matter of style? Driver attributional 'style' in accounting for the driving of others as protective or as predisposing drivers towards retaliatory aggressive driving. *Transportation Research Part F：Traffic Psychology and Behaviour*，*30*，163-172.

Lev，D.，Hershkovitz，E.，& Yechiam，E.（2008）. Decision making and personality in traffic offenders：A study of Israeli drivers. *Accident Analysis & Prevention*，*40*（1），223-230.

Leviäkangs P.（1998）. Accident risk of foreign drivers—The case of Russian drivers in south-eastern

Finland. *Accident Analysis & Prevention*，*30*（2），245-254.

Levs，J.（2012）. What caused the cruise ship disaster? Retrieved September 23，2012，from http://www.cnn.com/2012/01/15/world/europe/italy-cruisequestions/index.html.

Li，F.，Li，C.，Long，Y.，Zhan，C.，& Hennessy，D. A.（2004）. Reliability and validity of aggressive driving measures in China. *Traffic Injury Prevention*，*5*（4），349-355.

Li，F.，Yao，X.，Jiang，L.，& Li，Y.（2014）. Driving anger in China：Psychometric properties of the Driving Anger Scale（DAS） and its relationship with aggressive driving. *Personality and Individual Differences*，*68*，130-135.

Liang，Y.，& Lee，J. D.（2010）. Combining cognitive and visual distraction：Less than the sum of its parts. *Accident Analysis & Prevention*，*42*（3），881-890.

Liu，K.，Yan，X.，Zhao，Y.，Jing，X.，& Zou，B.（2014）. Experimental Study of Human Depth Perception Based on SPSS. *Journal of North China Institute of Science and Technology*，*8*，12-18.

Llaneras，R. E.，Salinger，J.，& Green，C. A.（2013）. *Human Factors Issues Associated with Limited Ability Autonomous Driving Systems：Drivers' Allocation of Visual Attention to the Forward Roadway*. 2013 Driving Assessment Conference，Bolton Landing.

Loewenstein，G. F.，Weber，E. U.，Hsee，C. K.，& Welch，N.（2001）. Risk as feelings. *Psychological Bulletin*，*127*（2），267-275.

Loewenstein，G.，& Lerner，J. S.（2003）. *Handbook of Affective Sciences*. New York：Oxford University Press.

Lonero，L. P.（2007）. Finding the next cultural paradigm for road safety In J. Hedlund（Ed.），*Improving Traffic Safety Culture in the United States：The Journey Forward*（pp. 1-20）. Washington：AAA Foundation for Traffic Safety.

Lu，J.，Xie，X.，& Zhang，R.（2013）. Focusing on appraisals：How and why anger and fear influence driving risk perception. *Journal of Safety Research*，*45*，65-73.

Lu，Z.，Happee，R.，Cabrall，C. D. D.，Kyriakidis，M.，& de Winter，J. C. F.（2016）. Human factors of transitions in automated driving：A general framework and literature survey. *Transportation Research Part F：Psychology and Behaviour*，*43*，183-198.

Lucidi，F.，Russo，P. M.，Mallia，L.，Devoto，A.，Lauriola，M.，& Violani，C.（2006）. Sleep-related car crashes：Risk perception and decision-making processes in young drivers. *Accident Analysis & Prevention*，*38*（2），302-309.

Lüke，S.，Fochler，O.，Schaller，T.，& Regensburger，U.（2016）. Traffic Jam Assistance and Automation（pp.1-13）. In H. Winner，S. Hakuli，F. Lotz，& C. Singer（Eds.），*Handbook of Driver Assistance Systems*. New York：Springer.

Lund，I.（2006）. *Attitudes as Predictors of Driver Behaviour in Norway and Ghana*. Trondheim：

Norwegian University of Science and Technology，Department of Psychology.

Lund，I.O.，& Rundmo，T.（2008）. Cross-cultural comparisons of traffic safety，risk perception，attitudes and behavior. *Safety Science*，*47*（4），547-553.

Ma，Q.，Jin，J.，& Wang，L.（2010）. The neural process of hazard perception and evaluation for warning signal words：Evidence from event-related potentials. *Neuroscience Letters*，*483*（3），206-210.

Maag，C.，Mark，C.，& Krüger，H. P.（2010）. Development of a cognitive-emotional model for driver behavior. In G. Jezic，R. J. Howlett，& L. C. Jain（Eds.），*Agent and Multi-Agent Systems：Technologies and Applications*（pp.242-251）. New York：Springer-Verlag.

Macdonald，S.，Mann，R. E.，Chipman，M.，& Anglin-Bodrug，K.（2004）. Collisions and traffic violations of alcohol，cannabis and cocaine abuse clients before and after treatment. *Accident Analysis & Prevention*，*36*（5），795-800.

Machin，M. A.，& Sankey，K. S.（2008）. Relationships between young drivers' personality characteristics，risk perceptions，and driving behaviour. *Accident Analysis & Prevention*，*40*（2），541-547.

Mack，A.，& Rock，I.（1998）. *Inattentional Blindness*. Cambridge：The MIT Press.

Malta，L. S.，Blanchard，E. B.，& Freidenberg，B. M.（2005）. Psychiatric and behavioral problems in aggressive drivers. *Behaviour Research and Therapy*，*43*（11），1467-1484.

Matthews，G.，Dorn，L.，& Glendon，A. I.（1991）. Personality correlates of driver stress. *Personality & Individual Differences*，*12*（6），535-549.

Matthews，G.，Sparkes，T. J.，& Bygrave，H. M.（1996）. Attentional overload，stress，and simulate driving performance. *Human Performance*，*9*（1），77-101.

Matthews，M. L.，Bryant，D. J.，Webb，R. D.，& Harbluk，J. L.（2001）. Model for situation awareness and driving：Application to analysis and research for intelligent transportation systems. *Transportation Research Record：Journal of the Transportation Research Board*，*1779*（1），26-32.

May，J. F.，& Baldwin，C. L.（2009）. Driver fatigue：The importance of identifying causal factors of fatigue when considering detection and countermeasure technologies. *Transportation Research Part F：Traffic Psychology and Behaviour*，*12*（3），218-224.

McCammon，K.（2001）. Alcohol-related motor vehicle crashes：Deterrence and intervention. *Annals of Emergency Medicine*，*38*（4），415-422.

McCartt，A. T.，Hellinga，L. A.，& Bratiman，K. A.（2006）. Cell phones and driving：Review of research. *Traffic Injury Prevention*，*7*（2），89-106.

McCrae，R. R.，& Costa，P. T.（1987）. Validation of the five-factor model of personality across instruments and observers. *Journal of Personality and Social Psychology*，*52*（1），81-90.

McDonald, A. S., & Davey, G. C. (1996). Psychiatric disorders and accidental injury. *Clinical Psychology Review*, *16* (2), 105-127.

McEvoy, S. P., Stevenson, M. R., & Woodward, M. (2006). The impact of driver distraction on road safety: Results from a representative survey in two Australian states. *Injury Prevention*, *12* (4), 242-247.

McKenna, F. P. (2005). What shall we do about speeding-education? In G. Underwood (Ed.), *Traffic and Transport Psychology* (pp. 521-528). Oxford: Elsevier.

McKenna, F. P., & Crick, J. L. (1994). Hazard perception in drivers: A methodology for testing and training. *TRL Contractor Report*.

McKnight, A. J., & McKnight, A. S. (2003). Young novice drivers: Careless or clueless? *Accident Analysis & Prevention*, *35* (6), 921-925.

McKnight, A. J., & Peck, R. C. (2003). Graduated driver licensing and safer driving. *Journal of Safety Research*, *34* (1), 85-89.

Meir, A., Borowsky, A., & Oron-Gilad, T. (2014). Formation and evaluation of Act and Anticipate Hazard Perception Training (AAHPT) intervention for young novice drivers. *Traffic Injury Prevention*, *15* (2), 172-180.

Meknight, A. J., & Hundt, A. G. (1975). *Guide for Teacher Preparation in Driver Education: Drving School Editon*. National Highway Traffic Safety Administration (DOT). Washington, DC.

Melcher, V., Rauh, S., Diederichs, F., Widlroither, H., & Bauer, W. (2015). Take-Over Requests for Automated Driving. *Procedia Manufacturing*, *3*, 2867-2873.

Mesken, J., Hagenzieker, M. P., Rothengatter, T., & de Waard, D. (2007). Frequency, determinants, and consequences of different drivers' emotions: An on-the-road study using self-reports behaviour, and physiology. *Transportation Research Part F: Traffic Psychology and Behaviour*, *10* (6), 458-475.

Meyer, G., & Deix, S. (2014). *Research and Innovation for Automated Driving in Germany and Europe*. New York: Springer International Publishing.

Michon, J. A. (1985). A critical view of driver behavior models: What do we know, what should we do? *Human Behavior and Traffic Safety*, 485-524.

Michon, J. A. (1989). Explanatory pitfalls and rule-based driver models. *Accident Analysis & Prevention*, *21* (4), 341-353.

Miller, G., & Taubman-Ben-Ari, O. (2010). Driving styles among young novice drivers—The contribution of parental driving styles and personal characteristics. *Accident Analysis & Prevention*, *42* (2), 558-570.

Miller, R. L., & Mulligan, R. D. (2002). Terror management: The effects of mortality salience and locus of control on risk-taking behaviors. *Personality and Individual Differences*，*33*（7），1203-1214.

Millicent，A. A.，& Richard，A. G.（2013）. Driver attitude towards traffic safety violations and risk taking behaviour in KuMaSi：The gender and age dimension. *International Journal for Traffic and Transport Engineering*，*3*（4），479-494.

Mokdad，A. H.，Marks，J. S.，Stroup，D. F.，& Gerberding，J. L.（2004）. Actual causes of death in the United States，2000. *The Journal of American Medical Associatin*，*291*（10），1238-1245.

Morgan，A.，& Mannering，F. L.（2011）The effects of roadsurface conditions，age，and gender on driver-injury severities. *Accident Analysis & Prevention*，*43*（5），1852-1863.

Moskowitz，H.，Hulbert，S.，& McGlothlin，W. H.（1976）. Marihuana：Effects on simulated driving performance. *Accident Analysis & Prevention*，*8*（1），45-50.

Moulton，B. E.，Peterson，A.，Haddix，D.，& Drew，L.（2010）. National survey of drinking and driving attitudes and behaviors：2008. *Annals of Emergency Medicine*，57，405-406.

Näätänen，R.，& Summala，H.（1974）. A model for the role of motivational factors in drivers' decision-making. *Accident Analysis & Prevention*，*6*（3-4），243-261.

Nallet，N.，Bernard，M.，& Chiron，M.（2008）. Individuals taking a French driving licence points recovery course：Their attitudes towards violations. *Accident Analysis & Prevention*，*40*（6），1836-1843.

Naujoks，F.，& Totzke，I.（2014）. Behavioral adaptation caused by predictive warning systems—The case of congestion tail warnings. *Transportation Research Part F: Psychology and Behaviour*，*26*，49-61.

Naujoks，F.，Befelein，D.，Wiedemann，K.，& Neukum，A.（2017）. *A Review of Non-Driving-Related Tasks Used in Studies on Automated Driving*. The 8th International Conference on Applied Human Factors and Ergonomics，Los Angeles.

Naujoks，F.，Mai，C.，& Neukum，A.（2014）. *The Effect of Urgency of Take-Over Requests During Highly Automated Driving Under Distraction Conditions*. Proceedings of the 5th International Conference on Applied Human Factors and Ergonomics，Krakow.

Naujoks，F.，Wiedemann，K.，& Schoemig，N.（2017）. *The Importance of Interruption Management for Usefulness and Acceptance of Automated Driving*. Proceedings of the 9th International Conference on Automotive User Interfaces and Interactive Vehicular Applications，Oldenberg.

Naveteur，J.，Cœugnet，S.，Charron，C.，Dorn，L.，& Anceaux，F.（2013）. Impatience and time pressure：Subjective reactions of drivers in situations forcing them to stop their car in the road. *Transportation Research Part F：Traffic Psychology and Behaviour*，*18*（*22*），58-71.

Navon，D.，& Miller，J.（1987）. Role of outcome conflict in dual-task interference. *Journal of*

Experimental Psychology：Human Perception and Performance，13（3），435-442.

Neighbors，C.，Vietor，N. A.，& Knee，C. R.（2002）. A motivational model of driving anger and aggression. *Personality and Social Psychology Bulletin，28*（3），324-335.

Nelson，E.，Atchley，P.，& Little，T. D.（2009）. The effects of perception of risk and importance of answering and initiating a cellular phone call while driving. *Accident Analysis & Prevention，41*（3），438-444.

Nemerovski，R.（2009）. *Anger in the Car：An Examination of the Role of Perspective-taking in the Anger Response While Driving*. Los Angeles：Wright Institute.

None.（2015）. 2009 sleep in america poll-health and safety. *Sleep Health，1*（2），e8.

Nordbakke，S.，& Sagberg，F.（2007）. Sleepy at the wheel：Knowledge，symptoms and behaviour among car drivers. *Transportation Research Part F：Traffic Psychology and Behaviour，10*（1），1-10.

Nordfjærn，T.，Jorgensen，S.，& Rundmo，T.（2010）. An investigation of driver attitudes and behaviour in rural and urban areas in Norway. *Safety Science，48*（3），348-356.

Nordfjærn，T.，Jørgensen，S.，& Rundmo，T.（2012）. Cultural and socio-demographic predictors of car accident involvement in Norway，Ghana，Tanzania and Uganda. *Safety Science，50*（9），1862-1872.

North，A. C.，& Hargreaves，D. J.（1999）. Music and driving game performance. *Scandinavian Journal of Psychology，40*（4），285-292.

O'Hanlon，J. F.，Vermeeren，A.，Uiterwijk，M.，van Veggel，L.，& Swijgman，H. F.（1995）. Anxiolytics'effects on the actual driving performance of patients and healthy volunteers in a standardized test. *Neuropsychobiology，31*（2），81-88.

Olson，P. L.（1989）. Motorcycle conspicuity revisited. *Human Factors：The Journal of the Human Factors and Ergonomics Society，31*（2），141-146.

Oltedal，S.，& Rundmo，T.（2006）. The effects of personality and gender on risky driving behaviour and accident involvement. *Safety Science，44*（7），621-628.

Oron-Gilad，T.，& Shinar，D.（2000）. Driver fatigue among military truck drivers. *Transportation Research Part F：Traffic Psychology and Behaviour，3*（4），195-209.

Osgouei，R. H.，Lee，H.，& Choi，S.（2013）. *Haptic-Enabled Driving Training System*. Paper presented at the RO-MAN，2013 IEEE，Gyeongju，South Korea.

Overman，W.，Graham，L.，Redmond，A.，Eubank，R.，Boettcher，L.，& Samplawski，O.，et al.（2006）. Contemplation of moral dilemmas eliminates sex differences on the iowa gambling task. *Behavioral Neuroscience，120*（4），817-823.

Owens，D. A.，& Tyrrell，R. A.（1999）. Effects of luminance，blur，and age on nighttime visual guidance: A test of the selective degradation hypothesis. *Journal of Experimental Psychology: Applied*, *5* (2), 115-123.

Özkan, T., & Lajunen, T. (2005). Multidimensional Traffic Locus of Control Scale (T-LOC): Factor structure and relationship to risky driving. *Personality and Individual Differences*, *38* (3), 533-545.

Özkan, T., Lajunen, T., Parker, D., Sümer, N., & Summala, H. (2010). Symmetric relationship between self and others in aggressive driving across gender and countries. *Traffic Injury Prevention*, *11* (3), 228-239.

Özkan, T., Lajunen, T., Warner, H. W., & Tzamalouka, G. (2006). *Traffic Climates and Driver Behaviours in Four Countries: Finland, Greece, Sweden, and Turkey*. Paper presented in the 26th International Congress of Applied Psychology (ICAP), Athens, Greece.

Pack, A. I., Pack, A. M., Rodgman, E., Cucchiara, A., Dinges, D. F., & Schwab, C. W. (1995). Characteristics of crashes attributed to the driver having fallen asleep. *Accident Analysis & Prevention*, *27* (6), 769-775.

Papadelis, C., Chen, Z., Kourtidou-Papadeli, C., Bamidis, P. D., Chouvarda, I., & Bekiaris, E., et al. (2007). Monitoring sleepiness with on-board electrophysiological recordings for preventing sleep-deprived traffic accidents. *Clinical Neurophysiology*, *118* (9), 1906-1922.

Parasuraman, R., & Riley, V. (1997). Humans and automation: Use, misuse, disuse, abuse. *Human Factors*, *39* (2), 230-253.

Payne, J. W., Bettman, J. R., & Luce, M. F. (1996). When time is money: Decision behavior under opportunity-cost time pressure. *Organizational Behavior & Human Decision Processes*, *66* (2), 131-152.

Payne, R. B., & Corley, T. J. (1994). Motivational effects of anxiety on psychomotor performance. *Perceptual and Motor Skills*, *79* (3), 1507-1521.

Pêcher, C., Lemercier, C., & Cellier, J. M. (2009). Emotions drive attention: Effects on driver's behaviour. *Safety Science*, *47* (9), 1254-1259.

Pelz, D. C., & Krupat, E. (1974). Caution profile and driving record of undergraduate males. *Accident Analysis & Prevention*, *6* (1), 45-58.

Persaud, B. N., Retting, R. A., & Lyon, C. A. (2004). Crash reduction following installation of centerline rumble strips on rural two-lane roads. *Accident Analysis & Prevention*, *36* (6), 1073-1079.

Petermann-Stock, I. H. L. M. (2013). Wie lange braucht der Fahrer? Eine Analyse zu Übernahmezeiten aus verschiedenen Nebentätigkeiten während einer hochautomatisierten Staufahrt. *6. Tagung Fahrerassistenz. Der Weg zum automatischen Fahren.*

Petermeijer，S. M.，de Winter，J. C. F.，& Bengler，K. J.（2016）. Vibrotactile displays：A survey with a view on highly automated driving. *IEEE Transactions on Intelligent Transportation Systems，17*，897-907.

Petty，R. E.，Wegener，D. T.，& Fabrigar，L. R.，（1997）. Attitudes and attitude change. *Annual Review of Psychology，48*（1），609-647

Philip，P.，Sagaspe，P.，Moore，N.，Taillard，J.，Charles，A.，& Guilleminault，C.，et al.（2005）. Fatigue，sleep restriction and driving performance. *Accident Analysis & Prevention，37*（3），473-478.

Pollatsek，A.，Narayanaan，V.，Pradhan，A.，& Fisher，D. L.（2006）. Using eye movements to evaluate a PC-based risk awareness and perception training program on a driving simulator. *Human Factors：The Journal of the Human Factors and Ergonomics Society，48*（3），447-464.

Poó，F. M.，& Ledesma，R. D.（2013）. A study on the relationship between personality and driving styles. *Traffic Injury Prevention，14*（4），346-352.

Porter，B. E.（2011）. *Handbook of Traffic Psychology*. Burlington：Academic Press.

Poulton，E. C.（1977）. Continuous intense noise masks auditory feedback and inner speech. *Psychological Bulletin，84*（5），977-1001.

Pöysti，L.，Rajalin，S.，& Summala，H.（2005）. Factors influencing the use of cellular（mobile）phone during driving and hazards while using it. *Accident Analysis & Prevention，37*，47-51.

Pradhan，A. K.，Fisher，D. L.，& Pollatsek，A.（2006）. Risk perception training for novice drivers：Evaluating duration of effects of training on a driving simulator. *Transportation Research Record：Journal of the Transportation Research Board，1969*（1），58-64.

Pradhan，A. K.，Hammel，K. R.，DeRamus，R.，Pollatsek，A.，Noyce，D. A.，& Fisher，D. L.（2005）. Using eye movements to evaluate effects of driver age on risk perception in a driving simulator. *Human Factors：The Journal of the Human Factors and Ergonomics Society，47*（4），840-852.

Prato，C. G.，Lotan，T.，& Toledo，T.（2009）. Intrafamilial transmission of driving behavior：Evidence from in-vehicle data recorders. *Transportation Research Record：Journal of the Transportation Research Board，2138*，54-65.

Preusser，D. F.，& Blomberg，R. D.（1984）. Reducing child pedestrian accidents through public education. *Journal of Safety Research，15*（2），47-56.

Preusser，D. F.，Ferguson，S. A.，& Williams，A. F.（1998）. The effect of teenage passengers on the fatal crash risk of teenage drivers. *Accident Analysis & Prevention，30*（2），217-222.

Preusser，D. F.，Williams，A. F.，& Ulmer，R. G.（1995）. Analysis of fatal motorcycle crashes：Crash typing. *Accident Analysis & Prevention，27*（6），845-851.

Pringle，H. L.，Irwin，D. E.，Kramer，A. F.，& Atchley，P.（2001）. The role of attentional breadth in perceptual change detection. *Psychonomic Bulletin & Review，8*（1），89-95.

Quimby，A. R.，Maycock，G.，Carter，I. D.，Dixon，R.，& Wall，J. G.（1986）. *Perceptual Abilities of Accident Involved Drivers*. Crowthorne：Transport and Rood Research Laboratory.

Radlmayr，J.，Gold，C.，Lorenz，L.，Farid，M.，& Bengler，K.（2014）. How traffic situations and non-driving related tasks affect the take-over quality in highly automated driving. *Proceedings of the Human Factors and Ergonomics Society Annual Meeting，58*，2063-2067.

Rakauskas，M. E.，Gugerty，L. J.，& Ward，N. J.（2004）. Effects of naturalistic cell phone conversations on driving performance. *Journal of Safety Research，35*（4），453-464.

Rakotonirainy，A.，Schroeter，R.，& Soro，A.（2014）. Three social car visions to improve driver behaviour. *Pervasive & Mobile Computing，14*，147-160.

Ranney，T. A.（1994）. Models of driving behavior：A review of their evolution. *Accident Analysis & Prevention，26*（6），733-750.

Ranney，T. A.（2008）. Driver distraction：A review of the current state-of-knowledge. *US Department of Transportation National Highway Traffic Safety Administration.*

Rasanen，M.，& Summala，H.（2000）. Car drivers' adjustments to cyclists at roundabouts. *Transportation Human Factors，2*（1），1-17.

Reason，J.，Manstead，A.，Stradling，S.，Baxter，J.，& Campbell，K.（1990）. Errors and violations on the roads：A real distinction？*Ergonomics，33*（10-11），1315-1332.

Recarte，M. A.，& Nunes，L. M.（2003）. Mental workload while driving：Effects on visual search，discrimination，and decision making. *Journal of Experimental Psychology：Applied，9*（2），119-137.

Regan，M. A.，Hallett，C.，& Gordon，C. P.（2011）. Driver distraction and driver inattention：Definition，relationship and taxonomy. *Accident Analysis & Prevention，43*（5），1771-1781.

Regan，M. A.，Lee，J. D.，& Young，K. L.（2008）. *Driver Distraction：Theory，Effects，and Mitigation*. Crowthorne：Transport and Road Research Laboratory.

Reimer，B.，Mehler，B.，Coughlin，J. F.，Godfrey，K. M.，& Tan，C.（2009）. *An On-Road Assessment of the Impact of Cognitive Workload on Physiological Arousal in Young Adult Drivers.* Proceedings of the 1st International Conference on Automotive User Interfaces and Interactive Vehicular Applications，Essen.

Renge，K.（2000）. Effect of driving experience on drivers' decoding process of roadway interpersonal communication. *Ergonomics，43*（1），27-39.

Retting，R. A.，& van Houten，R.（2000）. Safety benefits of advance stop lines at signalized intersections：Results of a field evaluation. *ITE Journal，70*（9），47-52.

Retting，R. A.，Ferguson，S. A.，& McCartt，A. T.（2003）. A review of evidence-based traffic engineering measures designed to reduce pedestrian-motor vehicle crashes. *American Journal of Public Health*，*93*（9），1456-1463.

Reyner，L. A.，& Horne，J. A.（1998）. Evaluation of “in-car” countermeasures to sleepiness：Cold air and radio. *Sleep*，*21*（1），46-51.

Reyner，L. A.，& Horne，J. A.（1998）. Falling asleep whilst driving：Are drivers aware of prior sleepiness? *International Journal of Legal Medicine*，*111*（3），120-123.

Rhodes，N.，& Pivik，K.（2011）. Age and gender differences in risky driving：The roles of positive affect and risk perception. *Accident Analysis & Prevention*，*43*（3），923-931.

Richards，T. L.，Deffenbacher，J. L.，Rosén，L. A.，Barkley，R. A.，& Rodricks，T.（2006）. Driving anger and driving behavior in adults with ADHD. *Journal of Attention Disorders*，*10*（1），54-64.

Richer，I.，& Bergeron，J.（2009）. Driving under the influence of cannabis：Links with dangerous driving，psychological predictors，and accident involvement. *Accident Analysis & Prevention*，*41*（2），299-307.

Rimmö，P.，& Åberg，L.（1999）. On the distinction between violations and errors：Sensation seeking associations. *Transportation Research Part F：Traffic Psychology and Behaviour*，*2*（3），151-166.

Robertson，D.，Turner，S.，Francis，T.，Cambridge，S.（2014）. *New Zealanders' Attitudes Towards Drug-Driving and Suggested Countermeasures*. New Zeland Transport Agency Research Report.

Rogers，R. D.，Ramnani，N.，Mackay，C.，Wilson，J. L.，Jezzard，P.，& Carter，C. S.，et al.（2004）. Distinct portions of anterior cingulate cortex and medial prefrontal cortex are activated by reward processing in separable phases of decision-making cognition. *Biological Psychiatry*，*55*（6），594-602.

Rosenbloom，T.，Shahar，A.，Elharar，A.，& Danino，O.（2008）. Risk perception of driving as a function of advanced training aimed at recognizing and handling risks in demanding driving situations. *Accident Analysis & Prevention*，*40*（2），697-703.

Rothengatter，T.，& Vaya，E. C.（1998）. Traffic and transport psychology：Theory and application. *Recherche-Transports-Sécurité*，*58*（58），70-71.

Rotter，J. B.（1966）. Generalized expectancies for internal versus external control of reinforcement. *Psychological Monographs：General and Applied*，*80*（1），1-28.

Rowden，P.，Watson，B.，Haworth，N.，Lennon，A.，Shaw，L.，& Blackman，R.（2016）. Motorcycle riders' self-reported aggression when riding compared with car driving. *Transportation Research Part F：Traffic Psychology and Behaviour*，*36*，92-103.

Rumar，K.（1990）. The basic driver error：Late detection. *Ergonomics*，*33*（11），1281-1290.

Ryan，R. M.，& Deci，E. L.（2000）. Self-determination theory and the facilitation of intrinsic motivation，social development，and well-being. *American Psychologist，55*（1），68-78.

Ryan，R. M.，& Deci，E. L.（2000）. The darker and brighter sides of human existence：Basic psychological needs as a unifying concept. *Psychological Inquiry，11*（4），319-338.

Ryb，G. E.，Dischinger，P. C.，Kufera，J. A.，& Soderstrom，C. A.（2007）. Social，behavioral and driving characteristics of injured pedestrians：A comparison with other unintentional trauma patients. *Accident Analysis and Prevention，39*，313-318.

SAE.（2014）. *Taxonomy and Definitions for Terms Related to On-Road Motor Vehicle Automated Driving Systems*. SAE On-Road Aatomated Vehicle Standards Commitee.

Sagberg，F.，& Bjørnskau，T.（2006）. Hazard perception and driving experience among novice drivers. *Accident Analysis & Prevention，38*（2），407-414.

Salas，E.，Driskell，J. E.，& Hughes，S.（1996）. *Stress and Human Performance*. Mahwah：Lawrence Erlbaum Associates.

Salmon，P. M.，Lenné，M. G.，Stanton，N. A.，Jenkins，D. P.，& Walker，G H.（2010）. Managing error on the open road：The contribution of human error models and methods. *Safety Science，48*（10），1225-1235.

Sanders，M. S.，& Mccormick，E. J.（1982）. *Human Factors in Engineering and Design*. New York：McGraw-Hill.

Sanders，N.，& Keskinen，E.（2004）. EU NovEV project：Evaluation of post-license training schemes for novice drivers. *Collision Industry Electronic Commerce Association，Amsterdam.*

Sayer，J. R.，Devonshire，J. M.，& Flannagan，C. A.（2005）. *The Effects of Secondary Tasks on Naturalistic Driving Performance*. Ann Arbor：The University of Michigan Transportation Research Institute.

Schade，F. D.，Heinzmann，H. J.，Feddersen，S.，& Brachhaus，R.（2008）. *Summative Evaluation Des Begleiteten Fahrens Ab 17*. Projekt-Zwischenbericht an die Bundesanstalt für Straßenwesen，Kraftfahrt-Bundesamt，Flensburg.

Schaefer，K. E.，Chen，J. Y.，Szalma，J. L.，& Hancock，P. A.（2016）. A meta-analysis of factors influencing the development of trust in automation：Implications for understanding autonomy in future systems. *Human Factors：The Journal of the Humam Factors and Ergonomics Society，58*，377-400.

Schaefer，M.，& Vokrinek，J.（2015）. Agentdrive：Towards an agent-based coordination of intelligent cars. In Yves Demazeau，K. S. Decker，Javier Bajo Pérez，Fernando de la Prieta（Eds.），*Advances in Practical Applications of Agents，Multi-Agent Systems，and Sustainability：The PAAMS Collection*（pp. 211-224）. 13th International Conference，PAAMS 2015，Salamanca，Spain，June，2015.

Schermer, C. R. (2006). Alcohol and injury prevention. *Journal of Trauma and Acute Care Surgery*, *60* (2), 447-451.

Schieber, F. (1994). Age and glare recovery time for low-contrast stimuli. In *Proceedings of the Human Factors and Ergonomics Society Annual Meeting* (pp. 496-499). Human Factorsand Ergonomics Society, Inc.

Schleicher, R., Galley, N., Briest, S., & Galley, L. (2008). Blinks and saccades as indicators of fatigue in sleepiness warnings: Looking tired? *Ergonomics*, *51* (7), 982-1010.

Schmidt, E. A., Schrauf, M., Simon, M., Fritzsche, M., Buchner, A., & Kincses, W. E. (2009). Drivers' misjudgement of vigilance state during prolonged monotonous daytime driving. *Accident Analysis & Prevention*, *41* (5), 1087-1093.

Schnotz, W., & Kürschner, C. (2007). A reconsideration of cognitive load theory. *Educational Psychology Review*, *19* (4), 469-508.

Schwalk, M., Kalogerakis, N., & Maier, T. (2015). Driver support by a vibrotactile seat matrix—Recognition, adequacy and workload of tactile patterns in take-over scenarios during automated driving. *Procedia Manufacturing*, *3*, 2466-2473.

Schwebel, D. C., Severson, J., Ball, K. K., & Rizzo, M. (2006). Individual difference factors in risky driving: The roles of anger/hostility, conscientiousness, and sensation-seeking. *Accident Analysis & Prevention*, *38* (4), 801-810.

Schwebel, D. C., Stavrinos, D., Byington, K. W., Davis, T., O'Neal, E. E., & De, J. D. (2012). Distraction and pedestrian safety: How talking on the phone, texting, and listening to music impact crossing the street. *Accident Analysis & Prevention*, *45* (2), 266-271.

Schwerdtfeger, A., Heims, R., & Heer, J. (2010). Digit ratio (2D: 4D) is associated with traffic violations for male frequent car drivers. *Accident Analysis & Prevention*, *42* (1), 269-274.

Scialfa, C. T., Borkenhagen, D., Lyon, J., & Deschênes, M. (2013). A comparison of static and dynamic hazard perception tests. *Accident Analysis & Prevention*, *51*, 268-273.

Scialfa, C. T., Borkenhagen, D., Lyon, J., Deschênes, M., Horswill, M., & Wetton, M. (2012). The effects of driving experience on responses to a static hazard perception test. *Accident Analysis & Prevention*, *45*, 547-553.

Scialfa, C. T., Deschênes, M. C., Ference, J., Boone, J., Horswill, M. S., & Wetton, M. (2011). A hazard perception test for novice drivers. *Accident Analysis & Prevention*, *43* (1), 204-208.

Scott, S. G., & Bruce, R. A. (1999). Decision-making style: The development and assessment of a new measure. *Educational & Psychological Measurement*, *55* (5), 818-831.

Shahar, A. (2009). Self-reported driving behaviors as a function of trait anxiety. *Accident Analysis &*

Prevention, *41*（2）, 241-245.

Shahar, A., Alberti, C. F., Clarke, D., & Crundall, D.（2010）. Hazard perception as a function of target location and the field of vicw. *Accident Analysis & Prevention*, *42*（6）, 1577-1584.

Shen, J., Barbera, J., & Shapiro, C. M.（2006）. Distinguishing sleepiness and fatigue: Focus on definition and measurement. *Sleep Medicine Reviews*, *10*（1）, 63-76.

Shinoda, H., Hayhoe, M. M., & Shrivastava, A.（2001）. What controls attention in natural environments? *Vision Research*, *41*（25-26）, 3535-3545.

Shirey, L. L., & Reynolds, R. E.（1988）. Effect of interest on attention and learning. *Journal of Educational Psychology*, *80*, 159-166.

Shoham, S. G., Rahav, G., Markovski, R., Chard, F., & Baruch, I.（1984）. "Anxious" and "reckless" drivers. *Deviant Behavior*, *5*（1-4）, 181-191.

Shope, J. T.（2006）. Influences on youthful driving behavior and their potential for guiding interventions to reduce crashes. *Injury Prevention*, *12*（S1）, 9-14.

Shope, J. T.（2007）. Graduated driver licensing: Review of evaluation results since 2002. *Journal of Safety Research*, *38*（2）, 165-175.

Sigelman, C. K., & Sigelman, L.（1976）. Authority and conformity: Violation of a traffic regulation. *Journal of Social Psychology*, *100*（1）, 35-43.

Simon, H. A., Dantzig, G. B., Hogarth, R., Plott, C. R., Raiffa, H., & Schelling, T. C., et al.（1987）. Decision making and problem solving. *Interfaces*, 11-31.

Simons-Morton, B. G., Hartos, J. L., Leaf, W. A., & Preusser, D. F.（2005）. Persistence of effects of the Checkpoints program on parental restrictions of teen driving privileges. *American Journal of Public Health*, *95*（3）, 447-452.

Sinclair, M.（2013）. Attitudes, norms and driving behaviour: A comparison of young drivers in South Africa and Sweden. *Transportation Research Part F: Traffic Psychology and Behaviour*, *20*（3）, 170-181.

Sjögren, H., Björnstig, U., Eriksson, A., & Öström, M.（1996）. Differences between older and younger drivers; Characteristics of fatal car crashes and driver injuries. *Safety Science*, *23*（1）, 63-77.

Slovic, P., Finucane, M. L., Peters, E., & MacGregor, D. G.（2004）. Risk as analysis and risk as feelings: Some thoughts about affect, reason, risk, and rationality. *Risk Analysis*, *24*（2）, 311-322.

Smart, R. G., Asbridge, M., Mann, R. E., & Adlaf, E. M.（2003）. Psychiatric distress among road rage victims and perpetrators. *Canadian Journal of Psychiatry*, *48*（10）, 681-688.

Smit, A. S., Eling, P. A. T. M., & Coenen, A. M. L.（2004）. Mental effort causes vigilance decrease due to resource depletion. *Acta Psychologica，115*（1），35-42.

Smith.（2009）. Hazard perception in novice and experienced driver：The effect of sleepiness. *Accident Analysis & Prevention，41*（4），729-733.

Smith，R.，Cook，L. J.，Olson，L. M.，Reading，J. C.，& Dean，J. M.（2004）. Trends of behavioral risk factors in motor vehicle crashes in Utah，1992-1997. *Accident Analysis & Prevention，36*（2），249-255.

Stanton，N.，& Young，M.（2000）. A proposed psychological model of driving automation. *Theoretical Issues in Ergonomics Science，1*，315-331.

Stavrinos，D.，Byington，K. W.，& Schwebel，D. C.（2009）. Effect of cell phone distraction on pediatric pedestrian injury risk. *Pediatrics，123*（2），e179-e185.

Strayer，D. L.，& Drews，F. A.（2007）. Cell-phone-Induced driver distraction. *Current Directions in Psychological Science，16*（3），128-131.

Strayer，D. L.，& Johnston，W. A.（2001）. Driven to distraction：Dual-task studies of simulated driving and conversing on a cellular telephone. *Psychological Science，12*（6），462-466.

Strecher，V. J.，Bauermeister，J. A.，Shope，J.，Chang，C.，Newport-Berra，M.，& Giroux，A.，et al.（2006）. *Interventions to Promote Safe Driving Behaviour：Lessons Learned From Other Health-Related Behaviours.* Paper presented at the Department of Transport：Behavioural Research in Road Safety：Sixteenth Seminar Proceedings，London.

Stuber，G. L.，Barry，J. R.，Mclaughlin，S. W.，Li，Y.，Ingram，M. A.，& Pratt，T. G.（2004）. Broadband MIMO-OFDM wireless communications. *Proceedings of the IEEE，92*（2），271-294.

Stutts，J.，Feaganes，J.，Reinfurt，D.，Rodgman，E.，Hamlett，C.，& Gish，K.，et al.（2005）. Driver's exposure to distractions in their natural driving environment. *Accident Analysis & Prevention，37*（6），1093-1101.

Suh，W.，Park，P. Y.，Park，C. H.，Chon，K. S.（2006）. Relationship between speed，lateral placement，and drivers' eye movement at two-lane rural highways. *Journal of Transportation Engineering，132*（8），649-653.

Sukhodolsky，D. G.，& Ruchkin，V. V.（2004）. Association of normative beliefs and anger with aggression and antisocial behavior in Russian male juvenile offenders and high school students. *Journal of Abnormal Child Psychology，32*（2），225-236.

Sullman，M. J.（2006）. Anger amongst New Zealand drivers. *Transportation Research Part F：Traffic Psychology and Behaviour，9*（3），173-184.

Sullman，M. J.，Gras，M. E.，Cunill，M.，Planes，M.，& Font-Mayolas，S.（2007）. Driving anger in Spain. *Personality and Individual Differences，42*（4），701-713.

Sullman，M. J.，Stephens，A. N.，& Yong，M.（2014）. Driving anger in Malaysia. *Accident*

Analysis & Prevention，*71*，1-9.

Summala，H.（2007）. Towards understanding motivational and emotional factors in driver behaviour：Comfort through satisficing. In P. Cacciabue（Ed.），*Modelling Driver Behaviour in Automotive Environments*（pp. 189-207）. London：Springer.

Summala，H.，Pasanen，E.，Räsänen，M.，& Sievänen，J.（1996）. Bicycle accidents and drivers' visual search at left and right turns. *Accident Analysis & Prevention*，*28*（2），147-153.

Suzuki，A.，Hirota，A.，Takasawa，N.，& Shigemasu，K.（2003）. Application of the somatic marker hypothesis to individual differences in decision making. *Biological Psychology*，*65*（1），81-88.

Sümer，N.（2003）. Personality and behavioral predictors of traffic accidents：Testing a contextual mediated model. *Accident Analysis & Prevention*，*35*（6），949-964.

Svenson，O.，& Maule，A. J.（1993）. *Time Pressure and Stress in Human Judgment and Decision Making*. New York：Springer.

Szlyk，J. P.，Alexander，K. R.，Severing，K.，& Fishman，G. A.（1992）. Assessment of driving performance in patients with retinitis pigmentosa. *Archives of Ophthalmology*，*110*（12），1709-1713.

Taubman-Ben-Ari，O.（2010）. Attitudes toward accompanied driving：The views of teens and their parents. *Transportation Research Part F：Traffic Psychology and Behaviour*，*13*（4），269-276.

Taubman-Ben-Ari，O.（2008）. Motivational sources of driving and their associations with reckless driving cognitions and behavior. *European Review of Applied Psychology*，*58*（1），51-64.

Taubman-Ben-Ari，O.，& Yehiel，D.（2012）. Driving styles and their associations with personality and motivation. *Accident Analysis & Prevention*，*45*，416-422.

Taubman-Ben-Ari，O.，Mikulincer，M.，& Gillath，O.（2004）. The multidimensional driving style inventory scale construct and validation. *Accident Analysis & Prevention*，*36*（3），323-332.

Taubman-Ben-Ari，O.，Mikulincer，M.，& Gillath，O.（2005）. From parents to children—Similarity in parents and offspring driving styles. *Transportation Research Part F：Traffic Psychology and Behaviour*，*8*（1），19-29.

Taylor，J. E.，Deane，F. P.，& Podd，J. V.（2007）. Driving fear and driving skills：Comparison between fearful and control samples using standardised on-road assessment. *Behaviour Research and Therapy*，*45*（4），805-818.

Thiffault，P.，& Bergeron，J.（2003）. Monotony of road environment and driver fatigue：A simulator study. *Accident Analysis & Prevention*，*35*（3），381-391.

Thompson，L. L.，Rivara，F. P.，Ayyagari，R. C.，& Ebel，B. E.（2013）. Impact of social and technological distraction on pedestrian crossing behaviour：An observational study. *Injury Prevention*，*19*（4），232-237.

Tillmann，W. A.，& Hobbs，G. E.（1949）. The accident-prone automobile driver；A study of the psychiatric and social background. *American Journal of Psychiatry，106*（5），321-331.

Tiplady，B.，Franklin，N.，& Scholey，A.（2004）. Effect of ethanol on judgments of performance. *British Journal of Psychology，95*（1），105-118.

Törnros，J.，& Bolling，A.（2006）. Mobile phone use—Effects of conversation on mental workload and driving speed in rural and urban environments. *Transportation Research Part F：Traffic Psychology and Behaviour，9*（4），298-306.

Turner，M. L.，Fernandez，J. E.，& Nelson，K.（1996）. The effect of music amplitude on the reaction to unexpected visual events. *The Journal of General Psychology，123*（1），51-62.

Twisk，D. A.，& Stacey，C.（2007）. Trends in young driver risk and countermeasures in European countries. *Journal of Safety Research，38*（2），245-257.

Ulleberg，P.，& Rundmo，T.（2003）. Personality，attitudes and risk perception as predictors of risky driving behaviour among young drivers. *Safety Science，41*（5），427-443.

Ünal，A. B.，Platteel，S.，Steg，L.，& Epstude，K.（2013）. Blocking-out auditory distracters while driving：A cognitive strategy to reduce task-demands on the road. *Accident Analysis & Prevention，50*，934-942.

Underwood，G.（2007）. Visual attention and the transition from novice to advanced driver. *Ergonomics，50*（8），1235-1249.

Underwood，G.，Chapman，P.，Brocklehurst，N.，Underwood，J.，& Crundall，D.（2003）. Visual attention while driving：Sequences of eye fixations made by experienced and novice drivers. *Ergonomics，46*（6），629-646.

Underwood，G.，Chapman，P.，Wright，S.，& Crundall，D.（1999）. Anger while driving. *Transportation Research Part F：Traffic Psychology and Behaviour，2*（1），55-68.

Underwood，G.，Crundall，D.，& Chapman，P.（2002）. Selective searching while driving：The role of experience in hazard detection and general surveillance. *Ergonomics，45*（1），1-12.

Underwood，G.，Crundall，D.，& Chapman，P.（2011）. Driving simulator validation with hazard perception. *Transportation Research Part F：Traffic Psychology and Behaviour，14*（6），435-446.

Underwood，G.，Ngai，A.，& Underwood，J.（2013）. Driving experience and situation awareness in hazard detection. *Safety Science，56*，29-35.

Upahita，D. P.，Wong，Y. D.，& Lum，K. M.（2018）. Effect of driving experience and driving inactivity on young driver's hazard mitigation skills. *Transportation Research Part F：Traffic Psychology and Behaviour，59*，286-297.

Vaa，T.（2011）. Drivers' information processing，decision-making and the role of emotions：Predictions of the risk monitor model. In P. Cacciabue，M. Hjälmdahl，A. Luedtke，& C. Riccioli

(Eds.), *Human Modelling in Assisted Transportation* (pp. 23-32). New York: Springer.

van den Bos, R., den Heijer, E., Vlaar, S., & Houx, B. B. (2007). Exploring gender differences in decision-making using the Iowa gambling task. *Psychology of Decision Making in Education, Behavior and High Risk Situations, 5*, 207-226.

van der Linden, D., Frese, M., & Meijman, T. F. (2003). Mental fatigue and the control of cognitive processes: Effects on perseveration and planning. *Acta Psychologica, 113* (1), 45-65.

van Houten, R. (1988). The effects of advance stop lines and sign prompts on pedestrian safety in a crosswalk on a multilane highway. *Journal of Applied Behavior Analysis, 21* (3), 245-251.

van Houten, R., Ellis, R., Sanda, J., & Kim, J. L. (2006). Pedestrian push-button confirmation increases call button usage and compliance. *Transportation Research Record: Journal of the Transportation Research Board, 1982* (1), 99-103.

van Houten, R., Malenfant, L., & Rolider, A. (1985). Increasing driver yielding and pedestrian signaling with prompting, feedback, and enforcement. *Journal of Applied Behavior Analysis, 18* (2), 103-110.

van Rooy, D. L. (2006). Effects of automobile commute Characteristics on affect and job candidate evaluations: A field experiment. *Environment and Behavior, 38* (5), 626-655.

van Rooy, D. L., Rotton, J., & Burns, T. M. (2006). Convergent, discriminant, and predictive validity of aggressive driving inventories: They drive as they live. *Aggressive Behavior, 32* (2), 89-98.

Vardaki, S., & Yannis, G. (2013). Investigating the self-reported behavior of drivers and their attitudes to traffic violations. *Journal of Safety Research, 46*, 1-11.

Vasconcellos, E. A. (1995). Reassessing traffic accidents in developing countries. *Transport Policy, 2* (4), 263-269.

Velichkovsky, B. M., Dornhoefer, S. M., Kopf, M., Helmert, J., & Joos, M. (2002). Change detection and occlusion modes in road-traffic scenarios. *Transportation Research Part F: Traffic Psychology and Behaviour, 5* (2), 99-109.

Veltman, J. A. (2002). A comparative study of psychophysiological reactions during simulator and real flight. *The International Journal of Aviation Psychology, 12* (1), 33-48.

Verhaegen, P. (1995). Liability of older drivers in collisions. *Ergonomics, 38* (3), 499-507.

Verhaeghen, P., Cerella, J., Semenec, S. C., Leo, M. A., Bopp, K. L., & Steitz, D. W. (2002). Cognitive efficiency modes in old age: Performance on sequential and coordinative verbal and visuospatial tasks. *Psychology and Aging, 17* (4), 558-570.

Verhaegen, P. K., Toebat, K. L., & Delbeke, L. L. (1988). *Safety of Older Drivers: A Study of Their Over-Involvement Ratio.* Paper presented at the Proceedings of the 32nd Human Factors and

Ergonomics Society Annual Meeting，Portland，USA.

Victor，T. W.，Engström，J.，& Harbluk，J. L.（2008）. Distraction Assessment Methods Based on Visual Behavior and Event Detection. In M. Regan，J. Lee，& K. Yoang（Eds.），*Driver Distraction：Theory，Effects，and Mitigation*（pp. 135-142）. Boca Raton：CRC Press.

Victor，T. W.，Harbluk，J. L.，& Engström，J. A.（2005）. Sensitivity of eye-movement measures to in-vehicle task difficulty. *Transportation Research Part F：Traffic Psychology and Behaviour，8*（2），167-190.

Vingilis，E，& Macdonald，S.（2002）. Review：Drugs and traffic collisions. *Traffic Injury Prevention，3*（1），1-11.

Vlakveld，W. P.（2011）. *Hazard Anticipation of Young Novice Drivers*. Netherlands：University of Groningen.

Walch，M.，Lange，K.，Baumann，M.，& Weber，M.（2015）. *Autonomous Driving：Investigating the Feasibility of Car-Driver Handover Assistance*. International Conference on Automotive User Interfaces & Interactive Vehicular Applications，New York.

Walker，G. W.（2010）. A safety counterculture challenge to a "safety climate". *Safety Science，48*，333-341.

Waller，P. F.（2003）. The genesis of GDL. *Journal of Safety Research，34*（1），17-23.

Wan，J.，& Wu，C.（2017）. The effects of vibration patterns of take-over request and non-driving tasks on taking-over control of automated vehicles. *International Journal of Human-Computer Interaction，34*（1），1-12.

Wan，J.，& Wu，C.（2018）. The effects of lead time of take-over request and nondriving tasks on taking-over control of automated vehicles. *IEEE Transactions on Human-Machine Systems，*（99），1-10.

Wang，P.，Rau，P. L.，& Salvendy，G.（2009）. *A Survey Study of Chinese Drivers' Inconsistent Risk Perception*. 8th International Conference on Engineering Psychology and Cognitive Ergonomics，San Diego，USA.

Wang，Y.，& Zhang，W.（2009）. In-vehicle information system and driving safety. *Science & Technology Review，27*（13），105-110.

Wang，Z.，Lu，J. J.，& Zhang，Z.（2011）. *Exploring Impacts of Factors Contributing to Injury Severity at Freeway Exit Ramps*. Paper presented at the Transportation and Development Institute Congress，Chicago.

Ware，J.，May，J.，Rosenthal，T.，Park，G.，Guibert，M.，& Allen，R.（2007）. driving simulator testing with a rural drive scenario shows greater sensitivity to sleep loss than other objective measures in healthy participants. *SLEEP，30*.

Waylen, A. E., & McKenna, F. P. (2008). Risky attitudes towards road use in pre-drivers. *Accident Analysis & Prevention*, *40* (3), 905-911.

Weenig, M. W. H., & Maarleveld, M. (2002). The impact of time constraint on information search strategies in complex choice tasks. *Journal of Economic Psychology*, *23* (6), 689-702.

Wells-Parker, E., Ceminsky, J., Hallberg, V., Snow, R. W., Dunaway, G., & Guiling, S., et al. (2002). An exploratory study of the relationship between road rage and crash experience in a representative sample of US drivers. *Accident Analysis & Prevention*, *34* (3), 271-278.

West, R., Elander, J., & French, D. (1993). Mild social deviance, type-A behaviour pattern and decision-making style as predictors of self-reported driving style and traffic accident risk. *British Journal of Psychology*, *84* (2), 207-219.

Wetton, M. A., Hill, A., & Horswill, M. S. (2011). The development and validation of a hazard perception test for use in driver licensing. *Accident Analysis & Prevention*, *43* (5), 1759-1770.

Wetton, M. A., Hill, A., & Horswill, M. S. (2013). Are what happens next exercises and self-generated commentaries useful additions to hazard perception training for novice drivers? *Accident Analysis & Prevention*, *54*, 57-66.

Wetton, M. A., Horswill, M. S., Hatherly, C., Wood, J. M., Pachana, N. A., & Anstey, K. J. (2010). The development and validation of two complementary measures of drivers' hazard perception ability. *Accident Analysis & Prevention*, *42* (4), 1232-1239.

Wheaton, A. G., Chapman, D. P., Presley-Cantrell, L. R., Croft, J. B., & Roehler, D. R. (2013). Drowsy driving—19 states and the district of Columbia, 2009—2010. *Jama the Journal of the American Medical Association*, *309* (8), 760-762.

Wickens, C. M., & Wiesenthal, D. L. (2005). State driver stress as a function of occupational stress, traffic congestion, and trait stress susceptibility. *Journal of Applied Biobehavioral Research*, *10* (2), 83-97.

Wickens, C. M., Wiesenthal, D. L., Flora, D. B., & Flett, G. L. (2011). Understanding driver anger and aggression: Attributional theory in the driving environment. *Journal of Experimental Psychology: Applied*, *17* (4), 354-360.

Wiesenthal, D. L., Hennessy, D. A., & Totten, B. (2000). The influence of music on driver stress. *Journal of Applied Social Psychology*, *30* (8), 1709-1719.

Wilde, G. J. S. (1982). The theory of risk homeostasis: Implications for safety and health. *Risk Analysis*, *2* (4), 209-225.

Wilde, G. J. (2002). Does risk homoeostasis theory have implications for road safety. *British Medical Journal*, *324* (7346), 1149-1152.

Williams, A. F., & Ferguson, S. A. (2004). Driver education renaissance? *Injury Prevention*

Journal of the International Society for Child & Adolescent Injury Prevention，*10*（1），4-7.

Williams，A. F.，Preusser，D. F.，Ulmer，R. G.，& Weinstein，H. B.（1995）. Characteristics of fatal crashes of 16-year-old drivers：Implications for licensure policies. *Journal of Public Health Policy*，*16*（3），347-360.

Williams，M. D.，van Houten，R.，Ferraro，J.，& Blasch，B. B.（2005）. Field comparison of two types of accessible pedestrian signals. *Transportation Research Record：Journal of the Transportation Research Board*，*1939*（1），91-98.

Williamson，A.，Lombardi，D. A.，Folkard，S.，Stutts，J.，Courtney，T. K.，& Connor，J. L.（2011）. The link between fatigue and safety. *Accident Analysis & Prevention*，*43*（2），498-515.

Wilson，M.，Chattington，M.，& Marple-Horvat，D. E.（2008）. Eye movements drive steering：Reduced eye movement distribution impairs steering and driving performance. *Journal of Motor Behavior*，*40*（3），190-202.

Wingerden，M. V.，& Kalenscher，T.（2015）. *Decision Making，Bias*. New York：Springer.

Winston，F. K.，& Jacobsohn，L.（2010）. A practical approach for applying best practices in behavioural interventions to injury prevention. *Injury Prevention*，*16*（2），107-112.

Wollstädter，S.，Pfister，H.，& Höger，R.（2013）. *The Role of Music Characteristics on Drivers' Anger Regulation*. Paper presented at the Australasian Road Safety Research Policing Education Conference，Australia.

Wong，J.，Chung，Y.，& Huang，S.（2010）. Determinants behind young motorcyclists' risky riding behavior. *Accident Analysis & Prevention*，*42*（1），275-281.

Wright，K. P.，Hull，J. T.，& Czeisler，C. A.（2002）. Relationship between alertness，performance，and body temperature in humans. *American Journal of Physiology—Regulatory，Integrative and Comparative Physiology*，*283*（6），1370-1377.

Wu，X.，Boyle，L. N.，Marshall，D.，& O'Brien，West.（2018）. The effectiveness of auditory forward collision warning alerts. *Transportation Research Part F：Traffic Psychology and Behaviour*，*59*，164-178.

Wulf，G.，Hancock，P. A.，& Rahimi，M.（1990）. Motorcycle conspicuity：An evaluation and synthesis of influential factors. *Journal of Safety Research*，*20*（4），153-176.

Yang，J.，Du，F.，Qu，W.，Gong，Z.，& Sun，X.（2013）. Effects of personality on risky driving behavior and accident involvement for Chinese drivers. *Traffic Injury Prevention*，*14*（6），565-571.

Yasak，Y.，& Esiyok，B.（2009）. Anger amongst Turkish drivers：Driving Anger Scale and its adapted，long and short version. *Safety Science*，*47*（1），138-144.

Yoshimoto，K.，& Suetomi，T.（2008）. The history of research and development of driving simulators in Japan. *Journal of Mechanical Systems for Transportation and Logistics*，*1*（2），159-169.

Young，K. L.，Regan，M. A.，& Lee，J. D.（2008）. Factors moderating the impact of distraction on driving performance and safety. In M. A. Regan，K. L. Young，& J. D. Lee（Eds.），*Driver Distraction：Theory，Effects，and Mitigation*（pp. 335-351）. Boca Raton：CRC Press.

Young，M. S.，& Stanton，N. A.（2001）. Mental workload：Theory，measurement，and application. In W. karwowski（Ed.），*International Encyclopedia of Ergonomics and Human Factors*（pp. 507-509）. Boca Raton：CRC Press.

Young，R.（2012）. Cognitive distraction while driving：A critical review of definitions and prevalence in crashes. *SAE International Journal of Passenger Cars-Electronic and Electrical Systems*，*5*（1），326-342.

Yu，L.，Sun，X.，& Zhang，K.（2011）. *Driving Distraction Analysis by ECG Signals：An Entropy Analysis*. Proceedings of the Conference on Internationalization，Design and Global Development，San Diego，USA.

Yunesian，M.，Mesdaghinia，A.，Moradi，A.，& Vash，J. H.（2008）. Drivers' knowledge，attitudes，and behaviour：A cross-sectional study. *Psychological Reports*，*102*（2），411-417.

Zeeb，K.，Buchner，A.，& Schrauf，M.（2015）. What determines the take-over time? An integrated model approach of driver take-over after automated driving. *Accident Analysis & Prevention*，*78*，212-221.

Zhang，F.，Xu，G.，Ji，J.，Wang，C.，& Sha，X.（2012）. *Research on Solar Energy LED Lighting System in Highway Tunnel*. Paper presented at the CICTP 2012：Multimodal Transportation Systems-Convenient，Safe，Cost-Effective，Efficient，Beijing，China.

Zhang，G.，Yau，K. K.，& Gong，X.（2014）. Traffic violations in Guangdong Province of China：Speeding and drunk driving. *Accident Analysis & Prevention*，*64*，30-40.

Zuckerman，M.（1994）. *Behavioral Expressions and Biosocial Bases of Sensation Seeking*. New York：Cambridge University Press.

Zur，H. B.，& Breznitz，S. J.（1981）. The effect of time pressure on risky choice behavior. *Acta Psychologica*，*47*（2），89-104.

后　记

本书主编为常若松，副主编为马锦飞，具体分工如下：第一章马锦飞、袁璐一、霍东超，第二章孙龙、王芯蕊、霍东超，第三章高敏、潘月莹，第四章彭姓、潘月莹，第五章孙龙、谷晨晨、潘春阳，第六章潘留栓、潘春阳，第七章乔春玲、吴博聪，第八章孙龙、谷娜、吴博聪，第九章张长路、朱鹏、金阳，第十章程梁、金阳，第十一章马锦飞、袁璐一、李晓晨、潘春阳，第十二章张艺竞、金阳。马锦飞、李晓晨、潘春阳负责全书的书稿整理工作，常若松对全书作了审阅。

在本书编写过程中，笔者始终抱以科学的态度，反复修改，几易其稿。笔者参阅并引用了大量书籍、期刊论文和其他资料，并将其列于书末，谨向这些研究成果的作者表示衷心的感谢，并向本书编辑表示诚挚的谢意。由于编者的水平有限，书中的不足之处在所难免，恳请读者朋友批评指正。